U0451263

本书是国家社科基金重大项目"中国传统价值观变迁史"(14ZDB003)的阶段性成果

教化儒学续说

李景林 著

哲学与文化
BNU Philosophy and Culture

中国社会科学出版社

图书在版编目(CIP)数据

教化儒学续说/李景林著. —北京：中国社会科学出版社，2020.2（2021.7 重印）
ISBN 978-7-5203-6124-8

Ⅰ.①教…　Ⅱ.①李…　Ⅲ.①儒学—研究　Ⅳ.①B222.05

中国版本图书馆 CIP 数据核字（2020）第 040861 号

出 版 人	赵剑英
责任编辑	冯春凤
责任校对	张爱华
责任印制	张雪娇

出　　版	中国社会科学出版社
社　　址	北京鼓楼西大街甲 158 号
邮　　编	100720
网　　址	http://www.csspw.cn
发 行 部	010-84083685
门 市 部	010-84029450
经　　销	新华书店及其他书店
印刷装订	北京君升印刷有限公司
版　　次	2020 年 2 月第 1 版
印　　次	2021 年 7 月第 2 次印刷
开　　本	710×1000　1/16
印　　张	29.25
插　　页	2
字　　数	478 千字
定　　价	178.00 元

凡购买中国社会科学出版社图书，如有质量问题请与本社营销中心联系调换
电话：010-84083683
版权所有　侵权必究

编委会

主　　编： 吴向东
编委会成员：（按笔画排序）
　　　　　　田海平　兰久富　刘成纪　刘孝廷
　　　　　　杨　耕　李　红　李建会　李祥俊
　　　　　　李景林　吴玉军　张百春　张曙光
　　　　　　郭佳宏　韩　震

目　录

绪言 …………………………………………………………（1）

续说之一

义理的体系与信仰的系统 …………………………………（3）
儒家的教化方式与当代中国的信仰建构 …………………（33）
教化——儒学的精神特质 …………………………………（40）
教化的民间性 ………………………………………………（51）

续说之二

人性本善与道德责任 ………………………………………（59）
从"论才三章"看孟子的性善论 …………………………（65）
论人性本善及其自我捍卫机制 ……………………………（78）
人性的结构与目的论善性 …………………………………（89）
浩然之气与人性本善 ………………………………………（108）

续说之三

孔子"闻道"说新解 ………………………………………（117）
论孟子的道统与学统意识 …………………………………（139）
朱子的思想蓝图与当代中国思想的建构 …………………（150）

续说之四

"民可使由之"说所见儒家人道精神 …………………… (167)
"遯世无闷"与"人不知不愠" …………………… (188)
论孝与仁 …………………………………………… (199)
孟子的仁政思想 …………………………………… (215)
诚信的本真涵义是什么 …………………………… (230)
儒家的道德精神及其现代意义 …………………… (235)
诚敬存养与格物穷理 ……………………………… (246)

续说之五

德、艺、知简说 …………………………………… (267)
人惟求旧　器惟求新 ……………………………… (272)
文化焦虑浅议 ……………………………………… (275)
在"进"与"止"之间保持张力 ………………… (280)
善用生活中的加减法 ……………………………… (285)
人性论的论域暨价值取向 ………………………… (288)
以情应物的心物观 ………………………………… (290)
坚持儒学作为哲学或形上学的研究方向 ………… (294)

续说之六

将方法收归内容 …………………………………… (301)
《易》《老》象以抒义的证道方式 ……………… (312)
冯友兰后期哲学思想的转变 ……………………… (326)
人道即天道 ………………………………………… (340)

附录 一

儒学的现代命运与未来发展 …………………………………… (361)
一条最合度的道路 ……………………………………………… (375)
守住教师的本分 ………………………………………………… (379)
历史精神与文化复兴 …………………………………………… (383)
名士为表　儒士为里 …………………………………………… (387)
儒家讲学传统的复兴 …………………………………………… (392)
玄学与理学研究的一个新视界 ………………………………… (394)
《性情与礼教——先秦儒学立人思想研究》序 ……………… (399)
《二程道学异同研究》序 ……………………………………… (402)
《经学与实理——朱子四书学研究》序 ……………………… (406)

附录 二

价值视阈下中国哲学的当代诠释 ……………………………… (415)
教化儒学：一种系统性建构的当代新儒学体系 ……………… (430)

绪　言

本书由六编和两个附录构成，汇集了近几年我对教化儒学所作进一步诠解的一些收获。

1. 近年我对儒家教化或教化儒学的思考，略重在对儒学作为一种哲学或其义理的系统与社会的信仰系统之间关系的探讨。本书"续说之一"一编，就集中讨论了这一方面的问题。

哲学作为一种密切关联于人的存在的学问，具有鲜明的个性化特征。阳明谓"良知即是独知"，庄子视达道为"见独"，就很好地表现了这一点。而儒学作为一种形上学或哲学，其个性化的精神特质就是"教化"。《汉书·艺文志》论儒家，用"明教化"三字来标识其学说的宗旨与目标，可谓切中肯綮，一语中的。我用"教化的哲学"或"教化儒学"来提揭儒学的精神，道理即在于此。

儒家的教化方式，可以简要地用《易传》"以神道设教"一语来概括。儒家"以神道设教"，就是因任于传统社会所固有的一套信仰系统以行其教化于社会生活。帛书《易传·要》篇记孔子为子贡解释其何以"老而好易"有云："吾与史巫同途而殊归者也"。"吾与史巫同途而殊归"一语，既指点出了儒家义理体系与社会信仰系统之相关性与异质性相统一的关系，亦揭示出了儒家之基本的教化方式。史巫、祝卜之职事，代表了中国古初文明时代普泛行之于社会生活的一种宗教信仰系统。孔子并不排拒史巫祝卜之道，他自称"百占而七十当"，可见其对此亦习之如常且驾轻就熟。在这一方面，他与史巫祝卜及其所代表的那一套行之于社会生活的神灵和信仰的系统，可以说是"同途"。而从另一角度讲，孔子与史巫祝卜之道所追求的目标与意义，却又有根本的不同。孔子之占筮，目的要在"求其德"，"观其德义"。这个"德"或"德义"，指《周易》

所包含的哲理的内涵与道德的指向。在这个意义上说，孔子与祝卜史巫之道，又可以说是"殊归"。荀子说："卜筮然后决大事，非以为得求也，以文之也。故君子以为文，而百姓以为神。"这个君子"以为文"与百姓"以为神"，内容相同而意义却迥异。意义不同，是"殊归"，它赋予了儒学作为一种哲学义理体系的独立性特质。内容相同，是"同途"。这个与社会生活中的宗教信仰和神灵系统的"同途"，使得儒家的哲理，同时又能够紧密切合于社会生活，对社会生活起到一种意义转化、思想升华和精神引领的作用。因此，儒学虽是哲学而非宗教，却又具有宗教性与普泛的教化功能。这是儒家落实其教化于社会、人生的一种重要且很巧妙的方式。

2. 儒家与社会信仰系统这种"同途而殊归"的关联性，同时亦回馈性地规定了儒学作为一种形上学或哲学的思想内涵。在儒家的形上学系统中，"教化"乃是一个存在实现先行的观念，它所标志的，是一种本人的存在实现以证显道体而非认知的哲学进路。因此，人性论或心性论，构成了儒家哲学的形上基础和基本的内容。本书"续说之二"一编，对儒家的人性论或心性论问题，作了一些新角度的理论诠解。

我们讲"人性论或心性论"，并非把人性论与心性论视为平列的两个论题。儒家哲学以人的存在实现为进路，其言人性，乃是落实到"心性"（包括性情）的论域来动态地展示人性的具体内涵，而非像西方哲学那样从人性诸要素与可能性的角度对人性做抽象静态的分析。

儒家论性，必即心而言性，即情而言心。不过，这个"情"或情志的内容，并非西方从认知分解的意义上所言与理性相对的非理性。儒家落实于心性论（包括性情论）的论域以言人性，是以性即心而显诸情，即在情志的活动中以动态地展显人性的内涵。因而，儒家是从内容而非在形式上论性。比如，儒家常从恻隐、辞逊、不忍、亲亲等情态上展显人性之整体内涵。这就产生一个问题，儒家既基于情感实存之内容以言性，则此"性"是否会因此而降格为康德所言实质的偶然性？学者论儒家良心、四端诸说，或视之为天赋道德情感，或视之为实践习成之情操，对之做固化和现成性的理解，多不能得其要领。

其实，儒家所言道德情感，并非如西方非理性派哲学所理解的那种"本能"一类的现成的道德要素。思孟一系学者用"端"这一概念来指称人心之不忍、恻隐、羞恶一类情感表现，很好地凸显了儒家对道德情感之独特的理解方式。孟子有"四端"之说。而其所谓人心之善"端"，乃由子思《五行》而来。孟子据"四端"为例揭橥人性本善之义，然其所谓"端"，却并不局限于"四"。《孟子·告子上》第六、七、八章，我称之为孟子"论才三章"。"论才三章"所言"才"，是在"与人相近"的"好、恶"之情上呈现人的"良心"或"仁义之心"。良心以"好、恶"迎拒事物，必缘境而显现为当下性的种种"端"。孟子举"四端"为例说明此"端"的逻辑内涵，认为人心本具一种"能、知"一体的逻辑结构，"端"，则是人心作为"能、知"共属一体的原初存在方式，在其具体境域中的一种当场性和缘构性的必然情态表现。因其当场性与境域性，此"端"必呈现各各差异而不可重复之种种样态，决非可为某种或几种现成性的道德情感所范限。细绎思孟文献，诸如不忍、不为、恻隐、羞恶、辞让、恭敬、是非、孝悌、亲亲、敬长、耻、忸怩、无欲害人、无穿逾、无受尔汝、弗受嘑尔、不屑蹴尔之食等，皆可为此"端"之不同样态，并由之推扩而成德。因其"能、知"本原一体之结构，则此"端"之作为"能"之情态表现，又本具"智"的内在规定，而必然具有道德的指向与决断。这个本然的指向，缘其"好、恶"又必包含肯定与否定两个向度。其"好"，由"智"之规定与"是"相应，而构成人类之善的存在性与动力性基础（如不忍、恻隐、恭敬、亲亲等）；其"恶"亦由"智"之规定与"非"相应，而构成为人性排拒非善的一种自我捍卫机制（如羞恶、不为、耻、忸怩、无受尔汝等）。可见，在思孟一系的心性论中，既不存在现成性天赋道德情感的观念，亦不存在无本然道德指向的所谓"自然情感"的观念。据此，儒家人性本善的观念乃能得以证成。

值得注意的是，在近年的儒学研究中，荀学有渐成显学之势。而有关荀子人性论及其政治伦理学说的理论自洽性问题，迄未见有令人满意的解答。在我看来，解决这一问题的关键，是要从荀子的人性结构论入手，来理解其人性论的思想内涵。荀子论人性的结构，强调人的实存活动及其情欲要求必受制于心知及其抉择之支配，据"心之所可"以规定其实现的途径与行为的原则，由之而获得其正面（善）或负面（非善或恶）的道德价值和意义，而非直接现成地顺自然而行。由此人性的结构来看，荀子之言"性恶"，只是针对孟子性善论的一种权说，其实质是强调人性中本无"现成的善",而非言人性中具有"实质的恶"。

《荀子·王制》说:"始则终,终则始,若环之无端也……天地者,生之始也;礼义者,治之始也;君子者,礼义之始也。为之,贯之,积重之,致好之者,君子之始也。故天地生君子,君子理天地……"在荀子看来,其理论的体系,乃以君子为中心构成为一个首尾闭合的理论圆环,是完满周洽的。不过,由于荀子所谓情欲"从心之所可"之"可"的内容,须由"伪"或人为的历程来规定,故其人性的结构,尚存在向着"善、恶"两端的开放的可能性。为此,荀子提出一种目的论善性的观念,以确保前述理论圆环的必然性与自洽性。荀子善言"类",以为人之类性及理或道规定了其存在之终极的目的,故人作为一个"类"的存在,本内在地具有一种自身趋赴于善的逻辑必然性或目的论意义之善性。是以其在政治上并未导致外在强制之说,在道德上亦主张自力成德,而未导致他力的救赎说。其政治伦理哲学的体系,亦由此而获得了一种终始相扣的理论自洽性。人的实存"从心之所可"的人性结构论与目的论的善性说,共同构成了荀子人性论学说的整体内涵。

如前所述,孟子所言心,本具"能、知"一体的逻辑结构。荀子情欲"从心之所可"的人性结构论,可从与之对立的一面,映射和凸显出孟子心性论这一"能、知"一体结构的逻辑意义。但必须强调的是,荀子对性伪之分立性的理解,使其所建立的人性结构,仅具形式的意义而流为一个"空"的结构,须由此结构之外引入一目的论的原则,以达成其理论的自洽性要求。因此,儒家教化及其伦理的系统,只能回归并建基于思孟一系的人性本善论,才能终成一自身周洽必然的思想体系。

3. 儒家以求道、达道为最高的目标。通过追溯圣道的本原,以建立当下性的学术新统,成为每一代儒学思想生产和创造的一个重要的环节。"续说之三"一编,着重探讨了这一方面的内容。

孔子自述其志,曰"朝闻道,夕死可矣"(《论语·里仁》),"闻道"被孔子视为人生的最高目标。历史上对孔子的"闻道"说解释纷歧。吾意此所谓"闻道",应据简帛《五行》篇和《孟子·尽心下》末章,解作"闻而知"道。

先秦儒言"知道",有"闻而知之"和"见而知之"的区别。出土简帛《五行》篇讲"闻而知之者圣""见而知之者智",孟子继之而提出一种圣道的传承的谱系。这个圣道传承的谱系包括两类人：一是"闻而知之"者，即尧、舜、汤、文王、孔子一类的圣人；二是"见而知之"者，即禹、皋陶、伊尹、莱朱、太公望、散宜生一类的智者或贤人。按照《礼记·乐记》的说法，一代文化文明之创制，有"作"有"述"。"知礼乐之情者，能作；识礼乐之文者，能述。作者之谓圣，述者之为明。"从文字学上说，"圣"与"听"本一字之分化。圣者之谓圣，在于其能直接倾听天帝的声音，其心对越上帝，无所依傍，独与天道相通，故能独标新统，开启一个新的时代或思想传统，此之谓"作"。文化之初创，出自圣人之"作"而直承于"天道"。"礼乐之文"，指有形的制度形式仪节器物，即今所谓文明一面言。圣人本于天道之创作，必施之于有形之制度或文明，方能形成一种传统，此即智者贤人之所"述"。然一种思想、文化，当其形诸文明，历久必有滞著僵化之积弊发生，故又将有后圣起而革新革命，以开创新局。是以思想、文化、文明之演进，必有因革损益，乃能有生生不息、日进无疆之发展。思孟的圣道传承论，区分"闻而知之"与"见而知之"两类"知道"方式与"道"的担当者，讲的就是这个道理。

需要指出的是，思孟这一圣道传承论，特别凸显了"闻而知之"的圣者直接倾听天或上帝声音，独与天地精神往来的超越性和原创性的作用。孔子生当春秋季世，礼坏乐崩，道术为天下裂，因之祖述尧舜，宪章文武，起而担当斯文之再建。孔子溯源其道于尧舜，以为尧舜之道，首在"则天"法天。其自述求道行历，乃言"五十而知天命"，又自称人莫我知，而独得相知于天。可知孔子所终生追求的"闻道"，实即"闻而知"道、得道。思孟一系的圣道传承论，实出自于孔子。

儒学并非现成摆在某处的一种客观的知识系统，而是因应时代变化而不断自身创造着的活的思想和文化精神。孔子之后的儒学发展，孟子与朱子可以说是两位最具思想原创力的哲学家。二者的思想创造，有一个共同的特点，即具有强烈的学术根源性与学术新统建构的意识。孟子的思想学术创造，首先注重圣道传承谱系的建构，此点已如前述。另一方面，又特别提出一套孔曾思孟学脉系统的论述。孟子的圣道传承论，乃基于一种思想学术之根源性的意识。其有关孔曾思孟学脉系统的论说，则着眼于当下学术新统的建构。朱子建立圣道传承和思想学术的谱系，亦有两个方面，一是古代的圣道思想学术传承谱系，简称"道统"；二是北宋以降以周敦颐、二程为开端的思想学术传承谱系，简称"道学之传"。前者意在为道学之创构寻根求源；后者意在建立一个当代性的学术新统。孟子与朱子的区别在于，孟子的根源性意识，着重在天道形上性的本体层面，朱子所论道统，似更着重于圣道之"心传"的历史性层面。孟子、朱子这种道统与学统意识，对于中国思想和哲学的当代性重建，具有重要的借鉴意义。

4. 儒家言教化，是要经由人的实存之内在的转变及德性的养成，以实现其存在的真实。而人的德性及存在的实现，则必展开为一个诚中形外的合外内之道。故儒家之言教化，特别关注个体独立人格与合理性伦理政治秩序这两端之互通与互成。本书"续说之四"，即着重讨论这一方面的问题。

儒家的德性论与工夫论，目的在于君子人格之养成。其论君子，特别强调君子人格之转世而不为世转的独立性和独特性的意义。《易传》以"遯世无闷"喻"龙德"或君子之德："不易乎世，不成乎名，遯世无闷，不见是而无闷；乐则行之，忧则违之，确乎其不可拔，潜龙也。"（《乾·文言传》）"泽灭木，大过。君子以独立不惧，遯世无闷。"（《大过·大象传》）《礼记·中庸》亦引孔子说："君子依乎中庸，遯世不见知而不悔，唯圣者能之。"孟子则称"居天下之广居，立天下之正位，行天下之大道，得志与民由之，不得志独行其道，富贵不能淫，贫贱不能移，威武不能屈"者为"大丈夫"（《孟子·滕文公下》）。都表现了这一君子人格的理念。《论语·宪问》："子曰：莫我知也夫！子贡曰：何为其莫知子也？子曰：不怨天，不尤人，下学而上达。知我者其天乎！"儒家常用"独"或"慎独"这一概念，来表征君子人格这种独立性的特征。因其"独"，故人莫我知。人莫我知，而又能不知不愠，不怨不尤，遯世无闷，独立不惧，确乎其不可拔，斯可谓之君子。君子臻此境界，乃取径于"下学而上达"之路。孔子所展示的这一"下学而上达"的培养君子独立人格的途径，揭示出了儒家君子人格一个重要的特征："独"与"通"的内在统一。最高的德，必为独得于心的"独"或"独知"，独得、独知，乃能达天人之相通，拥有充分而完全的、关涉于他人世界的共通性与敞开性。这样一种君子的人格成就，虽"独"而不碍其为"通"，虽特立独行，却并不孤独。人不知而不愠，不怨不尤，遯世无闷，唯圣者能之，正是人生修养所至最高境界的表现。

此独与通之互成，其"通"的一端，乃展现为一社会化与普遍化的历程。因此，一个合理的伦理政治秩序的建构，对于人的存在之实现，具有重要的意义。儒家伦理政治之最高理念，则为王道。儒家的王道论，体现了一种"道义至上"的精神。儒家区分"王、霸"，既强调二者在内在价值原则层面上的根本区别；亦特别注重二者在惠及社会及其功业成就层面所存在的意义相关性和重叠性。儒家强调，作为伦理共同体的最高原则，必须是"仁义"或道义，而绝不能是"利"。唯以道义为终极目的和最高原则，功利事功乃能被点化、升华而真正作为"人"的价值被实现出来，从而构成为这"王道"的本真内涵和内在要素。儒家的王道论可以概括为：一种在道义原则基础上的道义——功利一体论。

在社会教化方面，儒家特别强调为政当以德教为先务。为政者之爱民，不仅要表现于物质方面，尤当"爱人以德""爱民以德"。孔子"民可使由之，不可使知之"之说，最能体现儒家这种政治的理念和人道的精神。近年出土的郭店简《尊德义》等相关文献，对我们理解这一点，具有一种重要的意义激活的作用。"民可使由之"这一使令动词后加兼语、加谓词性词组构成的兼语句子，表现了儒家独特的教化方式。通过这一句式的分析可以看到，"民可使由之"之"之"，既非指"民"，亦非指"王"，而是指"王教"、礼乐或"道"。此礼乐或"道"，是为政者和天下百姓所应遵循的最高原则，而王与民当共由之。"民可使由之"这种为政、教化的方式，其精神本质就是要把"民"先天所本有的"道"在民自身中实现出来，而其实现的途径，则是"德教"。在这里，君与民、教与学之双方，皆被视为循"道"之主体，而王道教化之目标，则不仅是要成就其君为"王者之君"，同时亦要成就其民为"王者之民"。儒家反对使民"知之"，其所拒斥的乃是人主以强力推行其政令那种愚民的暴政，孔子"民可使由之"之说，绝非一种单纯为人君谋的统治之术。其将人先天固有之道"还"给人自身，导民由乎其道以实现其自身价值的政治理念，体现出了一种高远的政治理想和切实的人道精神。

5. "续说之五"包括有关教化儒学理论的一组专题性短论。如：与一般哲学家所言真善美不同，《德、艺、知简说》一文把中国哲学的形态理解为一个以德为本而统摄德、艺、知为一整体的结构系统。《人唯求旧器唯求新》一文，则从"人"与"器"之趋向于"求旧"与"求新"的特点，来理解人文、信仰与科学理性、现代性的关系。认为"人唯求旧"表现了一种文明回向于历史源头之差异化以建立信仰的活动，而所谓普世性的价值须由此奠基，科学义理的"器"世界之不断趋新，亦将由此而获得其合宜的方向性及原创性之动力。《文化焦虑浅议》一文旨在论述文化认同。认为文化焦虑并非认同的对立面，而是认同这一过程中个体自身差异甚至分裂之自我意识的情态性表现。认同并非个体在共同体中的消失，个体差异与共在性始终存在张力的关系，其情态的表现即是焦虑。焦虑作为自我认同与精神价值之可望而不可即所生之生存情态，内在于认同意识，因此，这种焦虑通过教化过程的化解与升华，将赋予认同自身以立体性的深度，具有积极和正面的价值。

"续说之六"论哲学方法。认为哲学作为密切关联于人的生命存在的学问，其方法必是内在于其思想内容的方法。中国当代哲学研究所面临的一个重要问题，就是它的方法与内容的分离；与之相应，解决这一问题的途径，亦在于将这方法收归于其自身的内容。我们主张"将方法收归内容"，是说现代中国哲学的方法须于中国思想学术传统中整体性和创造性地转出，由此找到属于中国哲学自身的方法，建立真正属于中国文化自己的当代中国哲学。

本书另有"附录"两编。"附录一"由我近年所作书评、书序、人物评论及有关我的个人访谈等数篇文字组成。其中涉及对教化儒学的思考者，亦有可观之处。"附录二"收录了许家星、程旺两位青年学者研究教化儒学的两篇论文，也可作为参考。

6. 我是一个笨人，只能沿一条道走到黑。本书名为《教化儒学续说》，表明我近年的所思所述并没有离开自己原来走的那条道。当然，既然要思考，总要有些进展和变化，上述有关本书内容的粗略勾勒，已经表现了这一点。

本书的内容，大多已在报刊上发表过。近两年，我的学生程旺博士多次提醒督促我把这些文字整理成书。我生性疏懒，一拖再拖，直到戊戌岁末，才将此事提上日程，动手把上述内容条例布局，裒为此编，列入"哲学与文化"丛书系列，交由中国社会科学出版社出版。此书之编定，多有赖于程旺博士的敦促推动和辛勤付出。我 2017 年罹患眼疾，做了三次手术，一年多时间不能读写。我的学生云龙、马晓慧、王宇丰几位博士帮我记录整理由我口授的数篇文字，也收入了本书。在此期间，程旺和许家星博士也曾帮我完成了另外两本书稿。他们的帮助，使我在那段艰难的日子，仍能延续学术的思考而不致就此沉沦不返。借此机会，我要对他们表达我由衷的感谢！同时，我也要对资助本书出版的"哲学与文化"丛书出版计划、给予本书出版以大力支持的中国社会科学出版社和冯春凤编辑，致以诚挚的谢意！

本书为国家社科基金重大项目"中国传统价值观变迁史"（编号14ZDB003）的阶段性成果。

李景林

己亥仲秋 谨识于北师大励耘九楼寓所

续说之一

义理的体系与信仰的系统
——考察儒家宗教性问题的一个必要视点

儒家的宗教性是一个很重要的问题。我认可儒家并非宗教但有宗教性的观点。但是，怎么理解儒家的这个宗教性，却是一个困难的问题。本文拟从儒家与中国传统社会的信仰系统之关系入手，对这一问题提出自己的一点浅见。

一 哲理与信仰

儒学既是一个哲理的系统，又在中国传统社会中承担着核心的教化的职能。它与西方的哲学与宗教既有区别，又有相通之处。儒学的这一特点，使我们难以给出一种儒家是否宗教的简单判断。认定儒家是宗教的学者，对儒家与一般所谓之宗教有显著的区别这一点，其实是心知肚明。而否定儒家是宗教的学者，则无法对儒家在中国社会有类于宗教的教化功能做出令人信服的说明。

学界有关儒家宗教性的讨论，虽观点纷歧，然要而言之，实质上都和儒家与中国传统社会的信仰系统之关系这一问题有关。

肯定儒家是宗教的学者，往往引中国礼乐、礼仪传统中有天帝、鬼神祭祀的内容以为根据。不过，这里需要指出的是，中国社会天神、地祇、人鬼的神灵及与之相关的祭祀礼仪系统，在孔子之前便已存在，并普泛地渗透于古代社会生活的各个方面，并非为儒家所专有。或有论者采取将儒教的传统追溯到孔子之前的方法来论证儒教是宗教。但是，古来言百家之学，皆自老孔墨始。西周以上，学在官府，其礼乐文明及其宗教伦理传统，为百家诸子之共同的思想文化渊源，并不能归之于一家。其时所谓

"儒",为术艺之士之统称。孔子区分"小人儒"与"君子儒",以"道"贯通于术艺而为其本,始成儒家之所谓"儒"。① 《汉书·艺文志》谓儒家"游文于六经之中,留意于仁义之际,祖述尧舜,宪章文武,宗师仲尼"。是言儒家以六经为其经典,以仁义为其道和思想之原则,以孔子为宗师或其学脉之开创者,并上溯于文武以至尧舜以明其思想文化之渊源。《汉书·艺文志》对儒家的这个概括,是全面的,也是准确的。因此,讨论儒学的宗教性问题,需要切实地研究儒学与传统社会祭祀礼仪及其神灵系统的关系,但却不能直接、笼统地把传统社会的宗教神灵和观念归之于儒家。

否定儒家为宗教的学者,则往往据孔子"不语怪力乱神""敬鬼神而远之"的态度,认为孔子否定了传统天命观念的人格神意义,不信鬼神,甚至为儒家加上一顶"无神论"的桂冠。其实,孔子所反对的,只是时人所流行的对于神灵的功利态度,并非否定神灵。一般人亵近神灵,甚或谄媚鬼神,非其鬼而祭之,实已忘其本分与夫人道之当行,而外在地祈神邀福。孔子所反对者在此。以后儒家特别批评"淫祀",其意亦在于斯。孔子"迅雷风烈必变"②,敬畏天命,祭神如在③,对天命至上神,保持一种内在的诚敬之心。儒家尤重丧祭礼仪,对其思想文化内涵,有系统的诠释,并特别强调致祭者的诚敬与敬畏之心对于道德养成及其形上价值挺立之意义。④ 因此,认儒家否定神灵或人格神的说法,根据是不充分的。

当代新儒家对儒家的宗教性问题亦有深入的思考。新儒家学者论儒家的宗教性问题,主要是通过对宗教的重新定义,从儒家所具有的"内在超越"精神的角度,来揭示儒学的宗教意义。

唐君毅、牟宗三先生以儒家主张人有超越性的本心本性或无限智

---

① 《论语·雍也》:"子谓子夏曰:女为君子儒,无为小人儒。"何晏《集解》:"孔曰:君子为儒将以明道,小人为儒则矜其名。"
② 《论语·乡党》篇。
③ 《论语·季氏》篇:"孔子曰:君子有三畏:畏天命,畏大人,畏圣人之言。小人不知天命而不畏也,狎大人,侮圣人之言。"《论语·八佾》篇:"祭如在,祭神如神在。子曰:吾不与祭,如不祭。"
④ 李景林:《儒家的丧祭理论与终极关怀》,《中国社会科学》2004年第2期。

心，而能践仁知天，即人文而达于超人文之境，即道德而遥契超越的天道，而将其定位为一种"人文的宗教"或"道德的宗教"。此说实已突破了学界对宗教的一般理解。值得注意的是，第二代新儒家更关注儒家义理与社会生活的内在联系。牟宗三先生从儒家即礼乐作为人的"日常生活之道"而"启发人的精神向上之机，指导精神生活的途径"这一层面，来理解儒家思想的宗教意义[1]；唐君毅先生亦特别关注儒家三祭（祭天地、祭祖宗、祭圣贤）之礼的实践和宗教意义，都表现了这一点。强调儒家通过礼乐特别是丧祭礼仪关涉于社会生活，这一点对于理解儒家的宗教性，具有关键性的意义。但是，古代"非天子不议礼，不制度，不考文"[2]，制礼作乐，为天子之事。礼乐制度及与之相关的礼俗和信仰系统，属于整个社会，并非专属儒家。儒家的角色，是礼乐和社会信仰系统的思想诠释者，而非其创制者。对二者之间的关系，仍有必要做出适当的分疏。

第三代新儒家继承了前代"内在超越"的思想理路，试图赋予宗教概念以更宽泛的涵义，着重从儒家学理系统本身来理解其宗教意义。刘述先先生反对把基督教作为宗教的一般模型，以神的观念为中心来定义宗教的思想理路，转而借鉴美国神学家田立克的观点，以超越的祈向和人的终极关怀来重新定义宗教信仰，用以诠释儒家的宗教性。据此，他认为，孔子之"天"的观念，已全无人格神的特征，但却仍具超越性的意义。"仁"是儒家所遵循的"道"，这个"道"，既超越又内在。人自觉地承担起弘道的责任，乃能通过既尊重内在又尊重超越的两行之理的体证，建立其安身立命之所。[3] 刘述先先生通过重新定义宗教概念的方式来揭示儒学的宗教性义涵，这在现代新儒家对儒家的宗教性反思中，颇具代表性的意义。

应当说，当代新儒家对儒家"内在超越"观念的理解，准确地把握住了儒家思想的精神特质，具有重要的哲学意义和理论解释力。把拥有一种终极关怀、宗教信仰和超越的祈向当作宗教的核心要素，据此来讨论儒

---

[1] 牟宗三：《中国哲学的特质》，上海古籍出版社1997年版，第94—97页。
[2] 见《礼记·中庸》。
[3] 郭齐勇：《当代新儒家对儒学宗教性问题的反思》，《中国哲学史》1999年第1期。

家的宗教性，这一点也没有问题。① 不过问题在于，刘先生认为儒学的天、道观念已不复有古代社会天帝观念的人格神的意义；在此前提下，如果仅仅把儒学的超越性的指向和终极的关怀局限为一种"道"或"理"，尽管我们可以把这种"道"或"理"理解为一种"生生"之"道"，生命之"理"，但仅就儒学自身而言，它是否可以成为一种"宗教信仰"，对这一点，仍有必要作进一步的讨论和思考。

其实，田立克不仅用终极关怀来定义宗教信仰，同时对哲学与宗教关涉终极实在的方式亦作了明确的区分。在《信仰的动力》一书中，田立克指出，哲学与信仰虽然都关涉终极实在，但哲学对这终极实在的显示，主要通过概念对存在作基本结构描述的方式来达成。而宗教则是通过象征的方式来寻求终极的意义。宗教的信仰，总是以上帝作为基本的象征，并把我们所可归诸上帝的诸如全能、慈爱、正义等神圣性及一系列神圣事物、事件、仪式、教义等，通过神话的形式汇合为一个象征的系统，由此而向我们开启那终极的意义。二者的区别还表现在，哲学对显现终极实在之存在结构的概念描述，是超然的或对象性的；而信仰对于终极意义的关怀，则表现为一种卷入性的参与或全身心的投入。基于宗教信仰的绝对性、无条件性，那些对有限性现实事物的追求和崇拜（譬如对金钱、成功的追求、国家崇拜、无神论等），则理应被排除在宗教信仰和终极关怀之外。②

田立克对哲学与信仰的区分，对我们理解儒学的宗教性这一问题，具有重要的意义。一般宗教都有自身的一套哲学理论，但它的内容乃围绕神话和神灵的象征系统展开，其作为哲学，可称之为是一套神学意义的哲学。它宣讲这套义理的活动，意在布道，而非讲学。哲学却不同。它通过理性的概念来展示存在的结构和意义，以一种可理解性和公共性的逻辑、知识形态展示于人。在现代社会，布道须限于特殊的场所，而哲学则可进

---

① 应当指出，我们可以把终极关怀或者宗教的信仰作为宗教的一种核心要素，但讨论宗教概念，不能局限于此。它应当还包括教义、经典、仪轨、制度、组织、场所、神物、法器、神职人员与仪式行为等要素所组成的一套系统。即便我们不给宗教下一种确定的定义，这些内容似乎亦不能不予以考虑。

② Paul Tillich, Dynamics of Faith, Harper & Brothers, New York, First Harper Torchbook Edition Published 1958, pp. 90 – 92、44 – 54.

入公民教育等公共的领域，二者的差异于此亦可见一斑。如康德要限制知识，以为信仰留下地盘。但他由实践理性引出意志自由、灵魂不朽、上帝存在三个理念，其实只是一种理论圆满之逻辑必要性的设定。其所谓道德的宗教，其意义亦在于为何谓真正的宗教提出一种理论的判准。康德对信仰和宗教的讨论，仍是一种关于信仰与宗教的哲学理论。同样，儒家有一套自己的形上学的理论，其有关天、命、性、道等终极实在的讨论，亦是以概念和反思方式所进行的一种义理的建构，而并非用神话的方式对终极意义作一种象征性的开启。在这个意义上，当代新儒家谓儒家的天、天道观念弱化甚至否定了古代社会天帝观念的人格神的意义，是准确的。但这样一来，儒家的形上学学说，则只能说是哲学而非宗教。现代亦有学者根据儒家作为中国文化之主流，而否定中国文化有宗教信仰。① 从这个角度看，单就儒家的学理体系立论，无法对儒家的宗教性作出合理的说明。

田立克虽以终极关怀来定义宗教信仰，但同时又强调，宗教信仰的特征在于通过上帝、神圣性、神圣事物所构成之象征系统以开启终极的意义。可见，这个定义，在对宗教之本质内涵的理解上并未有实质性的改变。一种真实的宗教信仰，必须具有一种超越的指向性；这个超越性，最终会指向一种以位格或神格为中心的象征系统。西方的宗教是如此，中国传统社会的天、天命和上帝信仰亦是如此。一种有关终极实在的哲学理论，可以引发对其所描述的终极实在之意义的理解或兴趣、关切，但其本身并不能建立一种信仰。因此，信仰的终极指向不能只是一种主义或道理。② 纯粹作为本体的"神"的逻辑理念，亦无法构成为信仰的对象。同时，真实的信仰对象，亦不能是任何一种现实的人格或实存物，而必为一种具有超越意义的位格性存在。如果我们把某种实存物当作信仰的对象，就会导致拜物教；在政治上，如果我们把一种实存的人格当作信仰的对

---

① 近来即有人根据儒家的哲学和政治理论，提出"中国人没有宗教信仰，但有文化信仰"和"政治信仰"的说法。见赵启正《中国人没有"宗教信仰"但有"文化信仰"》，《人民日报》，2013年5月14日第5版。

② 吉林大学王天成教授在一次座谈中指出：现在人总是说要把某种主义确立为自己的信仰，而主义作为一个学说、一种道理，至多只会引起一种兴趣，或一种爱好，而不能引申一种信仰。信仰的对象不能只是一种主义或道理，必有其位格性。此说与田立克的宗教信仰说有相合之处。本文的讨论，受到他的启发，谨此致谢！

象，则往往会导致偶像崇拜，引发政治上的狂热。这种教训，在历史与现实中所在多有，为祸不浅，不可不引以为鉴戒。

哲学与宗教有着明显的区别，这一点，绝不会因吾人对宗教定义的改变而发生根本的改变。哲学形上学与宗教信仰关涉终极实在的方式并不相同。如牟宗三先生所说，儒家"轻松"或消解了"天启"的观念，其立教的重心是以人如何体现天道，而非"以神为中心"或围绕天、天道的人格神意义展开其教义。① 刘述先亦指出，儒家"天""道""仁"的概念，虽具有超越性的意义，实已全无人格神的特征。现代新儒家的对儒学宗教性的思考，实质上更清晰地刻画了儒学的哲学特质。因此，单从儒学的义理系统入手，以求通过改变宗教定义的方式来曲通儒家与宗教，适足以混淆模糊哲学与宗教之界限，而于儒家宗教义之证立，似并无助益。

同时，哲学与信仰又非绝对对立。事实上，历史上那些最重要的哲学体系，总是兼具伟大的思想力量和对其描述所显示的终极意义的强烈关切，这往往与哲学家个体的宗教信仰或终极关怀密切相关。② 不过，西方哲学与宗教信仰之间的关联方式，却有很大的区别。西方哲学与宗教在职能上有明确的分工，哲学可以通过其有关终极存在的理论，施其影响于宗教的信仰，但它本身与个体以及社会的宗教生活之间却并无直接和必然的联系。中国古代社会本有一套以天帝信仰为中心的神灵信仰和礼仪系统。一方面，这套系统产生于孔子之前，乃属诸整个古代社会生活，并非儒家所专有。另一方面，儒家学者并不否定中国古代社会的天命天帝信仰，其形上学的体系，亦由对古代社会的信仰系统及其礼乐传统的反思与义理的建构而成，并非一种自身封闭的单纯的哲学理论。它以对社会宗教信仰和礼乐系统之反思、升华，并赋予其超越性意义的方式，密切关联并施其教化于社会生活。这种方式，儒家名之为"神道设教"③。神道设教，是儒家引领中国社会精神生活以实现其终极关怀的一个重要途径和教化方式。

因此，要准确理解儒家的宗教性问题，既不能取"案文责卦"的方式，在宗教定义这一点上兜圈子，单从儒家的义理系统来立论，亦不能简

---

① 牟宗三：《中国哲学的特质》，上海古籍出版社1997年版，第103—106页。

② Paul Tillich, Dynamics of Faith, Harper & Brothers, New York, First Harper Torchbook Edition Published 1958, pp. 91 - 92.

③ 《周易·观·彖传》："观天之神道，而四时不忒，圣人以神道设教，而天下服矣。"

单地把属诸整个社会的信仰系统归之于儒家，而需要厘清儒家义理体系与传统社会信仰系统的区别与联系，从儒家教化方式的角度来开辟新局。

二 神格与神道

中国古代的哲学，乃由宗教转化而来。前孔子时代宗教观念的一个重要特点，就是它重视信仰对象的神道方面，而不重在其神格方面。① 这一点，对前述儒家"神道设教"的教化方式之形成，有很大的影响。

我的老师邹化政先生所著《先秦儒家哲学新探》一书，对前孔子时代的宗教观念提出了一个独到的观察视角：

> 在回教、犹太教、基督教的神道观念中，强调和突出的与其说是它的道，毋宁说是它的至高、至上的人格和意志本身，而它的道却是非常抽象的。与此相反，中国人在殷周之际的神道观念，强调和突出的与其说是它的那个主体——至高至上的人格或意志，毋宁说是它的道，是它主宰人伦与自然统一体的规律系统，并且把这规律系统具体化为各种特定的礼义形式。中西方的这种差别，决定了中国人一元化的宗教意识，难以得到充分的、独立的发展，它必为有关这个天道观念的哲学意识所代替，特别是为儒家哲学意识所代替。②

邹师此书，出版于25年前，其写成更早在"文化大革命"期间，但其有关中国古代宗教观念的这一观察视角，至今对我们仍有重大的启示意义。邹先生这一观察角度的核心点，是把宗教的神道观念区分为至上人格与"道"两个方面，并从二者之间的关系的角度来理解中西方宗教的区别。

从这一观察角度看，宗教信仰的对象是神。这个信仰的对象，可以概括为两个方面，一是其神格，一是其神道。西方的宗教的特点，所凸显的

---

① 三代宗教从其演进的历程看，有其阶段性的区别，对此，学界已有很深入的探讨。与本文的问题相关，我们所关注的是它的结构性的特征。

② 邹化政：《先秦儒家哲学新探》，黑龙江人民出版社1990年版，第73页。

是其"至高至上的主体",亦即其神格方面的意义,而其"道"或神道这一方面,却非常抽象。其对神道内容的探讨,乃围绕着神灵主体或神格来进行。由此形成的神学系统,其所表述者,乃是一个超越于现实世界天国神界。中国古代的宗教观念的情形却正好相反,其关注的重点在"神道"而不在"神格"。三代宗教的核心概念是"天命"和"上帝",法则昊天上帝,亦是当时人所流行的观念。但这上天之则①或神道的内涵,则是统合自然与人伦之道为一体的礼义道德原则。在这里,神与人乃统合为一,并未抽离为两个独立的世界。

20世纪80年代,一些西方学界的华人学者提出"连续性"这一概念,来考察中国古代文明和宗教观念的特征。对理解这一点,也有重要的借鉴意义。

张光直用"破裂性"与"连续性"两个概念,来区分中、西方两种文明起源的特征,把中国文明称作"连续性"的型态,把西方文明称作"破裂性"的型态。②张先生所谓的"连续性",指的是人与自然或文明与自然之间的连续,即人与他所从出的自然之间,始终保持着一种内在的联系。"破裂性"文明的特征,则是人借助于其所创造的世界和文化、文明,将自己与原初自然的世界和环境分隔开来。张光直先生用"连续性"这一概念,主要是要揭示中国文明起源的特征。杜维明先生则用"连续性"这一概念来探讨中国人的自然观和宇宙观。在《存有的连续性:中国人的自然观》一文中,杜先生用连续性、整体性和动力性三个关键词来论述中国人的自然观或宇宙观的特点。这三个关键词,所表现的是一种对宇宙存在及其过程的理解。在这里,宇宙被表征为一个有机的、连续的生命过程(连续性);其次,它的所有部分都具有内在的关联,因而整合构成为一个有机的统一体(整体性);同时,它又表现为一个开放的、内在转化生生不已的生命创造过程(动力性)。杜先生强调,这样一种"存有连续性"的思想基调,不仅表现在中国的哲学中,亦普遍地贯通于中国古代宗教、伦理和美学的观念中。③

---

① 《诗经·大雅·烝民》:"天生烝民,有物有则,民之秉彝,好是懿德。"
② 张光直:《连续与破裂:一个文明起源新说的草稿》《从商周青铜器谈文明与国家的起源》两文,见氏著《中国青铜时代》,生活·读书·新知三联书店1999年版。
③ 《杜维明文集》第三卷,第222页以下,武汉出版社2002年版。

分化是文明产生的前提，文明首先表现为人所创造的世界与自然的脱离。但这种分化并不必然导致人与自然的分隔和隔离。中国在夏代已进入文明社会，在宗教上，也已形成了天、帝至上神的观念，并且经过一个逐步理性化的过程，从殷代的祭祀文化到周代的礼乐文化，由"自然宗教"发展为"伦理宗教"，从而形成为一种"真正的宗教"。[①] 不过，中国古初文明时代的国家，乃由原始氏族制度转化而来，国家社会组织仍主要以氏族和宗族关系而非地域关系为基础。从古史的记载看，中国原始氏族时代曾有过一个"家为巫史""民神杂糅"[②] 的阶段。文明社会地上王权的建立，导致王者对通天之权的独占，促成了神人的分化与统一的至上神的产生。中国古代进入文明的方式及其宗教系统的形成，都表现出了一种文明与自然连续性的特征。这种连续性的文明转进方式，使野蛮时代那种自然生命的整全性和整体性意识在文明社会的分化形式中仍然得以保持。

相对而言，讲"文明与自然的连续"，着眼点在文明起源的方式；讲"整体性"的观念，则着眼于宇宙观和对存在的理解方式。后者乃以前者为基础。这个整体性的宇宙观，是强调宇宙存在的各种形态、各个层面，皆内在关联而构成为一个有机的整体。在这个意义上，我更愿意用"内在关系论"这个用语来表征这种宇宙观的特征。杜维明先生强调，这样一种连续性和整体性的存在观念，不能允诺一个在这个宇宙整体之外的"造物主"的观念。[③] 商周的天、帝至上神观念，并非创世神。张光直先生指出，中国有关宇宙起源的神话至早在[④]东周时期才出现，而这种宇宙起源神话，亦属于"变形式的起源说，而非圣经式的创造说"。[⑤] 创造的过程，乃表现为一种混沌的分离和业已存在之物的变形与转化。造物与创世的观念，分神人为两界，是西方"破裂性"文明型态在宗教观念上的典型表现。殷周的天、帝至上神，则内在于宇宙存有和人伦世界而为其神

[①] 陈来：《古代宗教与伦理》第一章第三节；第四章第八、九、十节，生活·读书·新知三联书店1996年版。

[②] 《国语·楚语下》观射父述"绝地天通"一段话。

[③] 《杜维明文集》第三卷，第222页以下，武汉出版社2002年版。

[④] 张光直：《商周神话之分类》，见氏著《中国青铜时代》，生活·读书·新知三联书店1999年版。

[⑤] 张光直：《连续与破裂：一个文明起源新说的草稿》，见氏著《中国青铜时代》，生活·读书·新知三联书店1999年版，第490页。

性的光源与超越性的基础；王者"代天理物"，天帝之神性，乃贯穿并即自然与人伦而显。基于上述连续性和内在关系论的观念，殷周时期的宗教，虽已发展为一种"伦理宗教"的形态，但其至上神，却既非一种"唯一神"，亦非处于此世界之外的造物和创世神。其关注"神道"而不重"神格"，盖由于此。

中国古代的宗教神灵信仰，乃表现为一种以天帝至上神统摄众神的多神系统。《礼记》所记祭祀仪式和对象，内容极其广泛。其制祭的原则是"报""报本复始"，即报恩和追思存在之本原。凡对于人生有"本"和"始"之意义的对象，皆可在祭祀之列。《礼记·祭法》：

> 燔柴于泰坛，祭天也。瘗埋于泰折，祭地也。用骍犊。埋少牢于泰昭，祭时也。相近于坎坛，祭寒暑也。王宫，祭日也。夜明，祭月也。幽宗，祭星也。雩宗，祭水旱也。四坎坛，祭四方也。山林川谷丘陵，能出云，为风雨，见怪物，皆曰神。有天下者，祭百神，诸侯在其地则祭之，亡其地则不祭。

《祭法》又记制祭之原则云：

> 夫圣王之制祭祀也，法施于民则祀之，以死勤事则祀之，以劳定国则祀之，能御大菑则祀之，能捍大患则祀之。是故厉山氏之有天下也，其子曰农，能殖百谷。夏之衰也，周弃继之，故祀以为稷。共工氏之霸九州也，其子曰后土，能平九州，故祀以为社。帝喾能序星辰以着众，尧能赏均刑法以义终，舜勤众事而野死，鲧鄣鸿水而殛死，禹能修鲧之功，黄帝正名百物以明民共财，颛顼能修之，契为司徒而民成，冥勤其官而水死，汤以宽治民而除其虐，文王以文治，武王以武功，去民之菑，此皆有功烈于民者也。及夫日月星辰，民所瞻仰也。山林川谷丘陵，民所取材用也。非此族也，不在祀典。

按照这个"报"或报恩的制祀原则，天地、日月、山川、社稷、祖庙、五祀、河流、先祖、天神、地祇、人鬼，皆在祭祀之列。不仅如此，《郊特牲》讲"天子大蜡八"，所祭不仅有作为农耕创始者的"先啬"，甚至包括猫、虎、堤、渠之神。"蜡之祭也，主先啬而祭司啬也，祭百种以报啬也。"祭猫，"为其食田鼠也"。祭虎，"为其食田豕也"。猫可以捉田鼠，虎可以食田豚，免除庄稼之害，皆于人有益，所以均属"报"的对象。此为古人报本反始，追思本原之方式。其祭祀范围之广，亦由此可见。从这个角度说，中国古代社会的宗教，为多神崇拜。

不过，这个多神的存在，本身亦有其秩序，并非杂乱无章。这一点，可以从祭祀的系统得到理解。《祭法》谓"有天下者，祭百神，诸侯在其地则祭之，亡其地则不祭"。《礼记·曲礼下》亦云："天子祭天地，祭四方，祭山川，祭五祀，岁遍。诸侯方祀，祭山川，祭五祀，岁遍。大夫祭五祀，岁遍。士祭其先。"《礼记·王制》："天子祭天地，诸侯祭社稷，大夫祭五祀。天子祭天下名山大川，五岳视三公，四渎视诸侯，诸侯祭名山大川在其地者。"《公羊传·僖公三十一年》："天子祭天，诸侯祭土。天子有方望之事，无所不通。诸侯山川有不在其封内者，则不祭也。"祭祀关涉于信仰的对象。基于人间的秩序，这个作为信仰对象的神灵系统，也被秩序化了。在这里，天子可以说是"最高的祭司"。唯天子可以祭天，祭天地；诸侯有方望之事，祭名山大川在其地者；大夫祭五祀；士祭其先，形成了一个上下统合的祭祀系统，这个祭祀系统所指向的神灵，包括天神、地祇、先祖等，最后都统合到一个作为至上神的"天"。而这个"天"，本身并没有独立的内容，它的内容就是这样一个人间社会从上到下的伦理的体系。同时，唯天子有祭天通天之权，其祭天通天之意义，亦贯通于不同层级之祭祀活动而赋予其以天人贯通的神圣超越性的意义。

古代的信仰体系以天帝为中心，它虽有意志的力量，但人格性的特征则较弱。它的内容乃举体表现于现实世界的法则和规则。

马克斯·韦伯论中国古代的宗教意识，特别强调"天"之逐渐非人格化的特性，以及"天道"观念与仪式法则和历法作为自然法则的内在关联性："中国的宗教意识把用以制服鬼神的巫术性宗教仪式和为农耕民族制定的历法结合起来，并赋予它们以同等的地位和神圣不可侵犯的性质，换言之，它把自然法则和仪式法则合二为一，融于'道'的统一性中……作为终极的、至高无上的、非人格的、始终可与自己同一的、时间上永恒的存在，这种存在同时是永恒的秩序的超时间的表现。非人格的天威，并不向人类'说话'。它是透过地上的统治方式、自然与习俗的稳固秩序……来启示人类的。"① 韦伯这里所说的"中国宗教意识"的特点，当然只是一个比较笼统的概括，但他对"天"通过仪式和自然秩序性以表现自身这一方式的理解，却是一种合乎实际的深刻洞见。它与前引邹化政先生的观点，亦可相互印证。

古人讲法天、则天。这法天、则天有两个方面的意义，一个方面是与农事相关的历法与政事的内容；另一方面就是对天、对日月星辰的祭祀仪式和祭祀活动。儒家称述尧舜事迹，特别注重其为政行事之法天则天之意义。如《论语·泰伯》："子曰：大哉尧之为君也。巍巍乎，唯天为大，唯尧则之。"《尚书·尧典》："帝尧……乃命羲和，钦若昊天，历象日月星辰，敬授人时。"又："正月上日，受终于文祖。在璇玑玉衡，以齐七政。肆类于上帝，禋于六宗，望于山川，遍于群神。"即表明了这一点。从《尧典》下文所记来看，这所谓"钦若昊天"的内容就是：1."历象日月星辰，敬授人时"，亦即历法、农事；2."寅宾出日""寅饯纳日""平秩南讹，敬至"等祭仪与祭祀活动。这表明，中国古代作为农业社会，其天神信仰，与天文历法的观念有着紧密的关系。

实质上，这两个方面，即人对上天和日月星辰的祭祀活动，其意义完全落实在历法和农事这一方面。《尚书·皋陶谟》："无旷庶官，天工人其代之。天叙有典，敕我五典五惇哉！天秩有礼，自我五礼有庸哉！同寅协恭和衷哉！天命有德，五服五章哉！天讨有罪，五刑五用哉！""天工人其代之"这一命题，很好地表现了这两个方面关系的实质内容。《甘誓》记启伐有扈氏，谓"有扈氏威侮五行，怠弃三正，天用剿绝其命，今予惟恭行天之罚。"《洪范》亦以洪范九畴为天之所畀。《康诰》则强调，孝友之道乃"天惟与我民彝"。三正、五行，亦与天文和自然的律则相关。可知在古人看来，"天生烝民，有物有则"，而包括农事安排、设官职、立政长、创制礼法制度，这一套人事伦理的内容，皆为王者代天行事。"天"和"天意"本身，实际上无外乎此类人伦、人事和政事的内容。

古时又有朔政制度，亦表现和延续了这一传统。《周礼·春官·太

---

① [德]马克斯·韦伯：《儒教与道教》，王荣芬译，江苏人民出版社1993年版，第35—36页。

史》:"正岁年以序事,颁之于官府及都鄙,颁告朔于邦国。"郑玄注:"天子颁朔于诸侯,诸侯藏之祖庙,至朔朝于庙,告而受行之。"《大戴记·用兵》论列桀纣罪状,有云:"历失制,摄提失方,邹大(即孟陬)无纪,不告朔于诸侯。"告朔制度的内容,实亦不外乎上引《尧典》所言观象授时。同时,古时只有天子拥有通天、祭天之权,天子颁朔,按照历法所作对农事、政事的安排与实施,因而亦被理解为一种"代天理物"之事。由此,其政事行为亦被赋予了某种本原于、出自于"天"的神圣性的意义。在这里,天的神圣性与神格之内容,并非表现为另外一个天国世界的存在,它的内容就展显于此农事、政治、人伦的系统中。

古代的法天则天观念,表现了"天"作为至上神观念关联于自然法则的意义,同时,这"天"的观念更与祖先神有着密切的联系。

古籍中多记有三代的感生传说。殷商时代的始祖感生传说,最早见于《诗经》。《诗经·商颂·玄鸟》:"天命玄鸟,降而生商。"《长发》说:"有娀方将,帝立子生商。"《大雅·生民》:"厥初生民,时维姜嫄……履帝武敏歆,攸介攸止,载震载夙,载生载育,时维后稷。"《鲁颂·宓宫》:"赫赫姜嫄,其德不回,上帝是依,无灾无害,弥月不迟,是生后稷。"从这些感生神话中,我们可以看到氏族图腾制的遗迹。在原始氏族时代,人们把图腾神物看作本氏族的始源或祖先,这表现了原始人追溯生命本原的方式。在图腾的崇拜中,祖先被神化了。而在这些记载着商周内部氏族传说的诗句中,祖先神则被认为本原于作为至上神的天命、上帝。有学者认为商周的天、帝至上神起源于其氏族神,看来并非全无根据。

殷人之上帝与祖先神关系密切。殷代有帝廷的观念,上帝居于天上,有控制天象,令风、令雨、降旱、授佑,降祸福赏罚于人间的权能。殷人之先公先王死后可上宾于天帝,在上帝左右,亦可降祸福于人间。值得注意的是,殷人不直接祭祀上帝,其祭祀求福,要祭祀祈求先祖,由之转达于上帝。[①] 张光直先生对此的解释是:殷人"上帝与先祖的分别并无严格清楚的界限"。"殷人的'帝'很可能是先帝的统称或者是先祖观念的一

---

① 胡厚宣:《殷代之天神崇拜》,《甲骨学商史论丛》,台湾大通书局印行,第328—329页。

个抽象。"① "上帝的观念是抽象，而个别的子姓祖先代表其实质。"② 就是说，殷人通过祭祀祖先神而转求祈福于上帝这一现象，表明殷代上帝之观念乃以祖先崇拜为其实质内容。

周人亦以"上帝"为至上神，但又多言"天"，以天、帝并称。《诗·大雅·文王》："文王陟降，在帝左右。"《下武》："三后在天，王配于京。"可见周人亦以为先王死后可以升天而在帝左右，此与殷人无异。不过，周人言上帝与人之关系，则多以"天命"出之。如《尚书·康诰》说："惟乃丕显考文王，克明德慎罚……惟时怙冒闻于上帝，帝休，天乃大命文王殪戎殷，诞受厥命越厥邦厥民。"《大诰》："尔亦不知天命不易。""天命不僭，卜陈唯若兹。"在周代，作为至上神的天帝与祖先神，有了较明确的分界。但其间意义上的关联，似又较殷人更为密切。我们注意到，殷人言"帝令"，周人则讲"天命"。"帝令"与"天命"，皆可用作主谓结构的使动形式。殷人之"帝令"，均作使动用法；而周人之"天命"，则既用作"天命于人"的使动形式，同时，又常作名词称谓使用。"天乃大命文王殪戎殷"，即如"帝令"之使动用法。"天命不易""天命不僭"，此"天命"即作名词用。殷人以"帝"为神体，其令风令雨，降祸降福，唯系于"帝"之喜恶。周人则以"惟德是辅"规定天意之内涵，是天之福佑，必降于有德者。因而天之降命，必有常则，而不由乎"天"作为神体之好恶与任意。由是，"天命"一辞，乃转成为一具有必然性内涵的本体概念。③ 三代有以祖配天的观念，周人尤重先祖以德配天之义。《诗·周颂·思文》："思文后稷，克配彼天，立我烝民，莫非尔极。"《大雅·文王》："文王在上，于昭于天。周虽旧邦，其命维新。有周不显，帝命不时。文王陟降，在帝左右。"又："上天之载，无声无臭，仪刑文王，万邦作孚。"又："无念尔祖，聿修厥德，永言配命，自求多福。"周人认为其先祖之德可以配天，天乃降大命于小邦周。因

---

① 张光直：《商周神话之分类》，《中国青铜时代》，生活·读书·新知三联书店1999年版，第372页。

② 张光直：《商周神话与美术中所见人与动物关系之演变》，生活·读书·新知三联书店1999年版，第415页。

③ 《殷周至春秋天人关系观念之演进初论》第二部分，台湾《孔孟学报》第70期，1995年。

此，仪刑先王，承继绍述先祖之志意德业，既构成了周人承续天命的基本方式和途径，亦规定了其所理解的天命之内涵。《尚书·康诰》记周公告诫康叔，乃将父爱子孝兄友弟恭、敬事先祖等宗法伦理内容视为"天惟与我民彝"，就表明了这一点。殷人之上帝直接令风令雨降祸福于人，周人之天、天命，则成一必然之律则。与殷人之"帝"相较，周人的"天"作为神体，实更为抽象，其人格性的意义亦更趋弱化；同时，其内容乃总体表显为"德"的政治和人伦意义。

总而言之，商周的宗教观念及其信仰系统，集中体现了上述"连续性"文明的特征。自然与文明的连续，构成了一种神性内在于存有的、整体论或内在关系论的信仰系统。由于天帝与祖先神的内在关联性，商周的至上神，本自缺乏独立存在的特质。与"德"的观念之兴起相伴随，殷代上帝干预人世之"帝令"方式，逐渐独立为一种作为名词称谓的"天命"，"天"的观念更凸显为一种道德的律则和本原。"上天之载，无声无臭"，"天"本无形迹，不与人言。然"天生烝民，有物有则"，并"与我民彝"；此民彝物则，包括前引《皋陶谟》所谓"天叙"之典、"天秩"之礼，皆本原于天。人间之伦理秩序，及与之相关的天地秩序，礼乐系统，悉本原于天。学者认为，周之天作为至上神，已转成为一种"道德的神"[①]，周人之信仰系统，已发展到"伦理宗教"的阶段。同时，殷周之宗教，并非一个一神教的系统，而是一种以天帝至上神统摄众神的多神系统。董仲舒所谓"天者百神之君也，王者之所最尊"[②]，说的就是这个意思。天帝并未割断与人的亲缘性。王者独占祭天通天之权，并可遍祭群神；自诸侯以下，所祭祀之对象，各由其先祖及于众神，依尊卑上下之义，其权界各有等差。由是，王者以祖配天之天人相通之意义，乃通乎不同层级之人及其祭祀活动；天帝亦"神而明之"，以其神性内在贯通并存诸人伦之世界，而构成一神道的系统。夏代史料不足征，殷商以下，上帝之人格意义渐次弱化，而其显诸人伦物理之神道意义，乃愈益显豁。商周宗教之所重，要在于此。

前孔子时代宗教信仰系统的这一特点，为儒家"神道设教"教化方

---

① 见许倬云《周人的兴起及周文化的基础》，《史语所集刊》第三十八本，1968年。
② 《春秋繁露·郊义》。

式的形成，提供了文化和存在的前提。

三　义理的体系与教化的方式

康德把所有的宗教区分为"追求恩宠的宗教"与"道德的宗教"两类。前者希望仅仅通过祈求上帝的协助而得到永远的幸福或成为一个更好的人；后者则秉持这样的原则：每个人仅须尽己力成为一个更好的人，而不必和无意祈求上帝之协助。康德认为，只有这种"道德的宗教"才配称为"真正的宗教"。① 需要强调指出的是，周代的礼乐文化，虽由天帝之伦理规定而进至"伦理宗教"的范围，但其作为康德意义上的"道德的宗教"，却尚未真正得到确立。而其实现其作为"道德的宗教"或"真正的宗教"这一本质性的跨越，则正有赖于儒家哲学的创造与转化。

郑开教授从结构的意义上把周代的礼乐文化界定为一种"德礼体系"。"德"的一面，表示建构于礼的精神气质，"礼"的一面，则呈现为制度和秩序。② 不过，若从形上学的角度看，周人的"德"，尚未形成一个以自因或自律为根据的自足性概念，因而无法构成社会伦理体系的价值基础。学者已注意到，西周"德"这一观念的内涵，主要侧重于与政治行为相关的"行"。③ 而这"德"的本原，并非发自于内，或人自身的决断，而是出于一种对政治后果的考量和功利性的动机。故周世的宗教系统，基本上体现了一种功利主义的宗教观念。这包括两个方面。一方面，天为至善的本原。《左传·僖公五年》引《周书》云："《周书》曰：皇天无亲，惟德是辅。又曰：黍稷非馨，明德惟馨。又曰：民不易物，惟德繄物。"是言天帝为"德"或至善之本原。另一方面，人之行德，则又以

---

① 李明辉：《从康德的"道德宗教"论儒家的宗教性》一文的第二部分："康德论'道德宗教'"，哈佛燕京学社编《儒家传统与启蒙心态》，江苏教育出版社2005年版。

② 郑开：《德礼之间》第二章，生活·读书·新知三联书店2009年版。需要说明的是，郑开教授认为周人所谓"德"，主要表现为一种政治语境中的"德"。这是很正确的。但同时也要看到，《尚书》《诗经》和周代金文中都载有大量有关"德"的道德伦理意义的内容。"天命有德""天讨有罪"，天降王祚于有德者，这个意义上的"德"，还主要是就道德伦理意义而言的，可以把它与维持王权国祚的政治指向相对区分开来。这"德"的内涵，不能仅从西方学者所谓"卡里斯玛"的意义上来理解。本文主要是从这个角度借用郑开教授"德礼体系"这个概念的。

③ 同上书，第92—95页；陈来：《古代宗教与伦理》第七章。

功利为目的。天之佑有德而惩无德，主要表现为天命亦即王权的转移。在周人看来，夏殷先王因能"明德恤祀"而受命于天，而又皆因"惟不敬厥德，乃早坠厥命"。① 周人以小邦承大命，其言天命，语多惊惧，表现出一种很深的忧患意识。而其所谓"敬德"，亦非出于对人自身道德使命之自觉与决断，而是出于王权永续之功利动机。《尚书·召诰》："肆惟王其疾敬德。王其德之用，祈天永命。"召公告诫成王要以夏殷的失德坠命为鉴戒，特别强调要"疾敬德"，而此"敬德"，行德之目的，则要在"祈天永命"。可见，周人之宗教观念，乃以天为至善之本原，认天帝为一"道德的神"；但人之敬德、行德，目的却在功利，人乃被理解为一功利性的存在。这种对人的功利性理解，与其神性内在于人的命义是自相矛盾的。

　　商周文明之连续性与整体性的特征，使其宗教的观念，具有一种神性内在于人的本质义涵。神性内在，表现于人，人性亦当具神性而有"善"的内在规定。不过，从上述讨论可以看到，这种神性内在，在周代的宗教和信仰系统中主要体现为一种"民彝物则"本原于天的观念，尚未能在"德"的层面上达到自觉。周代"性"的观念，基本上被理解为一种基于自然生命的欲望要求，其所谓"节性"，亦只是由"敬"或敬德而来的对欲望的节制。② 因此，当周末社会高下陵夷、剧烈变动，德、福显著地不能达到一致的现实境域下，天作为至善本原的神圣超越性及其德福一致之确证者的意义，必会遭到怀疑与否定。在《诗经》反映厉、幽时代的诗中，出现有大量疑天的诗句，就表明了这一点。③ 由此，礼作为伦理的原则，亦趋于形式化，甚至成为诸侯争霸、权臣窃国之手段。在这种情况下，周代缺乏自身自律性德性基础的"德礼体系"，必然会趋于崩解。西方"破裂性"的文明，在宗教上断神、人为两界，以人负原罪而不具神性，故需上帝之神恩拯救，人由是而有对上帝之景仰敬畏之心与恪守上帝立法之义务。而在商周这样一种"连续性"的文明形态中，人并无如基督教那样的原罪意识。因此，如不能将其宗教和信仰系统所本具的神性内

---

① 《尚书·召诰》。
② 徐复观：《中国人性论史·先秦篇》，生活·读书·新知三联书店2001年版，第28页。
③ 同上书，第三章第一节。

在义转变为一种内在的德性或人性的自觉，周世礼乐文明的"德礼"结构，便无法获得理论上的自洽性和存在上的必然性；其宗教和信仰系统之作为"伦理宗教""道德宗教"之义，亦无由真正得以确立和圆成。

人是一种矛盾性的存在者。一方面，人是一种"定在"，因而其存在有自身的限度。基督教断神、人为两界，以人不具神性，是凸显了人的存在之限定性、有限性的一面。中国连续性的文明所构成的神道系统，则凸显了人的存在的另一面，即神内在于人，神人之内在连续和本原统一性的一面。这后一方面，经过东周社会因王纲解纽、礼坏乐崩、神圣价值失坠所引发的理性反思，在儒学的系统中获得了一种人的存在层面上的自觉及由此而来的人性观念上的转变。一方面，这一自觉和转变，构成了一种哲理和思想的系统，具有西方学者所谓的"哲学的突破"的意义；同时，经由此"哲学的突破"的奠基，传统的信仰系统亦达到了自身真理性的自觉，实现了其作为"道德的宗教"之本质性的转变。

儒学所达成的这一转变，主要表现在以下三个方面。

第一，孔子通过对"义、命"的内在区分，发现人之唯一可自作主宰、自由决断的最本己的可能性，乃在于行"仁"由"义"，从而转变周人对人的功利性理解，把"善"的原则转变为人之本有的规定。

孔子所关注的角度，仍然是商周信仰体系中那个"神道"的方面。如前所述，这神道的内容，实质上是一个伦理的、规则的体系。在周人的观念中，这一套民彝物则，悉源出于天或天命。孔子继承了这一观念，但对这个统摄人伦物则的天命观念，作出了一种"义"与"命"的内在区分。《孟子·万章上》："孔子进以礼，退以义，得之不得曰有命。"这个概括，深得孔子学说之神髓。周人所谓"天命"，本包含"德、福"两方面内容。天命有德而讨有罪，人之德福之一致性，乃由天或天命来保证。"天"为人至善之本原；人"祈天永命"，其动机、目的却在于求福报。孔子则通过对人的存在所本乎天的天命之内涵所作内在的义、命区分，实现了一种人的存在自觉上的意义翻转：仁义在我而福命在天。

孔子亦以天为至善的法则和本原，此与周人同。① 不过，在孔子看

---

① 《论语·泰伯》："子曰：大哉尧之为君也！巍巍乎！唯天为大，唯尧则之，荡荡乎，民无能名焉。"就表现了这一点。

来，天命于人，乃包含有相互关联的两方面内容：人行之界限与事功之结果。前者属"义"，后者则属"福"。对此，《论语》有相当多的论述。《雍也》："伯牛有疾，子问之，自牖执其手，曰：亡之，命矣夫！"《颜渊》："子夏曰：商闻之矣：死生有命，富贵在天。"《宪问》："子曰：道之将行也与，命也；道之将废也与，命也，公伯寮其如命何？"《微子》："子路曰：……君子之仕也，行其义也。道之不行，已知之矣。"凡此所谓"天""命"，皆指人行之福报和行为之效果而言。对此一方面，人无决定之权，故属诸天或者命。而另一方面，人之行仁、由义，其决定之权，却在内而不在外，在我而不在人。《颜渊》："为仁由己，而由人乎哉？"《述而》："仁远乎哉？我欲仁，斯仁至矣。"《里仁》："有能一日用其力于仁矣乎，我未见力不足者。"《述而》："求仁而得仁，又何怨？""君子喻于义，小人喻于利。"这些论述，表现了孔子对"人"的一种全新的理解。在孔子看来，行仁、义乃是人唯一不靠外力，而凭自己的意志决断和力量所可求可欲，并实现于自身的东西，因而它规定了人的本质，为人的本性之所在。人之行为的价值，在于其选择躬行其所当行（仁、义）；人行之结果如何，则不在人所直接可求之范围，故只能归诸"命"或"天命"。而这"义"与"命"之间，又有一种动态的、内在的统一性。人的道德或行为抉择，既表现了人对自身使命之了解和自觉，亦具有赋予其行为及其结果以正面与负面价值之意义。人行其所当行，得其所应得，其结果，既是天命之实现，同时亦是其人格和存在之完成，此即孔子所说的"知命"或"知天命"。正是在这个意义上，孔子把是否能够"知命"或敬畏"天命"，看作区分君子与小人的根本判准。① "知命"与"知人"，对于人的存在与价值之实现，在孔子看来，实一体两面，不可或分。这种对义、命关系的理解，使商周的天命观念产生了一种价值上的内转：把行德行义由外在性的祈天邀福之手段，确立为为人之最本己的能力和人性之内涵。孔子说"仁者人也"②，讲的就是这个道理。在这个意义上，善的原则乃转变为人之本有的规定。孔子对"人"的这一重大发

---

① 《论语·尧曰》："不知命，无以为君子也。"《季氏》："孔子曰：君子有三畏：畏天命，畏大人，畏圣人之言。小人不知天命而不畏也，狎大人，侮圣人之言。"

② 《礼记·中庸》引孔子语。

现，确立了儒家人性本善的思想基调和价值取向，规定了以后儒家天人关系观念的基本内涵。

孔子所奠定的儒学这一精神方向，经孔子后学至孟子的发展，形成了自身完备的学说体系。子思《中庸》言"天命之谓性，率性之谓道，修道之谓教"。此"道"即人道（其内容为礼或礼乐），"教"者教化。是言人伦教化，悉本诸天命之性。近年出土简帛《五行》篇，以人心本"悦仁义""好仁义"，而言"心贵"；并以此为仁义之"端"，谓人能"进端""充端"，即扩充实现此仁义之"端"，便可最终实现仁德，成就为君子。① 郭店简特别重视乐教。《性自命出》"凡道，心术为主"之说，与《礼记·乐记》相通，所重在人的情态生活，突出强调乐教的教化之效，并以"反善复始"的"复性"义规定此教化成德之本质内涵。② 仁义既为人之最本己的可能性，为人心所悦所好，则其必为人性之所本具之先天内容。

由此，孟子进一步转孔子之"义命"之论为"性命"之说，直以仁义规定人性之内涵。《孟子·尽心下》："孟子曰：口之于味也，目之于色也，耳之于声也，鼻之于臭也，四肢之于安佚也，性也，有命焉，君子不谓性也；仁之于父子也，义之于君臣也，礼之于宾主也，知之于贤者也，圣人之于天道也，命也，有性焉，君子不谓命也。"人之欲望要求及功利性满足，与仁义礼智圣的道德规定，皆本原于天或天命。孟子乃于此进一步作"性、命"之区分：以前者为"命"，后者为"性"。其思想理路全本之孔子。《尽心下》："可欲之谓善。"《告子上》："仁义礼智，非由外铄我也，我固有之也，弗思耳矣。故曰：求则得之，舍则失之。或相倍蓰而无算者，不能尽其才者也。"又《尽心上》："求则得之，舍则失之，是求有益于得也，求在我者也。求之有道，得之有命，是求无益于得也，求在外者也。"孔子讲"欲仁仁至""求仁得仁"，孟子亦以求之之道的区别

---

① 帛书《五行》："心也者，悦仁义者也。""循人之性，则巍然知其好仁义也。""源心之性，则巍然知其好仁义也。""能进端，能终〈充〉端，则为君子耳矣……不藏尤〈欲〉害人，仁之理也；不受吁嗟者，义之理也……充其不尤〈欲〉害人之心，而仁覆四海；充其不受吁嗟之心，而义襄天下。而成〈诚〉由其中心行之，亦君子已！"（庞朴：《竹帛〈五行〉篇校注》，《庞朴文集》第二卷，山东大学出版社2005年版，第146、148、144页）

② 李景林：《教化的哲学》第四章（一）、（二），第199—205页。

来区分"性""命"。仁义礼智是"求则得之""求有益于得""求在我者",其所主在我,本乎人心,是人唯一可以通过反躬自省、自我决断、自作主宰而能够达到和实现的东西,故可谓之"性"。与此相对,人心之欲望要求和功利性的满足,则是"求无益于得""求在外者",其受制于各种外部复杂的因素,其决定之权在"他"而不在"我",只能由乎其道而俟其所成,故谓之"命"。仁义礼智诸德为人心所直接"可欲""可求"者。孔子既说"欲仁仁至",又说"求仁得仁",可知"可欲"与"可求",可以互训。不过,二者又各有侧重。孟子言仁义礼智之"可求","求则得之,舍则失之",偏重在"思"或内省反思;言"可欲",则着重于仁义、理义之"悦我心"①的意义,偏重在情意呈现一面。是仁义礼智不仅为人心内省反思可得,同时亦在人性中具有先天的内容,儒家性本善之义由是而得以证立。

孔孟仁义在我而福命在天之义,并不意谓福命全然无关乎人。孟子既区分"正命"与"非正命"②,又有"修身"以"立命"之说③,意在指出,"义"与"命",人的价值抉择与其事功效果之间,有着一种内在的、存在实现意义上的因果关联性。仁义内在于人之实存,为人行之所当然之则;人之处身境遇,则有顺逆穷通之异。在儒家看来,"命"或"福"固非人力所直接可与,但亦非现成摆在某处的一种宿命。"命"之所以存在正面(正命)和负面(非正命)价值之差异,乃是因为,人的价值抉择在转变其当身处境的同时,亦对其所行之结果发生着一种内在的赋义的作用。小人固"无义无命"④,而君子之"正命",则必由其人道之抉择所"立"并赋予它以正面的价值。因此,"天命"并非某种外在于人的现成设定与宿命,而是一种存在的"实现"。这个实现,乃由乎"自力",由乎人性的自觉与完成。商周连续性文明,所包含之神性内在、神人内在连

---

① 《孟子·告子上》:"心之所同然者何也?谓理也、义也。圣人先得我心之所同然耳。故理义之悦我心,犹刍豢之悦我口。"
② 《孟子·尽心上》:"莫非命也,顺受其正。是故知命者不立乎岩墙之下。尽其道而死者,正命也。桎梏死者,非正命也。"
③ 《孟子·尽心上》:"存其心,养其性,所以事天也;殀寿不贰,修身以俟之,所以立命也。"
④ 见《孟子·万章上》。

续的精神,由此义命分合之动态实现的义理系统,始达到本质性的自觉,社会信仰系统之道德自律基础,亦由此而得以奠立。

第二,与此相应,孔子提出了一种新的神灵观念和对待天命鬼神的态度。或谓孔子"不语怪力乱神",主张"敬鬼神而远之",是否定鬼神。其实,孔子此一态度,恰恰是要使神灵回归于它应有的神圣地位。这一点与前述孔子对"人"的发现有密切的关系。

《论语·雍也》记孔子答樊迟问"知"曰:"务民之义,敬鬼神而远之,可谓知矣。"此语集中体现了孔子"神道设教"的社会教化观念。"务民之义",何晏《集解》:"务所以化道民之义"。"敬鬼神而远之",《集解》:"敬鬼神而不黩"。这个解释是对的。儒家的政治理念,其最终的目的在于教以人伦,导民至善,成就其为"王者之民"[①]。"务民之义",即标明了此一目的。"敬鬼神而远之",则指出了达到此目的的教化之道。

所谓"远之",意在反对亵近鬼神。人神之间有分位,亵近讨好以取悦于神灵,是一种功利的态度。周人虽以天或上帝为人间道德伦理之本原,然其"祈天永命"的态度,则是功利性的。一般百姓的宗教信仰,亦有很强的功利性。董仲舒谓"夫万民之从利也,如水之走下,不以教化堤防之不能止也"[②],即点出了日常百姓生活这种功利性的特点。民间一般的卜筮、祈祷、祭祀活动,其目的多在祈神邀福。中国古代社会的神灵信仰,是以天帝为至上神统摄众神的一个多神的系统;社会每一成员,亦各依其在社会伦理关系中之分位差异,而有不同的致祭对象。《论语·为政》:"子曰:非其鬼而祭之,谄也。"《八佾》:"王孙贾问曰:与其媚于奥,宁媚于灶,何谓也?子曰:不然!获罪于天,无所祷也。"祭有常典,位各有当。非其所当祭而祭之,名为"淫祀"[③]。淫祀的本质,是谄媚鬼神以求福报。人怀利益之心,用供奉财利一类手段,以求亵近取悦于神灵,实质上已将神灵降低为一种喜谄媚、爱财贿的功利之神,因而失去了它所本有的超越性和神圣性。是之谓"黩神"。"谄",是就主观一

---

① 李景林:《"民可使由之"说所见儒家人道精神》,《人文杂志》2013 年第 10 期。
② 《汉书·董仲舒传》。
③ 《礼记·曲礼下》:"非其所祭而祭之,名曰淫祀。淫祀无福。"

面而言,"黩",是从客观一面言。由谄媚亵近神灵,而必致于黩神,故为孔子所不取。与之相对,"远之",正是要把中国古初以来社会的信仰对象——天、神,摆回它应有的位置,重新确立起其神圣性的意义。

"远之",是从对象方面讲,即要恢复信仰对象所应有的神圣性;"敬",则是从主体方面讲,其所关注者,在人内心的诚敬。"远"与"敬",犹一体之两面,不可或分。《论语·学而》:"曾子曰:慎终追远,民德归厚矣。"此言丧祭之义①,要在追思生命本原,以敦民化俗,成就德性。这"民德归厚"之前提,则是内心之真诚与敬畏。儒家论丧祭,对亲亲孝心之诚敬十分强调。孔子祭必亲与,祭神如在②,所突出的,就是内心的诚敬。"子不语怪力乱神"(《论语·述而》),其意亦在于此。古人有天佑有德,鬼神赏善罚恶的观念。此一观念,虽对民间社会伦理秩序之保持有重要的作用,但其在实践上却易于引发追逐外力,谄媚亵近鬼神的功利态度,实无益于真正的信仰之建立。《论语·先进》:"季路问事鬼神。子曰:未能事人,焉能事鬼?曰:敢问死。曰:未知生,焉知死?"《说苑·辨物》记孔子答子贡问死人是否"有知"曰:"吾欲言死者有知也,恐孝子顺孙妨生以送死也;欲言无知,恐不孝子孙弃不葬也。赐,欲知死人有知将无知也,死徐自知之,犹未晚也。"这也可以印证,孔子对鬼神之"不语""远之"的态度,并非否定鬼神,而是避免启人外在追逐神灵福佑的功利心,唤回人对其自性、自心、自力的专注。孔子强调,为人当行人道,尽人事,确立内心的诚敬与敬畏以对越神明天道,而非僭越躐等,外在于人而亵近鬼神企慕天或天道。这使上古以来的天帝神灵信仰,发生了一种由外向内的转变。

第三,因任传统社会的礼乐教化方式而对其作出人文的解释,以行其教化于社会生活。

一般的宗教教化,落实到实践方面,必有自己的一套仪式仪轨系统。儒家行其教化,亦特别注重礼仪的作用。《礼记·昏义》:"夫礼,始于冠,本于昏,重于丧祭,尊于朝聘,和于乡射,此礼之大体也。"冠、昏,关涉于个人和家庭生活;丧、祭,关涉于宗教生活;射、乡,关涉于

---

① 何晏《论语集解》:"慎终者丧","追远者祭"。
② 《论语·八佾》:"祭如在,祭神如神在。子曰:吾不与祭,如不祭。"

社会生活；朝、聘，关涉于政治生活。"经礼三百，曲礼三千"。在孔子之前，周代的礼乐文明，已经以一种完整系统的形式，运行于从个体、家庭、家族到政治、社会以至于宗教生活的方方面面。值得注意的是，这套礼乐的系统，乃由历史传统之延续而形成，为中国古代社会所本有，并非儒家另起炉灶的创制，亦非为儒家所专有。儒家所做的工作，是在每一个时代对它作出一种因时制宜的重建，同时，又着力于对此礼乐传统作人文的诠释，以建构其超越形上的基础。《礼记·中庸》："君子之道费而隐，夫妇之愚，可以与知焉，及其至也，虽圣人亦有所不知焉；夫妇之不肖，可以能行焉，及其至也，虽圣人亦有所不能焉……君子之道，造端乎夫妇；及其至也，察乎天地。"《易·序卦传》："有天地然后有万物，有万物然后有男女，有男女然后有夫妇，有夫妇然后有父子，有父子然后有君臣，有君臣然后有上下，有上下然后礼义有所错。"在儒家看来，那"察乎天地"的形上之道，与作为生活样式之礼仪，同本于百姓日用伦理之常。故儒家既由社会生活之反思以建构其超越之理，同时又经由社会本有之礼仪形式，而施其教化的理念于民众生活。

《说文》："礼，履也。所以事神致福也。"从文字学的角度说，"礼"字之初文本与献祭神灵、沟通神人的祭祀礼仪相关。① 古时行礼，亦必有祭仪。是以古代社会的礼仪，与人的宗教生活有着密切的关系。儒家于诸礼之中，又特别注重丧祭礼仪。前引《礼记·昏义》言儒家于礼"重于丧祭"。《祭统》："凡治之道，莫急于礼；礼有五经，莫重于祭。"《中庸》亦引孔子说："明乎郊社之礼，禘尝之义，治国其如示诸掌乎！"都表明了这一点。礼或礼乐，是中国传统社会生活的样式，具有移风易俗，潜移默化，化民于无形的实践、教化功能。丧祭礼仪更直接关乎传统社会的宗教观念与神灵信仰系统，故尤为儒家所重视。儒家论丧祭礼仪，并不否定此丧祭礼仪所指向的神灵世界和信仰系统，同时，又通过一种人文的反思和义理的建构，来揭示其意义，引领其精神的方向，表现了一种独特的接引神圣世界的方式。②

---

① 刘翔：《中国传统价值观诠释学》第二章、二，生活·读书·新知三联书店 1996 年版；陈来：《古代宗教与伦理》第六章、一，生活·读书·新知三联书店 1996 年版。

② 李景林：《儒家的丧祭理论与终极关怀》，《中国社会科学》2004 年第 2 期。

与前两点相关，儒家对"礼"的反思与义理建构，亦使其发生了一种内向性的转变。要言之，儒家谓礼之义非在祀神致福，而在于返本复始，追思并挺立人的生命本原；礼文乃称情而立，根于人性，礼之本质及其发展之内在动源，实本乎文质之连续与统一；是以祭之义，必内求之于心，报本反始，由此上达契合于天地生命之本，以建立人之存在的超越性基础。

曾子以"慎终追远，民德归厚"论丧祭之旨，儒家论礼所以成立之根据，复有"三本"之说。《大戴礼记·礼三本》："天地者，生之本也；先祖者，类之本也；君师者，治之本也……故礼，上事天，下事地，宗事先祖而宠君师，是礼之三本也。"天地为一切存在物生成之本原，先祖为血缘族类之本原，君师则为道德人伦创制之本原。从直接性上讲，吾人之生命出于父母先祖，然原其本始，则必归宗于天地之一本。而人之生命，又非仅仅是一种自然的存在，须经由人伦之创制，道德之养成，乃能得以实现，故"君师"亦得居"三本"之一。

此所谓三本，并非平列的关系。《礼记·郊特牲》论天子郊天之义云："万物本乎天，人本乎祖，此所以配上帝也。郊之祭也，大报本反始也。"《礼记·祭义》："君子反古复始，不忘其所由生也。是以致其敬，发其情，竭力从事以报其亲，不敢弗尽也。"古代社会，唯天子有祭天之权。天子郊天之祭，乃标示并赋予了祭祀以本质性的意义。在儒家看来，祭祀之要义，在于返本复始，追思生命之本原。而此本原之追踪，则是通过"法祖而敬天"的方式，以亲亲为发端，循着由内及外、由近及远，以上达契合于天地生物之本的途径来实现的。

儒家反身据亲亲而追思上达生命之本原，其所论祭祀义，乃由外向功利性之祈神致福，而转为通过情感真诚之内心安顿以达天人之合一。《礼记·祭统》："夫祭者，非物自外至者也，自中出生于心也。心怵而奉之以礼，是故唯贤者能尽祭之义……内尽于己而外顺于道也……贤者之祭也，致其诚信与忠敬，奉之以物，道之以礼，安之以乐，参之以时，明荐之而已矣，不求其为。此孝子之心也。"即表明了这一点。"物自外至"，"物"指祭物。以求神致福为目的，所重者必在"物"及其外在的形式仪文。贤者孝子之祭，虽亦需有"物"，然其所重，却在"自中出生于心""内尽于己""致其诚信与忠敬"，尽其内心之诚敬以契合于"道"。郑

注:"为,谓福佑为己之报。""不求其为",是特别强调,祭祀非当以求福佑为目的。故祭非仅备物而已,其要旨在于尽其内心情感之真诚。

由此,礼之内涵乃被理解为本于情的文质之连续与统一。《大戴礼记·礼三本》:"凡礼,始于棁(脱),成于文,终于隆。故至备,情文俱尽;其次,情文佚兴;其下,复情以归太一。"礼,有情有文,有义有数。文和数,指礼的仪文和形式。情是其内容,义言其本质。礼之"义"即表现并完成于此情文的统一与连续性中。《史记·孔子世家》:"孔子……观殷夏(之礼)所损益,曰:后虽百世可知也,以一文一质,周监二代,郁郁乎文哉,吾从周。"是情文亦即质文。情或质,指人的自然生命;文,则指人文的创制。周世文明,兼综夏殷而统合质文,故能成就一代文治之盛。"情文俱尽",为礼之意义之最完满的表现。从逻辑和结构的角度,可以把礼的内涵表述为质、文两个方面的统一。从历史发生的角度来看,礼"始于棁(脱),成于文,终于隆",则表现为一个由质到文,由疏略而趋于繁缛的过程。一代之制,或有所偏,然其内容,要不外质文之互动互涵,二者犹一体之两面,不可或分。孔子谓礼固代有损益,而后虽百世可知者以此。

质文互涵,"质"标识人的存在之自然的一面,"文"则表现为人的自然生命于其精神层面的开显。儒家论礼之质文,曰"称情而立文"[①],曰"因人之情而为之节文"[②],凸显了情、质对于仪文的根本性意义。孔子自称"信而好古""好古敏以求之者"[③]言治道,则曰"行夏之时,乘殷之辂,服周之冕,乐则韶舞。"[④]《礼记·礼器》说:"礼也者,反本修古,不忘其初者也。"前引《郊特牲》也说:"郊之祭也,大报本反始也。"要言之,复古、贵本、重质、重情,构成了儒家礼论和文化观念的一个基本特色。而这个复古贵本,并非实质性地回到自然,其要在于"贵本而亲用"。《大戴礼记·礼三本》:"大飨尚玄尊而用酒,食先黍稷而饭稻粱,祭嚌大羹而饱乎庶羞,贵本而亲用。贵本之谓文,亲用之谓理,两者合而成文,以归太一,夫是谓大隆。"在这里,礼文仪节及其伦理的

[①] 《礼记·三年问》。
[②] 《礼记·坊记》。
[③] 《论语·述而》。
[④] 《论语·卫灵公》。

规定乃被理解为人的自然生命存在（"质"）在其精神规定和人文自觉层面（"文"）的敞开与实现。周世信仰系统中"民彝物则"（礼仪、礼乐）本原于天的观念，亦由而获得了内在的人性意义。

以上三个方面的转变，第一个方面关乎中国古代社会信仰系统之内在价值本原的建立；第二个方面关乎敬畏作为终极关怀之神圣性基础的挺立；第三个方面关乎礼乐作为实践性的社会生活样式之重建。这三个方面，作为一个内在关联的整体，其根本点，乃在于中国古代社会信仰系统之自律性德性基础的建立。应当指出的是，这种转变的契机，本潜存于中国古代社会的信仰系统中，但它作为这一信仰系统之内在真理性的自觉，却使之发生了一种脱胎换骨性的本质转变，此即前文所说"道德的宗教"之圆成。

四 结语

综上所论，儒学的思想作为一个自成系统的义理体系，与中国社会古初以来所形成的宗教信仰系统，又存在着一种密切的相关性。这种相关性，正是前述"转变"所以可能的前提。这使儒学既能保持其作为一种哲理体系的独立性，同时又能够以其对社会信仰系统的诠释和升华作用，施其教化的理念于社会生活。

帛书《易传·要》篇记有孔子对弟子子贡解释其"老而好《易》"的一段话，恰如其分地揭示出了儒家义理体系与传统社会信仰系统的这种相关性：

> 子曰："《易》，我后其祝卜矣！我观其德义耳也。幽赞而达乎数，明数而达乎德，又仁［守］者而义行之耳。赞而不达于数，则其为之巫；数而不达于德，则其为之史。史巫之筮，乡之而未也，好之而非也。后世之士疑丘者，或以易乎？吾求其德而已，吾与史巫同途而殊归者也。"①

---

① 廖名春：《帛书〈要〉释文》，《帛书〈易传〉初探》，（台北）文史哲出版社1998年版，第280页。

在这段话中，孔子用"同途而殊归"一语来说明自己与"祝卜""史巫"之道的区别和联系。借孔子此语，我们可以对儒家思想与古代社会信仰系统之相关性做出一个确切的定位。

《易》本为卜筮之书。卜筮是古人测知神意以谋划未来的一种方式，此祝卜和史巫之所为。子贡对夫子"老而好《易》"的不理解，亦由此而生。子贡提出的疑问是："夫子它日教弟子曰：'德行亡者，神灵之趋，知谋远者，卜筮之繁。'赐以此为然矣。以此言取之，赐缗行之为也。何以老而好之乎？"① 缺乏德行和智慧的人，只知外在地求神问卜，而不知返归本心本性以决定其行止。在这一点上，子贡对孔子之教的理解并没有错。不过，孔子回答表明，在他看来，德性的成就和教化与一般百姓的宗教信仰之间，既有差异，同时又具有一种内在的关联性，并非一种相互排斥的关系。

孔子并不否定古代社会以天帝神灵、祭祀礼仪、筮数占卜等为内容的信仰系统。儒家的形上之道，其至虽"察乎天地"，具有终极的超越性和极高的理想性，但同时又"造端乎夫妇"，为百姓所"与知""能行"。春秋世衰道微，礼坏乐崩，道术为天下裂，孔子自觉承接担当斯文，尤其注重于中国古初以来的礼乐文明的重建。孔子自称"吾百占而七十当"②，《易》本卜筮之书，孔子为之作《十翼》，并据以建立其"性与天道"的形上学系统，亦未否定卜筮对于民众生活的意义。《荀子·天论》："卜筮然后决大事，非以为得求也，以文之也。故君子以为文，而百姓以为神。"亦表现了这种精神。这个君子"以为文"与百姓"以为神"，虽有不同的意义，但其对象和内容却又是同一的。儒家形上学的体系，乃由对中国古代社会生活及其信仰传统的反思与义理建构而成，而非出于纯粹的理论兴趣。这与西方哲学那种"载之空言"式的体系建构方式是有根本区别的。此即孔子所谓的"同途"。不过，儒家的意义指向，却与"祝卜""史巫"所代表的社会信仰系统有本质的不同。"祝卜""史巫"之

---

① 廖名春：《帛书〈要〉释文》，《帛书〈易传〉初探》，（台北）文史哲出版社1998年版，第279页。

② 同上书，第280页。

道，意在亵近神灵、测知神意，其指向是功利性的。"我观其德义耳"，"幽赞而达乎数，明数而达乎德"，"仁［守］者而义行之"，"吾求其德而已"，乃由对神灵的外求而转向于内，本内在德性的成就以奠立其超越性的价值基础。孔子这里所讲的这个"德"或"德义"，指的是《周易》所包含的义理或哲学的内容。① 此即孔子所谓的"殊归"。"吾与史巫同途而殊归"。"同途"，表明了夫子教化之道与社会信仰系统之间的一种相切和相关性；"殊归"，则表现了孔子思想学说与社会信仰系统之间存在一种本质上的差别性或异质性。

孔子"同途而殊归"一语所点出的这样一个儒家义理体系与社会信仰系统之相关性和异质性统一的关系，对于我们理解儒家宗教性的特点，具有十分重要的思想和文化意义。

二者之"殊归"的一面，赋予了儒学作为哲学的义理体系的独立性特质。如前所述，儒学依其对殷周宗教系统之"连续性"、神性内在精神之理论自觉，建立其性命论和人性本善的观念系统，确立了儒家内在超越的价值根据。其所建立的具有超越性意义的仁、道、天、天命等形上学的概念，并无人格神的特征，其所重在于经由德性的成就以体证天道，而非"以神为中心"来展开教义。对此，现代新儒家已有很充分的论述。依照田立克对哲学与信仰的区分，儒家思想的体系，是理性人文的哲理，而非信仰义的教理，是哲学，而非宗教。故儒学之思想义理，可与康德、黑格尔一类哲学理论，同讲论于现代大学的学术殿堂，而非如宗教神职人员之布道，须限定于特定之宗教场所。

二者之"同途"的一面，乃使儒家思想对于中国社会生活及其信仰系统具有一种内在的因应和切合性，因而获得了一种实践和教化的意义。西方传统的哲学，着重在通过一种理论和知识体系的逻辑建构，为社会诸文化部门提供某种普遍的"公度性"，其对社会生活并无直接的教化作用。中国东周时期之"哲学突破"，其中代表性的流派当为儒、道、墨三家。道家秉持自然的原则，其对礼乐文明之反思，深具批判性与消解性的意义，而缺乏肯定性的顺适和建构。墨家延续了古代宗教观念对人的功利性理解，以一种尚功用的精神，否定传统的礼乐文明，同时也强化了人格

---

① 李学勤：《周易经传溯源》，长春出版社1992年版，第228—229页。

神的天帝鬼神信仰。其对古代社会的信仰系统，适足以扬其所短而避其所长。唯有儒家秉持一种文质合一的精神，力求在新的历史条件下去反思重建西周以来的信仰和道德传统。是以其思想义理，对传统固有的宗教信仰系统，既有"殊归"义的异质性之超越，又保持着"同途"义的相关性之切合。这种"异质性的超越"，使之具备了对社会宗教信仰系统之转化升华的可能性；而这种"相关性的切合"，则又使之能够对社会生活发生实际的影响和教化的作用。现代以来，儒学的思想传统发生断裂，中国社会虽不乏各种精妙的哲学理论，但其多由西方舶来，缺乏与社会信仰和民众生活的关联性，因而无法对社会生活起到提升和引领的作用。一方面是哲学理论的游谈无根；另一方面是社会生活的无依无靠，当代中国社会之信仰的缺失，道德的失坠和堕落，盖由于此。可见，儒学义理与社会信仰之"同途""殊归"这两个方面的关系，缺一不可，而其"同途"义的相关性一面，尤见重要。

"同途而殊归"这样一种关联社会生活的方式，使儒学获得了一种其自身独有的文化和精神特质。前孔子时代的礼乐和信仰系统，具有普泛的社会意义，经由儒家形上学的提升与点化，其道德自律的基础乃得以建立，其作为"道德的宗教"之意义，亦始得以圆成，因之而可大可久，构成几千年中国社会之超越性价值与信仰的基础。儒学的宗教性和教化作用，即体现于这种以"神道设教"的教化方式中。一般的体制化宗教，在信众群体上有局限性，其仪式仪轨系统亦为特定的宗教和教派所专有，因而具有固定和排他的性质。而儒学所据以关联于社会生活之礼仪及与之相关之信仰系统，既为社会所本有，并具施及全社会的普泛性，故其教化之所行，在中国社会，既最有普遍性意义，同时亦具有对其他信仰的广泛的包容性。而儒学作为一种哲理体系对整个社会之持续的精神引领作用，亦赋予了这种信仰生活以更强的理性特质，而弱化了常常会伴随宗教信仰而来的非理性的狂热。这是儒家教化之异于西方宗教与哲学之独具的特点。

原载《北京师范大学学报》（社会科学版）2016年第3期

儒家的教化方式与当代中国的信仰建构

我想谈这样一个问题：儒家的教化方式与当代中国的信仰建构。

这涉及到两个方面的问题。为什么将两个问题放在一起呢？西方学者，雅斯贝尔斯轴心时代的理论这样讲，文化的发展，往往在一些关键的时刻，要回到自身的源头，以重新找到原创性的动力。海德格尔也讲，当前西方社会产生的问题，需要一种内在的"思想转变"，而思想只有回到同一渊源和使命的思想才能发生改变。西方是这样，中国其实也是这样。文化和信仰的问题总是要回到自身的文化源头才能得到校正。当代中国的信仰和信仰建构的问题，与儒家的教化方式有很重要的关联性。当代中国信仰的缺失，很大程度上与传统儒家教化方式的失落有关。

谈儒家的教化方式，涉及到对儒家宗教性的看法。西方社会的教化，其核心在宗教。对这个问题有很多讨论，有人说儒家是宗教。肯定儒家是宗教的人，往往把儒家的义理体系与社会生活里面那一套信仰的系统混淆起来。其实在孔子之前，这一套信仰系统：天神、地祇、人鬼的神灵系统，以及与此相关的祭祀礼仪和礼乐的系统，就已经完善地存在，并普泛地流行于社会生活的各个方面，并非为儒家所专有。按照陈来教授的说法，中国古代的宗教，从原始时代的巫术文化，到殷代的祭祀文化、周代的礼乐文化，经过了一个理性化的过程，由"自然宗教"发展为"伦理宗教"，已经成为一种"真正的宗教"。他把周代的礼乐文化，称作伦理宗教。也有学者讲周代的天、上帝，已经成为一种"道德的神"。

这一套宗教信仰的系统，到儒家这里发生了很大的变化。

按照一些西方华人学者的看法，商周以前的宗教观念，体现了一种连续性的文明特征。张光直教授用"破裂性"来概括西方文明起源的特征，而把中国古代的文明形态叫作"连续性"的文明。所谓"破裂性"和

"连续性",指的是文明与自然之间的关系。"连续性",指的是人与自然或文明与自然之间的连续,也就是人与自然之间,始终保持着一种内在的联系。按照杜维明教授理解,文明与自然之间的这种内在连续性,落实在对宇宙的看法上,就体现为一种整体性的宇宙观。这种连续性和整体性的文化和宇宙观,不能承诺在宇宙和人的存在外面有一个创世神。这样,神道的内容表现在社会的文明体系中,这就是一个礼乐的体系。从本质上讲,这样一种宗教的信仰系统,本来具有一种神性内在于人的观念。神性内在,表现于人的存在,人性亦当具有神性或"善"性。但是,这种神性内在的义涵,在周代的宗教信仰系统中,主要表现为一种"民彝物则",即礼乐的系统本原于天的观念,尚未在"德"的层面上达到自觉。这样,周代的礼乐文化尚没有建立起一个自身道德自律的根据,它作为一种"伦理宗教""道德宗教"的系统,实质上并没有真正建立起来。

康德把所有的宗教分为两类,一类是"追求神恩的宗教",另一类是"道德的宗教"。"追求神恩的宗教",仅仅希望通过祈求上帝的眷顾而得到幸福;而"道德的宗教"则注重在每个人须力求使自己成为一个更好的人,而并不着意于祈求上帝的救助。按照康德这个说法,我们可以说周代的礼乐文化,虽具有伦理的内涵,但仍属于一种"追求神恩的宗教"。

这可以从《尚书·周书》中的两个命题看出来。一个命题叫作"皇天无亲,惟德是辅",天只辅助有德的人。这意思就是说,至善的本原在上帝。另一个命题叫作"王其德之用,祈天永命"。这是召公告诫成王的话。为什么要敬德?就是为了把姬周的王权延续下去,其目的乃是功利性的。从这个意义上讲,上帝、天、天命是一个道德的本原,但是人却是一个功利性的存在。在这个信仰系统中,那个真正构成它作为"道德的宗教"的道德自律性基础,并没有建立起来。这个作为"真正的宗教"的基础不确立起来,它就不能够保有自身持续性的发展和存在。这从春秋衰世的道德和政治状况就可以看出来。当上帝、上天不能保证德、福之间的内在一致和统一性的时候,这个天的信仰就被动摇了。我做好事怎么老有坏结果呢?我们看《诗经》,里面就有好多怀疑"天"的诗句。从《左传》的记述也可看出这一点。在这个时候,周代的信仰系统需要有一种意义的转变,通过这种转变,把它所本来具有的神性内在的本质,转变为一种德性或人性的自觉，从而确立它作为"道德的宗教"的本质。这个转变，正有赖于儒家哲学的创造与转化。

这涉及到儒家的宗教性问题。我对这个问题的看法，简单概括地说，就是儒家不是宗教，但却有宗教性。这种宗教性，就表现在它的教化方式上。

对这个问题，当代新儒家也有很多讨论。新儒家学者主要是通过对宗教作重新定义，从儒家所具有的"内在超越"精神的角度，来说明儒学的宗教意义。刘述先先生的观点在其中很有代表性。刘述先讲儒家的宗教性，一方面说，儒家有一套哲理的体系；另一方面，他又引当代美国神学家田立克（我们大陆译作蒂利希，台湾译作田立克）的看法，对宗教信仰作重新定义，来说明儒学有宗教意义。刘述先先生采取田立克的观点，用终极关怀来定义宗教信仰。认为孔子之"天""道""仁"的观念，已经没有人格神的特征，但却具有终极性和超越性的意义，所以儒学具有宗教的意涵。

刘述先对田立克的引述，有断章取义之嫌。实质上，田立克《信仰的动力》一书，不仅把宗教信仰界定为终极关怀，同时也对哲学和宗教关涉于终极实在的方式作了明确的区分。田立克指出，哲学是用概念对存在的结构进行描述的方式来关涉终极实在，它的这种描述是客观的、超然的、对象性的。而宗教则是通过"象征"的方式来寻求终极的意义。宗教的信仰，以上帝作为基本的象征，把全能、慈爱、正义等神圣性象征，以神话的形式汇合成一个象征的系统，超越地指向于终极实在，并将那终极的意义开启给我们。宗教信仰对于终极意义的关怀，是一种卷入性的参与、全身心的投入。从田立克这个区分来看，我们其实只能说儒家是哲学，而不能说它是宗教。所以，抛开中国古代社会生活这一套信仰的系统，单据儒家的义理体系，是不足以说明它的宗教性的。

另外也有一些人，同样据儒家义理的体系，却得出儒家不是宗教，因而中国没有宗教信仰的结论。比如赵启正说，中国人有文化信仰，但是没有宗教信仰。这个说法也是不可取的。中国传统社会明明有宗教信仰，有一套宗教信仰的系统。从田立克的宗教定义也可以看出，一种真实的信仰，必须具有一种超越的指向性；这个超越性，最终会指向一种位格或神格。中国传统文化的天、天命和上帝信仰，就是如此。信仰的对象不能只是一种主义或道理，必有其位格性。如果仅仅把信仰归结为一种文化信仰，仅仅把信仰表述为一种主义，一种道理，是不可能建立起真正的信仰的。如果靠意识形态强力推行来建立，它好的话是一种理神论，差的话则会堕落为一种偶像崇拜，引发政治上的狂热。它终究会败坏信仰，而不足以建立真正的信仰。

儒家有一套自成体系的义理体系，按照田立克的说法，这一套体系，是哲学而不是宗教。在现代社会，宗教神职人员的布道，必须限定于特定的宗教场所；儒家的哲理，却可以与康德、黑格尔的哲学同讲授于大学的学术殿堂，就可说明这一点。但另一方面，儒家的学理体系，又与社会生活有着密切的关联性。中国古代社会本有一套以天帝信仰为中心的神灵信仰和礼仪系统。儒家并不否定这一套天命天帝信仰，儒家通过对社会宗教信仰和礼乐系统的反思、升华，并赋予其超越性意义的方式，把自己的教化理念落实于社会生活。这种教化的方式，儒家称作"神道设教"。神道设教，是儒家引领中国社会精神生活，实现其终极关怀的一个重要途径。

《帛书易传》的《要篇》记有一段孔子对弟子子贡解释他"老而好《易》"的话，说"吾与史巫同途而殊归者也"。"同途而殊归"这句话，可以帮助我们恰如其分地理解儒家"神道设教"的教化方式。《周易》本是卜筮之书。卜筮是古人测知神意，并谋划未来的一种方式，这是祝卜和史巫的工作。孔子并不否定古代社会以天帝神灵、祭祀礼仪、筮数占卜等为内容的信仰系统。孔子甚至自称"吾百占而七十当"。荀子也说："卜筮然后决大事，非以为得求也，以文之也。故君子以为文，而百姓以为神。"这个君子"以为文"与百姓"以为神"，具有相同的对象和内容，但却有不同的意义。对象和内容相同，是"同途"，意义不同，是"殊归"。"祝卜""史巫"之道，意在褒近神灵、测知神意，其目的是功利性的。孔子讲他与史巫不同，说"我观其德义耳""吾求其德而已"。这个"德""德义"，指的是《周易》所包含的义理或哲学的内容。由对神灵的外求而转向于内在德性的成就，儒学对社会信仰生活做了一种人文的诠释。所谓"君子以为文"，就点明了这一点。这个"殊归"，赋予了儒学作为哲学义理体系的独立性特质，"同途"，又使儒学能够以一种"神道设教"的方式因应和切合于社会生活。正因为能够切合，所以儒家的义理才能对社会生活产生实际的影响，具有广泛的社会教化的作用。

儒家义理体系对周世宗教信仰系统的意义转化，主要表现在三个方面。

第一点，就是建立起人性本善的观念。我们常说，孔子发现了"人"。通过这个"人"的发现，三代的宗教观念发生了一个内向的转变，也就是把至善的本原植根于人心和内在的本性。孔子说，"为仁由己，而由人乎哉？""仁远乎哉？我欲仁，斯仁至矣。""有能一日用其力于仁矣乎？我未见力不足者。"由此，"仁"被理解为是人唯一不靠外力，而依靠自己的力量所能得到的东西，是人的本质本性所在。据此孔子得出结论说："仁者人也"。在这个意义上，善的原则乃转变为人之本有的规定。

第二点，提出了一种新的神灵观念和对待天命鬼神的态度。孔子主张"敬鬼神而远之"，又讲"祭如在，祭神如神在。""非其鬼而祭之，谄也。"有些人说这是无神论，是否定鬼神。其实，孔子这样讲，恰恰是要把神摆到它应有的位置。这一点与孔子对"人"的发现有密切的关系。孔子强调的是，人对待神的态度，不应该是一种功利的态度。"敬鬼神而远之"，是反对"淫祀"，反对亵近鬼神。在一般百姓生活里面，人对神的态度是功利性的。一般百姓到庙里去，给神佛上香，目的是求神佛保佑。古时祭祀，每个人有不同的分位，"天子祭天地，诸侯祭社稷，大夫祭五祀，士祭其先"，但人往往超出分位，非其所当祭而祭之，就是"淫祀"，淫祀，是亵近讨好神灵，实质上是一种功利的态度。我求神拜佛，给上点供，他就照顾我，给我好处，这样亵近神，就把神降低为一个爱财利的功利神，失去了他的神圣性。就如同我送市长十万块钱行贿，希望他会给我好处一样。如果市长不收这钱，他的形象就会在你心中高大起来；要是市长把这个钱收了，你回头就会骂他，他在你心中会威信扫地。因此，"敬鬼神而远之"，恰恰是从内在的道德要求出发，把神灵摆回它应有的位置，重新去确立其神圣性的意义。

第三点，是对这一套礼仪系统作出人文的解释。这一套礼仪的系统，可以理解为古代社会生活的样式。像《仪礼》里所记述的冠、婚、丧、祭、乡、射、朝、聘等礼仪，关系到个体、家庭、家族、社会、政治及宗教生活等方方面面，具有普遍的意义。这里面宗教生活是个核心，因为各种礼仪，行礼的时候都要有祭祀的仪式。所以儒家特别重视这个祭祀礼仪。孔子说："明乎郊社之礼，禘尝之义，治国其如示诸掌乎"，就表明了这一点。"礼"的字义本与献祭神灵、沟通神人的祭祀礼仪相关。儒家则强调，礼的意义并不在祀神致福，而是要人返本复始，追思人的生命本原。认为礼文乃称情而立，根据在人性、人情。礼的本质及其发展之内在动源，实建基于文质或文明与自然的连续和统一。所以，祭祀的意义，要在求之于内心的诚敬。曾子讲"慎终追远，民德归厚矣"，就表现了这一点。

要而言之，周代的礼乐和宗教信仰系统，为社会所本有，并非儒家另起炉灶的自创。经过儒家形上学的意义转化，这一信仰系统的道德自律的根据，才得以建立起来，成为一种真正意义上的"道德的宗教"，构成了几千年中国社会超越性的价值与信仰的基础。当然，这种意义的转变，并非一次性完成的，因为社会生活里面那个宗教信仰常常是功利性的。"三王不袭礼，五帝不沿乐"。这套礼仪的系统，因社会的历史发展不断因革损益，不断地发生着变化，儒家的义理系统，亦因之有每一时代的重建，以适应时代的变化。这使得儒家的这一套教化能够与社会生活密合无间，保持有一种生生不息的、活的生命精神。因此，儒家的教化，既有全社会意义的普遍性，又具有极大的包容性。

儒家这种"神道设教"的教化方式，对于当代中国社会信仰的建构，仍具有重要的现实意义。

如前所说，儒家的思想体系，既有对社会宗教信仰系统之"殊归"意义上的反思和超越，又始终保持着与社会宗教信仰系统"同途"意义上的相关性和切合性，这使它有能力不断地升华、转化和引领社会生活，使之保持一种持续健康的发展。现代以来，儒学的思想传统发生断裂，中国当代社会其实并不缺乏各种哲学、思想、理论，但却缺乏与我们的日常生活相切合的哲学、思想和理论。因而，这些哲学、思想、理论无法对社会生活起到提升和引领的作用。我对当前中国社会的文化和信仰状况有一个概括，叫作一方面是哲学、思想和理论的游谈无根，另一方面是社会生活的无依无靠。过去我们把社会生活里的宗教信仰打成封建迷信，改革开放以后，社会生活有了自由的空间，民间信仰开始活跃。但由于缺乏与之相切合的思想理论的提升和引导作用，社会生活里面原来这套宗教观念失去其精神本质，因而彻底堕落了。如果不是彻底堕落，也在很大程度上是堕落了。我不赞同赵启正"中国没有宗教信仰"的说法。对中国社会生活中真实的宗教信仰不能正视和肯定，会使它流为巫蛊邪道，陷入低俗和堕落。中国本有的信仰体系不能重建起来，我们亦将无法抵御外来宗教的渗入。

我们前面讲到，思想的转变只能通过同源的思想才能发生。所以中国当代信仰的重建，我想是两面，一面是社会生活这一套信仰礼仪系统的重建，另一方面是接续传统的与之相切合的思想理论的重建。把这两个方面统合起来，中国当代信仰的重建才能获得一个光明的前景。我觉得，儒家这一套教化的方式，对当代中国信仰的建构，非常有启发意义。不光是启发，应该是很有用，当然不是现成拿过来的。

原载《上海文化》2016年第6期

教化——儒学的精神特质

近些年，儒学的研究呈现出一种多元化的趋势，出现了国学热与儒学热的思潮。这一思潮对以哲学方式来研究儒学，有着一种淡化的趋向。一些学者强调儒学研究中经学的主体地位，而对用哲学的方式、概念来研究儒学提出质疑。厘清儒学与哲学、经学的关系，对于准确把握并确立儒学在当代学术体系中的地位，具有重要意义。

一 哲学——一种个性化的学问

如果我们把哲学理解为对人的存在及其周围世界的一种形上思考的话，那么儒学的核心就是一种哲学。儒学的目标在于求道，孔子的一生都在求道，"朝闻道，夕死可矣"①"志于道，据于德，依于仁，游于艺"②，都是以道为最高的目标。什么是道呢？"形而上者谓之道"③。所以，儒学的核心内容无疑就是形上学或哲学。

我们过去对儒学的研究，存在着一些问题。问题在于没有搞清楚哲学是一种什么样的学问。凡是与人的存在密切相关的学问实质上都是一种个性化的学问，宗教、艺术和哲学，都是这样一种与人的存在密切相关的学问或文化部门。例如宗教，西方有神学家把宗教信仰理解为一种个体与个体的相遇。④ 人首先是一种个体性的存在，人与上帝直接见面，此即个体

---

① 《论语·里仁》，朱熹：《四书章句集注》，中华书局2011年版，第70页。
② 《论语·述而》，朱熹：《四书章句集注》，中华书局2011年版，第91页。
③ 《易·系辞上》，楼宇烈校释：《周易注校释》，中华书局2012年版，第245页。
④ 刘小枫：《走向十字架的真》，上海三联书店1995年版，第105—132页。

与个体的相遇。中国传统里面也有类似的说法，叫"对越在天"。① 当然，对越在天的是圣王、是天子，天子是"孤家寡人"，因为他是独自与天相通的。在《庄子》里面有一个很重要的观念，叫"见独"。见独即是与道见面，与道见面其实是人作为个体与道的直接相遇，而不是通过一些抽象的概念对道作对象性的认知。

儒家同样强调"独"。《荀子·不苟》篇讲"善之为道者，不诚则不独，不独则不形"，郭店简《五行》篇中的慎独说以及阳明所讲的"良知即是独知"②，都揭示出了一种"和而不流，中立而不倚""特立独行"的君子人格。这个"独"，一方面标示着人的内在性和独特性之极致，另一方面又是一个充分向着他人和世界的完全敞开性。此由个体所敞开的"通"性，所显现的即是我们所说的形而上之"道"。

这个"独"所实现的不是一个自我封闭的私己性，而恰恰是在个体存在中所充分展开了的人己物我的一体相通。可以说，愈是"独"的，便愈是"通"的。在这种内与外，个体与世界两极互通的张力关系中，人的存在始能有本然的成就和实现，真正的君子人格始能得以圆成。《论语·宪问》："子曰：'莫我知也夫！'子贡曰：'何为其莫知子也？'子曰：'不怨天，不尤人。下学而上达。知我者其天乎！'"③ 孔子感慨人莫我知，而独与天相见。孔子此所谓"下学而上达"，所实现的其实是一种经由个体之修养工夫而独知独得的敞开之"通"，而非一种认知意义上的"同"。所以当我们每一个体真正达到一种形而上的境界时，其生存一定是一种非常个性化的状态。

过去我们讲有一个一般的"哲学原理"，就很有问题。哲学并没有一个大家都认同的、都可以共同遵循的"原理"，一个哲学教师，如果总是照本宣科地讲别人的东西，那听起来就会味同嚼蜡。哲学的真正作用是一种意义揭示的活动，而不是一种论证的活动。当然，它要采取论证的方式，它自身要有一种自洽的逻辑系统，但是它本质上是一种意义揭示的活动。维特根斯坦说，要读懂他的《逻辑哲学论》，并对我们面对的世界有

---

① 《周颂·清庙》，周振甫译注：《诗经译注》，中华书局2010年版，第464页。
② 王阳明：《答人问良知二首》，《王文成公全书》卷20，第三册，中华书局2015年版，第939页。
③ 《论语·宪问》，朱熹：《四书章句集注》，中华书局2011年版，第148页。

一个真实的了解,就须忘掉《逻辑哲学论》之所说。这表明《逻辑哲学论》的思想内容并非一种实质性的知识系统,而是通过这样一种知识形态的建构,去揭示一种意义。而这种意义的揭示就表现为个体与个体的相遇。我们读黑格尔、海德格尔一类哲学经典,每读一遍都会有一些新的收获,会感受到一种心灵的"开窍"。这就是一种意义的揭示,而非给人以现成的结论。真正的哲学并非去论证一种知识原理,不是去限制人,而是能启人以思,开启每个个体自身原创性的本原。哲学当然有一个知识原理体系,但是它的本质是在揭示意义。孔子对学生提出的问题,特别是对诸如仁、孝等重要观念,都不采用抽象定义、概念分析的方法去确定其内涵,总是因人而异,在特定的情景中对问题作出具体而微的提示性阐释,以启发弟子对道的整体理解。并且往往根据弟子不同的个性特点,对同一问题给出不同甚至相反的回答。如子路与冉求都问"闻斯行诸",孔子对子路的回答是不可,对冉求则作出肯定的回答。其理由是:"求(冉求)也退,故进之;由(子路)也兼人,故退之。"① 于此可见一斑。孔子门下独称"好学"的颜回,亦谓孔子之道"欲从末由",没有一个固定可以遵循的途径。"欲从末由"一语,很好地揭示了哲学教法的根本特点所在。

　　哲学说到底也是这样一种个体与个体的相遇。从历史上讲,哲学并没有一个普遍的原理。我们说哲学是一级学科,一级学科是什么呢?其实它是一个"空类"。哲学一定是要落到不同层级的个体性上的,比如德国哲学、中国哲学,再往下是黑格尔哲学、孔子哲学,等等。哲学是以个性化的方式来表达出普遍性的理念的。我们每次读《论语》,都是作为新的当下的个体与孔子相见,因此都会有不同的感受。如果我们把哲学理解为一种形上学、形上思考的话,那么儒学的核心内容就是哲学,它所追求的是道。我们用哲学来研究儒学,不仅毫无问题,而且是必须的。哲学是一种个性化的学问,我们要遵循儒学精神的个性化的特质,可以用哲学的方式对它进行研究,但是决不能用某种现成的西方哲学的框架去套用它,而是要找到它的特质。

---

① 《论语·先进》,朱熹:《四书章句集注》,中华书局2011年版,第121页。

二 教化——一个存在实现先行的观念

儒学的这个特质是什么呢？就是教化。我曾借用理查·罗蒂的讲法，将儒学称作"教化的哲学"。当然，我的用法不是罗蒂原来的用法，而是有一套自己的解释。① 我讲的教化儒学并不是说儒学有很多层面，可以把教化看作儒学的一个层面，而是说教化是儒学作为哲学的本质所在。教化作为儒学的本质就是一个存在实现论的观念。西方哲学讲思维和存在的关系，实质上是从认知、认识出发。但是儒学作为一种哲学，它以教化为其本质，而教化在儒学的思想系统中则是一个"存在实现"先行的观念。这个"先行"，当然不是说一种可分成先后两部分的"先行"，而是说"存在实现"这一观念在儒家哲学中是最核心、最本质的。

儒学中有一个非常重要的观念——"诚"。"诚"就是存在的实现，"自诚明，谓之性；自明诚，谓之教。诚则明矣，明则诚矣"②。诚本身即是一个本体，但是《中庸》并没有直接指明"诚"的内容是什么，儒学并不从分析的意义上去讲本体的内容。对这个"诚"，有两种具有代表性的解释，朱子说："诚者，真实无妄之谓"③，这个真、真实无妄，即是讲"诚"所标明的是事物实有诸己意义上的"真"，而非认知和外在符合论意义上的真。关于这一点，王夫之的解释最好："诚也者实也，实有之固有之也，无有弗然，而非他有耀也。若夫水之固润固下，火之固炎固上也，无待然而然，无不然者以相杂，尽其所可致，而莫之能御也。"④ 这个"诚"，即是实有，每个存在物之"诚"，就是内在地拥有其"性"或实有其所"是"。自然物本就是它自己，天然地实有其性，表现为实在与应当的合一。水之性是润下，则润下之性与水不相分离；火之性是炎上，则炎上之性与火亦不相分离。但是人却不同，人能够丧失其性，陷己于恶。从本原上说，人亦天然在其自己，人的存在，本亦是"诚"。但人有

---

① 李景林：《论儒家哲学精神的实质与文化使命》，《齐鲁学刊》1990年第5期；《哲学的教化与教化的哲学》，《天津社会科学》2005年第6期。
② 朱熹：《四书章句集注》，中华书局2011年版，第33页。
③ 同上书，第32页。
④ 王夫之：《尚书引义》，中华书局1976年版，第116页。

"思",这个"思"使人能够从其自身存在的整体性中站出来,人的"类"性由是而可作为一种共在的形式与个体相分离,所以人须"求其放心",经由一个"择善而固执"的历程,不断地转化自身,达到"合外内之道"而时措之宜之境界,乃能实现和重新拥有其所是。所以,从存在实现的角度来讲,"诚"的展开就是一个生生不息的创造实现活动。《中庸》"唯天下至诚,为能尽其性;能尽其性,则能尽人之性;能尽人之性,则能尽物之性;能尽物之性,则可以赞天地之化育;可以赞天地之化育,则可以与天地参矣"①"诚则形,形则著,著则明,明则动,动则变,变则化,唯天下至诚为能化"②,皆是言此存在实现的过程。

我曾用黑格尔"普遍化"的概念与理查·罗蒂"转变"的观念来标示这一存在实现的过程。人之出生,并非像自然物那样,处于一个纯粹自然的状态,乃是如荀子所说,"生而离其朴,离其资"③,必然地进入社会生活与教化的进程之中。这个教化,就是一种自身存在的转变,张载所谓"变化气质",孟子所谓"仁义礼智根于心,其生色也,睟然见于面,盎于背,施于四体,四体不言而喻"④,皆是讲此转变的过程。

在这个转变的过程中,必有相应的生命智慧与之同俱而成,从而使存在能够达到一种对自身的自觉。由此,儒学所讲的"知"就非一种脱离人的存在实现而独立的认知原则,而是依止人的存在之实现而转出来的生命之智慧和光照作用。中国哲学所讲的智慧,用庄子的话说,是"有真人而后有真知"⑤。个体的智慧是在存在实现的前提下,表现为一种心明其义的自觉作用。从这个角度来看我们周围的世界,就会与西方观念有很大不同:人与世界的关系就不是一个思维与存在或静态认知的关系,而是一个内外相通的存在实现的关系。《中庸》里面讲的天地位、万物育就是这样存在实现的过程。这个过程的关键在于调整自身的情态,调整自身与周围事物的价值或存在关系。在这个"成己"的前提下,达到"成物",

---

① 朱熹:《四书章句集注》,中华书局 2011 年版,第 34 页。
② 同上。
③ 《荀子·性恶》,王先谦:《荀子集解》,中华书局 2012 年版,第 422 页。
④ 《孟子·尽心上》,朱熹:《四书章句集注》,中华书局 2011 年版,第 332 页。
⑤ 《庄子·大宗师》,曹础基、黄兰发点校:《庄子注疏》,中华书局 2011 年版,第 126 页。

这就是内外的相通,此所谓"范围天地之化而不过,曲成万物而不遗"。①这个"范围天地""曲成万物"之旁通和内外相通所实现的正是一种立体性的天人合德或天人相通。对人而言,这个过程即是一个"下学而上达"的过程。

所以,在儒学的系统中,这个作为儒学之精神特质的"教化"观念,就具有了一种染色体和辐射源的作用。用这个"教化"的观念,来透视儒学系统中的各种哲学问题,儒家哲学便会在整体上呈现出与西方哲学的本质差异。以"教化"的观念为透视点,儒学在道德、人性、心物、存有、道体诸观念上,都将呈现出自身独特的精神特质。这就是我所说的"教化儒学"或"教化的哲学"。

三 儒学作为形上学的几个重要观念

下面我们来具体谈谈"教化儒学"中的几个重要观念。

首先,儒学所谓的"伦理"、道德,并非西方哲学传统的与真理、实在相分立意义上的狭义的伦理道德,借用海德格尔的说法,可以称作是一种"原始的伦理学"。众所周知,伦理道德和人格成就等问题构成了儒学的核心内容。有人据此批评儒学只有道德伦理学说,而没有形上学,批评儒学是一种泛道德主义。其实,儒家讲的道德和西方哲学从分解的观念下所讲的道德有着根本的不同。如果我们用西方伦理学的划分方式,就会得出儒学不是哲学的结论来。休谟讲从事实判断推不出道德判断,康德讲实践理性与理论理性的区分,皆凸显了西方哲学中价值与事实、应然与实然的区别和对立。黑格尔《哲学史讲演录》也正是在这一点上误解了儒学,认为孔子没有形上的哲学思想,只是说出了一些道德教条。海德格尔已经指出,从柏拉图开始,西方哲学就把伦理问题、逻辑问题、物理问题分离开了,而在前苏格拉底、柏拉图时代,西方文化还有一种本原性的"思",这个"思"就是一个理论和实践、存在与伦理尚未分别之前的一

---

① 《易·系辞上》,楼宇烈校释:《周易注校释》,中华书局 2012 年版,第 235 页。

种"原始的伦理学"①。从这个意义上说,儒家所讲的"伦理""道德",与海德格尔的"原始的伦理学"观念有相似之处。由此,儒学所谓道德之"善",乃是一种在先在和超越于事实与应当之分别的"原始的伦理学"意义上的伦理道德观念,而非西方哲学传统的分科意义上的"狭义的"伦理道德观念。儒家的形上学以存在的实现为进路,其根据即在于此。

其次,人性论是儒家教化的形上学基础,而儒学人性论的特点,就是落实到"心性"(包括性情)的论域来动态地展示人性的具体内涵。西方哲学论人性,要在以分析的方式,从诸要素和可能性的角度对人性进行规定。

亚里士多德所理解人的生命存在,是以灵魂为身体的形式;而人之灵魂,则被分解为包含植物灵魂、感觉灵魂、理性灵魂的三层的一个等级序列。康德论人性,乃在设定理性立法之意志和道德法则的前提下,从人作为理性之存在的角度,探讨善恶在理性中(而非时间中——如基督教原罪说)的起源,由此得出人有趋向于善或恶的癖性的结论。这种人性论只是一种形式的讲法,而非实质和内容的讲法。因此,在人性与现实的道德之善之间,并没有一种必然性,亚里士多德诉诸习惯的养成和理智的引导来说明德性的成就;康德则强调人对于道德法则的敬重心需要通过对感性情感的贬抑来达成,就表明了这一点。

儒学则与此不同,儒学论人性,虽亦言人为一理性的存在,然此所谓理性乃即人的情感与形色实存而见其功、发其用,而非一种抽象的要素规定。我曾把这种理性称之为"中道理性"。用邹化政先生的话讲,人性必然表现为一个"理性对自然本性的固有关系"②的系统。由此,儒家所讲的人性之善,不但在逻辑上具有先天的必然性,而且具有先天的存在内容。儒家既讲"继善成性",又讲"成性存存,道义之门"。③"继善成性",乃言现实的道德之善的在人性中具有先天必然性的根据;"成性存

---

① 海德格尔:《关于人道主义的书信》,孙周兴选编:《海德格尔选集》(上),上海三联书店1996年版,第395—406页。
② 李景林:《人道即天道——重温邹化政先生的儒家哲学研究》,《人文杂志》2016年第9期。
③ 《易·系辞上》,楼宇烈校释:《周易注校释》,中华书局2012年版,第238页。

存",则是讲人性至善的实现乃展现为一个不断创生的历程。人性的存在由是而被理解为生命创造历程所展开的一个整体性。这与西方哲学对人性所作要素分析的理解有着本质性的差异。

再次,儒家以心言性,以情言心,其所论心物关系,必是一种"以情应物"的关系。西方哲学讲思维和存在的关系,物我关系被理解为静态的认知关系。儒学所理解的心物关系则与此不同,《中庸》讲:"喜怒哀乐之未发,谓之中;发而皆中节,谓之和。中也者,天下之大本也;和也者,天下之达道也。致中和,天地位焉,万物育焉。"① 这里所展现的心物关系,就是在"以情应物"前提下的一种价值实现或存在实现的关系,而非一种思维与存在的认知关系。阳明所讲"天下事虽万变,吾所以应之不出乎喜怒哀乐四者。此为学之要,而为政亦在其中矣。"② 也表现了这一观念。喜怒哀乐之发与未发,即构成了一种物我关联的方式,亦即"以情应物"的方式。在此基础上,《中庸》复论"成己成物":"诚者非自成己而已也,所以成物也。成己,仁也;成物,知也。性之德也,合外内之道也,故时措之宜也。"③ 所谓"时措之宜",即因人因物之自性而成就之。"合外内之道"即在此成己成物前提下的物我之相通。儒学的心物关系论,乃是就对象和物自身之所是以理解其价值,体现了一种要求人、物之性皆能得以客观实现的平等性的观念。

最后,与西方那种抽象静态的理型观念不同,儒家所言道、道体,乃是一种创生实现义的道体观念。这一道体观念的形上普遍性意义,乃即万物化生即品物流行的创造性过程而显。它并不允诺在宇宙与人的存在之外有一个静止的、不动的实体,而是以神性内在于人伦及宇宙万有为其特征。这样,所谓的形上之道的超越义便非是抽象的实体性存在,而是举体显现于个体事物的生成过程。此道体并非一现成之物,摆在那里让人去分析、认识,它的本质是一个生生不息的创造活动,在这种创造活动中,事物皆能各是其所是、正性复命。《易传》讲"天地之大德曰生""生生之谓易"最能体现儒学道体观念的这一创生性特征。

---

① 朱熹:《四书章句集注》,中华书局 2011 年版,第 20 页。
② 王阳明:《与王纯甫》,《王文成公全书》卷 4,第一册,中华书局 2015 年版,第 189 页。
③ 朱熹:《四书章句集注》,中华书局 2011 年版,第 35 页。

一方面，道体是形上，《易·系辞传》说，"形而上者谓之道，形而下者谓之器"①。但此形上之道与形下之器，并非对峙的两面。《易传》又讲，"一阴一阳之谓道。继之者善也，成之者性也"②，阳的特性是一种刚动、连续、流行，它作为天道的一种主导性原则，其自身便具有阴作为一服从的原则包含于其中。因此，天道以刚动为主导而内涵一个体化的成物原则。而天道之形上超越意义乃举体显现于个体事物的生成过程，而非表现为一外在独立的实体性。另一方面，个体的存在亦非西方哲学那种与它物及普遍性相对峙的相互封闭的原子或单子，而内在地拥有天道之全体，表现出一内在关系论和整体论的观念。《中庸》讲"天命之谓性，率性之谓道，修道之谓教"③，此一道体，在天则为命，在人则为性，在物则为理。人性、物理皆由天命本体落实而成，而人、物所得之天命、天道，亦非如柏拉图所谓的"分有"，只是得理念之一部分或一要素，而是得天命、天道之全体和整体。《易·乾卦·彖传》说，"乾道变化，各正性命。保合大和，乃利贞"④，朱子说"人人有一太极，物物有一太极"⑤，都表明了这一点。宇宙万有由此而差异互通，构成一和谐的整体。所以，道体即具体之物而有不同的显现，就人而言，道体亦内在的贯通于个体生命而因人之不同的修为和自觉而有不同层级的呈现，儒家以人性本善可尽性至命而成圣，由自律而实现超越，其根据亦在于此天道本体观念。

　　由上所述，儒学本质上是一种形上学，是一种哲学。而这种形上学或哲学的核心在教化。这种儒学"教化"的哲学意义，要在人的实存及其内在精神生活转变升华的前提下实现生命的真智慧和存在的真实，以达于德化天下，以至参赞天地化育的天人合一之境；由此，人对真实、真理、本体的认识，亦被理解为一种经由人的情感、精神、实存之转变的工夫历程，而为人心所呈显并真实拥有，而非一种单纯理论性的认知。

---

① 《易·系辞上》，楼宇烈校释：《周易注校释》，中华书局 2012 年版，第 245 页。
② 同上书，第 236 页。
③ 朱熹：《四书章句集注》，中华书局 2011 年版，第 19 页。
④ 《易·乾卦·彖传》，楼宇烈校释：《周易注校释》，中华书局 2012 年版，第 2 页。
⑤ 朱熹：《周子之书·太极图》，《朱子语类》卷 94，第六册，中华书局 1986 年版，第 2371 页。

四 结　　语

儒学既以人的存在的实现为根本进路，则其学说必不局限于一种理论的形态，而与世道人心和社会生活具有着内在的关联性。

每一时代的儒学，其学术的重心在于面对经典，重构传统，因任现实，建构一种当代性的理论系统。因而能够切合现实社会生活，对后者起到一种提升、点化和升华的作用。当代儒学研究所存在的问题，并不在于用哲学这一概念来研究儒学，恰恰相反，乃是由于忽视了哲学这门学问的个性化的存在方式所致。这种研究方式把古代经典和历史传统当作一种无生命的材料，而以西方某一个哲学作为一种框架，对之进行剪裁，"破碎大道，雕刻众形"，使儒学失去了它自身的生命整体性，成为一种过去时态意义上的历史知识，而且是坏的、不真实的历史知识，因而失去了它切合、因应、提升当下社会生活和世道人心的意义和作用。

儒学是一种通人通儒之学，其所关注者，首先在于人的生命存在的实现。这使之能够密切关联于社会生活，表现为一个内外统合的生命整体。在当前的儒学研究中，颇有学者强调经学对于儒学研究的核心地位，这是很有道理的。当代的儒学研究需要走出前述那种"破碎大道，雕刻众形"的思想误区，转而从六经、原典和历史传统之内在生命整体性以建构属于中国自己的当代性的形上学或哲学。经学所关注的正是经典自身的这种生命整体性。时下谈经学研究，亦有学者强调我们当代只需要经学史，而不需要经学，这是一个自相矛盾的说法。因为经学史正是由每一时代当下所创造的经学所构筑的历史。没有经学，也就没有经学史。因此，所谓经学，乃是经学之当代性与其历史性的统一。在中国思想史上，每一时代的思想总是要经由经典和义理的双重建构而构成一时代的经学，而这一时代的形上学或哲学即蕴于其中而作为其核心内容。如汉儒在经典上重视五经，其依据五经的系统所阐发经义，提出一套诸如征诛、禅让、革命、改制、质文、三统、三正、更化等一套政治和历史哲学理论，以因应和解决当时所面临的如政治合法性等一系列重大现实理论问题。宋儒乃凸显四书的经典意义，构筑了一套以四书为中心、辅之以五经的经典系统，并据此发挥出以太极、理气、理欲、性命、心性、性情、性气、格致、本体工夫等观念为内容的一套义理系统，以应对释老的挑战，重建圣学教化之形上根基。在其中，经典系统的建构凸显了以时代的思想对经典之整体性的理解和文化生命的连续性；其所据以建构的义理与形上学系统，作为一时代思想的精神核心则凸显了其切合于当下社会和精神生活的时代性理念。这种连续性和时代性的统一，乃使儒学在两千多年的历史长河中能够不断地因应和引导社会生活，保有其生命连续的创造活力。可见，经学与哲学对于儒学的研究而言不仅不相互矛盾，而且具有相得益彰的作用。今天，我们要恢复儒学的当代社会的生命力，其首要任务便是要回复到儒家原典与历史的生命整体性，以重建属于中国自己的、当代的形上学以及哲学，使之能够切合当代中国人的精神生活，中国文化的未来发展，才可能具有一个光明的前景。

儒学作为哲学或形上学之研究和当代建构的意义不应被忽视。

原载《中国社会科学院研究生院学报》2017年第5期

教化的民间性

1. 我们这个年会议题是"中国哲学的地域性与普世性"。一个哲学或文化的系统,是个性化的,但又有普世性的意义。这有一个条件,就是这个系统必须是当代化了的。就是说,在理论上,它具有其当代的形态;在实践上,它是活在生活中的。中国哲学在现代未建成它的现代的理论形态,同时,它又是与民众生活相脱离的。这就使其失去了自己的普世性的意义。

2. 我这里所谓"教化",与一般所谓教育不同。现在的教育,一般是知识性的、技能性的教育。教化主要是指信仰、信念和价值系统的确立。近年,中国民间学术和教化有兴起之趋势。我们简称为民间的教和学。在我看来,近年来,中国文化学术的现状可以概括为以下三个层面的统一:民间的教与学、学院的教与学、官方的教与学。这三个层面不是一种界域分明的三个领域,其边界是变动的,而且是不断地向着第一个层面辐辏的。

3. 民间性的教与学,其特点是自由的选择,自由的讲学、自由的思考,总之,是体现着一种自由的精神。(私学的传统与恢复:由官学到私学。《天下篇》,诗、史、子。书院。民间学术对官方的作用:自下而上,消解形式化之蔽;由私学之教化而在官,如孔子弟子、胡瑗弟子。私学传统源于六经、经典传习,其旨在人格修养和传道。故私学复兴既对中国文化意义重大,对学院学术的教化性格的形成,亦是一个重大的推动。)

长期以来,中国社会没有民间的教与学。为什么?因为没有独立的社会生活的空间。我们的经济生活是一元化的。过去我们说做隐士。在这种一元化经济的条件下,隐士你是做不了的。与此相应,所有的生存样态是政治和意识形态化的。也就是说,意识形态代替了学术和教化。学术和教化在一种特定的时期内,比如革命时期、抵御外侮的时期,是有凝聚力和教化作用的。但意识形态从本质上讲具有固定和强力的性质,它本身是不能教化的。古人讲"为己之学""学问之道无他,求其放心而已矣"。为己之学,是内求,是自由的选择,这才能有教化。在改革开放以后,经济生活的多元化带来了独立的社会生活的空间,而且这个空间越来越大。这样,民间的学术和教化亦随之兴起。

4. 历史上各个文明系统,大都经历过政教合一的阶段。中国亦不例外。但是,在中国传统社会中,官方的教化和学术乃自下而上形成。比如儒学在先秦,本为子学,为百家之一,汉代武帝时独尊儒术,乃成为官方的意识形态。再如宋代理学,亦由民间孕育而成。朱子之学,开始被斥为伪学,后乃成为官学,朱子之《四书集注》,被定位官方教本,统治达六百年之久。一种学术成为官学,成为一种具有强制性的意识形态,必会趋于僵化和形式化。但是,一方面,这种学术和教化既来源于民间;另一方面,民间的教化与学术亦与之同时存在,可以对之起到一种缓和与消解的作用。但是,中国现代官方的教化与学术,却是自上而下的,所以,其容易僵化和形式化。

中国现代以来的社会,长期处在一个不断战乱和不断革命的过程中。在革命的、战乱的年代,政治意识形态很容易地成为占主导地位的凝聚社会和教化的力量。"文化大革命"把这种状况推至极端,在这种情形下,政治意识形态笼罩了全部生活,社会民间生活已无法找到任何属于自己的独立的空间。同时,整个社会的文化意识,是激进主义和反传统主义为主流。中国传统的教与学,亦曾有过政教合一的表现形式。辛亥革命以后,这个传统的教与学,脱离了它所依存的政治体制。但是,由于中国传统的教化方式,不是宗教性的,而是表现为一个哲理的系统,并不像宗教那样有一个独立的组织形式可以安身,所以渐失其实存上的依托。在这种情势下,中国传统的教与学,既不能获得政治意识形态的核心地位,在民众生活中亦无立足之地。更重要的是,社会主流文化意识的激进主义和反传统性,使得中国传统的思想学术,亦割断了历史的连续性。历史性的思想,失去了它在当下性中的创造,而退隐为僵化了的"过去时"意义上的知识、文本中的语词、历史的陈迹或博物馆里的陈列品。

5. 民间学术和教化的兴起是社会总体发展的一个表现,它也同时影响到了学院的教与学。这个影响表现在，学院的学术也逐渐民间化，因而亦具有了相当程度的教化意义。中国现代学院的教与学是传统的教与学向现代的教与学转变的产物。这个转变一方面的表现，是它从传统社会政教合一的形态分离出来。这是一个进步。但同时，因为它与社会生活完全脱节，而失去了教化的作用。这个脱节，原因有四：一是它的完全知识化；二是它未创造出它的现代的理论形态；三是它没有自由选择和自由讲学、思考的空间；四是整个社会生活的完全政治意识形态化。过去，学院的学术受到两个方面因素的控制：一是西方学术的概念框架和学术规范，一是意识形态。过去我们都用同一套：唯物唯心、辩证法形而上学来解读传统思想，你没有选择的自由。因而，第一，它缺乏自由的思考，是外在化的为人之学，故无教化的意义；第二，它与民众生活、个人的心灵生活是完全隔离的。近年，学院学术发生了重要的变化，就是解释原则的多元化，有了自由的选择。能够按照中国思想的固有特点来解释之，因而也有了创造性。不少青年学者已特别注重中国哲学的现代性建构这一环。与此相应，随着高校招生的迅速扩大，大学教育已经不是单纯的精英教育，这使得学院教育亦逐渐具有了教化的意义。

6. 教化的本质是社会性和民间性的。教化的内涵和意义，是人格的陶成，价值信念的确立，价值系统的建构。因此，它是人的自由选择、本心发明，或者说，是关涉人的内在精神生活的事务。发端于西方社会的现代化，其中重要的一个成果，就是政教的分离。中世纪的西方社会，亦是一种政教合一的社会。教化的根是超越、是理想性。一旦政与教相合一，就会使这种教化失去其理想性。中世纪西方社会以教会的权力干预世俗事务，就导致了宗教裁判所、迫害异教徒、十字军东征一类的问题。近代的宗教改革，逐渐使教化转变为一种社会性的事务和与个体心灵生活相关的事务，使之复归于它的"虚"体之位。政治与教化乃各安其位而相得益彰。

在革命的或战乱的非常时期，政治意识形态可以成为凝聚社会力量，引导和升华人的意志情感的教化作用。但政治意识形态的强力性质，决定了它的非教化性。所以，在经济社会已进入正常运作的后革命时代，人们的政治和意识形态热情渐次消退以后，政治意识形态便不再能够承担教化的职能。目前，民间社会独立空间的扩大，民间性的教化与学术的兴起与进一步的孕育发展，乃成必然之势。教堂、佛寺、道观香火隆盛，各系宗教信徒信众剧增；各种民间书院、精舍、学塾、学会、讲堂遍地开花；读经、会讲、讲学、法会，各种民间学术文化活动蓬勃开展。这些民间社会的教与学，现在正处于"群龙无首"的状态，当然需要逐渐凝聚和引导。在现阶段，政治意识形态尚能起到一定的引导作用。但文化、教化从本质上讲是心灵之事、社会之事，来不得外在的强制。所以，官方的教与学，最终将要回归其意识形态的本位，给予社会文化、教化和学术以自由发展的空间。

7. 我们强调教化的民间性或社会性，既不是要把学院的教与学排除在教化之外，也与一些学者所主张的所谓的"草根性"、草根文化、草根儒学根本异趣。

所谓"草根性"，强调的是文化的通俗性、大众化、流俗化。有的学者甚至由此走向极端，否定文化和学术立足于传统之理论建构和创造的意义。实质上，社会和民间性的教化，不能排斥中国文化传统和思想的当代性理论和形上学系统的建构。毋宁说，这种建构，正是中国当代文化建设的一个当务之急。历史性与当代性，乃是文化自身之共属一体的两个方面。由乎其历史性，文化乃保有其民族的个性和其原创性的动力；由乎其当代性的建构，文化乃具有其当下生命的活力和因应现实及其持续展开的普世性价值。就作为中国文化主流的儒学而言，不同时代各有自己时代的儒学。这本身就显示了文化之历史性与其当代性的统一性。当代中国社会民间教与学的"群龙无首"，要凝聚为和建立起一套核心的价值系统，亦需要这种回向自身历史传统的当代性的理论重建。而学院的教与学，在现代文化和学术分工的条件下，理应成为这种当代性理论建构的核心力量。

我们所谓教与学的民间性，是指着存在价值上的自由选择，学术上的自由思考和自由讲学的精神。在这个意义上，我们的学院学术，已经开始向着这民间性辐辏，或者说，已经有了相当的民间性。学院中国传统思想学术的研究，其诠释的原则，已经由一元趋于多元。这个多元化，为学者的自由选择提供了条件，这使其研究工作可以与自己的志趣乃至其价值的认同达至合一。知行合一，本是中国传统思想学术的一种根本的精神。学者的学术思想，本就能够成为其"传记"。这种多元化的趋势，正与传统的这种学术精神相合。无所依傍，说自己的话，走自己的路，这使中国学院学术渐具教化之功能，亦具有了切合于一般民众生活的可能性。由于大学招生的历年扩大，现在，已约有半数的青年人要从大学毕业走向社会。学院的教化作用不可忽视。

这里要强调的是，我们说学院教与学的民间化，是指着它摆脱外在的政治意识形态束缚，而真正表现出存在价值上的自由选择，学术上的自由思考、自由讲学这种自由的精神，从而真正属于社会而言，并非在现实上使之成为民间的书院。学院的学术和人文教化的精神，应真正能够成为社会良知的代表。这一点，在我们这样一个缺乏宗教精神传统的文化系统中，尤其重要。

而这一学院教与学的民间化，亦只有通过政治和社会文明持续进步的过程，才能逐步实现。我们必须理解，信仰选择、思想和学术的自由与现实的政治运作进程分属两个不同的领域。政治家要了解这一点，避免越界干预学术、教化之事。学者和全社会亦应了解，任何学术的观点、价值的选择都必须通过正常的法律和行政程序才能作用于现实，而不能直接地转变为现实的行为。古人所谓知行合一，是指人的精神修养或修炼而言。

就现实而言，学院的教与学与民间的教与学，还是有区别的。在现代分工的条件下，在学术力量和掌握的资源上，学院的教与学无疑要处于主导的地位。所以，中国文化和哲学的现代形态的建构，是学院所不可推卸的责任和历史使命。但只有它在精神上已转化为社会的、民间性的，它的工作才是有效的和具有真理性价值的。

在南昌中国哲学史学会年会闭幕式上的发言，2006年10月28日

续说之二

人性本善与道德责任

思孟学派及其思想特质

孔子所开创的儒家文化，代表着中国文化的主流和精神方向。思孟学派是孔子以后儒家思想发展的一个重要思想流派。"思"，指孔子的孙子子思。子思名伋，字子思。"孟"指孟子，名轲，邹国（今山东邹县东南）人。孟子受业于子思之门人。"思孟"，在思想气质与思想倾向上有一致之处，构成了孔子以后儒家一个主要的思想流派，后人称之为思孟学派。

思孟学派的特点，可以从两方面来看。第一个特点，是把孔子的学说向内转。孔子的学说是一个平衡的系统，这个平衡，即仁与礼的平衡。孟子和荀子都承认，孔子的思想人格表现为"仁""智"的平衡和统一。《孟子》引子贡的话说："仁且智，夫子既圣矣"（《孟子·公孙丑上》）。荀子也说："孔子仁智且不蔽"（《荀子·解蔽》）。仁与礼的平衡，乃根源于此仁与智的平衡。仁是人的德性，而礼是一个外范的系统。思孟学派把孔子的这个系统引向内转，为儒家的伦理道德学说和政治的架构系统建立了一个性善论的超越基础。

第二个特点表现在精神气质上。孟子对曾子、子思多有称道。《孟子·离娄下》讲"曾子、子思同道。"又《孟子·公孙丑下》和《万章下》分别引曾子、子思故事，讲"天子不召师"的道理，特别凸显了一种"以德抗位"的精神气质。"位"指君主的势位。思孟学派认为，士、君子之德，要高于君主的势位。这体现了当时士人超越于现实政治的一种独立自由的精神。

儒家主性本善论

儒家的人性论，其主流是思孟一系的性善论。对儒家的性善论，有着不同的说法。一种说法认为，儒家的性善论，其实质是人性向善论。人性既有向善的可能性，也有向恶的可能性。这种"善"，在人性中没有先天的根据和必然性可言，实质上是把人性理解为一个"白板"。按照这种逻辑，人的善性和道德性只能从外边引入，人性岂不成了一块可供随意塑造的"白板"？这种说法，正与儒家人性论的学说精神相悖谬，是对儒家人性论的误解。

另一种说法则认为，儒家的性善论，其实质是人性本善论。我主张"人性本善论"。思孟学派所理解的人性具有自身"善"的先天内容和根据，并非一个可供随意塑造的"白板"。仁义礼智先天地内在于人的肉身实存和情感生活，具有发而为善行的先天的才具。人的情感欲望和肉身实存性具有自身先天的道德规定，在这个意义上，它与动物的所谓"生物性"亦有类性上的本质区别。所以，人性之善，具有先天内容，而非一种单纯逻辑上的空洞可能性。人性本善说，构成了中国文化确立其自身道德责任的必然的形而上学基础。

从孔子开始，儒家即从人之作为人的类性角度来理解人性。孔子论人性问题，有两个角度：一是"性相近也，习相远也"（《论语·阳货》）；二是"中人以上，可以语上也；中人以下，不可以语上也"（《论语·雍也》）。先秦儒学着重发挥了第一点，即从类性上理解人性。人生而有异，但其中却贯通着人之为人的普遍性特征。汉唐儒学着重发挥了第二点，突出了人的个体差异这一方面。宋儒学回归先秦儒学，以类性的理解作为基础，同时引入"气质之性"这一观念，从理论上解决了人性的普遍性与个体差异性的关系问题。

《孟子·告子上》："凡同类者，举相似也……圣人与我同类者……心之所同然者何也？谓理也、义也，圣人先得我心之同然耳。故理义之悦我心，犹刍豢之悦我口。"这里所谓同类"相似"，也就是孔子所说的"性相近"。"同然"，是讲人心在理性上对理、义有种共同的肯定。也就是说，人心不仅在理性上肯定，而且在情感上真实地拥有"理、义"。人性之善，不是形式的，而是具有自身实存内容的。

孟子的说法，源出于孔子。《论语·颜渊》："为仁由己，而由人乎哉？"《述而》："子曰：仁远乎哉？我欲仁，斯仁至矣。""求仁而得仁，又何怨？"《里仁》："有能一日用其力于仁矣乎？我未见力不足者。"孔子这几句话，看似平实无奇，实则包含着一种对"人"的重要发现。商周时期的宗教伦理观念侧重于从功利角度理解人性。《尚书》说："皇天无亲，惟德是辅。""王其德之用，祈天永命。"这两句话，集中体现了商周人的伦理价值观念。就是说，至善本原于上帝，而人之所以行德，其动机却是功利性的。这样理解的"德"，是他律，而非自律。孔子的发现，使商周以来的价值观念发生了一种带有根本意义的转变。在孔子看来，人的功利性要求的满足，非人力所能直接控制，故可归诸于"命"。而行德与行仁，却是人唯一可凭自力而非外力"可欲""可求"者，乃人之最本己的可能性。"欲仁仁至，求仁得仁"，即言人不仅在理性上，而且在情感上，皆先天地拥有仁德之内容。因此，仁对于人而言，为其本质之所在。孔子所谓"仁者人也"，讲的就是这个意思。这一发现，规定了中国文化及其价值实现的根本方式和方向。

仁义内在于人的实存性

孟子论人性之善，是从仁义内在于人的实存性的意义上来讲的。这包括统一的两个方面：一是把"理"落实到"情"上来理解；二是把"理"落实到"气"上来理解。

把"理"落到"情"上来理解，可用"通情达理"这一成语来表达。这是说，理不是一个抽象的概念，理落在情上，是具体的，实实在在能为心灵所真切地体证的道理。

《孟子·告子上》："乃若其情，则可以为善矣，乃所谓善也。若夫为不善，非才之罪也。恻隐之心，人皆有之；羞恶之心，人皆有之；恭敬之心，人皆有之；是非之心，人皆有之。恻隐之心，仁也；羞恶之心，义也；恭敬之心，礼也；是非之心，智也。仁义礼智，非由外铄我也，我固有之也，弗思耳矣。故曰：求则得之，舍则失之。或相倍蓰而无算者，不能尽其才者也。""四端"，概括言之，就是一个"不忍""恻隐"之心

（另参《孟子·公孙丑上》"人皆有不忍人之心"章）。在现实中，人处身于分化的状态，其行事常常是三思而后行。而在类似于"孺子将入于井"这样一种人之生命交关的临界状态中，人的不忍恻隐之心则表现为自然当下的一种直感。《孟子·公孙丑上》"人皆有不忍人之心"章特别突出了"恻隐之心"的这一特点："非所以内交于孺子之父母也，非所以要誉于乡党朋友也，非恶其声而然也"。就是说，恻隐之心的表现无任何思虑计较，其表现乃人心当下的一种直觉表现。明儒王阳明《大学问》对此有一个很恰切的诠释。他认为，人见孺子入井而有恻隐之心，表明人心之仁，先天地"与孺子而为一体"，这个孺子还是与我同类者。人"见鸟兽哀鸣觳觫"而产生不忍之心，"见草木之摧折"而产生悯恤之心，"见瓦石之毁坏"而产生顾惜之心，这表明人心之仁和天地万物本来为一体。

所以，在孟子看来，人虽然在现实中有分化、有分别，但人和人、人和物之间的这个本原的一体性并没有丧失，只是在现实生活中被遮蔽起来了。一经反思，就可以把它重新找回来。

把"理"落到"气"上来理解，可用"理直气壮"此成语来表达。就是说，理不是一个空洞静态的观念，它同时也是一种能够发之为行为的存在性力量。

简帛《五行》篇说："仁之思也精，精则察，察则安，安则温，温则悦，悦则戚，戚则亲，亲则爱，爱则玉色，玉色则形，形则仁。""仁之思也精，精则察"，是从理性方面讲。但这理性之思，非单纯认知意义之"思"，它同时见诸安、温、悦、戚、亲、爱，这是从情感上说。不仅如此，"爱则玉色，玉色则形，形则仁"，必落实于形、色，此"仁之思"乃得以完成。这个形、色，即就人之"气"的实存性而言。道德之知、思、情、之所以能够发为行为，在于其本身就伴随有一种存在性的力量，这就是思孟所说的"气"。孟子提出"养气"说，自谓"我善养吾浩然之气"（《孟子·公孙丑上》）。不过，这"浩然之气"之养成并非无中生有，而是具有先天的根据的。朱子《孟子集注》（卷二）解释说："本自浩然，失养故馁。唯孟子为善养之以复其初也。"又引程子曰："天人一也，更不分别。浩然之气，乃吾气也。养而无害，则塞乎天地。"是说浩然之气为人先天所拥有，培养之即可"复其初"。

孟子论特别提出"才"这一概念来说明人性本善。《孟子·告子上》以牛山之木之长养为例,对这个"才"的观念作了全面的界说。《告子上》说:"牛山之木尝美矣,以其郊于大国也,斧斤伐之,可以为美乎?是其日夜之所息,雨露之所润,非无萌蘖之生焉,牛羊又从而牧之,是以若彼濯濯也。人见其濯濯也,以为未尝有材焉,此岂山之性也哉?虽存乎人者,岂无仁义之心哉!其所以放其良心者,亦犹斧斤之于木也。旦旦而伐之,可以为美乎?其日夜之所息,平旦之气,其好恶与人相近也者几希,则其旦昼之所为,有梏亡之矣。梏之反复,则其夜气不足以存;夜气不足以存,则其违禽兽不远矣。人见其禽兽也,而以为未尝有才焉者,是岂人之情也哉!"牛山之木本来"有材",但因人经常砍伐和放牧而变得"濯濯"。人亦有成就其美德之先天的才具("才")。

这里所说的"夜气"或"平旦之气"是人心在未受外界环境左右时,与仁义之心或良心俱存的一种存在状态,为人的实存或"气"之本真、本然。孟子所谓的"才",乃是一个以"夜气"或"平旦之气"为基础,在"好恶"之情上显现出其"良心"或"仁义之心"的存在整体。"浩然之气"的养成并非无中生有,而是有先天的存在基础的。

可见,儒家所理解的人性之善,不仅只是一种逻辑和理论的设定,它具有先天的内容和存在性的基础。这个"善"性,是本善,而不仅是向善。

道德责任之形而上根据

中国文化没有西方那种上帝创世的观念。在这个前提下,如果把人性善仅仅理解为一种向善的可能要素和理论必要性的假定,就无法在人的主体性方面确立必然的道德责任和内在的道德约束力。思孟学派人性本善的观念,构成了中国文化价值的实现方式与道德责任之形而上的根据。

《孟子·公孙丑上》说:"人之有是四端也,犹其有四体也。有是四端而自谓不能者,自贼者也;谓其君不能者,贼其君者也。"《孟子·离娄上》亦说:"自暴者,不可与有言也;自弃者,不可与有为也。言非礼义,谓之自暴也;吾身不能居仁由义,谓之自弃也。"在儒家的义理系统中,人的道德的根据,本原于人性之"本善"。因此,行义行善,亦为人之必然的责任和天赋之义务。相反,其为不善,则是"自暴""自弃""自贼",必由其自身来承担罪责。由此,中国文化价值的实现方式,亦在于内求而确立本心之根据。《孟子·告子上》:"仁,人心也;义,人路也……学问之道无他,求其放心而已矣。"性善不仅是一种向善的可能性,而且有其先天的内容和存在性的基础。所以,通过"求放心"或反躬内省挺立良知本心,以尽性知天而达天德,便成为中国文化教化和德性养成之根本途径。

思孟学派所证成的人性"本善"义,对于中国文化价值体系及其实现方式的形成,具有奠基性的意义。

本文系作者 2015 年 11 月 24 日在北京师范大学"世界哲学日"系列讲座上的演讲。原载《中国德育》2016 年第 2 期。

从"论才三章"看孟子的性善论

《孟子·滕文公上》:"孟子道性善,言必称尧舜。"孟子思想的核心,是把孔子思想引向内转,提出一种人性本善的观念,以作为儒家伦理政治学说的形上基础。孟子的性善论,一方面,是通过性、命的内在区分,在理论上揭示性善的逻辑必然性;另一方面,是围绕"才"这一概念来说明仁义礼智诸道德规定先天内在于人的情感实存,揭示出善在人性中的先天内容与存在的根据。这后一方面,对于儒家的人性论,具有更重要的理论意义。《孟子·告子上》前八章,集中讨论人性问题。其中前五章,乃围绕告子有关人性论的问题进行论辩。接着的六、七、八三章,则围绕"才"这一概念,来探讨人性的内容及其存在方式。这三章,我称之为孟子"论才三章"。过去学者研究孟子的人性论,对此"论才三章"的内容作为一个理论整体的意义注意不够。本文拟聚焦于孟子"论才三章",围绕孟子所提出的"才"这一概念,对孟子人性本善论的理论内容,提出一点自己的看法。

一 性命之区分

孔子论仁,谓仁不远人,我欲仁而仁至,求仁而得仁,乃凸显出"仁"与"人"的一种必然、本质的关联性①。在孔子看来,人的夭寿穷通及事功成就,非人所直接可欲可求,乃属诸"命"②;而"仁"则是人

---

① 孔子论仁:"为仁由己,而由人乎哉"(《颜渊》),"仁远乎哉?我欲仁,斯仁至矣"(《述而》),"求仁而得仁,又何怨"(《述而》)。
② 孔子论命:"死生有命,富贵在天"(《颜渊》),"道之将行也与,命也;道之将废也与,命也"(《宪问》),"亡之,命矣夫!斯人也,而有斯疾也"(《雍也》)。

唯一能够凭自力而非他力所决定者，为人之最本己的能力。借用康德的话说，它由乎自因，为人的"自由意志"所决定。人只能躬行仁义以俟天命。由此，"仁"乃被孔子理解为人的本质所在，孔子讲"仁者人也"①，道理即在于此。

孟子更由此对性、命作内在的区分，以证成其仁义礼智先天本具于人心之性善义。《孟子·尽心下》："孟子曰：口之于味也，目之于色也，耳之于声也，鼻之于臭也，四肢之于安佚也，性也，有命焉，君子不谓性也；仁之于父子也，义之于君臣也，礼之于宾主也，知之于贤者也，圣人之于天道也，命也，有性焉，君子不谓命也。"此性与命之区分，原于孔子仁与命之区分。人的口目耳鼻四肢之欲望要求与仁义礼智圣之道德规定，皆得自于天，皆可谓之为性，亦皆可谓之为命。就天之命于人而言可谓之命，就人之禀于天而成于己而言可谓之性。我称此义的性、命为"广义的性命"。子思"天命之谓性"一命题，即统指此广义的性命而言。孟子就此"广义的性命"之中，又作出内在的区分，以仁义礼智圣诸道德规定为"性"，而以口目耳鼻四肢之欲望要求为"命"。我称此义的性命为"狭义的性命"。

孟子区分此"狭义的性命"，其根据在于，人对二者的取之之道有根本的区别。《孟子·尽心上》："求则得之，舍则失之，是求有益于得也，求在我者也。求之有道，得之有命，是求无益于得也，求在外者也。"《孟子·告子上》："仁义礼智，非由外铄我也，我固有之也，弗思耳矣。故曰：求则得之，舍则失之。或相倍蓰而无算者，不能尽其才者也。"是言仁义礼智诸德之行，乃反求诸己而自得，由乎自因，不假外求，而为人自身所决定，故称之为"性"；而口目耳鼻四肢之欲等凡世间利欲事功要求之满足，则受制于种种外因与他力，而非由人所能直接得求者，故称之为"命"。

此孟子谓仁义礼智乃我所"固有"而非由"外铄"，先天本具于人性之逻辑的依据。②

---

① 《礼记·中庸》引孔子语。
② 李景林：《论"可欲之谓善"》，《人文杂志》2006年第1期。

二 "才"与"情"

我们一般讲人性论，往往限于对人性的内容作分解性的考察。这种讲法，较适合于西方哲学的人性论，却不适合于儒家的人性论。儒家人性论的特点，是落实到"心性"（包括情、气、才等）的论域来揭示人性的具体内涵。此由曾思开其端，而孟子乃集其成，从而形成一种儒学的致思理路和思想传统。《孟子·尽心上》："尽其心者，知其性也；知其性，则知天矣。存其心，养其性，所以事天也……"就是落实于心性的论域中来动态地展显人性的内容，而非仅作抽象的逻辑推论和要素分析。因此，孟子论人性，乃言仁义礼智先天内在于人的情感实存，因而人的存在本有发而为善行的先天的才具。孟子所谓人性之"善"，具有先天的内容和存在根据，而非一种单纯逻辑上的空洞、抽象的可能性。孟子的性善论，其内涵是一种人性本善论。或以孟子的人性论为一种人性向善论，仅将此性善理解为一种向善的可能性。这其实是一种误解。

孟子的人性论，乃即"心"而言"性"，即"情"而言"心"，其论"情"，则又落实在"气"上说。我们注意到，《告子上》前八章集中论"性"，其前五章所论，是与告子人性论相关的理论性论辩；而接下来六、七、八三章，皆围绕"才"这一概念来论"性"，我称之为孟子"论才三章"。为了论述的方便，下文分别以"论才三章"（一）、（二）、（三）来指称《告子上》六、七、八章。孟子对"狭义的性命"的区分，意在由之提出性善的逻辑根据；而他提出"才"这一概念，则是要据以揭示这性善的存在性内容。故孟子此"论才三章"，对理解孟子所谓人性本善的思想内涵，具有重要的理论价值。在"论才三章"（三）中，孟子将性、心、情、气、才统合为一个整体，对这个"才"的观念作了最为系统的论述。我们先来看"论才三章"（三）的说法：

> 孟子曰："牛山之木尝美矣，以其郊于大国也，斧斤伐之，可以为美乎？是其日夜之所息，雨露之所润，非无萌蘖之生焉，牛羊又从而牧之。是以若彼濯濯也。人见其濯濯也，以为未尝有材焉，此岂山之性也哉？虽存乎人者，岂无仁义之心哉？其所以放其良心者，亦犹

斧斤之于木也，旦旦而伐之，可以为美乎？其日夜之所息，平旦之气，其好恶与人相近也者几希，则其旦昼之所为，有梏亡之矣。梏之反复，则其夜气不足以存；夜气不足以存，则其违禽兽不远矣。人见其禽兽也，而以为未尝有才焉者，是岂人之情也哉？故苟得其养，无物不长；苟失其养，无物不消。孔子曰：'操则存，舍则亡，出入无时，莫知其乡。'惟心之谓与！"

此章提出"仁义之心"的存在方式并对它作了深入的讨论。从上下文义可知，这个"仁义之心"，也就是"良心"。《孟子》书提到的与此同一层次的概念还有"本心""仁心"等。人先天本具此"良心"（仁义之心）。"其日夜之所息，平旦之气，其好恶与人相近也者几希"，这句话，从整体上揭示了人的"良心"（仁义之心）的存在方式。此所谓"相近"者，亦即"论才三章"（二）所谓的人之"同类相似"的那个类性。①"良心"（仁义之心）即首先表现于此"与人相近也几希"的"好恶"之情；而此见诸"好恶"之情的人之"相近"的类性，则又以"平旦之气"或"夜气"为其存在性的基础。须注意的是，此所言"平旦之气"或"夜气"，其实只是同一个"气"，就其"日夜之所息"而言谓之"夜气"，就其平旦所现之清明状态而言谓之"平旦之气"。它是人心在不受制于外物及思虑计较时所呈现并充盈起来的一种本真存在状态。孟子所谓"养浩然之气"，即以此为其先天内在的基础。这个以"夜气"或"平旦之气"为基础，在"好恶"之情上显现出其"良心"（仁义之心）的存在整体，孟子概括地称之为"才"。魏晋人所言才性、宋明儒从气质之性角度所讲的"才"，特指人的禀赋之差异。与后儒不同，孟子所谓"才"，乃是一个标志人性善之先天普遍性才具的概念。

性即心而显诸情，这是孟子展开性善之内容的基本思路②，"才"则是一个统摄此性善之内容的一个总体性概念。"论才三章"（三）所言"才"，统合性、心、情、气为一存在的整体，其重心乃落在"好、恶"这一人心迎拒事物之基本的情感活动，以显现人性所本具之"良心"（仁

---

① 此点我们在下文有详细的讨论。
② 李景林：《教养的本原》第十一章，辽宁人民出版社1998年版。

义之心)①。"论才三章"(一)所言"才",其重心则落在"四端"之情上来展开论述：

> 孟子曰：乃若其情，则可以为善矣，乃所谓善也。若夫为不善，非才之罪也。恻隐之心，人皆有之；羞恶之心，人皆有之；恭敬之心，人皆有之；是非之心，人皆有之。恻隐之心，仁也；羞恶之心，义也；恭敬之心，礼也；是非之心，智也。仁义礼智，非由外铄我也，我固有之也，弗思耳矣。故曰：求则得之，舍则失之。或相倍蓰而无算者，不能尽其才者也。

本章乃即四端之情以言"才"。前述"论才三章"(三)言"才"，以"良心"（仁义之心）见诸"好、恶"之情来作说明。在儒家看来，人心应物之最原初的方式，即以情应物。而人心以情应物，有相对的两个方向，即"好"以迎物，"恶"以拒物。"好、恶"是一个一般的讲法。这"与人相近也几希"的"好、恶"之情，在具体的处身境域中，则会有其当下性的情态表现。如人奉父母而知孝、见长者而知敬、见鸟兽之觳觫而生不忍、见孺子之将入于井而生怵惕恻隐之情等。本章据"才"而言性善，亦落在人的情感表现上说。其言"乃若其情，则可以为善矣，乃所谓善也。若夫为不善，非才之罪也"，"或相倍蓰而无算者，不能尽其才者也"，就表明了这一点。

或以为此章的"情"字应解为"实"。这个说法是不妥当的。从上下文可以显见，这"情"字，指的就是"恻隐"等情态表现。此章章指，乃从四端之情表著仁义礼智之心的角度以言"才"。

三 "端"之普泛意义

"四端"一概念，出自《孟子·公孙丑上》"人皆有不忍人之心章"。

---

① 儒家对"情"多有论述，不过，人的种种情态，皆可统属于以"好恶"迎拒事物这两种基本的情感表现方式；喜怒哀乐等，则被理解为此迎与拒在心灵上的反应（李景林：《教化视域中的儒学》，中国社会科学出版社 2013 年版，第 155 页）。

此章把"恻隐""羞恶""辞让（恭敬）""是非"四者，概括地称作"四端"，这就有了著名的孟子"四端说"。"端"有端绪义，又有始端义。端绪义，言其为"情"之缘境的当下发见；始端义，言其为扩充而成德之初始情态。帛书《五行》篇已在这个意义上使用"端"这个概念，孟子亦延续了对"端"的这种理解。我们要特别强调的是，孟子提出"四端"，是举"恻隐""羞恶"等四者为例，以集中探讨"性"即"心"而表著于"情"这一精神现象的思想和逻辑内涵，但并未把"端"限制在"四"这个狭窄的范围之内。实质上，"端"这一概念，在《孟子》书中有非常广泛而丰富的涵义，孟子对"端"这一概念的理解亦是很宽泛、开放的，绝不止于"四端"。不过，孟子"四端"说所具有的强概括性、逻辑性及独特性，又常使"端"这一概念的丰富性乃至其初始涵义落入言筌陷阱而被遮蔽。论者不查，往往把"四端"作固化和现成性的理解，好像人心就只有这四个现成的"端"，以至于有用"四心"这个说法来指称孟子所谓的四端者。学者对孟子人性、心性说的种种误解，多由乎此。因此，在讨论"论才三章"（一）据"四端"之情以论"才"的理论内涵之前，我们要对"端"这一概念的初始涵义作一点必要的说明。

马王堆帛书《五行》经部说："君子杂（集）泰（大）成。能进之，为君子，不能进，客（各）止于其［里］。"① 竹简《五行》文与此略同。帛书《五行》说部解释说："'能进之，为君子，弗能进，各止于其里'，能进端，能终（充）端305，则为君子耳矣。弗能进，各各止于其里。不庄（藏）尤（欲）割（害）人，仁之理也；不受许（吁）差（嗟）者306，义之理也。弗能进也，则各止于其里耳矣。终（充）其不庄（藏）尤（欲）割（害）人之心，而仁复（覆）四海307；终（充）其不受许（吁）差（嗟）之心，而义襄天下。仁复（覆）四海，义襄天下，而成（诚）繇（由）其中心行［之］308亦君子已。"② 这里所说的"能进端，能充端"之"端"，即"不藏欲害人之心""不受吁嗟之心"。这个"端"，也就是仁义之心之当下的情感显现，亦可说为"仁义之端"。人须由此"端"推扩超越自身之限制（"里"），以成就君子之德而化成天下。

---

① 庞朴：《帛书五行篇研究》，齐鲁书社1980年版，第57页。
② 同上书，第58页。

《五行》把人的"不藏欲害人之心"和"不受吁嗟之心"称为仁义之"端"。孟子亦以扩充善"端"为人的德性养成之重要途径。此义最典型的例证即《公孙丑上》"人皆有不忍人之心"章的扩充四端说："以不忍人之心，行不忍人之政，治天下可运之掌上……凡有四端于我者，知皆扩而充之矣，若火之始然，泉之始达。苟能充之，足以保四海；苟不充之，不足以事父母。"但要注意的是，孟子据以扩充以成德之"端"，并不限于"四端"。如《梁惠王上》："老吾老以及人之老，幼吾幼以及人之幼，天下可运于掌。诗云：'刑于寡妻，至于兄弟，以御于家邦。'言举斯心加诸彼而已。故推恩足以保四海，不推恩无以保妻子。"这两段话皆言"推恩"，其结构语脉亦完全相同；然其所举推恩之"端"却有所不同，一为"四端"，一为亲亲。《孟子·尽心上》："人之所不学而能者，其良能也；所不虑而知者，其良知也。孩提之童，无不知爱其亲也；及其长也，无不知敬其兄也。亲亲仁也，敬长义也。无他，达之天下也。"此据孩提之童皆有爱亲敬长之情，并可由此"达之天下"而成就仁义，以证成其人心本具良能良知之说，是又以"亲亲敬长"之情为推扩成德之"端"。又《孟子·尽心下》："人皆有所不忍，达之于其所忍，仁也；人皆有所不为，达之于其所为，义也。人能充无欲害人之心，而仁不可胜用也；人能充无穿踰之心，而义不可胜用也；人能充无受尔汝之实，无所往而不为义也。"此章内容与前引帛书《五行》"能进之，为君子"那段话意旨相同，且其涵义则更为丰富。《五行》篇举"不藏欲害人之心"和"不受吁嗟之心"为例以言"仁义之心"及扩充之"端"。这"不受吁嗟之心"，与孟子所言"无受尔汝之实"义同，皆指人所具有的羞耻心和自尊心而言。在这里，孟子所举善"端"之例，不仅包含《五行》所言"不藏欲害人"和"不受吁嗟"，还及于"不忍""不为""无穿踰"等内容。由此反观《孟子》一书，其中所举不忍、不为、恻隐、羞恶、辞让、恭敬、是非、孝悌、亲亲、敬长、耻、忸怩、无欲害人、无穿踰、无受尔汝、弗受嘑尔、不屑蹴尔之食等种种情态，皆可为"端"这一概念所摄，吾人亦可由之推扩而成德，并据以建立合理的人伦秩序。不过，我们却不能把前述诸"端"看作一些随意撷取的现成性的天赋道德情感或由后天形成的经验性情感内容。如果那样，我们便无法理解，孟子为何会经常从不同形态的"端"推扩出同样的道德和伦理结果。

四 "四端"的系统

从以上诸"端"的丰富样态回到前述"论才三章"(三)、(一),我们会看到,在"才"这一概念中,此诸"端"具有一种内在严整的系统性。"论才三章"(三)以"好、恶"这一人心迎拒事物之基本的情感活动,来显现人性所本具之"良心"(仁义之心);"论才三章"(一)则从"端"上来说明这一点,这就是"四端"的系统。这个四端系统的结构,可以分四个层次来看:

第一层,是以不忍恻隐统摄四端而为一体之仁。"四端"之说,出自《公孙丑上》"人皆有不忍人之心章",其言曰:"所以谓人皆有不忍人之心者,今人乍见孺子将入于井,皆有怵惕恻隐之心。"又曰:"由是观之,无恻隐之心,非人也;无羞恶之心,非人也;无辞让之心,非人也;无是非之心,非人也。恻隐之心,仁之端也;羞恶之心,义之端也;辞让之心,礼之端也;是非之心,智之端也。人之有是四端也,犹其有四体也。"从上下文义看,此章乃以人见孺子入井而生"怵惕恻隐之心"来说明人皆本具"不忍人之心",并由此引出其"四端"之说。可知"四端"并非四个"心"。此章之旨,乃是以不忍恻隐之心统摄四端而为一整体,来显现人所本具的仁义礼智之性。朱子论四端,称"恻隐是个脑子,羞恶、辞逊、是非须从这里发来","恻隐之心,通贯此三者"①。程瑶田也说:"仁义礼智四端一贯,故但举恻隐,而羞恶、辞让、是非即具矣。但有仁之端,而义礼智之端已具矣。"② 皆以四端为一整体而统摄于恻隐,这是有根据的。

第二层,由四端所显四德,乃统于"仁、义"二者。《孟子·离娄上》:"孟子曰:仁之实,事亲是也;义之实,从兄是也;智之实,知斯二者弗去是也;礼之实节文斯二者是也。"是"礼"和"智",皆以亲亲敬长之情所显之仁义为其内容。"义"为"羞恶之心"所显。羞恶之"恶",当读为善恶之"恶"(è),而不应读为好恶之"恶"(wù)。人心

---

① 《朱子语类》卷五十三。
② 焦循《孟子正义》引。

统括于不忍恻隐之"仁"而见其本性为善；人心羞于为恶之情所显之"义"，则表明此人性之善中，本具对非善之"恶"的一种否定或排拒机制，我称之为人性原初的自我捍卫机制。① "礼"和"智"之意义，乃依止于仁义而有。

第三层，"是非之心"所显即"知"或"良知"。人的"良心"（仁义之心）会在"与人相近也几希"的好恶之情上呈显出来。这"良心"（仁义之心），包含"良能"和"良知"两方面内容。《尽心上》"人之所不学而能者"章："人之所不学而能者，其良能也；所不虑而知者，其良知也。孩提之童，无不知爱其亲也；及其长也，无不知敬其兄也。亲亲仁也，敬长义也，无他，达之天下也。"这里所谓"亲亲仁也，敬长义也"，并非说亲亲即可等同于"仁"，敬长即可等同于"义"。而是说，由此"亲亲""敬长"之情，可以推扩"达之天下"而成就仁义。故此亲亲、敬长之情，亦可谓之"仁义之端"；这与孟子称"恻隐"等为"四端"是一个道理。孩提幼童皆具亲亲敬长之情或"仁义之端"，是即"论才三章"（三）所称"仁义之心"或"良心"。由此可知，"良能"和"良知"之统一，即是"良心"。良心包含良能与良知，就其存在性之情态言谓之"能"，就其反身性之自觉觉知言谓之"知"。然则此"知"，乃依止于情之存在性的自觉，而非抽离于人心实存整体之外的一种抽象认知原则。孟子言"良心"，乃以良知依止于良能而统合于"良心"。就四端的结构而言，是非之"智"，亦统摄于不忍恻隐所显之仁心。

第四层，孟子以"是非"言"智"，其作为人心之自觉所包含肯定与否定两个向度，乃相应于"恻隐"与"羞恶"而有存在性的显现。四端中有"羞恶"一端作为"义"之显现，是为人心对非性之恶的一种排拒或否定机制。"是非之心"作为人心之"智"或自觉作用，包含肯定与否定两面，"是"乃相应于"恻隐"；"非"则相应于"羞恶"。如相对区分"能"（良能）、"知"（良知），则恻隐和羞恶为"能"，是非为"知"。"知"非一独立的原则和机能，乃依"能"而发用。人心知是知非，乃落实于"好恶"迎拒事物的情态性上而具有当下的实践和道德意义，此即"论才三章"（三）所说的良心（仁义之心）即"与人相近"之"好恶"

---

① 李景林：《人性本善及其自我捍卫机制》，《哲学动态》2018年第1期。

而显。王阳明《传习录下》："良知只是个是非之心，是非只是个好恶。只好恶就尽了是非，只是非就尽了万事万变。"阳明谓"良知"即"是非之心"，并在"好恶"之情以应物的角度理解"是非之心"的性质，此说可谓深得孟子心性说之真髓。

五 "能、知"一体与感应初几

过去，学界对孟子所论道德情感多有误读。或把孟子所由以说明性善的亲亲、敬长、不忍、恻隐诸情感理解为一种积习而成之结果，认为其不足以证明人性之善。在西方哲学知情或情理二分的观念影响下，论者亦往往把儒家所言"情"，如喜怒哀乐或喜怒哀惧爱恶欲等情欲表现，理解为一种无任何内容规定的所谓"自然情感"，而将孝悌辞逊等具有道德规定性的情感，理解为一种经践行积习而成的结果。由此形成诸如人有与动物相同的生物本性，人与动物的区别在于其道德性、先秦儒家人性论的主流是"自然人性论"等似是而非的结论。此说其实是对儒家和孟子心性思想的误解。

深入探讨孟子所提出的"才"这一概念，对于我们准确把握其人性论的内涵，具有重要的意义。

"才"这一概念，是在"情"上呈现人的"良心"或"仁义之心"。在这一点上，"论才三章"（一）与（三）是完全一致的。不过，"论才三章"（一）就"四端"之情以言"才"，从另一个角度揭示了人性之更为丰富的内涵。性即心而显诸情，心之活动皆表著于"情"，"情"乃标识心之实存的主体。而在这个心之实存显现的"情"中，却包含着自身内在的"智"（是非之心）的规定。一方面，"智"或"知"，乃是依止于人心实存情态的一种意义觉知与判断作用，而非脱离人心情感实存的一个独立的认知活动；另一方面，"情"作为心之实存的主体，具有与"知"在原初意义上的必然的关联性。孟子将此理解为人心之原初的存在方式。由此，人心在其以情应事接物的感应之几上，必有"其好恶与人相近"之本然道德定向，并在具体的境域中构成性地显现为种种当下化的情态。如人见孺子入井而生恻隐之心，见鸟兽哀鸣觳觫而生不忍之心，见草木之摧折而生悯恤之心，奉父母而有孝敬之心，见长者而生辞逊之心，等等，皆被视为人心以"情、知"本原一体方式随处发见，缘境而生的当下性情态表现，而非某种现成的道德情感。而此人心随处缘境而发生的感应之初几，却又是人的现实德性成就之本原。此为孟子根据其对人心存在性结构之深入思考所揭示的一种独特的精神现象。在孟子看来，人在现实中或放失其良心，而处身于一种分化的状态，然此原初的一体性虽被遮蔽，却并未丧失，且时时会在存在的当下情境中呈显出来。这一精神现象，思孟恰当并形象地名之为"端"。

孟子所举"四端"，乃是其用以分析此一精神现象之逻辑内涵的一种情态。我们可以由之理解"端"这一现象的思想意义，却要避免由此落入言筌，把"端"仅局限于"四"这一狭隘的范围之内。《公孙丑上》"人皆有不忍人之心"章对四端之显现方式，有过很经典的描述："所以谓人皆有不忍人之心者，今人乍见孺子将入于井，皆有怵惕恻隐之心。非所以内交于孺子之父母也，非所以要誉于乡党朋友也，非恶其声而然也。"在这段描述中，孟子特别着意强调和凸显了恻隐之心显现之当场性、境域性、不待安排的自然本能性、排除思虑计较和功利私意干扰的直接性特征。其一念当下，即知即行，为一纯粹的连续，而无任何人为的间隔。此即前述人心作为"能、知"共属一体的原初存在方式，在其具体境域中的一种当场性和缘构性的必然情态表现。一方面，这恻隐之情不能被理解为一种预设性的现成天赋道德情感，因为在作为"端"而推扩成德的意义上，它并不具备与上述"亲亲""孝悌""无欲害人""无受尔汝""无穿踰"诸"端"在价值和类型上的区别性。另一方面，它也不能被理解为一种由积习而成的经验性情感，因为其即知即行，并无一般经验行为那种"思而后行"的非连续性特质。

要言之，孟子举四端为例，对"端"这一精神现象的逻辑内涵作了深入的分析。由此我们可以看到，"端"作为一个表征人心本然应物的感应之几的概念，具有普泛的意义。良心以"好恶"迎拒事物[①]，必缘境而显现为当下性的种种"端"。同时，这"端"的显现，本具"智"的规定，因而其缘境而发生的感应，乃必然具有道德的指向与决断。这个本然

---

① 如前所述，人心以好恶迎拒事物，乃统括传统所说"喜怒哀乐""喜怒哀惧爱恶欲"诸情感而为言。

的指向，因境域之差异而具肯定与否定两个方面，我们在上述诸"端"中，就可以看到这一点，如不忍、恻隐、恭敬、亲亲等，可为"好"和"是"所摄；而羞恶、不为、耻、忸怩、无受尔汝等，则可为"恶"和"非"所摄。从这个意义上讲，在思孟一系的心性论中，并不存在一种无任何道德指向的现成"自然情感"，由此而来的所谓"自然人性论"亦就无从谈起。

六 "类"与"类性"

"论才三章"（二）更用"类"性这一概念，来概括人性的内容：

> 孟子曰：富岁子弟多赖，凶岁子弟多暴，非天之降才尔殊也，其所以陷溺其心者然也……凡同类者，举相似也……圣人与我同类者……口之于味也，有同耆焉；耳之于声也，有同听焉；目之于色也，有同美焉。至于心，独无所同然乎？心之所同然者何也？谓理也义也，圣人先得我心之所同然耳。故理义之悦我心，犹刍豢之悦我口。

此章亦据"才"以论"性"。显然，这个"我与圣人同类"的"同类相似"说，是"接着"孔子所说的"性相近"讲的。孔子论人性，讲"性相近也，习相远也"①，孟子乃更进一步，从人作为一个"类"的类性的意义上来理解人性的内涵。在孟子看来，这个"类"性，包含有作为理性之逻辑规定的"同然"和情感指向的"同悦"。"同然"，是讲人心在理性上对"理、义"具有共同的肯定和认可；不仅如此，人心对于"理、义"，同时又涵具情感实践性的"同悦"。从前述"能""知"一体的观念来看，这里所谓人心对于"理、义"之"同悦"，既非在此"同然"之外的另一种机能，亦非发生于理性认知之后的一种现成情意取向。人心对理义的"同然"和"同悦"，乃人的本心显现之同时俱起且共属一体的两个方面。也就是说，人心不仅在理性上肯定，而且在情感实存上内

---

① 《论语·阳货》。

在真实地拥有这"理、义"。此两者相辅相成，构成了人作为一个"类"的类性之先天的才具（"才"），此即人性的内容。有一种观点，说儒家认为人与动物具有一种相同的生物本性，而人的本质则在于其道德性。也有人举"狼孩"为例来质疑孟子的性善论。这种说法似是而非。孟子严人禽之辨。在思孟的思想论域中，人可以堕落成禽兽，但你却不能把禽兽教化成人。仁义礼智等规定先天内在于人的情感实存，非由外铄而来，因此，人的情欲及肉身实存性与动物的生物本性，亦有着"类性"的本质区别。《尽心上》："孟子曰：形色天性也，惟圣人然后可以践形。"讲的就是这个道理。

综上所论，孟子所谓人性之善，不仅是一种理论的可能性和逻辑的必然性，而且具有存在性的先天内容。因此，这个人性善，是一种具有存在必然性的"本善"，而非仅具某种可能性的"向善"。

原载《北京师范大学学报》（社会科学版）2018 年第 6 期

论人性本善及其自我捍卫机制

以往对儒家人性论，尤其是孟子人性论问题的讨论，多着眼于人性之善的肯定性，即人性向善或人性本善一面，但这并不全面。我们主"人性本善说"。这个人性本善，包括肯定和否定两个方面，即对善的肯定和对非善的排拒。这个对非善的排拒亦即人性对自身善的一种捍卫机制。古人讲人心作用"善善恶恶"两面兼具，即表现了这一点。阳明有著名的四句教："无善无恶心之体，有善有恶意之动，知善知恶是良知，为善去恶是格物。"一般把"为善去恶"归结为一种工夫。"去恶"固然需要工夫，但这"为善去恶"的工夫，实建基于"好善恶恶"的情感。"恶恶"的情感与"好善"一样，在人性中有其根源性，是人性自身先天具有的内容。孟子的四端说，"恻隐之心，仁之端也"表现了人性对善的肯定性的一面；"羞恶之心，义之端也"则表现了人性对恶的排拒和否定性一面。同时，人心有灵明和自觉，与前述二者相应，"是非之心，智之端也"则表现了人心对此善的肯定和对非善的否定与排拒之当下的自觉作用。人心不仅肯定善，而且排拒恶，二者实为一体两面，构成了人性的总体。忽略了人性对恶的这种排拒和否定性，即对人性本善的捍卫机制，我们对儒家尤其是孟子人性论的理解就是不全面的。

一

从肯定性一面说，儒家所谓"人性本善"，不仅是一种理论的可能性和逻辑的必然性，而且具有存在性的先天内容。

这一点，来源于孔子对"人"的一个重大发现：仁、义是人之最本己的可能性和本质的规定性。周代的天命观是一种宗教性的伦理观念，

《尚书》说："皇天无亲，惟德是辅"①，"王其德之用，祈天永命"（《尚书·召诰》）。这两句话典型地表现了周人天命观的内涵。在周人的天命观念中，至善的本源在于"天帝"和"天命"，同时，人之行善则出于功利的目的，人由此被理解为一种功利性的存在。孔子继承了周人的天命思想，同时又对此"天命"作了一种内在的区分。《论语》论仁、义云："君子喻于义，小人喻于利"（《里仁》），"为仁由己，而由人乎哉"（《颜渊》），"仁远乎哉？我欲仁，斯仁至矣"（《述而》），"求仁而得仁，又何怨"（《述而》）。又论命曰："死生有命，富贵在天"（《颜渊》），"道之将行也与，命也；道之将废也与，命也"（《宪问》），"亡之，命矣夫！斯人也，而有斯疾也"（《雍也》）。此所言"仁"或"义"，为人行之道德规定；"命"或"天命"则属于行为的结果或人的功名利禄、事功效果方面的内容。在孔子看来，仁、义是人唯一不凭借外力而凭自力所能决定者，为人之最本己的可能性。用康德的话来说，它由乎自因，为人之"自由意志"之表现。所以人只能躬行仁、义，以俟天命。"命"或"天命"，则不在人之所直接可求和应求的范围之内。由此，人乃由周人所理解的功利性存在转变为一种道德性存在。至善的根源，既出于天命，亦内在于人性。

孔子由"欲仁仁至""求仁得仁"揭示道德原则（仁、义）本源于吾人意志的自因性；孟子则更进一步，提出"可欲之谓善"一命题②，据以确立人性本善之义理系统。何为"可欲之谓善"？孟子指出："口之于味也，目之于色也，耳之于声也，鼻之于臭也，四肢之于安佚也，性也，有命焉，君子不谓性也。仁之于父子也，义之于君臣也，礼之于宾主也，知之于贤者也，圣人之于天道也，命也，有性焉，君子不谓命也。"（《孟子·尽心下》）子思言"天命之谓性"，在这里，孟子进而对这个"天命之谓性"的内容作了内在的性、命区分。仁、义、礼、智、圣源自天命，君子何以称之为"性"而不称之为"命"？其根据在于，仁、义、礼、智、圣诸德之实行，乃可由人当下自作主宰，自我决定，不假外求，反思

---

① 《左传·僖公五年》引《周书》。
② 《孟子·尽心下》："可欲之谓善，有诸己之谓信，充实之谓美，充实而有光辉之谓大，大而化之之谓圣，圣而不可知之之谓神。"

即可得之，所以为人性先天所本具，故谓之"性"不谓之"命"。所谓"求则得之，舍则失之，是求有益于得，求在我者也"（《尽心上》）。口、目、耳、鼻、四肢之欲亦本于人的天性，君子何以称之为"命"而不称之为"性"？其根据在于，口、目、耳、鼻、四肢之欲的满足，须依赖于种种外在条件之制约，而非由人所能直接决定。所谓"求之有道，得之有命，是求无益于得也，求在外者也"（《尽心上》）。据此，仁、义、礼、智诸道德之善，乃人心所唯一之"可欲"者。孟子由性、命的区分所阐明的这个"可欲之谓善"的内容，揭示了仁、义、礼、智为人性所先天本具的逻辑必然性。

从孔子"欲仁仁至""求仁得仁"的角度说，孟子"可欲之谓善"一命题，应包括"可欲"和"可求"两个方面的内容。孟子对这两个方面都有很好的说明。

关于可求，《孟子·告子上》曰："仁义礼智，非由外铄我也，我固有之也，弗思耳矣。故曰：求则得之，舍则失之。"又"思则得之，不思则不得，此天之所予我者。"合此章与前引《尽心上》"求则得之章"所论观之，可知，孟子所谓"可求"，乃重在"思"、反思或自觉一面。孟子特重"思"，《中庸》讲"诚者，天之道也；诚之者，人之道也"，孟子则说"诚者，天之道也；思诚者，人之道也"。"诚之"，为人实现"诚"或人性的工夫历程，孟子则把这一工夫历程，表述为由"思"而达成。孟子又讲"心之官则思"，以"思"作为"立其大体"之根本途径。这个"思"或"反思"，并非一种思虑计度，而是人心所先天本具的一种反思和智照作用。此一作用，孟子又称之为"良知"。

关于"可欲之谓善"，宋儒张栻做了很好的解释。"可欲者，动之端也。盖人具有天地之性，仁义礼智之所存，其发见，则为恻隐、羞恶、辞逊、是非，所谓可欲也。"[①] 由前所论可知，张栻这个解释颇得孟子之本义。孟子论人性，乃即心以言性，即情以言心。故其论人心"可求"之反思作用，必落实到"可欲"的情感实存上来说。

孟子所理解的"性"，不是一个抽象的形式概念，"性"必显诸人的情志内容而具有其实在性意义。这个人的先天善性，不是一个空洞的逻辑

---

① 杨世文点校：《张栻集》（卷七），中华书局2015年版，第638页。

上的可能性，它内在地贯通并显著于"情"，故本具先天的内容。孟子的"四端说"，就集中地体现了这一点。

《孟子·公孙丑上》以"孺子入井"论"不忍恻隐之心"：

> 所以谓"人皆有不忍人之心"者，今人乍见孺子将入于井，皆有怵惕、恻隐之心，非所以内交于孺子之父母也，非所以要誉于乡党朋友也，非恶其声而然也。由是观之，无恻隐之心，非人也；无羞恶之心，非人也；无辞让之心，非人也；无是非之心，非人也。恻隐之心，仁之端也；羞恶之心，义之端也；辞让之心，礼之端也；是非之心，智之端也。人之有是四端也，犹其有四体也。

细绎此章之义，孟子乃以人见孺子入井"皆有怵惕、恻隐之心"来说明人皆本具"不忍人之心"，并由此引出其"四端"之说。可知，"四端"并非四个"心"，四端实际统括于一"不忍恻隐之心"而为一整体。朱子说"恻隐是个脑子，羞恶、辞逊、是非须从这里发来……恻隐之心通贯此三者。"[1] 此言深得孟子"四端说"之真髓。《孟子·离娄上》："仁之实，事亲是也。义之实，从兄是也。智之实，知斯二者弗去是也。礼之实，节文斯二者是也。乐之实，乐斯二者……"是孟子所言仁、义、礼、智诸德，总言之可统归于仁，仁、义相为表里，礼、智等皆统括于仁、义而为一整体。孟子论性，乃即心而显著于情，情是心之内容，仁、义、礼、智诸德，皆由情上发出。就四端的系统而言，诸德乃就"不忍恻隐之心"而显发，四端统言之，为一"不忍恻隐之心"，分言之，则有恻隐、羞恶、辞让、是非诸端，辞让、是非等可统归于恻隐、羞恶两端。阳明指出，"良知"即"是非之心"。由此，孟子所言"思"的内容，并非脱离人心情志表现的一个独立系统，而是人心在其情感表现中的当下自觉和内在的意义觉知与判断作用。

《孟子·告子上》曰："人心之所同然者何也？谓理也、义也。"这个"同然"于"理、义"即是一种理性的判断。孟子又说"理义之悦我心，

---

[1] 《朱子语类汇校》（卷五十三），黄士毅编，徐时仪、杨艳汇校，上海古籍出版社2014年版，第1366页。

犹刍豢之悦我口"，帛书《五行》篇："源［心］之生（性）则巍然知其好仁义者也"①，这个"好悦于仁、义"乃是一种人心情志的表现。在儒家的心性系统中，人心的这种理性判断，乃即其情志显现而发用，而非一种脱离情志表现的向外认知。

仁、义、礼、智诸道德的规定，乃落实于人的情志实存而为人所先天拥有，并见诸人伦日用。因此，儒家所言人性之"善"，非仅一种作为理论可能性的"向善"，而是具有存在必然性的"本善"。

二

前引《离娄上》"仁之实，事亲是也"章，乃据"仁、义"统括仁、义、礼、智、乐诸德②，其论智，曰："智之实，知斯二者弗去是也。"智的实质内容在仁、义。在"四端"的系统中，"四端"既以"不忍恻隐之心"统括"四德"，同时，"四端"之内容可统归于"恻隐""羞恶"两端。"是非之心"即知，即"良知"。在这里，知作为"是非之心"，其内容乃相应于仁、义以及"恻隐"与"羞恶"两者。这个"是"即在理性上对人心之善的"同然"或肯定，这个"非"即在理性上对非性之恶的排拒与否定。这个对人性之善的肯定，在情感上的表现就是"恻隐之心"，这个对非性之恶的否定，在情感上的表现即"羞恶之心"。

儒家特别重视羞耻心对于人格养成之意义。孔子曰："行己有耻"（《论语·子路》），又"知耻近乎勇"（《礼记·中庸》）。《孟子·尽心上》曰："人不可以无耻。无耻之耻，无耻矣。"又"耻之于人大矣！为机变之巧者，无所用耻乎。不耻不若人，何若人有？"人有羞耻心，则必有所不为，且能知耻而修身行善，所谓"人有不为也，而后可以有为"（《离娄下》）。而被习性蒙蔽较深的人，其良知必为私欲所蔽，而导致行为上的肆无忌惮。朱子于《尽心上》"人不可以无耻"章下注云："耻者，吾所固有羞恶之心也。存之则进于圣贤，失之则入于禽兽，故所系为甚

---

① 庞朴：《帛书五行篇研究》，齐鲁书社1980年版，第64页。
② 孟子同时有以"仁、义、礼、智、圣"并举，盖就德性言，其化境在"乐"，就人格言，其化境在"圣"。二者是相对应的。（李景林：《教化的哲学》，第163页）

大。"① 按照朱子的解释，所谓羞耻心，也即是孟子"四端说"中的"羞恶之心"，其为人所固有，存失之间人禽之别立现，所系之大不可不察，此说可谓深得孟子之义。在孟子看来，羞耻心作为人心普遍存在的一种道德情感，是道德良知本有之内涵，因而"耻之于人大矣"。盖人之存在，其心本具对于"理、义"的"同然"，与此相对者，乃是人心对于非仁义者（即不善）之否定与拒斥。此实为人性本体一体之两面而缺一不可者。人心对于"理、义"既有所"同然"，则其中必然包含有对此所"同然"之自身保持及捍卫机制，此即孟子所谓"羞恶"一端所表现的内容。

《孟子·告子上》曰："羞恶之心，人皆有之。"又"羞恶之心，义也。"《公孙丑上》曰："无羞恶之心，非人也。"又"羞恶之心，义之端也。"这里反复强调"羞恶之心"为人性所本有，此处"羞恶之心"的"恶"字，旧注多读为"好恶"之"恶"，此与孟子有关心性之论述多无法相应。我们认为，此"羞恶"之"恶"当读为"善恶"之"恶"。

孟子所言四端"恻隐之心""恭敬（辞让）之心""是非之心"都有具体的内涵，其所指皆甚明确，而无含糊之处。"羞恶"之"恶"如读为"好恶"的"恶"，则其所羞、所恶之内容乃甚含糊而不知其所指。朱子明确地意识到了这一点，因此对这个所羞、所恶的所指做了一种内容上的规定："羞，耻己之不善也。恶，憎人之不善也。"② 朱子亦将这个"恶"读为"好恶"之"恶"，他把"羞"和"恶"分成两面，以所羞之"恶"（è）为对己而言，以所恶之"恶"（è）为对人而言，这里存在两个方面的问题。一是孟子"四端"本为反思之说，人一念之发，善恶自知，皆对己而言，此为一切道德判断之本源。若分之为"羞""恶"（wù）两边，乃始成二本，与此章义旨不能切合。二是此将"羞恶"（è）读为"羞恶"（wù），而把"恶"（è）确定为羞、恶（wù）之内容，复增一"恶"（è）字作为此羞、恶之对象，这不仅使上下文意曲折复重，而且更为人为造成一种增字解经之弊。朱子对读"羞恶"（è）为"羞恶"（wù）缺乏内容之所指有明确的意识，这是朱子的高明之处，这一点对我们颇有启发。但是，朱子沿袭"羞恶"（wù）的读法对此语所做的解释是不可

---

① 朱熹：《四书章句集注》，中华书局2010年版，第351页。
② 朱熹：《四书章句集注》，第237页。

取的。

其实，《孟子》书中对这个"羞恶之心"的内容有很明确的解说。《尽心下》："人皆有所不忍，达之于其所忍，仁也；人皆有所不为，达之于其所为，义也。人能充无欲害人之心，而仁不可胜用也；人能充无穿踰之心，而义不可胜用也；人能充无受'尔''汝'之实，无所往而不为义也。士未可以言而言，是以言餂之也；可以言而不言，是以不言餂之也。是皆穿踰之类也。"此章所言与《公孙丑上》"人皆有不忍人之心"章之义理结构基本相同，将这两章加以比照，对于我们确定孟子所谓"羞恶之心"之具体内容具有重要意义。此两章皆是以扩充本心以达德性之实现为结构，不过，《公孙丑上》"人皆有不忍人之心"章言推扩本心，乃统就"不忍恻隐之心"和"四端"而言，此章论推扩本心，则特别强调了"人有所不为"这一方面的意义。

《尽心下》"人皆有所不忍"章以"不忍之心"（恻隐之心）为"仁之端"，由此扩充以达于"仁"；而以"有所不为"为"义"之端，由此扩充以达于"义"。这里举"人能充无穿踰之心，而义不可胜用也；人能充无受'尔''汝'之实，无所往而不为义也"为例，来说明这个"有所不为之心"的内涵。

这里所说的"人皆有所不为"的内容实包括"无欲害人之心，无穿踰之心，无受'尔''汝'之实"在内。而这个"无穿踰之心，无受'尔''汝'之实"的扩充是对"义"而言。参照《公孙丑上》"人皆有不忍人之心"章可知，这个"人皆有所不为"亦即四端所属的"羞恶之心"的内容。值得注意的是，这里所言"无欲害人之心"同时又属于"不忍人之心"的内容，这表明在孟子看来，这个"有所不为"或"羞恶之心"亦是"仁德"之一内在的规定。"无受'尔''汝'之实"即《告子上》"鱼我所欲也"章所言人有不受嗟来之食之义，这表明人心本具排拒外来干扰而守死善道的能力。

总而言之，这里所言"人心有所不为"或"羞恶"之内容，言之凿凿，皆指羞于为不善方面而言，亦即孔、孟所说的羞耻之心之所指，亦即"四端"所谓"羞恶"之"恶"（è），而非"以口体之奉不若人为耻"①

---

① 朱熹：《四书章句集注》，第71页。

之类情欲之私的表现。《论语·里仁》："子曰：士志于道，而耻恶衣恶食者，未足与议也。"《论语·子罕》"子曰：'衣敝缊袍，与衣狐貉者立，而不耻者，其由也与？不忮不求，何用不臧？'子路终身诵之。子曰：'是道也，何足以臧？'"这里如耻"恶衣恶食"，耻"衣敝缊袍，与衣狐貉者立"之类，皆流俗之所尚，习气之所执，显然不在孔孟所言羞耻心之列，而为其所鄙弃。若依旧注读为"羞恶"（wù），分羞、恶为两边，则此羞和恶之内容便不能确指。此显与孟子所言"四端"之义相乖违，朱子明确看到了这一点，故不得已增字解经，附以"耻己之不善""憎人之不善"来说明此"羞""恶"（wù）的对象。如据《尽心下》"人皆有所不忍"章"人皆有所不为"之说，读为"羞恶"（è），则此"羞恶之心"之内涵确然无疑，则以往由"羞"恶（wù）这一读法所生之种种歧义可因之而廓清，而"四端"之义理亦不再自相抵牾，而能够条然贯通而无所窒碍。

这里要强调的是，《公孙丑上》"人皆有不忍人之心"章既以"不忍恻隐"统括四端，又以"恻隐之心""羞恶之心"相对而言。而《尽心下》"人皆有所不忍"章，则说"充其无欲害人之心，而仁不可胜用也"。这表明"恻隐之心"与"羞恶之心"虽可相对分而言之，但实质上人心之"有所不为"亦即"羞恶之心"，乃是"不忍恻隐之心"的一种内在规定性，二者本为一体而不可或分。

由此我们可以说，这个"有所不为"或"羞恶之心"，乃先天内具于人心与人性之中，构成了人性本善之自我保持与捍卫机制。故孟子曰："羞恶之心，人皆有之"，又说包括此"羞恶之心"在内的四端及"仁、义、礼、智"是"非由外铄我也，我固有之也"，反思即可得。《公孙丑上》曰"无羞恶之心，非人也"，又"人之有是四端也，犹其有四体也。有是四端而自谓不能者，自贼者也；谓其君不能者，贼其君者也。凡有四端于我者，知皆扩而充之矣，若火之始然，泉之始达。苟能充之，足以保四海；苟不充之，不足以事父母。"是以"羞恶之心"，广义上说羞耻之心，乃为人性所本有，而非由外所得。

从这个意义上，孟子特别重视此"耻"或羞耻之心之保任工夫。《尽心上》特别警示世人"人不可以无耻"，而无耻之耻，乃人之最可羞耻者。这是因为，羞耻之心不仅是标志人之所以为人之根本所在的"四端"

之一，而且更重要的是，它作为人性之善的自守与捍卫机制，所标志者，乃人之为人的底线，过此而往，将陷于非人或者禽兽。"为机变之巧者，无所用耻焉"则指出，无羞耻心之人，乃为后天习性所陷溺或遮蔽，而非根本无有者。

相对而言，"不忍恻隐之心"表现人心对善的肯定性一面，"羞恶之心"或羞耻心则表现人心对恶的排拒和否定性一面。此"羞恶之心"为人的良知本心所本具。孟子以"人皆有所不为"来规定此"羞恶之心"的内涵，凡与道德之善相违背者，皆属此"有所不为"之列。人心对善的肯定之中必包含有对自身之善的保持与捍卫机制，此两者乃一体两面，共同构成了儒家"人性本善"说的理论内涵。

三

孟子论诸德，以"仁、义"为中心；论"四端"，言"四端"统括于"不忍恻隐"，而又以"恻隐之心"和"羞恶之心"表现人性善之自我肯定与对非性之恶之拒斥和否定。人心乃表著于情，同时又有本然的反思与自觉作用。这个反思与自觉，孟子称之为"思"或"良知"。"四端"中有"是非"一端，阳明谓"良知只是个是非之心"。① 这个解释是对的。"是非之心"即"不忍恻隐"所本具之自觉作用。良知有当下的是非判断，乃对应着"恻隐"与"羞恶"而起一种理性的肯定和否定。因此，人心好善而恶恶，其好者因之有"是"或心所"同然"之肯定，其恶者因之有"非"或理性之否定。儒家强调由工夫证显本体，即据此对心性的理解而来。

孟子言人的德性实现及其工夫进路，特别强调"思"或对本心的反思以"立其大体"。《孟子·告子上》："心之官则思，思则得之，不思则不得。此天之所予我者，先立乎其大者，则其小者弗能夺也。"又"仁、义、礼、智，非由外铄我也，我固有之也，弗思耳矣。"都表明了这一点。这个反思其实有两面，即对善性的肯定与保任和对非性之恶的否定与拒斥。以往我们讨论孟子的德性与工夫论，多注重在前一方面，而对后一

---

① 吴光等编校：《王阳明全集》（卷一），上海古籍出版社2014年版，第126页。

方面注意不够。下文拟就后一方面作一些简要分析。

从本源上讲,人心知善知恶、好善恶恶皆当下同时而有。人心"好仁义""悦仁义"或好善一面,如"人乍见孺子将入于井"乃生"怵惕、恻隐之心",此"非所以内交于孺子之父母也,非所以要誉于乡党朋友也,非恶其声而然也",此人心当下自然而然的情感显发,不假人为。不过,此人心之善的肯定,因人之习性及思虑计较往往稍纵即逝。人的"有所不为"和"羞恶之心"则既有当下性,同时亦常常表现为一种对已行之不善的羞耻。前文《尽心下》讲到"有所不为之心"即"羞恶之心",如进一步分析,二者之间尚有细微的区别。人皆有"有所不为之心",羞恶、羞耻心是这个"有所不为之心"落实在现实行为上的一种情感、情绪表现,如不安、忐忑、自责等皆属之。人皆有"无欲害人之心",但在现实行为里,则又不免会伤害到别人;人皆有"无受'尔''汝'之实"、不食嗟来之食之心,然人又易受现实环境之左右,而每有屈己从人之事;人皆有"无穿踰之心",而在现实中人或有得其不当得者,如前引《尽心下》"士未可以言而言,是以言餂之也;可以言而不言,是以不言餂之也。是皆穿踰之类也。"此类不当行、不当为之事,起于一念之发之最隐微处,人心已自知之,由此而生不忍、不安、惶恐、自责、羞耻等情绪,凡此种种,皆人心对已行之不善所当然而有的情感、情绪反应。这一点对于引生反思本心、捍卫人心之善性、践行道德以达成德性之实现更见其重要的工夫论意义。

《孟子·万章上》:"父母使舜完廪,捐阶,瞽瞍焚廪。使浚井,出,从而掩之。象曰:谟盖都君咸我绩……象往入舜宫,舜在床琴,象曰'郁陶思君耳'忸怩。"史载,舜之家"父顽、母嚚、象傲"(《尚书·尧典》),而"舜尽事亲之道而瞽瞍厎豫,瞽瞍厎豫而天下化"(《孟子·离娄上》)。这是一个典型的案例。不慈之父如瞽瞍,不悌之弟如象,每日以谋划杀舜为事。舜则以其大孝大仁之心,顺乎父母,善待兄弟,最终使家庭和睦。如此顽劣之人,依然能够被渐渐感化,而人心所本有的"羞恶之心",则是此一教化历程的机缘与根据所在。顽恶如象,见舜亦不能不生忸怩、不安、羞耻之情,《礼记·大学》云:"小人闲居为不善,无所不为,见君子而后厌然,掩其不善,而著其善。"阳明亦曰:"虽盗贼亦自知不当为盗，唤他做贼，他还忸怩。"① 为恶之人，见君子善人而心有不安，其发于形色，乃必有"忸怩"之类情态表现。这种人所本有的"羞恶之心"，乃能引导人反躬内求，被遮蔽的良知本心由此而得呈显。可见，即使是那些因人之禀性和习气而本心遮蔽较深的人，其"羞恶之心"也并未泯灭。此"羞恶之心"所引发的反思，对于本心的复萌、良知的显现具有重要作用。

人一念发动最隐微处之不安、自责，作为人的本心之一初几，既往往构成个体自我反思之机缘，而社会伦理系统亦建基于此。《孟子·滕文公上》曰："盖上世尝有不葬其亲者。其亲死，则举而委之于壑。他日过之，狐狸食之，蝇蚋姑嘬之。其颡有泚，睨而不视。夫泚也，非为人泚，中心达于面目。盖归反蘽梩而掩之。"是言人或有不葬其亲者，见其亲人曝尸之惨相，其愧疚、羞惭、不安、不忍、自责之心油然而生。"其颡有泚"，乃人的孝子之心、亲亲之爱发乎情所不容已，由内心达于形色之自然表现，非为人见之而然。丧葬之礼即由此而发生。孔子论三年之丧，亦言："子生三年，然后免于父母之怀。"故亲丧而"食夫稻，衣夫锦"，则心必有所不安。《礼记·三年问》谓丧祭之制乃"称情而立文"。"称情而立文"是丧祭礼仪创制之原则，是从肯定性的意义上讲，同时此"情"所包含的不安、愧疚、自责、不忍，则是从否定性的意义上对不孝、非孝之行的拒斥的情感、情绪表现。丧祭之礼的建构与孝德的实践与完成即建基于此。广而言之，这种在情感上对非性之恶的否定与排拒作用，乃为人的道德本心所本具，它在人反思本心的保任功夫中具有重要地位。

综上所述，儒家的人性本善说，既包含人心本然对"善"的肯定与真实拥有之一面，又包含人心对非性之恶的排拒与否定之一面，此二者一体而不可分。统合此两面才能全面把握儒家性本善理论的完整内涵。

原载《哲学动态》2018 年第 1 期

---

① 吴光等编校：《王阳明全集》（卷一），上海古籍出版社 2014 年版，第 105 页。

人性的结构与目的论善性
——荀子人性论再论

一　引　　言

我 1986 年发表《荀子人性论新论》①，提出"从心之所可"的人性结构论来讨论荀子人性论的内涵。近年，荀子的研究，有渐成显学之势。最近，尼山书院举办荀子公开课，我有幸受邀参加此项工作。借此机会，我重新阅读《荀子》，在进一步阐发三十多年前所揭示的人性论结构的基础上，尝试对荀子人性论及其伦理政治哲学思想的理论自洽性和必然性作出自己的解释。

后儒对荀子的批评，主要集中在其性恶论。或谓其失大本。如小程子所说："荀子极偏驳，只一句性恶，大本已失。"② 或谓其轻忽源头而重末流。如阳明所说："孟子说性，直从源头上说来，亦是说个大概如此。荀子性恶之说，是从流弊上说来，也未可尽说他不是，只是见得未精耳。"又谓孟子言性善，是"要人用功在源头上明彻"，荀子说性恶，是"只在末流上救正"。③ 甚或认为两千年之学为荀学，是专制乡愿之根源。如谭嗣同《仁学》说："二千年来之政，秦政也，皆大盗也；二千年来之学，荀学也，皆乡愿也。""文化大革命"期间，又以之为法家。

荀子两大弟子韩非、李斯，虽皆为法家，但却不能说荀子为法家。法家之人性论，以人性本有"实质之恶"，故在政治上专主外力的强制。西

---

① 《吉林大学学报》（社会科学版）1986 年第 4 期。
② 《二程遗书》卷十九。
③ 见《传习录下》。

方的基督教，主人性恶说，其所谓性恶，亦以人性本有"实质之恶"，故在道德上主张他力的救赎。荀子虽言"性恶"，然其所谓"性恶"，并非性中本有"实质之恶"，故荀子的人性论，在政治上并未导致外在强制之说。在道德上，荀子仍以教化之本原自于人自身。其言人所以区别于动物者在"义"，而"义"非由外来，而本诸人性自身。故荀子言教化，仍由乎自力，而非由外来。其思想学说，并未脱离儒家的精神方向。同时，荀子的人性论对人的生存现实之"恶"的来源所作深入思考，亦成为后儒之人性论所不得不认真面对的一个重要的反思向度。

荀子的人性论，要为他的道德法则——礼——提供一个人性的根据。一方面，他主张所谓的"性恶"说，因为"性善则去圣王，息礼义矣；性恶则与圣王，贵礼义矣"；另一方面，他又强调，人"皆有可以知仁义法正之质，皆有可以能仁义法正之具"[①]。前一方面，是要通过人性说明礼义的必要性，后一方面，则是要为其道德伦理系统建立起一个人性论的根据。这看起来似乎矛盾的两个方面，在荀子的学说体系中，却是统一的。

要理解荀子的人性论及其伦理政治学说的理论自洽性，需要从三个方面来思考其人性论：第一，人性的内容；第二，人性的结构；第三，人性实现的目的论指向。

二 人性之内容

中国古代哲学家言性，皆以性为先天或天然如此。告子有"生之谓性"之说。[②] 孟子亦认为"良知""良能"为人"不学""不虑"而先天所本具者。[③]《礼记·乐记》也说："人生而静，天之性也。"都表现了这一点。荀子亦如此。《性恶》篇说："凡性者，天之就也，不可学，不可事……不可学，不可事而在人者，谓之性。"说的亦是这个意思。

荀子人性论的一个突出特点，是出于天人之分的观念，特别强调人性

---

① 见《荀子·性恶》，以下引《荀子》书，只注篇名。
② 《孟子·告子上》。
③ 《孟子·尽心上》："人之所不学而能者，其良能也，所不虑而知者，其良知也。"

中并无现成的、实质性的善恶之内容。

"天人之分",是荀子思想的一个核心观念。荀子强调要"明于天人之分",即要弄清楚天与人的不同职分。关于天的职分,《天论》说:

> 不为而成,不求而得,夫是之谓天职。

又:

> 列星随旋,日月递炤,四时代御,阴阳大化,风雨博施,万物各得其和以生,各得其养以成。不见其事而见其功,夫是之谓神。皆知其所以成,莫知其无形,夫是之谓天。

可见,荀子所谓"天",就是自然。列星、日月、四时、阴阳、万物都是自然现象。它们的生成变化完全是一种无意识、无意志、无所为而为的活动。"天"的运行及万物的生成,是"无求""无为""无形",即完全自然的。同时,荀子认为,天道运行,有其客观的必然性,与人事无关。《天论》说,"天行有常,不为尧存,不为桀亡。"又,"天不为人之恶寒也辍冬;地不为人之恶辽远也辍广。""天行"即天道。天道运行有其客观规律,不以人的意志为转移,亦不为人的道德高下而变其常。同样,社会的治乱也与自然现象无关。《天论》论证说,日月、星辰、瑞历,"禹桀之所同";万物春夏生长,秋冬收藏,亦"禹桀之所同",但"禹以治,桀以乱"。这说明,"治乱非天也","治乱非时也";治乱在于人为,与天道无关。

荀子所谓"人",就是指利用人的自然资质所进行的创造。所以,"人"又被称作"伪"。这伪,就是指相对于天或自然的人为。

《性恶》说:

> 可学而能可事而成之在人者,谓之伪。

又:

> 礼义法度者，是生于圣人之伪。

人有先天的知与行的能力，这属于天或自然；而人以他先天的知、能所进行的一切创造，通过后天的学习和行为所获得的东西，则属于人或"伪"。荀子认为，"人"或"伪"的本质，是人所创造的群体伦理生活。人与自然和自然物的区别，在于其人为的创造，而其根据，则在于其"群""分""义"的伦理规定。群即人的社会群体生活。"分"即伦理的等级秩序。"辨"亦是分。礼的作用即在于分别。① 《乐论》说，"礼别异"，亦此义。义者宜也。"义"，标明了这个社会伦理秩序的合理性（"宜"）。人的职责，从根本上讲，就是躬行其伦理之道。在这一点上，荀子与孔孟的思想是一致的。

这个"天人之分"，落实于人性论，就是性、伪之别。关于性、伪之别，《性恶》说：

> 凡性者，天之就也，不可学，不可事。礼义者，圣人之所生也，人之所学而能，所事而成者也。不可学，不可事而在人者，谓之性；可学而能，可事而成之在人者，谓之伪，是性伪之分也。

"性"即人直接得自于自然者（"天之就"）。《礼论》也说："性者，本始材朴也；伪者，文理隆盛也。"就是说，性指人未经加工的自然素质。"伪"即人为。通过学习和现实的修为所获得的东西，属于"人""伪"，不能归之于性。

按照这一定义，人性所包括的内容是多方面的。荀子所言"天"，不仅包括自然事物及其规律；人也是自然的产物，因此，人的一切天生才质，也都属于天或自然的范畴，统可归属于"性"。《天论》：

> 天职既立，天功既成，形具而神生。好恶喜怒哀乐臧焉，夫是之

---

① 如《非相》说："人之所以为人者，何已也？曰，以其有辨也……故人道莫不有辨，辨莫大于分，分莫大于礼。"《王制》说："水火有气而无生，草木有生而无知，禽兽有知而无义；人有气有生有知亦且有义，故最为天下贵也……人何以能群？曰，分。分何以能行？曰，义。"

谓天情；耳目鼻口形能各有接而不相能也，夫是之谓天官；心居中虚，以治五官，夫是之谓天君。

"天"指天然性，即直接得之于自然的东西。"天官"，指人以感官交接于外界事物的能力。耳、目、鼻、口和身体（"形"）各具交接（"接"）外物而不可替代（"不相能"）的特定方式（如声、色、香、味、触等）和能力。"天情"，指"好恶喜怒哀乐"等自然的情感和情绪，当然也包含此诸情感之表显于外的欲望欲求。"天君"，指"心"对人的精神生命及种种精神生命活动之统摄和主宰的作用。《解蔽》所谓"心者，形之君也而神明之主也，出令而无所受令"，亦是讲此"心"作为"天君"，是人的存在作为一个形神统一的整体之内在的主宰。"天情""天官""天君"，皆"天之就"，出自天然，得于自然，当然都属于"性"的内容。

值得注意的是，荀子所言"性"，亦包括人的"注错习俗"的道德抉择及其修为的能力。《荣辱》篇说：

> 凡人有所一同：饥而欲食，寒而欲暖，劳而欲息，好利而恶害，是人之所生而有也，是无待而然者也，是禹桀之所同也；目辨白黑美恶，耳辨音声清浊，口辨酸咸甘苦，鼻辨芬芳腥臊，骨体肤理辨寒暑疾养，是又人之所常生而有也，是无待而然者也，是禹桀之所同也；可以为尧禹，可以为桀跖，可以为工匠，可以为农贾，在执注错习俗之所积耳，是又人之所生而有也，是无待而然者也，是禹桀之所同也。

在这段有关人性的论述中，"人之所生而有也，是无待而然者也，是禹桀之所同也"的天然内容，不仅包括人的"好利而恶害"的自然趋向，包括交接并感知感受分辨事物的能力，同时亦包括人的本诸其道德抉择而付之践履，通过"注错习俗"的修为，以使自己获得不同的人格成就的能力。

这就把人性的内容扩大到人之作为整体性的各个方面：情欲、感知、心之主宰、判断、抉择和伦理行为的能力。就此诸人性的内容说，荀子从未言其本身现成地为恶或者为善。其善恶之几，乃存在于上述人性内容之结构方式中。

三 人性之结构

前述人性之各项内容，并非平列杂陈、相互无关。这些人性的内容，在其整体的结构中乃能展现出其作为人性之固有的特质。

关于人性的结构，《正名》说：

> 性者，天之就也。情者，性之质也。欲者，情之应也。以所欲为可得而求之，情之所必不免也。以为可而道之，知所必出也。

又说：

> 欲不待可得，而求者从所可；欲不待可得，所受乎天也。求者从所可，受乎心也……治乱在于心之所可，亡于情之所欲。

儒家论人性，必落在心性论的整体论域中来讲，而非仅对"性"作抽象要素的分析。荀子亦如此。荀子所理解的人性，乃表现为一个情、欲"从心之所可"的结构整体。而这个情欲"从心之所可"的结构，同时亦规定了人的行为之必然的方式。前引《天论》讲"心居中虚，以治五官，夫是之谓天君"，《解蔽》讲"心者，形之君也而神明之主也"，亦是强调人的形躯、情感、欲望表现，必然地受制于心的判断和主宰作用。人性各要素的内涵，必须在这样一个"从心之所可"的结构整体性中才能得到合理的理解。

"以所欲为可得而求之，情之所必不免也。以为可而道之，知所必出也。"这个"可"，乃表现为一种人心的判断和抉择。《正名》说："不事而自然谓之性，性之好恶喜怒哀乐谓之情，情然而心为之择谓之虑，心虑而能为之动，谓之伪，虑积焉，能习焉，而后成，谓之伪。"《解蔽》："类不可两也，故知者择一而壹焉。""心不可劫而使易意，是之则受，非之则辞……故曰心容，其择也无禁，必自见。""情然而心为之择"，这个

"择",指心的选择作用。选择依于心之知,可以有多重选项,而心必因其所"是"或认为"可"者而接受之,因其所"非"或认为不"可"者而排拒之。"知者择一而壹焉",就是指心的这种自我决断与主宰作用。"心容,其择也无禁,必自见",则是强调,心之包容广大,必然于人之情、欲及其所发之行为,表现其对后者之判断与抉择作用。

因此,在荀子的人性论系统中,人的情欲和形躯及行为"从心之所可",乃是人性诸内容必然的一种结构和实现方式。人的情欲和形躯及其行为表现,无例外地处于与心知及心之抉择的必然关系中。即使是一个顺情欲而行的酒肉之徒、作奸犯科的罪犯,其行为及其价值亦是出于其心知之选择决断。《王制》说:"水火有气而无生,草木有生而无知,禽兽有知而无义,人有气、有生、有知,亦且有义,故最为天下贵也。"自然物(如禽兽)可有感受之"知",但无理性(所谓"义")之"知",因此只能依其直接的生理感受和欲望而行。人却不同。"以所欲为可而求之,情之所必不免也","必不免",是强调人包括其情欲在内的生存实现的一切行为,都必然地被置于心知及其抉择的支配之下,据"心之所可"规定其实现的途径与行为的原则,由之而获得其正面(善)或负面(非善或恶)的道德价值和意义,而非直接现成地顺自然而行。荀子善言"类"。这一点,正是荀子所说的人与禽兽在"类"性上的本质差异。

这样一来,人行之"善""恶",必表现为一种依于人性先天结构规定的动态展显,而非实质性的现成存在。或者说,在人性中,并无现成、实质性的"善"和"恶"的存在。这一点,是理解荀子人性论的关键所在。过去,学者对荀子人性论有不同的看法,论者多谓荀子主性恶,又或谓荀子主性朴,或谓荀子主性善情恶,或谓荀子主心善情恶,亦有少数人认为荀子主性善者。凡此种种,似多未能注意及此点。

我们所谓"现成的""实质之恶",指人性在时间性上先天具有自身否定性的"恶"的既成定向和实质内容。如基督教据人的存在之分裂来规定人性之内容,故以人性中具有与生俱来现成存在的实质之恶[①],因

---

① 黑格尔说:"基督教正是从绝对的分裂为二开始,从痛苦开头,它以痛苦撕裂精神的自然统一,并破坏自然和平。在基督教中,人一生下来就作为恶出现,因而在其最内在处,就是一个对自身来说的否定东西;而当精神被驱回到自身时,它发现自己跟无限者,即绝对本质是分裂为二的。"(黑格尔:《宗教哲学讲座·导论》,山东大学出版社1988年版,第15页)

此，肉身性和情欲乃被视为根植于人的存在而无法凭自力摆脱的魔鬼或恶之根源，人须倚靠他力的救赎而非仅凭自身的努力去获得肯定性的道德价值。① 如法家以"自为"为人性中仅可以利用而不可以改变的实质内容，据此，其在政治上特别强调君主集权，主张通过外在的强制以建立社会的稳定秩序。在先秦的人性论中，又有世硕所主张的"性有善有恶"，亦即"性本自然，善恶有质"之说②，似亦认为人性中有实质和现成的善、恶。又《孟子·告子上》记载有时人的"有性善有性不善"论，与世硕之说大体相近。后儒受佛家影响，亦有主"性善情恶"之说，循"灭情以复性"的途径以达人的存在之实现者。③

而在荀子所表述的人性结构中，人之肉身实存及其情欲表现，乃处于与"天君"之必然的结构关系中，必在其受制于"心之所可"的选择和主宰下，乃付诸于行为，由之而获得其现实性和存在的意义。因此，在荀子看来，人的实存及其情感欲望并无独立的存在和实质性的善、恶特质。在《荀子》书中，并无有关人的实存和情欲为邪妄或恶的表述。《正名》篇对此有一段颇具代表性的论述：

> 凡语治而待去欲者，无以道欲而困于有欲者也。凡语治而待寡欲者，无以节欲而困于多欲者也。有欲无欲，异类也，生死也，非治乱也。欲之多寡，异类也，情之所也，非治乱也。欲不待可得，而求者从所可；欲不待可得，所受乎天也。求者从所可，受乎心也……人之所欲生，甚矣；人之所恶死，甚矣。然而人有从生成死者，非不欲生而欲死也，不可以生而可以死也。故欲过之而动不及，心止之也；心之所可中理，则欲虽多，奚伤于治？欲不及而动过之，心使之也；心之所可失理，则欲虽寡，奚止于乱：故治乱在于心之所可，亡于情之所欲……性者，天之就也。情者，性之质也。欲者，情之应也。以所

---

① 如《新约·罗马书》说："凡有血气的没有一个因行法律而能在神面前称义。"
② 见《论衡·本性》篇。《论衡·本性》篇评论各家，皆言"未得其实"，独认为世硕的"性有善有恶"说"颇得其正"，是其"性本自然，善恶有质"的说法，亦可以看作其对世硕"性有善有恶"说的解释。
③ 如李翱《复性书中》："情者妄也，邪也。邪与妄，则无所因矣。妄情灭息，本性清明，周流六虚，所以谓之能复其性也。"

欲以为可得而求之，情之所必不免也。

在这段话中，荀子据其人性结构说对人的情、欲之表现方式及其善、恶之发生机理，作了深入的分析。

要注意的是，此处所言"治、乱"，实即荀子所谓的"善、恶"。《性恶》说："孟子曰：人之性善。曰：是不然。凡古今天下之所谓善者，正理平治也；所谓恶者，偏险悖乱也，是善恶之分也已。"荀子批评孟子据人的自然资质言性善，是对天人、性伪之辨的混淆。与之相对，荀子乃以社会之"正理平治"与"偏险悖乱"作为"善、恶"区分之根据。这是从社会伦理体系之"治、乱"的角度规定"善、恶"的内涵。董仲舒《春秋繁露·深察名号》："性有善端，动之爱父母，善于禽兽则谓之善。此孟子之善。循三纲五纪，通八端之理，忠信而博爱，敦厚而好礼，乃可谓善。此圣人之善也……吾质之命性者异孟子。孟子下质于禽兽之所为，故曰性已善。吾上质于圣人之所为，故谓性未善。"董子之说，显然是循荀子此一思理的进一步发挥。

由此可知，"有欲无欲，异类也，生死也，非治乱也。欲之多寡，异类也，情之所也，非治乱也"，乃言人之情欲本身，并无现成实质的"善、恶"。

"有欲无欲，异类也，生死也"，杨倞注："二者异类，如生死之殊，非治乱所系。"此解不通。此言"异类""生死"，乃指有生之物（"生"）与无生之物（"死"）的区别而言。前者"有欲"，后者"无欲"，此存在物自然种类之异，与善、恶无关。

"欲之多寡，异类也"，则指人与禽兽自然类别之异。动物之欲，发而由乎本能，甚少而恒定不变，食草动物只能食草，食肉动物只能食肉。故禽兽之欲是"寡"。人却不同，人有知以分，物与欲"相持而长"[①]，由是其欲望花样翻新，靡有穷极。故人之欲是"多"。是"多欲"与"寡欲"，亦天然类别之异，与善恶无关。

"情之所也"，杨倞注："情之所，言人情必然之所也。"此解颇含混不清。据下文"治乱在于心之所可，亡于情之所欲。性者，天之就也。

---

① 见《礼论》篇。

情者，性之质也。欲者，情之应也。以所欲以为可得而求之，情之所必不免也"的说法，可知这个"情之所也"，指的就是"情"以应物乃为"欲"。是此处虽主要论"欲"，却同时涉及"情"和"性"的内容及其结构整体。质而言之，人的"情欲"本身，本自天然，无关乎"善、恶"。

情欲不假人为，出自天然，故说情、欲"不待可得"，"所受乎天"。是言情欲本身无现成实质之善恶内容。不过，情欲作为人的实存之内容，内具生命动力的性质，必然要表显于行为。然人的情欲之发，必在其实存当下的境域中，缘心之"所可""所是"而涉及于物，见诸于行。是"善、恶"发生之几，出自人心缘境而生之"所可""所是"的是非判断与抉择作用。"治乱在于心之所可，亡于情之所欲"，说的就是这个意思。

值得注意的是，在这里，荀子特别例举"生、死"这一存在之临界状态，以凸显心之"可"的抉择对于人趋归于"善"之绝对和必然性意义："人之所欲生，甚矣；人之所恶死，甚矣。然而人有从生成死者，非不欲生而欲死也，不可以生而可以死也。"生与死，为人的生存之临界状态。人之所欲，莫过于生；人之所恶，莫过于死。是人之大欲，莫过于欲生而恶死。然人有时却能够慷慨赴死，是人心之"所可""所是"使之然也。此即康德所说的人的"自由意志"。人的情欲要求，常受制于其对象，此为自然的因果律。人与自然物（如动物）的区别，即在于人能打破因果律的链条，其行由乎"我"来自作决定。"人有从生成死者"，即凸显了这一人之异于禽兽的独特品质。无独有偶，《孟子·告子上》"鱼我所欲也章"亦有类似的表述："生亦我所欲也，义亦我所欲也。二者不可得兼，舍生而取义者也。生亦我所欲，所欲有甚于生者，故不为苟得也。死亦我所恶，所恶有甚于死者，故患有所不辟也……是故所欲有甚于生者，所恶有甚于死者。非独贤者有是心也，人皆有之，贤者能勿丧耳。"孟荀对同一生存事实有共同的认可，其差别在于二者对此生存抉择之动力机制有不同理解：孟子将之归于仁义礼智内在于实存之当下认可；荀子则将之归于人心缘境而生之"所可""所是"。

这里便产生一个重要的问题：既然"善、恶"必于情欲"从心之所可""所是"之现实境域中发生，而非情欲现成实质性地所具有，何以荀子又屡称"性恶"？我们可以从《性恶》篇的一段话来理解这一点：

今人之性，目可以见，耳可以听。夫可以见之明不离目，可以听之聪不离耳。目明而耳聪，不可学明矣。孟子曰：今人之性善，将皆失丧其性故也。曰：若是则过矣！今人之性，生而离其朴，离其资，必失而丧之。用此观之，然则人之性恶明矣。所谓性善者，不离其朴而美之，不离其资而利之也。使夫资朴之于美，心意之于善，若夫可以见之明不离目，可以听之聪不离耳，故曰目明而耳聪也。

显然，荀子言"性恶"，是针对孟子之"性善"而言的。

荀子并不否定孟子所谓的人本具先天资朴之美、心意之善。当然，孟子所谓性善，并不局限于此。孟子的人性论，是由性、心、情、气、才的统一而言人的存在本有先天本善之才具。[①] "所谓性善者，不离其朴而美之，不离其资而利之也"，荀子对孟子性善的这个评论，有断章取义之嫌。不过，荀子这段话的思想逻辑是很清楚的。在荀子看来，由乎前述人性的固有结构，人之初生，便必已出离质朴，处身于文明之中。因此，人之自然资质不可执恃，人行之"善、恶"道德价值，在人性中虽有结构性的根据，却无现成实质性的内容，当求之于"性"之外。

《性恶》篇又说："今人之性，生而有好利焉，顺是，故争夺生而辞让亡焉；生而有疾恶焉，顺是，故残贼生而忠信亡焉；生而有耳目之欲，有好声色焉，顺是，故淫乱生而礼义文理亡焉，然则从人之性，顺人之情，必出于争夺，合于犯分乱理而归于暴。故必将有师法之化，礼义之道，然后出于辞让，合于文理而归于治。用此观之，然则人之性恶明矣，其善者伪也。"我们要特别注意"顺是，故……"这个句式及其用法。"人生而有好利""生而有疾恶""生而有耳目之欲，有好声色焉"，此皆出于自然之情欲，并无"善、恶"之义。如前所论，荀子据"正理平治"与"偏险悖乱"定义"善、恶"之义。又《解蔽》篇说："心知道，然后可道"，"心不知道，则不可道而可非道"。因此，由"师法之化，礼义之道"所生之"治"或"善"，乃由人心之"可道"所生；"顺是，故……"所生之"暴""乱"或"恶"，亦是由人心之"可非道"所生。

---

① 李景林：《从"论才三章"看孟子的性善论》，《北京师范大学学报》2018年第6期。

二者悉出于"心之所可"即现实行为原则之选择，而非为情欲之现成本有。荀子强调"人之情固可与如此可与如彼"①，认为性"吾所不能为"，"然而可化"②，故主张"道欲"而反对孟子之"寡欲"，是皆以性及情欲无现成实质性之善、恶，而将其发而为"善、恶"之几，完全落在心知抉择之"可"上来理解。

孟子以仁义内在于人的实存，人性本具先天的道德内容而言人性本善。荀子则据人之肉身实存及其情欲表现"从心之所可"之结构以言"善、恶"发生之机理，而以"善、恶"在人性中有结构性的根据却无现成实质之善、恶。就"善、恶"之存否言，这个人性的结构，可以说是一个"空"的结构。"无之中者必求于外"③，人所当求者为"礼义"之道。而礼义之"善"，则"生于圣人之伪"④。换言之，人的情欲要求必然受制于人心之所"可"，而这所"可"的内容，却产生于人为或"伪"的实存过程。⑤ 荀子以性中无善恶的现成内容，其针对孟子之人性善说，故言"人之性恶，其善者伪也"，以凸显躬行礼义对于实现人道之善的必要性。《性恶》篇说："性善则去圣王，息礼义矣；性恶则与圣王，贵礼义矣。"又："古者圣王以人之性恶……是以为之起礼义，制法度，以矫饰人之情性而正之，以扰化人之情性而导之也，使皆出于治，合于道者也。"⑥ 就表现了这一点。

四　目的论之善性

荀子的人性结构论，既凸显了礼义教化的必要性，同时，亦蕴涵了人达于"善"的可能性。《性恶》讲"涂之人可以为禹"，"涂之人""皆有

---

① 《荣辱》篇。
② 《儒效》篇。
③ 《性恶》篇。
④ 同上。
⑤ 由"伪"所形成的"心之所可"之内容，本有两端，一是以礼义为行为之原则，一是以功利为行为之原则。不过，在荀子看来，人对功利原则的选择固然亦出于"心之所可"，但人的情欲好利恶害的自然趋向，却使人心易于"不可道而可非道"（《解蔽》），"顺是，故……"这个句式的用法，就强调了这一点。
⑥ 《性恶》篇。

可以知仁义法正之质,皆有可以能仁义法正之具",就表明了这个"善"的可能性。不过,仅此两点,还不足以保证荀子学说在理论上的自洽性。

黑格尔把哲学的逻辑系统理解为一个由开端展开"转变成为终点",并重新回复到开端,"自己返回到自己的圆圈"。一种真正的哲学,必须要达到这种"自己返回自己,自己满足自己"的自足性。① 海德格尔主张,对存在的理解要求我们以适当的方式进入一种解释学的循环,亦提示了这一点。荀子其实也具有这样的理论自觉。《王制》篇曾提出有一个首尾闭合的理论的圆环:

> 以类行杂,以一行万;始则终,终则始,若环之无端也,舍是而天下以衰矣。天地者,生之始也;礼义者,治之始也;君子者,礼义之始也。为之,贯之,积重之,致好之者,君子之始也。故天地生君子,君子理天地;君子者,天地之参也,万物之总也,民之父母也。

在荀子看来,人的存在及其伦理的体系,应是一个终始相扣的自足自洽的系统。荀子所建构的这个以"君子"为中心的理论圆环,在形式上当然是终、始衔接的。不过,从内容来看,此系统之终始相扣的自足性,尚需作进一步的说明。

依照前述荀子的人性结构论,人的实存、情欲,虽必受制于人心之"所可""所是",而此"可""是"的内容,却须由"伪"或人为的实存过程来规定,故此人性结构本身,尚存在一种向着"善、恶"两端开放的可能性。从这个角度看,"天地生君子,君子理天地"这个理论圆环,尚未自成一个终、始衔接密合,"自己满足自己"的自足系统。为确保"天地生君子"或"善"这一理论环节的必然性,荀子选择了一种目的论的进路,其所理解的人的"善"性,由此则可以称作一种"目的论的善性"。

荀子特重"类"这一概念。《劝学》:"施薪若一,火就燥也;平地若一,水就湿也;草木畴生,禽兽群焉:物各从其类也。"《大略》:"均薪施火,火就燥。平地注水,水流湿,夫类之相从也如此之著也。"《非

---

① [德]黑格尔:《小逻辑》,贺麟译,商务印书馆1980年版,第59页。

相》:"以人度人,以情度情,以类度类,以说度功,以道观尽,古今一度也。类不悖,虽久同理。"是言"类"乃宇宙万有之存在方式。故"伦类以为理"①,"类不悖,虽久同理",事物之理,亦即物"类"之理,故吾人亦须就事物之"类"以把握其内在的道理。这样,此"类"性之"理",便构成为事物存在的内在原因及其发展和趋赴之目的。就此而言,荀子所理解的"目的",颇与西方的内在目的论学说相类。

人亦如此。人作为一个类,亦具有其内在的理或道。《非相》篇:"人之所以为人者,非特以其二足而无毛也,以其有辨也……夫禽兽为父子而无父子之亲,有牝牡而无男女之别。故人道莫不有辨,辨莫大于分,分莫大于礼,礼莫大于圣王。"《王制》篇:"水火有气而无生,草木有生而无知,禽兽有知而无义;人有气有生有知亦且有义,故最为天下贵也。力不若牛,走不若马,而牛马为用,何也?曰:人能群,彼不能群也。人何以能群?曰:分。分何以能行?曰:义。"是言人作为一个"类"之异于禽兽的本质特征,即在于其所具有的群、分、礼、义的伦理规定。此亦即"人道"或"人之道"。《儒效》篇说:"道者,非天之道,非地之道,人之所以道也,君子之所道也。"这个"君子之所道""人之所以道",对于荀子来说,就是"礼义"。故《礼论》篇说:"礼者,人道之极也。"这个人道之"极",即言"礼义"作为人这个"类"之"道",同时亦标明了人的存在之实现所趋赴的终极或最高目的。

孔子的学说,为一"仁智"统一的平衡系统。孟、荀皆认可这一点。②但思孟一系,乃内转而略偏重在"仁"或人的情志一端,以智思一面为依情而发用的自觉作用,故注重在体证性的内省反思。荀子则略重在"知"或"智"的一端。如《儒效》篇说:"彼学者:行之,曰士也;敦慕焉,君子也;知之,圣人也。"《解蔽》篇:"向是而务,士也;类是而几,君子也;知之,圣人也。"《儒效》篇:"志安公,行安脩,知通统类,如是则可谓大儒矣。"《性恶》篇:"多言则文而类,终日议其所以,言之千举万变,其统类一也,是圣人之知也。"是皆以"知之"为"圣人""大儒"的最高境界。可见,重"知",是荀子学说的一个重要的思

---

① 见《臣道》篇。
② 《孟子·公孙丑上》:"仁且智,夫子既圣矣夫!"《荀子·解蔽》:"孔子仁智且不蔽。"

想特点。这个"知"的内容，当然就是礼义或"统类之道"。此对"知"或"智"的偏重，使得荀子的学说具有了一种趋向于"辨合符验"的现实指向性。①

不过，我们要注意的是，荀子之重"知"，乃是在肯认仲尼子弓"仁智"统一的思想结构之前提下对"知"的强调，故此"知"，仍是以"仁"为内容规定的自觉，而非单纯向外的认知。因而，此"知"乃具有自身的限度，而排除了其向"非道"任意开放的可能性。《解蔽》篇说：

> 凡以知，人之性也；可以知，物之理也。以可以知人之性，求可以知物之理，而无所疑（定）止之，则没世穷年不能遍也。其所以贯理焉虽亿万，已不足以浃万物之变，与愚者若一……故学也者，固学止之也。恶乎止之？曰，止诸至足。曷谓至足？曰，圣也。圣也者，尽伦者也；王也者，尽制者也。两尽者，足以为天下极矣……向是而务，士也；类是而几，君子也；知之，圣人也。

又《正名》说：

> 凡人莫不从其所可，而去其所不可。知道之莫之若也，而不从道者，无之有也。假之有人而欲南无多，而恶北无寡，岂为夫南者之不可尽也，离南行而北走也哉？今人所欲无多，所恶无寡，岂为夫所欲之不可尽也，离得欲之道而取所恶也哉？

这两段论述，很好地标明了"知"或"智"之限度及其终极目的或指向性。

《解蔽》此语，指点出了学之所"止"及其限度与终极指向。人心向外的认知，必建基于其存在与德性的实现，乃能获得自身肯定性的价值和意义。"学也者，固学止之也"，就指出了这一点。"至足""两尽""为

---

① 如《性恶》篇说："凡论者，贵其有辨合，有符验。故坐而言之，起而可设，张而可施行。今孟子曰人之性善，无辨合、符验，坐而言之，起而不可设，张而不可施行，岂不过甚矣哉！故性善则去圣王，息礼义矣；性恶则与圣王，贵礼义矣。"

天下极",这足、尽、极,即此学之所"止"的终极目的。这为学之终极目的,包括"尽伦"和"尽制"两方面的内容。尽伦,是其内在性的道德或伦理目的;尽制,则是其落实于实存表现之政治或制度目的。"两尽者,足以为天下极",是言此两者的统一,乃构成了人的存在和人类社会的终极目的。这个终极目的之人格表现,就是圣、王。

《正名》此语,乃回归于前述人性"从心之所可"的结构,来标识这"所可""所知"的目的性指向。"凡人莫不从其所可",是强调人的情欲要求从心"所知""所可"之抉择定向,而获得其实现原则与途径的必然性。这与禽兽之欲由诸本能的直接性有本质的区别。从人性结构本身的可能性而言,这"可"乃包含着向善与向恶两个向度。如《解蔽》说:"心不可以不知道。心不知道,则不可道而可非道。""心知道,然后可道。可道,然后能守道,以禁非道。"心是否"可道",即选择"道"作为情欲实现之原则,关键在于其能否"知道"。人之选择"非道"为自身生命实现之原则而流为"恶",乃源于其"不知道"。而从人的存在"类"性之理、道所规定的终极目的而言,人心必然趋向于由"知道"而"可道",从而实现其"正理平治"之"善"。"知道之莫之若也,而不从道者,无之有也",说的就是这个意思。譬如人之"欲南"而"恶北",终必将取夫向南而非向北之道。故人作为一个"类"的存在,本内在地具有一种自身趋赴于善的逻辑必然性或目的论意义之善性。

荀子推重仲尼子弓,认为孔子之学"仁智且不蔽",其论心知,亦以"仁智"之合一为前提。故其学虽偏重于"知"或"智",然其所言"知",却仍是一种落实于知情本原一体的体证之知。《解蔽》篇对此有极精辟的论述:

> 心者,形之君而神明之主也,出令而无所受令。自禁也,自使也,自夺也,自取也,自行也,自止也。故口可劫而使墨云,形可劫而使诎申,心不可劫而使易意,是之则受,非之则辞。故曰:心容,其择也无禁,必自见,其物也杂博,其情(精)之至也,不贰。

又:

> 知道：察，知道；行，体道者也。虚壹而静，谓之大清明。万物莫形而不见，莫见而不论，莫论而失位。

又引《道经》"人心之危，道心之微"以论心知云：

> 夫微者至人也。至人也，何强，何忍，何危！故浊明外景，清明内景。圣人纵其欲，兼其情，而制焉者理矣；夫何强，何忍，何危！故仁者之行道也，无为也；圣人之行道也，无强也。仁者之思也，恭；圣人之思也，乐。此治心之道也。

荀子把人理解为一个形、神合一的存在整体，而"心"则为其最终的主宰。此所言"心"的功能，包括本原一体而不可分的两方面内容："形之君""神明之主"。"形之君"，是言"心"为人身及其行为之主宰。"神明之主"，是言"心"为人的精神活动之主体。心虽涵容广大，但却表现为一种统一性的精神活动（"其精之至也，不贰"）。"心"之主宰作用，乃是一种"出令而无所受令"，自我决定而非由乎他力的主动的精神活动。其"知"，乃表现为一种身心、知情、知行本原性合一的体证性自觉。

"知道：察，知道；行，体道者也"①，即是把"知道"理解为一种知、行内在合一的体证性之知。如前所说，荀子以"知"来标识圣人大儒的精神境界。但这"知"，却是内在包含着践行体证的"知"，而非一般的对象性认知之知。《儒效》篇说："不闻不若闻之，闻之不若见之，见之不若知之，知之不若行之，学至于行之而止矣。行之，明也；明之谓圣人。"此"明"，亦可谓之"清明"或"大清明"，即圣人、大儒知通统类，道心精微，无物不照，从容中道当理之自由的境界。《解蔽》篇谓此为"治心之道"，从荀子对"心"作为人的知行本原合一之主宰的理解

---

① 或将此语断句为"知道察，知道行，体道者也"，不通。此语实言"知道"包括"察"即自觉和"行"即"体道"两方面内容。相对而言，"察"属"知道"，此为狭义的"知道"；"行"属"体道"。此两面共属一体而不可分，是之谓真正的"知道"。故我将此语读断为"知道：察，知道；行，体道者也"。

看，此"明"或"大清明"，亦可看作是"治心"所复归和实现的心之本然。前引《正名》说："凡人莫不从其所可，而去其所不可。知道之莫之若也，而不从道者，无之有也。"此处的心知说，则指点出了人能"知道"之逻辑与存在性的根据。凡圣同类，禹桀不异。故此亦人"皆有可以知仁义法正之质，皆有可以能仁义法正之具"之逻辑与存在性的根据。

可见，仅从"从心之所可"的人性结构论向着"伪"的实存过程之开放性而言，荀子所建构的理论圆环，在"天地生君子"这一环上容有缺口而不能自圆之处。而荀子在目的论这一论域中，则又指点出人作为一个"类"的存在之"知道"和趋向于"善"的可能性与终极指向性。这在逻辑上避免了人类存在对于"恶"之无限制的开放性，而将之收归于那个终始无端的圆环，复成一自足的系统。尽管现实中仍会存在"心不知道而可非道"的众人，但在人类存在的整体性上，"天地生君子"这一善性之指向，却由此获得了其自身的逻辑必然性。同时，"心不知道而可非道"的不同层级之众人的存在，亦保持了荀子所倡导的礼义教化的必要性这一理论维度。

五 结 语

综上所论，人的实存"从心之所可"的人性结构论与目的论的善性说，共同构成了荀子人性论学说的整体内涵。荀子针对孟子的性善论而言"性恶"，其实质是强调人性中本无"现成的善"，而非言人性中具有"实质的恶"。

强调人性无现成的善，这无疑是正确的；但荀子以此批评孟子，却是对孟子或许是无意的曲解。孟子举"四端"为例说明人心当下必时有"善端"之呈露。不过，细绎《孟子》全书可知，其所谓"善端"，并不局限于"四"端，举凡不忍、不为、恻隐、羞恶、辞让、恭敬、是非、孝悌、亲亲、敬长、耻、忸怩、无欲害人、无穿窬、无受尔汝、弗受嘑尔、不屑蹴尔之食等种种情态，皆可称为"善端"，皆可由之推扩而成德，据以建立合理的人伦秩序。孟子言良心，包含良知与良能，"能、知"的共属一体被理解为人心（良心或本心）的原初存在结构。"善端"即是人心"能、知"共属一体的原初存在方式在具体境域中的一种当场性和缘构性的必然情态表现,并非某种预设性的现成天赋道德情感。孟子由此证成了其性本善的学说体系。①

孟子之心性论,乃即心言性,并落在情上论心。其所言心,本具"能、知"一体的逻辑结构。但孟子重反思内省的特点,却使此一结构的意义缺乏明晰的逻辑表述,故隐而不彰。借助于荀子据其人性结构论对孟子的批评,由之反观孟子之心性说,后者乃可以从其对立面上反射出自身心性结构的理论意义。

不过,荀子对天人、性伪之分立性的理解,使其人性结构仅具形式的意义而流为一"空"的结构,故只能从此结构之外另取一目的论原则,以成就其终始相接的理论圆环。是其理论的体系,似圆而终至于非圆。因而,儒家的伦理道德系统,终须建基于思孟一系的人性本善论,才能成为一个自身周洽完满的思想体系。思孟的学说在儒学史上能够蔚成正宗而不可或替,良有以也。

原载《北京师范大学学报》(社会科学版)2019年第6期

---

① 李景林:《从"论才三章"看孟子的性善论》,《北京师范大学学报》2018年第6期。

浩然之气与人性本善
——孟子"养气"说的本体意义

我们谈孟子的"养气"说,一般较注重其工夫论和人格修养的意义,其实,它还具有一种本体论的意义。从本体的角度看孟子的"养气"说,对理解儒家的人性论和价值观,具有重要的意义。

人性本善

过去讲孟子的人性论,一般有两种观点。一种认为孟子讲"人性向善",另一种则认为孟子讲"人性本善"。我主张"人性本善"论。"人性本善",乃是中国文化确立人的道德责任之必然性的形上学根据。据杨朝明教授讲,习近平主席将"道路自信、理论自信和制度自信"最终归结到"文化自信"。再进一步看,这文化自信的基础,乃在于确立个体人格之"人作为人"的自信。如陆象山所言:"若某则不识一个字,亦须还我堂堂地做个人。"(《象山语录》卷四)儒家严人禽之辨,认为每个人通过反躬内求,都能在其本心自性中找到并挺立起"我是一个堂堂正正的人"这样一种人之为人的自信与尊严。这样的自信和尊严,是对人性本善的自觉与觉解,它构成了中国文化自信的人性论根据。

孔子谈人性的问题,有两个角度,一是"性相近,习相远"(《论语·阳货》);二是"中人以上,可以语上也;中人以下,不可以语上也。"(《论语·雍也》)前者是讲人作为一个"类"的类性,后者则是讲人的差异性。先秦儒家的人性论,注重在"性相近,习相远"这个类性的方面;汉唐儒则着重发挥了后一个方面。

孔子所说这个人的"类性",应怎么理解?过去有一种观点,说儒家认为人与动物具有一种相同的生物本性，而人的本质则在于其道德性。这是一个似是而非的荒唐说法。按照这种逻辑，如果说人与动物有相同的生物本性，那人的善性或道德性便只能由人的存在之外引入，人性由此就成了一块可以任意塑造的"白板"。这种解释，正与儒家的性善论相悖谬，同时也造成了对儒家人性论的种种误解。在课堂上，经常有人举"狼孩"为例来提问，说把一个小孩从小放到狼群里，这个小孩会变成"狼孩"，以此来质疑儒家的性善论。我反问他，你把一只狼从小扔到人群里，它能长成"人狼"吗？人可以堕落成禽兽，但你却不能把禽兽教化成人。因此，我们不能说人有与动物具有相同的生物本性，也不能把人性理解为一块没有任何规定的白板。仁义礼智等规定先天内在于人的实存，绝非由外铄强加而来。因而，其情感、欲望及其肉身实存性与动物的生物本性，亦有着"类性"的本质区别。这是儒家理解人性的一个基本的思路。

关于这个类性的观念，《孟子·告子上》说："凡同类者，举相似也……圣人与我同类者……心之所同然者何也？谓理也、义也，圣人先得我心之同然耳。故理义之悦我心，犹刍豢之悦我口。"这里讲"同类相似"，就是从类性的角度来理解人性。"同然"是在理性上对"理义"之共同的肯定。但人的类性之表现，不仅是在理性上对理义有共同的肯定，而且在情感实存上，亦真实地拥有理义作为自身的内容。"理义之悦我心，犹刍豢之悦我口"，说的就是这个意思。

孟子对人性这种类性角度的理解，本自孔子。《礼记·中庸》引孔子的话说："仁者人也。""仁"就是人的这个"相近"或"相似"的类性之内容。《论语·颜渊》："为仁由己，而由人乎哉？"《论语·述而》："子曰：仁远乎哉？我欲仁，斯仁至矣。""求仁而得仁，又何怨？"《论语·里仁》："有能一日用其力于仁矣乎？我未见力不足者。"在孔子看来，凡功利、事功效果之事，皆非人力所能直接控制者，悉属"命"的范围；而"为仁"行义，却是人唯一可以凭自己的能力而不必借外力所能做到的事情，故仁义乃人之最本己的可能性，为仁行义，亦正是人之作为人的本质所在。另外，这里要特别注意的是，孔子把"仁"理解为人的类性内容，并非出于一种单纯的理论推断，所谓"欲仁仁至""求仁得仁"，表示出"仁"作为人的类性，乃落实于其志意与情感生活而为人所内在地拥有。

孟子把这个"欲仁仁至""求仁得仁"的内容，概括为"可欲之谓善"（《孟子·尽心下》）这样一个命题。这个"欲"，就是一种情感的表现。《孟子·告子上》："仁义礼智，非由外铄我也，我固有之也，弗思耳矣。故曰：求则得之，舍则失之。或相倍蓰而无算者，不能尽其才者也。"《孟子·尽心上》："求则得之，舍则失之，是求有益于得也，求在我者也。求之有道，得之有命，是求无益于得也，求在外者也。"是说仁义礼智为人所能自作主宰而求之在我者。而这个求之在我的仁义礼智，则植根于人的内在情感生活。帛书《五行》篇强调，"耳目鼻口手足六者"之特质在于"悦声色""悦臭味""悦佚愉"；而心之本然则是悦仁义的："源［心］之生（性）则巍然知其好仁义者也"。因此，心乃必然为身之主宰。前引《孟子·告子上》言人"同类相似"，既以理义为"我心之同然"，又说"理义之悦我心，犹刍豢之悦我口"。"心之同然"，是理性上的判断和抉择；"理义之悦我心"，则为情感上的实有。孟子讲"仁义礼智根于心，非由外铄我也"，不仅是在理性之自觉上说，更重要的是强调，仁义礼智乃内在于人的情感生活而为人的存在所真实拥有。此即所谓"可欲"。由此"可求""可欲"而证成仁义礼智不外乎己，故曰"可欲之谓善"。

人性论落实于人的实存，就涉及"气"的问题。简帛《五行》篇论人的修养工夫云："仁之思也精，精则察，察则安，安则温，温则悦，悦则戚，戚则亲，亲则爱，爱则玉色，玉色则形，形则仁。"人的工夫成就，最终要表现在其实存转化的整体气象上。简帛《五行》强调，德行不仅仅是知和情的问题，道德之知和情之所以具有发行实践的能力，乃是因为它伴随着一种内在的冲动力量——气。简帛《五行》用"仁气""礼气""义气"之"气"的观念来说明身心的关系，把"气"理解为人的德行之内在的驱动力。"气"乃是关涉人的身体性的一个概念。由此，孟子进一步提出他的"养气"论，以"气"言人的肉身实存性，从本体论和修养论上系统地论述了身心合一这一原则，揭示出了人性及其德性实现的实存基础，对性善的观念作了更深一层的阐述。

落实于情感实存以言人心本具仁义，为孔子至思孟一系的一贯思想。人性之善，是一种具有存在必然性的"本善"，而非仅其某种可能性的"向善"。这一点，对于我们理解儒家的人性和人学思想，具有重要的意义。

"气"之本体义

孟子自述其特点说:"我善养吾浩然之气。"(《孟子·公孙丑上》)养浩然之气,是一种修养的工夫。这个修养的工夫,是从实存一端来看人的存在之完成。这里有一个关键性的问题:这个"浩然之气"的养成,是无中生有,还是具有先天的根据?朱子《孟子集注》(卷三)的解释是:"本自浩然,失养故馁。唯孟子为善养之以复其初也。"又:"盖天地之正气,而人得以生者,其体段本如是也。唯其自反而缩,则得其所养;而又无所作为以害之,则其本体不亏而充塞无间矣。程子曰:天人一也,更不分别。浩然之气,乃吾气也。养而无害,则塞乎天地;一为私欲所蔽,则欿然而馁,却甚小也。"朱子认为,浩然之气乃人禀自于天,为先天本有,所谓"养",其意义只在于去除蒙蔽以"复其初"。也就是说,这浩然之气之养成,并非无中生有,而是具有其先天的实存基础的。朱子的解释,是有根据的。

一般讲孟子的"养浩然之气"说,多据《孟子·公孙丑上》之《知言养气章》为说。其实,孟子论"养气",还有《孟子·告子上》的《牛山之木章》,参照二者,才能对孟子的"养气"论有全面的理解。

《牛山之木章》说:"牛山之木尝美矣,以其郊于大国也,斧斤伐之,可以为美乎?是其日夜之所息,雨露之所润,非无萌蘖之生焉,牛羊又从而牧之,是以若彼濯濯也。人见其濯濯也,以为未尝有材焉,此岂山之性也哉?虽存乎人者,岂无仁义之心哉!其所以放其良心者,亦犹斧斤之于木也。旦旦而伐之,可以为美乎?其日夜之所息,平旦之气,其好恶与人相近也者几希,则其旦昼之所为,有梏亡之矣。梏之反复,则其夜气不足以存;夜气不足以存,则其违禽兽不远矣。人见其禽兽也,而以为未尝有才焉者,是岂人之情也哉!故苟得其养,无物不长;苟失其养,无物不消。孔子曰:操则存,舍则亡,出入无时,莫知其乡。惟心之谓与?"《孟子》有很多地方讲到"才"。《牛山之木章》以牛山之木之长养为例,对这个"才"的观念,作了全面的、有逻辑条理的界说。要言之,这个"才",就是人实现其善性美德的先天才具或存在基础。

牛山之"濯濯",乃斧斤之伐,牛羊之牧使然,非因其无林木茂美之

"材"。同样，人亦有成就其美德之先天的才具（"才"）。这个"才"，是统括性、心、情、气、才为一体的一个整体性的观念。孟子论性，落实于"心"上来讲，"虽存乎人者，岂无仁义之心哉！其所以放其良心者，亦犹斧斤之于木也。"可知这个"仁义之心"，亦即"良心"，其所表现者，就是人之善"性"。孟子所谓"良心"，包括"良知"与"良能"两方面的意义。良知，讲的是自觉；良能，讲的是才具。这里所谓"才"，所言即此"良心"之才具义。"其日夜之所息，平旦之气，其好恶与人相近也者几希。"这个"相近"，即孔子所说的人作为一个类的"类性"。它存诸人的"仁义之心"或"良心"，落实为"气"的实存，而表现为与人"相近"的"好恶"之情。

这里要注意的是，此所言"夜气""平旦之气"，并非一种特殊的"气"，而是指"气"之本然。夜气与平旦之气，就其为"日夜之所息"而言，可称作"夜气"；就其平旦显现之清明而言，又可称作"平旦之气"，其实只是一个"气"。"其旦昼之所为，有梏亡之矣。梏之反复，则其夜气不足以存；夜气不足以存，则其违禽兽不远矣。人见其禽兽也，而以为未尝有才焉者，是岂人之情也哉！""情"训实，真实义。人每有思虑计度，常受制于外物，故其旦昼之所为，会遮蔽其"良心"，梏亡其"夜气"，而失其存在之本真。这个"夜气"或"平旦之气"，正是人心未受外界环境左右时，与仁义之心或良心同时俱存的一种存在状态，是为人的实存或"气"之本真、本然。

综上看见，孟子所谓"才"，乃是一个标志人的实存之总体性的观念。我们可以把"才"这一概念概括为：以"夜气"或"平旦之气"为基础，在"好恶"之情上显现出其"良心"或"仁义之心"的存在整体。"虽存乎人者，岂无仁义之心哉"，这个"仁义之心"的"存乎人"，正是在人的"气"之本然意义上的真实拥有和先天本真存在，而非单纯的认知或觉知。由此，孟子乃在"才"或人的存在（"气"）本然拥有"仁义之心"或"良心"的角度证成了其人性的本善义。

养浩然之气

上引《牛山之木章》说："苟得其养，无物不长；苟失其养，无物不消……操则存，舍则亡，出入无时，莫知其乡。惟心之谓与？""养长""操存"，就涉及到"养气"或修养工夫的问题。按照《牛山之木章》的思路，这个"养气"的工夫，乃以"才"的先天性本真存在为前提。

《孟子·公孙丑上》论"养浩然之气"云："其为气也，至大至刚。以直养而无害，则塞于天地之间。其为气也，配义与道，无是馁也。是集义所生者，非义袭而取之也。行有不慊于心，则馁矣。我故曰告子未尝知义，以其外之也。必有事焉而勿正，心勿忘，勿助长也。"此章所论，要在养浩然之气的方法。概而言之，这个方法，可以归结为三个要点："以直养而无害"；"配义与道"；"集义所生"。第三点是对前两点的总结。

"以直养而无害"，是讲"浩然之气"的培养，要顺乎自然。"必有事""心勿忘"，是强调不能忽视"气"的培养；"勿正""勿助"，则是强调"气"的培养应顺乎自然或自然养成的意义。"浩然之气"为什么必须自然养成？因为这"气"有先天的根据而非无中生有。此先天的根据，就是《牛山之木章》所讲到的"才"。这个"才"，就"气"这一端而言，即是由"夜气"或"平旦之气"所显现的人的本然实存性。

"其为气也，配义与道"，是言"浩然之气"的培养，必须以"道义"为其本。仁义、道义既为人的实存之内在规定，二者实一体而不可分。"仁义之心"或"良心"之存，必有本然之"气"（夜气与平旦之气）与之俱起。故"养浩然之气"，亦当以操存、挺立内在的道义或仁义原则为其根本。"其为气也，配义与道，无是馁也"，说的就是这个道理。

"集义所生"，是对以上两点的总结。"集义"，不能简单地理解为道德行为的"积累"。"集义"正与"义袭"相反，其所强调的是仁义内在于"气"及其道德创造的连续性。"集义所生"，关涉"义"与"气"两端，其所凸显者，乃是由"道义"贯通转化实存而达道德创造之连续。"义"是"浩然之气"之生生与充盈的内在本原。"行有不慊于心，则馁矣"，这"馁"，即因无"义"的支撑而失其生生之本，"气"亦不能充盈因而流于间断。就人的现实行为之合"义"而言，单纯的行为，只是经验之事实，其本身不具道德的必然性和连续性。所以，如果把"集义"仅仅理解为道德行为之积累意义上的"积善"，这样的行为，仍只能说是"义袭而取"。因此，"集义所生"，其着眼点在于"道义"内在于实存之本原贯通，由之引生"气"之"纯亦不已"的生生创造，自然而然地养成"浩然之气"。

综上所论，孟子的"养气"说，要在为其性善论建立先天的实存基础。这是人能够养成"浩然之气"，成就德性人格的形上根据。《孟子·公孙丑上》："人之有是四端也，犹其有四体也。有是四端而自谓不能者，自贼者也；谓其君不能者，贼其君者也。"《孟子·离娄上》："自暴者，不可与有言也；自弃者，不可与有为也。言非礼义，谓之自暴也；吾身不能居仁由义，谓之自弃也。"在儒家的义理系统中，人的道德的根据，本原于人性之"本善"。因此，人之行义行善，为其必然的责任和天赋之义务；相反，人之为恶，则为"自暴""自弃""自贼"，亦必由其自身来承担罪责。西方人以为上帝造人，故人对行上帝之立法，负有先天的道德责任。在中国文化无宗教创世观念的前提下，如仅以人性之善为一种向善之可能性，则人对其道德行为之善恶，便无必然的道德责任可言。孟子由"养气论"所证成的人性"本善"义，对于中国文化价值体系及其实现方式的形成，实具有奠基性的意义。

本文为作者于2014年6月山东邹城"孟子思想与邹鲁文明国际学术研讨会"所作大会发言的修订稿。原载《文史知识》2014年第8期

续说之三

孔子"闻道"说新解

孔子把"闻道"视为人生的最高目标。《论语·里仁》篇:"子曰:朝闻道,夕死可矣",就表明了这一点。深入探讨《论语》"朝闻道章"的思想义理,对于理解孔子的人格和学说精神,有着重要的意义。

廖名春教授在《〈论语〉"朝闻道,夕死可矣"章新释》[①]一文中,把旧注对此章的解读,概括为"知道"说和"有道"说[②]。认为两者对"朝闻道,夕死可矣"章解读所存在的问题,要在对"闻"字的理解有错误。并据《论语·颜渊》篇"子张问士章"有关"闻达"[③]的讨论,广泛征诸文献,指出"闻"当训"达",引申为实现。所谓"闻道",即"达道,实现道"。"朝闻道,夕死可矣"当译为"早晨实现了我的理想,就是当天晚上死去也心甘"。廖名春教授的解读,也可称作"达道"说。此说凸显了孔子学说行重于知的精神,为切实了解《论语》"朝闻道章"的思想内涵指点出了一个新的方向。

廖名春教授的"达道"说,略重在文字学和训诂学的层面,其对"闻道"的思想内容,并未作进一步的说明。而要对"朝闻道"章作出合理的解释,这后一方面的工作,是必不可少的。这便涉及一系列重要的问题:既言"闻道"即"达道"或"实现道",那么,"道"以什么样的方

---

① 《清华大学学报》(哲学社会科学版)2009年第6期(第24卷)。
② 旧注解"闻道",多训"闻"为"知",解"闻道"为"知道"或"悟道",廖文称之为"知道"说。又有以"闻世有道"和"闻道行于世"解"闻道"者,廖文把前者概括称为"有道"说,后者称为"道行"说。为讨论方便,本文沿用廖文的说法。
③ 《论语·颜渊》篇:"子张问:'士何如斯可谓之达矣?'子曰:'何哉,尔所谓达者?'子张对曰:'在邦必闻,在家必闻。'子曰:'是闻也,非达也。夫达也者,质直而好义,察言而观色,虑以下人。在邦必达,在家必达。夫闻也者,色取仁而行违,居之不疑。在邦必闻,在家必闻。'"

式实现？孔子所谓"道"究何所指？此"道"既为孔子之道或其"理想"，那它与孔子所崇尚的"先王之道"是什么关系？何谓"知道"？知道与行道的关系如何？等等。对这些思想、理论问题，需做进一步深入的探讨，才能把握孔子"闻道"说的本真内涵。本文拟接着廖文所论，通过从思想义理上对旧注"有道"和"知道"说的进一步分析，以尝试解答这些问题，进而对孔子"闻道"说提出合乎逻辑的理论解释。

一 由"有道""道行"说所引生之思考

兹先讨论"有道"说。

廖文力辨"有道"说之非，指出，旧注"有道"说及与此相关的"道行"说，在训诂学上有增字为训之病。这是正确的。

从思想的层面来看，"有道"说之不可取，要在于它仅从企慕追求世之"有道"这一社会政治现实的效果性角度来理解《论语》"朝闻道"章之思想内涵，此与孔子"学者为己"的精神是不能切合的。我们有必要就此做一番仔细的分疏讨论。

何晏《集解》主"有道"说：

> 言将至死，不闻世之有道。

邢昺《疏》：

> 此章疾世无道也。设若早朝闻世有道，暮夕而死，无可恨矣。言将至死不闻世之有道也。

皇侃《义疏》：

> 叹世无道，故言设使朝闻世有道，则夕死无恨，故云可矣。栾肇曰：道所以济民，圣人存身，为行道也；济民以道，非为济身也。故云诚令道朝闻于世，虽夕死可也。伤道不行，且明已忧世不为身也。

依照皇氏引欒肇语的解释，这"闻世有道"与"闻道行于世"，其实是一回事。清人黄式三《论语后案》亦云：

> 依何解，年已垂暮，道犹不行，心甚不慰，世治而死，乃无憾也。①

在黄氏看来，何晏所说的"有道"也就是"道行"。皇侃《义疏》与黄式三《后案》对何晏《集解》的解释，都把"闻世有道"与"闻道行于世"（或"有道"与"道行"）两个说法等同看待。仔细揣摩二者语义，可以见到，"有道"与"道行"二说，还是有明显差别的。这一点，对我们理解整个"朝闻道"章的思想义理，有着重要的意义。

从语义分析的角度看，一般性地讲世之"有道""无道"，只是对社会政治现实作出一种对象性的价值评价，可不必问及这"道"为谁之道及谁来行此道。何《注》邢《疏》把"闻道"解释为"闻世有道"，就是将"朝闻道"章的内涵简单地理解为一种对社会政治现实之"有道"的效果性的企慕和追求。而"道行"说则有所不同。如皇侃《义疏》引欒肇所说，"圣人存身，为行道也；济民以道，非为济身也……诚令道朝闻于世，虽夕死可也。伤道不行，且明已忧世不为身也"，这里所说的"道行"，显系由"行道"一语转形而来。言"行道"，则势必要涉及谁来行此道与此道为谁之道的问题。所以，"闻道行于世"的说法，虽然亦是着眼于社会政治现实之效果，但同时又会引生出圣人行道及道的实现或"达道"方式的问题。这是理解"朝闻道"章所值得深入思考的一个问题。

孔子一生求道不辍，当然希冀"天下有道"或"道行于世"。我们注意到，《论语》有关"有道""道行"的论述，要可分为两类：一是有关"有道""无道"之标准的讨论；二是有关君子面对不同的历史、现实境遇所应持之原则和态度的讨论。除此而外，并未发现有外在、直接性地祈求天下、邦国"有道"和"道行"的说法。这是值得注意和玩味的一个现象。

---

① 程树德：《论语集释》卷七，中华书局1990年版，第244页。

第一类，见于《论语·季氏》：

> 孔子曰："天下有道，则礼乐征伐自天子出。天下无道，则礼乐征伐自诸侯出。自诸侯出，盖十世希不失矣。自大夫出，五世希不失矣。陪臣执国命，三世希不失矣。天下有道，则政不在大夫。天下有道，则庶人不议。"

第二类，又可分为有关"有道"与"道行"两小类。
（一）有关"有道"的论述，以《论语·泰伯》所论为代表：

> 子曰："笃信好学，守死善道。危邦不入，乱邦不居。天下有道则见，无道则隐。邦有道，贫且贱焉，耻也；邦无道，富且贵焉，耻也。"

（二）有关"道行"的论述，如《论语·宪问》：

> 公伯寮愬子路于季孙。子服景伯以告，曰："夫子固有惑志于公伯寮，吾力犹能肆诸市朝。"子曰："道之将行也与，命也；道之将废也与，命也。公伯寮其如命何！"

《论语·微子》：

> 子路曰："不仕无义。长幼之节，不可废也。君臣之义，如之何其废之？欲洁其身，而乱大伦。君子之仕也，行其义也，道之不行，已知之矣。"

第一类是有关"有道""无道"之标准的讨论。"礼乐征伐自天子出""政不在大夫""庶人不议"，乃以礼乐政治伦理秩序的维护为评判世道的根据。春秋以降，周室衰微，诸侯专征伐，政逮于大夫，甚至陪臣执国命，礼坏乐崩，政治秩序，高下陵夷。按照孔子所提出的标准，这样的政治状况，当然只能说是"天下无道"。从价值原则的角度看，评判世之有道、无道的根据，则应是"仁"。《论语·子路》："子曰：如有王者，必世而后仁。"《孟子·离娄上》引孔子语曰："道二：仁与不仁而已矣。"孔子所谓世之"有道"，也就是能行王者之"道"。"道"，出于"仁"则入于"不仁"。是王道或"天下有道"之内在的原则，就是"仁"。

第二类有关"有道"和"道行"两小类的论述，都涉及伦理学上所谓道德抉择的问题。但是比照前引《论语》"有道"与"道行"的论述可见，二者之间，又有着重要的区别。二者的区别表现在：据上引（一），天下、邦国之有道、无道，"斯文"（即周文）之是否"在兹"，这是吾人无法选择和必须面对的政治伦理现实；而从上引（二）可知，"道之将行"与"将废"，却与君子之道德抉择有密切的关系。因此，"道行"之道，既标明这"道"属于孔子"自己"；而"道之将行"与否，又与孔子自身的价值抉择密切相关。

我们先来看前引第二类中孔子有关天下邦国"有道""无道"说的论述。上引（一）《泰伯》篇"笃信好学"章孔子这段话很有代表性。《论语》中与此相关和相似的论述颇多，如：《公冶长》："子曰：宁武子邦有道则知，邦无道则愚。其知可及也，其愚不可及也。"《宪问》："宪问耻。子曰：邦有道，谷。邦无道，谷，耻也。"《卫灵公》："子曰：直哉史鱼！邦有道如矢，邦无道如矢。君子哉蘧伯玉！邦有道，则仕；邦无道，则可卷而怀之。"等等。《论语》中凡如此所言天下邦国"有道""无道"者，类指一种既成的社会现实并对此现实之价值评判①，并非表示一种期望。就此而言，把"朝闻道，夕死可矣"解释为"朝闻世有道，则夕死无恨"这样一种期望，显然是不合理的。此所谓天下邦国"有道""无道"，指君子所面临的无法选择的既定历史境遇；上引（一）小类的有关论述，则要在指出君子面对不同境遇所应持守之原则。而此持守原则之抉择，则关涉到上引（二），即"道行"的问题。

君子所处时势、境遇有不同，故其行事，亦要有进退、行止、行藏之异；而这进退、行止、行藏之抉择，对人生而言，则会引生出不同的事功效果，"道之行"与"不行"，即与此相关。这里涉及伦理学上所谓的道德抉择问题。

---

① 此对现实之"有道""无道"之评判，乃以上引第一类《论语·季氏》篇所论为标准。

需要强调的是，孔子所言君子之道德抉择，决非在不同的原则之间作取舍，而是如何坚守"善道"，以在不同的境遇中恰当地规划和决定自身的行为模式（如进退等）的问题。君子因应现实，其行为有进退、行止之异；而决定此行为进退行止的原则则是"道""善道"或仁道。君子因应现实境遇对自身行为之进退、隐显、行藏的抉择，所达到的正是对"善道"或仁道的持守与实现。君子之行，因应现实而有行止、进退，这是"变"；而其"守死善道"之原则性则始终"不变"。在道德选择的意义上，孔子强调的是这"变"中的"不变"。《中庸》记孔子答子路"问强"云：

> 君子和而不流，强哉矫！中立而不倚，强哉矫！国有道，不变塞焉，强哉矫！国无道，至死不变，强哉矫！

这里所言"国有道""国无道"，与上引（一）所谓天下邦国"有道""无道"同义，乃指君子所面临的客观现实或其历史际遇而言。"国有道""国无道"，对于君子而言，不可选择，君子于此所不变者，唯有其所持守的道义原则。孔子对宁武子、蘧伯玉、史鱼等人的称赞，其要亦并不在行为之进退、行止、隐显本身，而在其于此行止、进退之选择中所体现出的守死善道的精神。事实上，孔子面对"天下无道"这样一种历史的境遇，其所选择的并非是退隐。针对当时隐士之流"滔滔者天下皆是也，而谁以易之"的嘲讽，孔子则答以"鸟兽不可与同群……天下有道，丘不与易也"[①]。孔子与弟子厄于陈蔡，面对"君子有穷"之现实，乃表现出一种吾道至大，"不容然后见君子"的道德自信。[②] 知"道之不行"，而犹修道行义不辍，孔子由此而以"知其不可而为之者"见闻于当世。凡此所体现者，恰恰是一种道义担当的精神。

"道之将行也与，命也；道之将废也与，命也。""君子之仕也，行其义也，道之不行，已知之矣。""道之将行"与"将废"，皆属于"命"；但君子对"道""义"之持守，却不因这"命"之殊异而发生丝毫的改

---

① 见《论语·微子》篇。
② 见《史记·孔子世家》。

变。儒家对行义或"行道"与"道行"（即"道行于世"）之关系的讨论，实质上是围绕着"义""命"关系来展开的。

孔子强调"知命""知天命"。他自谓"五十而知天命"。又说："不知命，无以为君子也。"① 更把是否"知天命"，看作区分君子和小人的尺度。② "天命"是一个总体的概念。天所命于人者，后来儒家称作"性"，是即《中庸》所谓"天命之谓性"。在这个意义上，"天命"与"人性"，是在不同角度表述了同一个内容。小程子讲"在天为命，在人为性"，就是这个意思。但在孔子看来，行仁行义，是人唯一可以不凭借外力而能够自我决定，直接可欲可求者。所谓"为仁由己""求仁得仁""欲仁仁至"，都表明了这一点。而人的功利满足与事功成就，则非人力所直接可与可求者，故付之于"命"。从这个角度，孔子又对这个天命于人的整体内容作出了内在的区分。这个区分，对孔子而言，就是"义"与"命"的区别。这是以后孟子所言"性、命"之别的渊源所自。③ 就"义"与"命"的区分而言，"义"标志着人之所以为人的界限；"命"则即今语所谓运命之义，凡人生之境遇、夭寿祸福、功名利禄及事功成就皆属之。在《论语》中，"天""命""天命"三个概念，可以互换使用。④ 不过，《论语》单言"命"字，则多指与"义"相对的狭义的"天命"而言。

从这个意义上说，《论语》所言"有道"和"道行"，皆统属于"命"（即与"义"相对之狭义的"天命"）。但二者又有区别：天下"有道""无道"，标志君子所面临的不可选择的历史和现实境遇，它是君子价值抉择之现实条件和存在性前提；而道之"行"与"废"，则为君子价值抉择之结果。因此，二者虽皆属于"命"，为人所不能直接可与可求

---

① 《论语·尧曰》篇。
② 《论语·季氏》："孔子曰：君子有三畏：畏天命，畏大人，畏圣人之言。小人不知天命而不畏也，狎大人，侮圣人之言。"
③ 见《孟子·尽心下》："孟子曰：口之于味也，目之于色也，耳之于声也，鼻之于臭也，四肢之于安佚也，性也，有命焉，君子不谓性也；仁之于父子也，义之于君臣也，礼之于宾主也，智之于贤者也，圣人之于天道也，命也，有性焉，君子不谓命也。"孟子此说，即在"天命之谓性"的这一总体的概念下，又对之作"性、命"的区分。这一区分，实来源于孔子"义、命"之分的思想。
④ 孔子既言"不知命，无以为君子"，又把"知天命"看作判分君子与小人的尺度。又如《论语·颜渊》说"死生有命，富贵在天"，可知"命"与"天"亦是能够互换使用的。

者,但君子之行义、行道,与"道行"(即"道行于世")之间,却有着一种必然的因果关联性。

这里所谓"必然的因果关联性",是说"行义"或"行道"的价值抉择,乃是"道行于世"的必要条件或第一要件。孟子概括孔子之行事原则云:"孔子进以礼,退以义,得之不得曰'有命'。"① 孔子虽欲得君行道,而终不能见用于世者,实与其守道不辍,不肯放弃原则有关。以孔子之声望与才能,若少降志屈节,得一卿相之位,而成就一番治安济民之事功,当易如反掌。其所以为孔子所不取者,乃因孔子所行之"道",是王道而非霸道。王道与霸道,虽在惠民济众的事功效果上具有某种相似相关性,但在价值意义上相去却不啻霄壤。孔子亟称管仲相桓公,霸诸侯,匡扶天下,利泽百姓,维系华夏文化之功业②;同时,在价值层面上,却又深恶管仲之奢靡僭越,严斥其"器小"与"不知礼"③,其道理正在于此。前引孔子有云:"如有王者,必世而后仁";"道二:仁与不仁而已矣。"《孟子·公孙丑上》:"以力假仁者霸……以德行仁者王。"可见,王道与霸道之分野,要在于人君所持守之价值原则之区别。在儒家看来,"道行于世",固当涵括靖安治平、博施济众之事功,然单纯的治安博济,实不足以当"道行"之名。君子能否成就此治安博济之功业,一方面与其所面临的历史境遇和现实条件有关④,更根本的是,君子"行义""行道"的价值抉择,则是构成此功业以"王道"或"道行"价值的赋义本原或意义基础。从义、命关系的角度看,"命"本有正面与负面的价值,孟子称之为"正命"与"非正命"⑤;由此"正命",人的天命之性,乃

---

① 见《孟子·万章上》。
② 如:《论语·宪问》篇:"子路曰:'桓公杀公子纠,召忽死之,管仲不死。'曰:'未仁乎?'子曰:'桓公九合诸侯,不以兵车,管仲之力也。如其仁!如其仁!'"又:"子贡曰:'管仲非仁者与?桓公杀公子纠,不能死,又相之。'子曰:'管仲相桓公,霸诸侯,一匡天下,民到于今受其赐。微管仲,吾其被发左衽矣。岂若匹夫匹妇之为谅也,自经于沟渎而莫之知也。'"
③ 《论语·八佾》篇:"子曰:'管仲之器小哉!'或曰:'管仲俭乎?'曰:'管氏有三归,官事不摄,焉得俭?''然则管仲知礼乎?'曰:'邦君树塞门,管氏亦树塞门。邦君为两君之好,有反坫,管氏亦有反坫。管氏而知礼,孰不知礼?'"
④ 如《孟子·公孙丑上》所说:"以文王之德,百年而后崩,犹未洽于天下;武王、周公继之,然后大行。"按照《孟子》下文的解释,文王之道行于天下之所以如此之难,乃由当时的"势""时"使然。孟子所谓的"势""时",即指君子"行道"所面临之现实境遇。
⑤ 《孟子·尽心上》:"尽其道而死者,正命也;桎梏死者,非正命也。"

能获得其总体的实现。而这个"正命"之价值，乃由人选择并躬行义、道所确立，孟子谓之"立命"。从这个意义说，孔子行道和道之实现的根本方式，乃表现为一种义和命的统一。

从上述分析，可以得出以下几点初步的结论：1. 孔子所言"天下有道""无道"，乃标示人所面临的历史与现实境遇，非吾人所能选择，属于"命"的范围。把"朝闻道"解释为对"世之有道"的一种期望，是不合理的。2. 与"有道"相关的"道行"，亦属于"命"，非人直接外在可欲可求者，亦非可据以解"闻道"之义。3. "道行"与"有道"所不同者，在于"道行"问题表现了孔子对道的实现亦即"达道"之方式的理解。而孔子行义、行道之抉择，则为"道行于世"之第一要件或意义基础。是以《论语》言道，唯重在君子之行义、行道，而未见有外在求"道行"之语者。

可见，对"朝闻道章"之"有道""道行"的解释，不仅在训诂上站不住脚，在义理上更有悖于孔子的学说精神。需要指出的是，"道行"的讨论关乎"道"的实现或"达道"的方式问题，而"道行"的前提，乃是君子行义、行道之价值抉择。朱子曾有一个有代表性的说法，认为《论语》"朝闻道章""大率是为未闻道者设"[1]，刘宝楠《论语正义》则强调，孔子"闻道为己闻道"。刘说可从，朱子的说法则是有问题的。不过，孔子之"闻道"，不仅"为己闻道"；其所要达或实现的"道"，决为属于孔子自己的"道"。那么，这个属于孔子自己的"道"究何所指？这一问题，与"知道"说有密切的关系。

二 "知道"的两种方式

下面我们来讨论"知道"说。

对于"朝闻道章"之训解，旧注"有道"及与之相关的"道行"说不可取，但"知道"说却不可轻弃。

廖名春先生强调，旧注多将"闻道"解释为"知道"，这与孔子"重德""重行"甚于求"知"的思想性格相矛盾。说孔子重德重行，这是很

---

[1] 见《朱子语类》卷二十六。

正确的。在概念的使用上，知与行是相对的两个概念。但就其本真的意义而言，儒家则强调知与行的交涵互体，不可或分，真知，必包含"行"在其中。如《礼记·中庸》记孔子语云："好学近乎知，力行近乎仁，知耻近乎勇。"《论语·雍也》篇："哀公问：'弟子孰为好学？'孔子对曰：'有颜回者好学。不迁怒，不贰过，不幸短命死矣！今也则亡，未闻好学者也。"在诸弟子中，孔子独称颜回"好学"。而颜回好学之内容，则要在"不迁怒，不贰过"一类人格的教养方面。可见，孔子所谓学、知，实以德性的修养和践行为其本质的内涵。由是，仁智合一，诚明互体，乃构成了儒家理想人格的基本内容。《礼记·中庸》："自诚明，谓之性；自明诚，谓之教，诚则明矣，明则诚矣。"《孟子·公孙丑上》："仁且智，夫子既圣矣。"《荀子·解蔽》："孔子仁智且不蔽。""诚"即人性的实现，"明"即智慧的拥有。诚与明、仁与智，实一体之两面，不可或分。此所言"明"或"智"，是在存在之实有诸己，或人性实现中的心明其义，而非单纯的认知。孟子所谓仁义礼智四德，乃统括于"仁"，"智"并非是一个独立的原则。在先秦儒家中，荀子最重知或"智"。然其论"心"，乃言"心者，形之君也而神明之主也"；论"治心之道"，则云"仁者之思也恭，圣人之思也乐"；论"知道"，则曰"知道：察，知道；行，体道者也"。① 是言心为形神、知行合一之主体，而"知道"，亦必包括自觉与对道的身体力行两个方面，故"体道"乃"知道"之一必然的内在环节。强调"知"乃包含着"行"，这在先秦儒学是一脉相承的。从这个意义上说，旧注以"知道"解"朝闻道章"，并不必然与孔子的思想性格相矛盾。

其实，先秦儒所言"知道"，有"闻而知之"和"见而知之"的区别。孔子追求"闻道"，当与此相关。《孟子·尽心下》说：

> 孟子曰：由尧舜至于汤，五百有余岁；若禹、皋陶，则见而知之；若汤，则闻而知之。由汤至于文王，五百有余岁，若伊尹、莱朱，则见而知之；若文王，则闻而知之。由文王至于孔子，五百有余岁，若太公望、散宜生，则见而知之；若孔子，则闻而知之。由孔子

---

① 均见《荀子·解蔽》篇。

而来至于今，百有余岁，去圣人之世若此其未远也，近圣人之居若此其甚也，然而无有乎尔，则亦无有乎尔。

孟子此说，后儒目之为圣道之传承系统。按照孟子的说法，在这个"道"的传承过程中，存在着两类"道"的承载者或担当者：尧、舜、汤、文王、孔子为一类，他们是"闻而知之"者；禹、皋陶、伊尹、莱朱、太公望、散宜生为一类，他们是"见而知之"者。这里的"闻而知之""见而知之"之"之"，所指即"道"。孟子此处所举"闻而知之"者，皆儒家所谓的圣人；所举"见而知之"者，基本上属于儒家所说的贤人或智者。这两类人还有一个重要的区别，这就是，此所列"闻而知之"的圣人，大体上都是一种新时代或文明新局面的开创者；而"见而知之"的贤人或智者，则大体上是一种既成事业的继承者。《孟子·梁惠王下》："君子创业垂统，为可继也。"依此，可以说前者的作用要在于"创业"，而后者的作用则在于"垂统"。孟子这一段话，既点出了"闻而知之"和"见而知之"这两种"知道"的方式，同时，亦指出了二者的区别性。

孟子有关"闻而知之"和"见而知之"两种"知道"方式的区分，并非一个偶然的说法。出土简帛《五行》篇明确提出"闻而知之者圣""见而知之者智"的命题，并对此有相当系统的论述。简帛《五行》篇为子思学派文献[1]，孟子此说，实渊源有自，为孔门相传旧义。思孟一系所传这一圣道传承思想，对于理解孔子的"闻道"说，有十分重要的意义。不仅如此，道家文献《文子》亦载有与《五行》篇同样的说法[2]，表明儒、道两家都认可有"闻而知之"与"见而知之"两种知道的方式。

郭店楚简《五行》篇说：

---

[1] 参阅拙文《从郭店简看思孟学派的性与天道论——兼谈郭店简儒家类著作的学派归属问题》，台湾《孔孟月刊》2000年1月第38卷第5期。

[2] 《文子·道德》："文子问圣、智。老子曰：闻而知之，圣也；见而知之，智也……圣人知天道吉凶，故知祸福所生；智者先见成形，故知祸福之门。"定县汉简《文子》有与今本《文子·道德》篇相应的文字："平王曰：何谓圣知？文子曰：闻而知之，圣也。知也。故圣者闻而知择道。知者见祸福而知择行。故闻而知之，圣也。"据学者考证，简本《文子》的成书年代在战国中后期至西汉末（苏芃：《试对简本〈文子〉和今本〈文子〉成书年代问题的疏证》，《古文献研究集刊》第一辑，凤凰出版社2007年版）。本文主要讨论儒家的说法。

见而知之，智也。闻而知之，圣也。明明，智也。赫赫，圣也。"明明在下，赫赫在上"，此之谓也。闻君子道，聪也。闻而知之，圣也。圣人知天道也。①

马王堆汉墓帛书《五行》篇所说与此略同，兹不具引。《五行》篇明确指出"闻而知之"者为圣人，"见而知之"者为智者。孟子之说，可与《五行》篇的说法相参。《五行》篇又指出，圣人所"闻而知之"者，乃是"天道"，这一点，应特别予以注意。

在《五行》篇中，圣与智是相对的两个概念。与圣相应的是"德""天道"；与智相应的则是"善""人道"。帛书《五行》："德之行，五和谓之德；四行和谓之善。善，人道也；德，天道也。"② 又："聪，圣之始也；明，智之始也……圣始天，智始人。"③ 马王堆汉墓帛书《老子》甲本卷后第四种佚书《德圣》篇："知人道曰智，知天道曰圣。"④ 智与圣两个德目，相应于"善"与"德"两个层级的境界或世界。仁义礼智四行之和所给出的，是一个人伦的系统或"人道"之"善"，仁义礼智四行作为一个整体，其人格的特质可以用"智"来标示。孟子用仁义礼智四德来表征人性和人伦之"善"，与《五行》篇的这个说法是一致的。仁义礼智圣五行之和所给出的，则是一个天人合一的超越境界，故说"五和谓之德"，"德，天道也"，其人格的特质，可以用"圣"来标示。《中庸》、孟子都以圣能知天道，与《五行》篇的这个说法也是一致的。

这里值得注意的是，"五行"或"天道"的系统并非在"四行"或"人道"之外另有内容。郭店楚简《五行》篇也说："金声而玉振之，有德者也。金声，善也；玉音，圣也。善，人道也；德，天［道也］。唯有德者，然后能金声而玉振之。不聪不明，不圣不智，不智不仁，不仁不

---

① 释文据李零《郭店楚简校读记》，北京大学出版社2002年版，第79页。
② 国家文物局古文献研究室编：《马王堆汉墓帛书》（壹），文物出版社1980年版，第17页。"德之行，五和谓之德"，《马王堆汉墓帛书（壹）》断为"德之行五，和谓之德"。但下文"四行和谓之善"乃与"五和谓之德"（"五和"即"五行和"）相对而言。同时，帛书《五行》下文又说："好德者之闻君子道而以夫五也为一也，故能乐，乐也者和。和者，德也。"（同上书，第24页）可知此"和"所指即"五行和"，"五行和"乃可"谓之德"。
③ 同上书，第20页。
④ 同上书，第39页。

安,不安不乐,不乐无德。"① 金声玉振,为乐之始与成。帛书《五行》篇《说》的部分,用"金声而玉振之"来譬喻和解释君子之德的完成②,孟子更以"金声而玉振之"来譬喻孔子为圣人之集大成者:"孔子之谓集大成。集大成者,金声而玉振之也。金声也者,始条理也。玉振之也者,终条理也。始条理者,智之事也;终条理者,圣之事也"③。可见,圣德既是智的完成,而圣德之上达天道,亦标志着人道之价值的实现。这表明,"圣"和"天道"并不外乎"智"和"人道",前者既以后者为内容,同时又赋予后者以形上超越性的意义。

从文字学上说,"圣"与"听"本为一字之分化。儒家论圣德,亦特别凸显了其对听觉意识的重视。圣者"闻而知之",与聪或听觉相关;智者"见而知之",则与明或视觉相关。帛书《五行》篇说:"聪也者,圣之臧(藏)于耳者也;明也者,知之臧(藏)于目者也。聪,圣之始也;明,智之始也。"④ 就强调了"圣"与"耳"或听觉,"智"与"目"或视觉的关联性。但是,我们要注意的是,这里所谓的耳目聪明,其所指向的对象是"道",其目标是"知道",而非一般所说的"见闻之知"。一般所谓见闻之知,乃滞于有形。"形而上者谓之道"。故"知道",则须超越形器而后得之。古人认为音律乃本自天地自然之道,故平正中和之乐,可以达到沟通神人、天人之境,儒家亦以"金声玉振"这种音乐的意象来譬喻圣德所达成的天人合一的境界,在知道方式上凸显了听觉意识的先在性。"智"与视觉相关,它依于空间意识,具有一种向外的指向性;因而要"见而知之",其"知道"的方式,乃依据已知而推出未知。⑤ "圣"的倾听,则依于一种内在的时间意识,其"知道"的方式,则表现为一

---

① 李零:《郭店楚简校读记》,北京京大学出版社2002年版,第79页,李零在"不聪不明"下补有"【不明不圣】"四字,不妥,今不从。
② 帛书《五行》第304行:"'君子集大成'。成也者,犹造之也,犹具之也。大成也者,金声玉振之也。"见庞朴《竹帛〈五行〉篇校注》,《庞朴文集》第二卷,山东大学出版社2005年版,第144页。
③ 见《孟子·万章下》。
④ 释文见庞朴《竹帛〈五行〉篇校注》,《庞朴文集》第二卷,山东大学出版社2005年版,第131页。
⑤ 帛书《五行》篇第289行:"见而知之,智也。见者□也。智者言由所见知所不见也。"就说明了这一点。

种"至内而不在外""舍其体而独其心"① 的"独"或独知。不过,由于"圣"内在地包含"智"的规定,此充分内在性的"独"或"独知",恰恰同时又表现为一种对于"天道"的完全的敞开性。是以圣的要义在于"通"。《白虎通·圣人》:"圣者通也,道也,声也。道无所不通,明无所不照。闻声知情,与天地合德,日月合明,四时合序,鬼神合吉凶。"古人常训圣为"通"。古书"圣""声"二字亦互通。圣者闻而知道,这个"闻",乃是在内在的倾听和独知意义上与"天道"的相通。② 孟子所说那一类"闻而知之"的文化文明的开创者,其实都是能够倾听上天的声音,而直接体证天道的圣者。

前引《孟子·尽心下》那段话,主要讲圣道的传承。这个传承,表现为"创业"与"垂统"两种形式之交替。儒家又有"述、作"之说,亦可与此相互参照。《礼记·乐记》说:

> 知礼乐之情者,能作;识礼乐之文者,能述。作者之谓圣;述者之谓明。明、圣者,述、作之谓也。

又:

> 乐者,天地之和也;礼者,天地之序也。和,故百物皆化;序,故群物皆别。乐由天作,礼以地制……明于天地,然后能兴礼乐也。
> 穷本知变,乐之情也;著诚去伪,礼之经也。

此言"礼乐",犹今所谓文化、文明。文化、文明乃本原于"天道"或天地自然之真实。《礼记·乐记》讲"礼乐"的精神在于"穷本知变""著诚去伪",能够体现"天地之和"与"天地之序",讲的就是这个道理。因此,文化、文明之因革连续和演进的历程,亦表现为"道"的一

---

① 帛书《五行》篇第227、229行。关于"独"和"慎独"的哲学意义,见李景林《帛书〈五行〉慎独说小议》,《人文杂志》2003年第6期。
② 我曾写过一篇题为《听——中国哲学证显本体之方式》(2000年)的小文(收入成中英主编《本体诠释学》第二辑,北京大学出版社2002年版),对儒家"闻而知之者圣也"一命题的哲学意义有详细的讨论,可参阅。

个传承过程。但是,"天道"须经由人的创造或人文的创制,乃能显现为文化和文明。这个人文的创制和文化文明的存在过程,乃表现为"作"与"述"两个方面的统一。这"作"和"述",也就是孟子所谓的"创业"与"垂统"。

"知礼乐之情者,能作","作者之谓圣"。"情"者真实义。"作"指礼乐的创制。唯"圣者"独与天地精神往来,而能知礼乐之本真,故能创制礼乐,创造文化与文明。所谓"明于天地,然后能兴礼乐",讲的也是这个意思。"识礼乐之文者,能述","述者之谓明"。"文"即礼乐之显诸有形之制度形式仪节器物者。如《乐记》说:"钟鼓管磬羽籥干戚,乐之器也;屈伸俯仰缀兆舒疾,乐之文也。簠簋俎豆制度文章,礼之器也;升降上下周还裼袭,礼之文也。"此皆属"礼乐之文"。"述"即因袭与继承。前引简帛《五行》篇说:"明明,智也;赫赫,圣也","不聪不明,不圣不智",可知"明"亦即"智"。智者能了解礼乐之形式仪文,故能继承发扬礼乐之传统。

此"述、作"之义,表现了儒家对文化文明(即礼乐)之存在方式的理解。"作"谓人文之创制,"述"谓文明之继承。礼乐之初创,乃出于圣人之"作"。由此,人类斯有文化,有文明。文化的存在本是一个生生不息、日新不已的动态过程。儒家以"人文化成"言文化,所重即在于其生生不已的创造性和过程性。但人文之创制,必见诸制度形式仪节器物,是即今所谓"文明"。文明为有形之文化成果。既为有形,必有滞著。故一种制度、一种文明的形式,历久则必趋于僵化,而失去其合理性。前圣之"作",其制度文为,必本诸"天道",具有自身存在的合理性和真实性;智者贤人继之以"述",由是因循传承,而蔚成一种传统。唯人文化成须形诸文明,见诸形器,历久而积弊,因而必俟后圣之"顺天应人"的"革命"[①] 或改革以开创新局,文化文明乃得以生生连续而日新无疆。是以文化文明的演进,乃有因有革,有连续有损益。不仅礼乐制度是这样,思想学术的演进,亦不能外此。

简帛《五行》篇略重在论德性。不过,儒家所言德性之实现,实一合外内之道。故《五行》篇涉及礼乐及其根源的问题,其相关论述,与

---

① 《易·革·彖传》:"汤武革命,顺乎天而应乎人。"

前引《孟子·尽心下》之圣道传承说的精神，亦是一致的。郭店简《五行》说："天施诸其人，天也。其人施诸人，狎也。"① 马王堆帛书《五行》篇的解释是："天生诸其人，天也。天生诸其人也者，如文王者也。其人施诸人也者，如文王之施诸弘夭、散宜生也。其人施诸人，不得其人不为法。言所施之者，不得如散宜生、弘夭者也，则弗【为法】矣。"② 简帛《五行》篇言圣人之闻而知天道，乃多举文王为例以证成其义。此处以"天施诸人"与"人施诸人"对举，亦举文王与其贤臣散宜生等为例以明其义理。此"不得其人不为法"句应特别注意。法者典常、仪则、规范义。"狎"者习义，为后天；与之相对，"天"乃指先天。文王"闻而知之"，无所依傍，其心对越上帝，冥心孤诣，独与天道相通，由是乃能截断众流而独标新统，此所谓"天施诸其人"，同时亦是"人施诸人"之"法"所由来。故此"法"既本原于"天"，亦可说本原于文王。此"法"亦即前引《乐记》所谓"礼乐之文"，是为有形。散宜生、弘夭之属，正所谓"见而知之"的"识礼乐之文者"。这法或礼乐之文，原出于天人合一之无形。因其无形，故须赖"散宜生、弘夭"一类智者贤人，乃能法垂后世，成就其为一新的传统。此说与孟子的圣道传承说，其义理精神一致，可以相互印证。

综上所论，孔门后学流传有一种圣道传承说。孟子所言圣道传承与出土简帛《五行》篇之圣智论有密切的继承关系。"闻而知之者圣""见而知之者智"这一对命题，既指出了文化、文明创制演进过程"作"与"述"这两面之人格担当者，亦揭示出了两种相互关联的"知道"方式。"圣始天，智始人"，"知人道曰智，知天道曰圣"，则标示出了圣、智两种人格的智慧内容及其所达至的精神境界。孟子"五百年必有王者兴"③之说，特别强调"闻而知之者"对于圣道传承之贯通天人的原创性作用。"知道"之"闻而知之"和"见而知之"两种方式，已包含了"行道""达道"或道的实现的意义在其中。这些，对于我们理解孔子的"闻道"

---

① 李零：《郭店楚简校读记》，北京大学出版社2002年版，第80页。
② 国家文物局古文献研究室编：《马王堆汉墓帛书》（壹），文物出版社1980年版，第24页。
③ 《孟子·公孙丑下》"五百年必有王者兴，其间必有名世者"一语，可以看作是对《尽心下》末章之圣道传承内容的概括。

说，是具有重要意义的。

三　孔子"闻道"说之内涵

先秦儒所理解的圣道传承，表现为"创业"与"垂统"或"作"与"述"两种形式的交替与连续。"闻而知之"的圣者，独与天道相通，是一种文化、文明新统或新局面的开创者，其对圣道传承的作用更具根本性。揆诸《论语》全书可见，孔子"闻道"之志，要在于此。可以说，孔子所终生追求的"闻道"，就是"知道"，但不是"见而知之"意义上的"知"，而是"闻而知之"意义上的"知"，是之谓"闻道"。其所表现的，正是一种自觉承继先王之道，重建并开出华夏文明新统的圣道和文化担当意识。此"朝闻道"之"闻"，应读如字，比训为"达"，实更能体现孔子学说的精神。

孔子"朝闻道，夕死可矣"一语，要在明志。唯此语所言，并未涉"闻道"之具体内容，旧注局限于此章为训，故不免歧解纷纭。要了解孔子"闻道"之志的内容，不能局限于"朝闻道"章本身。《论语·为政》篇有"十五志学"一章，乃孔子对其一生志行之自述，我们可以此为纲维寻绎孔子"闻道"之志的思想内容。《为政》篇：

> 子曰："吾十有五而志于学，三十而立，四十而不惑，五十而知天命，六十而耳顺，七十而从心所欲不踰矩。"

关于"志于学"。《里仁》篇："子曰：士志于道。"《子张》篇："君子学以致其道。"君子为学，乃由学的途径以上达于道。是志于学亦即"志于道"。《论语·季氏》篇亦说："隐居以求其志，行义以达其道。"可知，孔子一生所志在"道"。关于"三十而立"。《季氏》篇载孔子教其子伯鱼云："不学礼，无以立。"《尧曰》篇："不知礼，无以立。"《泰伯》篇："子曰：兴于诗，立于礼，成于乐。""礼"所标志者为人道。是知三十而立，即"立于礼"。立于礼，即能挺立人道为其人生之内在的原则。

关于"四十而不惑，五十而知天命"。《子罕》篇："子曰：知者不惑，仁者不忧，勇者不惧。"孔子言智、仁、勇三德，而以"不惑"属诸"智"。《尧曰》："子曰：不知命，无以为君子也。"《季氏》："孔子曰：君子有三畏：畏天命，畏大人，畏圣人之言。小人不知天命而不畏也，狎大人，侮圣人之言。"《礼记·中庸》："思知人，不可以不知天。"此以"知天命"为判分君子小人之标准。四十不惑、五十知天命，已对人生有相当之自觉，这两句所言，要在人的智慧成就。

"六十而耳顺"，朱子《集注》所释最切："声入心通，无所违逆，知之之至，不思而得也。"此"耳顺"声入心通之义，与前述"闻而知之者圣"一命题的意旨颇相切合。《说文解字》："圣，通也，从耳。"段注："圣从耳者，谓其'耳顺'。《风俗通》曰：'圣者声也，言闻声知情。'按声圣字古相假借。"① 段注对"圣"字的语言学解释，亦印证了这一点。"七十而从心所欲不逾矩"，可用《礼记·中庸》"不勉而中，不思而得，从容中道，圣人也"一语作解。"从心所欲不逾矩"为"耳顺"之效，可知"耳顺"之声入心通，闻声知情，其内容亦指向于"道"。这两句言达道之境，此实圣者方能达之境界。

要言之，孔子这段自述，可概括为三层内容：首两句言立志学道，次两句言人生之自觉和智慧成就，最后两句言达道之境，总为一志学达道之历程。而证显此"道"者，实不外圣、智二德。

孔子一生，唯以"好学"自许，诸弟子中，孔子亦仅称颜回为"好学"。《论语》全书，亦以学为君子为首章。在孔子看来，"学"，实为君子达道之根本途径。《论语·宪问》篇："子曰：'莫我知也夫！'子贡曰：'何为其莫知子也？'子曰：'不怨天，不尤人，下学而上达，知我者其天乎！'"又："子曰：君子上达，小人下达。"《论语》一书之精神，一言蔽之，"下学而上达"而已。《为政》篇"十五志学"章孔子所自述一生志行，从十五志学到五十知天命，以至六十耳顺、七十从心所欲不逾矩，实亦一"下学而上达"的历程。

这里应注意的是，孔子"下学而上达"这一命题，乃就"人莫我知"的语境中提出。人莫我知，对于君子圣人而言，其实是一种常态性的境遇。举凡世间智能超群而特立独行者，均难免于人不我知的孤独之慨。圣

---

① 段玉裁：《说文解字注》，上海书店1992年版，第592页。

人智者人格智慧超拔乎世俗，其不为人所知，亦属自然。孔子亦不见知见容于世，一生困穷，多历险难。然圣人却有其特异处：其虽云人莫我知，内心却并不抑郁孤独。关于此，孔子亦多有说。《论语》首章："子曰……人不知而不愠，不亦君子乎？"《礼记·中庸》引孔子语云："遯世不见知而不悔，唯圣者能之。"《易·乾·文言》："子曰……不易乎世，不成乎名，遯世无闷，不见是而无闷……确乎其不可拔，潜龙也。""人不知不愠""遯世无闷""遯世不见知而不悔"，与人莫我知而无怨尤义同，是圣人君子才能达至的境界。孔子之所由臻此境界者，在于其能下学而上达于天，独与天相知相通。前述思孟一系所言"闻而知之"的圣者之境，与孔子这个人莫我知而独与天通的精神是一脉相承的。孔子有关"知天命""耳顺""从心所欲不逾矩"的自述，亦印证了这一点。

刘宝楠《论语正义》强调，孔子"闻道为己闻道"，而非何晏《集解》所谓"闻世之有道"；同时，他又认为，这个"道"，即"古先圣王君子之道"。说孔子"闻道为己闻道"而非"闻世之有道"，当然没有问题；不过，其谓孔子所闻道为"古先圣王君子之道"，对此还需要作进一步的思考和分析。

前文有关"有道""道行"的讨论已指出，孔子立志行道，乃以君子守死善道之抉择为道行于世的第一要件，而天下"有道""无道"，则为此一抉择所面临之现实境遇。值得注意的是，这种价值抉择实包含着一种深刻的理论吊诡性。一般而言，天下之"有道""无道"，统可看作君子价值抉择之一种现实条件和存在性前提。不过究实言之，在"天下有道"的境遇中，君子本不必改弦更张，圣王制度成法，因而循之可也。孔子所谓"天下有道，丘不与易也"，就表现了这一点。是以一时代文化之传承，会有皋陶、伊尹、莱朱、太公望、散宜生、弘夭一类智者贤人，以担当"垂统"或"述"者之使命。反之，"天下无道"的现实境遇，恰恰构成为君子可彰明自身道德意义之价值抉择，并起而开创文明新局之唯一的机缘与存在性的前提。孔子"君子固穷""不容然后见君子""岁寒，然后知松柏之后凋也"一类说法，正凸显出了君子价值抉择这一吊诡性的特征。春秋王室衰微，诸侯力政，周文疲敝，礼坏乐崩；由是道术为天下裂，官师治教分途，王官一统之学，始散在列国，降于民间；由是有士阶层之兴起，自由思想、人文理性自觉之发轫。当此之时，孔子兴于洙泗，立志行义，求道不辍，下学上达，优入圣域，独知契会于天道。是前述"王者兴"的文明新局新统开创之存在性前提，与夫"天施诸其人"的"创业"或"作"者之主体条件，乃俱臻完备。

同时，孔子之守死善道，并不取道家和当时一班隐者之流之退隐的人生态度，其志道行义，乃落实于对尧舜三代文明之承接与担当。孔子"祖述尧舜，宪章文武"①，而尤以周德为"至德"②，故其志向，亦要在西周礼乐文明之重建。《八佾》篇："子曰：周监于二代，郁郁乎文哉，吾从周。"《阳货》篇："子曰……如有用我者，吾其为东周乎。"《子罕》篇："子畏于匡，曰：文王既没，文不在兹乎？天之将丧斯文也，后死者不得与于斯文也；天之未丧斯文也，匡人其如予何！"都表现了这一点。由此可知，孔子乃以承接和重建周文为天所赋予自己的神圣使命。其以斯文在兹为天命之所系，这既表现了孔子对自身价值抉择与天命之内在统一性的理解，亦表现了他对担当此一文化使命的自觉与自信。

就此承接周文之志而言，刘宝楠说孔子所闻道为"古先圣王君子之道"，不可谓无据。不过，由前述儒家的圣道传承说我们知道，先圣制度文为，本自天道；而文明历久积弊，更俟后圣之上达天道以开新统，先王之道乃能由之而赓续发皇。所谓"三王不袭礼，五帝不沿乐"，其道理即在于此。以孔子所处之境遇，其对周文的担当，宜其为一番对越天道，"天施诸其人"的再造与重构，而必非现成的接受与因袭。《论语·里仁》："吾道一以贯之。"《卫灵公》："予一以贯之。"《史记·孔子世家》："子曰……吾道不行矣！"《春秋公羊传·哀公十四年》："西狩获麟。孔子曰：吾道穷矣。"孔子之所行道，乃其与天独在、独知于天的亲证，宜乎孔子称之曰"吾道"。这"道"，既属孔子自己，同时亦为"古先圣王君子之道"。按思孟一系所传圣道传承的话说，孔子对周文之担当，是"作"而非"述"，是"创业"而非"垂统"。

孔子曾观礼于杞宋，观书于周室，周游于列国，于三代礼乐之搜求与重建，可谓不遗余力。然古者"非天子不议礼，不制度，不考

---

① 见《礼记·中庸》篇。
② 《论语·泰伯》篇："孔子曰……周之德，其可谓至德也已矣！"

文",孔子有德而无位,不可以作礼乐。① 盖君子、大道"不器"②,孔子所重,亦非在制度仪文,而在礼乐之精神及其"一贯之道"之奠基。故自尧舜至于文王,其道乃表现为一种政治上的创制,孔子之志业,则表现为一种原创性的学统之建构和华夏人文精神方向之开启。其所创作,要在六经作为经典及其义理系统之建构。孔子"论次诗书,修起礼乐"③,赞《易》,作《春秋》,删定六经以为教典,而教化于民间。其于六经,又特重《易》与《春秋》。《易》初掌于太卜之官,本为卜筮之书。孔子乃作《易大传》,使《周易》成为一著天地阴阳之道的形上学系统。古者诸侯无私史,"《春秋》,天子之事也"④。孔子则据鲁史而作《春秋》,以明是非,辨善恶,正名分,寓价值之普遍理念于史乘。故孔子自谓:"后世之士疑丘者,或以《易》乎!"⑤ "知我者,其惟《春秋》乎!罪我者,其惟《春秋》乎!"⑥ 由此可见孔子对自身事业前无古人而法垂后世之意义之自觉与生命之担当。"《易》以道阴阳,《春秋》以道名分"⑦,二者集中体现了孔子的形上学与价值理念。孔子以此而贯通六艺,构成了作为社会教化基础的经典系统,中国两千多年之教化传统与精神方向,乃肇端于斯。西方学者对此期世界四大文明的思想创造,曾冠以"哲学的突破"或"超越的突破"之品题。这"突破"一语,亦从另一侧面印证了孔子此一思想原创的重大文化与思想价值。

综上所论,从孔子一生志行来看,《论语》"朝闻道"章之内容,当从孔门所传圣道传承之说的角度,以"闻而知之者圣也"一命题来做解释。"闻而知之"的圣者,为"天施诸其人"的文化文明之新局新统的原创者。孔子的一生,不仅以此为志业,而且确然实现了这一人生目标。宋儒有一句话说得很到位:"天不生仲尼,万古如长夜。"孔子对于中国文

---

① 《礼记·中庸》篇:"非天子不议礼,不制度,不考文……虽有其位,苟无其德,不敢作礼乐焉;虽有其德,苟无其位,亦不敢作礼乐焉。"
② 《论语·为政》篇:"子曰:君子不器。"《礼记·学记》篇:"大道不器。"
③ 见《史记·儒林列传》。
④ 见《孟子·滕文公下》篇。
⑤ 见《帛书易传·要》篇。
⑥ 见《孟子·滕文公下》篇。
⑦ 见《庄子·天下》篇。

化的贡献，要在一种精神的光照与价值方向的开辟。孔门之圣道传承，百世之民族慧命，悉本原于此。宜乎其视"闻道"更重于生命，而言"朝闻道，夕死可矣"。

原载《哲学研究》2014 年第 6 期

论孟子的道统与学统意识

一

孔子讲"志于道"①,"士志于道"②,又自述其志:"朝闻道,夕死可矣"③,乃以求道为其最高的目标。不仅如此,孔子还将其"道"溯及上古圣王。《论语·尧曰》:"尧曰:咨尔舜!天之历数在尔躬,允执其中。四海困穷,天禄永终。舜亦以命禹。"孔子之学,"祖述尧舜,宪章文武"④。其编定六经,于《尚书》乃上断自尧以下。以为尧舜之道,乃则天而行化。⑤ 又搜求三代礼文而损益之,而以"斯文在兹",担当周文为己任。孔子由此创成自己的"一贯之道"⑥,以之上承周文三代而归本于尧舜。后儒所谓道统之传,乃由之而滥觞。

孔子之后继其传者,乃积渐构成一种圣道传承的谱系和观念。孟子"道性善,言必称尧舜"⑦,以承续尧舜、孔子之道自任,在这一点上,具有特别显著的自我意识与担当感。

---

① 《论语·述而》。
② 《论语·里仁》。
③ 同上。
④ 《礼记·中庸》。
⑤ 《论语·泰伯》:"子曰:大哉尧之为君也!巍巍乎!唯天为大,唯尧则之。荡荡乎民无能名焉!巍巍乎其有成功也,焕乎其有文章!"
⑥ 《论语·里仁》:"吾道一以贯之。"《卫灵公》:"予一以贯之。"
⑦ 《孟子·滕文公上》。

二

《孟子》全书末章对这一圣道传承的系统，有一番经典的论述：

> 孟子曰：由尧舜至于汤，五百有余岁；若禹、皋陶，则见而知之；若汤，则闻而知之。由汤至于文王，五百有余岁，若伊尹、莱朱，则见而知之；若文王，则闻而知之。由文王至于孔子，五百有余岁，若太公望、散宜生，则见而知之；若孔子，则闻而知之。由孔子而来至于今，百有余岁，去圣人之世若此其未远也，近圣人之居若此其甚也，然而无有乎尔，则亦无有乎尔！

在孟子这个传道的谱系中，承载圣"道"者有两类人：一是尧、舜、汤、文王、孔子一类的"闻而知之"者；一是禹、皋陶、伊尹、莱朱、太公望、散宜生一类的"见而知之"者。这"闻而知之"者一类人，大体上都是儒家所谓的圣人，是一种新时代或文明新局面的开创者；"见而知之"者一类人，则基本上属于儒家所说的贤人或智者，是一种既成事业的继承者。这里，既开列出了一个圣道传承的谱系，同时也提出了这个圣道传承的方式。

从文献来看，这个圣道传承说，是在孔门后学尤其是思孟一系学者中逐渐形成的一套观念，为孔门相传旧义，并非孟子灵机乍现偶然提出的一个说法。

出土简帛《五行》篇明确提出"闻而知之者圣""见而知之者智"的命题，并对此作了系统的论述。郭店楚简《五行》篇说："见而知之，智也。闻而知之，圣也。明明，智也。赫赫，圣也。'明明在下，赫赫在上'，此之谓也。闻君子道，聪也。闻而知之，圣也。圣人知天道也。"[①]"闻而知之"的圣者，所知者为"天道"，"见而知之"的智者或贤人，所知者则为"人道"。帛书《五行》也说："德之行，五和谓之德；四行

---

① 李零：《郭店楚简校读记》，北京大学出版社2002年版，第79页。

和谓之善。善，人道也；德，天道也。"① 又："聪，圣之始也；明，智之始也……圣始天，智始人。"② 此处所谓"四行"，即仁义礼智，"五行"，则指仁义礼智圣而言。仁义礼智四行作为一个统一的整体（四行和），表征人道之"善"，其人格的特征乃是"智"；仁义礼智圣五行作为一个统一的整体（五和或五行和），表征天道之"德"，其人格的特征则是"圣"。孟子有四端说，谓仁义礼智四德先天具于人心，所标志者为人道或人性之善；又以仁义礼智圣五德并提，而强调圣人知天道。③ 其说与简帛《五行》可谓若何符节。

从文字学上说，"圣"与"听"本为一字之分化。儒家论圣德，亦特别凸显了其对听觉意识的重视。圣人知天道，是"闻而知"；智者知天道，是"见而知"。"闻"，所重在"听"；"见"，所重在"明"或看。前引帛书《五行》说："聪，圣之始也；明，智之始也……圣始天，智始人。"又："道者，圣之臧（藏）于耳者也。""明也者，知之臧（藏）于目者。"④ 都表明了这一点。目之看，指向空间外感的有形之物；"闻"是一种依止于时间内感的倾听，古人对此特别重视。瞽人无目，于声音专注而敏感，故古代乐师，多使瞽人为之。古书多记有瞽史知天道之事。⑤ 古人认为音律本自天地自然之道，故平正中和之乐，可以达沟通神人、天人之境。儒家秉持此一传统，于六艺特重乐教。简帛《五行》篇和《孟子》以"金声玉振"这一音乐意象来表显圣德与天道之内在贯通⑥，即表现了

---

① 国家文物局古文献研究室编：《马王堆汉墓帛书（壹）》，文物出版社1980年版，第17页。

② 同上书，第20页。

③ 《孟子·尽心下》："仁之于父子也，义之于君臣也，礼之于宾主也，智之于贤者也，圣人之于天道也，命也。有性焉，君子不谓命也。"据庞朴先生考定，《孟子》此章所说仁义礼智圣，即思孟"五行"之内容（见庞朴《帛书五行篇研究·代序》，齐鲁书社1980年版）。

④ 庞朴：《竹帛〈五行〉篇校注》，《庞朴文集》第二卷，山东大学出版社2005年版，第131页。

⑤ 《国语·周语》："吾非瞽史，焉知天道。"

⑥ 郭店楚简《五行》篇："金声而玉振之，有德者也。金声，善也；玉音，圣也。善，人道也；德，天[道也]。唯有德者，然后能金声而玉振之。不聪不明，不圣不智，不智不仁，不仁不安，不安不乐，不乐无德。"（释文见李零《郭店楚简校读记》第79页）《孟子·万章下》："孔子之谓集大成。集大成者，金声而玉振之也。金声也者，始条理也。玉振之也者，终条理也。始条理者，智之事也；终条理者，圣之事也。"

这一思想。"形而上者谓之道",故"知道"必超越形器而后能达。圣者闻而知道,这个"闻",是在内在的倾听和独与天地精神往来意义上与"天道"的直接照面。① 所以,一种文化文明之新统的开创,必须要由那一类"闻而知"道的圣人来担当;而那些"见而知"道的智者贤人,则将之落实于制度形器,成为一种既成文明的维护与承续者。

关于这一点,郭店简《五行》也说:"天施诸其人,天也。其人施诸人,狎也。"② 帛书《五行》篇解释说:"天生诸其人,天也。天生诸其人也者,如文王者也。其人施诸人也者,如文王之施诸弘夭、散宜生也。其人施诸人,不得其人不为法。言所施之者,不得如散宜生、弘夭者也,则弗【为法】矣。"③ 文王"闻而知之",其心对越上帝,无所依傍,独与天道相通,故能独标新统,开启一个新的时代。同时,此天道的原则,又须经由一批智者贤人的继承,落实为一种典章礼法,乃能终成一代之文明传统,而以垂法后世。从"知道"的角度,《五行》以"闻而知之"与"见而知之"对举。同时,《五行》篇又以"天施诸人"与"人施诸人"对举,来说明此"道"落实于现实而成为一种文明的方式。不过,《五行》仅举文王与散宜生、弘夭为例来说明这一点,孟子则进一步将它表述为一个完整的圣道传承的系统。孟子所说的那一类"闻而知之"的文化文明的开创者,都是能够倾听上天的声音而直接体证天道的圣者,故其在圣道的传承系统中更具原创性和根本性的意义。

先秦儒又以"述、作"论文明、礼乐的创制。《礼记·乐记》说:"知礼乐之情者,能作,识礼乐之文者能述。作者之谓圣,述者之谓明。明、圣者,述、作之谓也。"亦认为礼乐之创制,有"作"有"述",以圣人为礼乐的"作"者或开创者,而以"明"或智者为既成的礼乐或文明之"述"者或继承者。此说与简帛《五行》也是一致的。"知礼乐之情者,能作","作者之谓圣"。"情"即真实。"作"即礼乐的创制。圣者独与天地精神往来,能知礼乐之本真,故能创制礼乐。"识礼乐之文者,

---

① 李景林:《听——中国哲学证显本体之方式》(2000年),收入成中英主编《本体诠释学》第二辑,北京大学出版社2002年版。
② 李零:《郭店楚简校读记》,北京大学出版社2002年版,第80页。
③ 国家文物局古文献研究室编:《马王堆汉墓帛书》(壹),文物出版社1980年版,第24页。

能述","述者之谓明"。"文"即礼乐之显诸有形之制度形式仪节器物者。此"述、作"之义，表现了儒家对圣道及文化文明（即礼乐）之存在方式的理解。礼乐之初创，出于圣人之"作"，乃本诸"天道"；智者贤人因循传承，继之以"述"，而蔚成一种传统。然圣道之"人文化成"[①]，须形诸文明，见诸形器，历久必滞著僵化而成积弊，故将有俟后圣"顺天应人"之"革命"[②]或改革以开创新局，文化文明乃得以生生连续而日新无疆。是以文化文明的演进，乃有因有革，有连续有损益。不仅礼乐制度是这样，思想学术的演进，亦不能外此。孟子论圣道传承，区分"闻而知之"与"见而知之"两类"道"的担当者，其道理亦在于此。

参照传世文献和近几十年出土的简帛文献，我们可以看到，孔门所流传的圣道传承说，在孟子这里得到了一种系统的表述。孟子以孔子为"自有生民以来"古代圣贤之第一人，故其自述平生所愿，乃在上承尧舜孔子之道。《公孙丑下》："五百年必有王者兴，其间必有名世者。由周而来七百有余岁矣，以其数则过矣，以其时考之则可矣。夫天未欲平治天下也，如欲平治天下，当今之世，舍我其谁也！"《滕文公下》："我亦欲正人心，息邪说，距诐行，放淫辞，以承三圣者，岂好辩哉，予不得已也！能言距杨墨者，圣人之徒也。"此言"三圣"，指尧舜、文武周公、孔子三代圣人而言。参照前引《尽心下》末章所说："由孔子而来至于今，百有余岁，去圣人之世若此其未远也，近圣人之居若此其甚也，然而无有乎尔，则亦无有乎尔"，其以承接尧舜孔子之道自任的担当与自我意识，可谓溢于言表。

由此可知，孟子对孔门圣道传承观念及其谱系的系统化表述，绝不仅仅是一种客观理论性的论述，更应理解为是一种精神传统的承接与担当。

三

孟子道祖尧舜孔子，其在学术脉络上，则自觉宗承曾子、子思一系内

[①]《易·贲·彖传》："观乎天文以察时变，观乎人文以化成天下。"儒家以"人文化成"论文化，特别强调文化之生生不息、日新不已的创造性和过程性。

[②]《易·革·彖传》："汤武革命，顺乎天而应乎人。"

转省思的理路，形成了一种新的思想和学术传统。后儒以"思孟"并称，或称之为思孟之学，是有根据的。

《韩非子·显学》篇讲孔子之后，"儒分为八"，其中包括有"子思之儒""孟氏之儒"。不过，韩非"儒分为八"之说，其本意是要说明世所存者多为"愚诬之学，杂反之辞"，不足为治，必须以刑赏法度来治国，并非从儒家思想学说的关系来讲问题，实不足据以论孔子以后儒家思想学术之发展。

《荀子·非十二子》除批评子思、孟轲，称颂仲尼、子弓之外，又提到"子张氏之贱儒""子夏氏之贱儒""子游氏之贱儒"。荀子批评子思、孟轲，在学术史上第一次把子思和孟子联系起来作为一个思想流派进行了评述。《非十二子》篇说：

> 略法先王而不知其统，犹然而材剧志大，闻见杂博，案往旧造说，谓之五行。甚僻违而无类，幽隐而无说，闭约而无解。案饰其辞而祇敬之曰：此真先君子之言也。于思唱之，孟轲和之。世俗之沟犹瞀儒，嚾嚾然不知其所非也，遂受而传之，以为仲尼子游为兹厚于后世。是则子思孟轲之罪也。

从荀子对思孟的批评来看，思孟的特征，一是"案往旧造说，谓之五行"，即根据古来的五行观念①，造作出一个"五行"之说。二是其说"甚僻违而无类，幽隐而无说，闭约而无解"，有一种神秘主义的特征。

对荀子所批评的思孟五行说的内容，杨倞注《荀子》，认为即仁义礼智信五常。以后诸家说法不一，或以为此"五行"的内容即水火木金土与五常相配②，或以为五行即仁义礼智诚五德。③ 另有一些学者认为荀子所批评的"五行"实际上不是子思、孟轲的，而是邹衍的。④ 又有人认为荀子实质上并非批评"五行"，而只是批评思孟的"略法先王而不知其

---

① 如《尚书·洪范》："五行：一曰水，二曰火，三曰木，四曰金，五曰土。"
② 章太炎说，梁启雄《荀子简释》引述，中华书局1983年版，第63页。
③ 郭沫若：《十批判书》，科学出版社1959年版，第133—134页。
④ 顾颉刚：《五德终始说下的政治和历史》，《古史辨》第五册。

统"和"造说"①。但此各种说法都无确切的根据，因而无法形成统一的认识。过去学者否定思孟学派，这是一个重要的理由。简帛《五行》篇的出土，使这一问题的研究获得了突破。庞朴先生《帛书五行篇研究》把《五行》篇与《孟子》的有关内容进行了仔细的比较②，考定思孟"五行"的内容正是《五行》篇所指称的"仁义礼智圣""五行"③。由此，在《孟子》书中找到了"五行"的证据。

《荀子·解蔽》也把曾子、有子、子思、孟子放在同一思想序列中加以批评，认为他们的思想是一种禁欲内省的"神秘主义"。《解蔽》说：

> 曾子曰：是其庭可以搏鼠，恶能与我歌矣。空石之中有人焉，其名曰觙。其为人也善射以好思，耳目之欲接，则败其思，蚊虻之声闻，则挫其精。是以辟耳目之欲而远蚊虻之声，闲居静思则通。思仁若是，可谓微乎？孟子恶败而出妻，可谓能自强矣；有子恶卧而焠掌，可谓能自忍矣，未及好也。辟耳目之欲，可谓能自强矣，未及思也。蚊虻之声闻则挫其精，可谓危矣，未可谓微也。夫微者，至人也。至人也，何强？何忍？何危？

可以看出，这里所描述的曾子、觙、孟子、有子，在心性和工夫论上具有相同的思想取向，荀子把他们放在一个理论的层面上进行了分析和批评。"觙"，郭沫若认为即"伋"也就是子思。④ 这个说法是可信的。这应该说是荀子对思孟一系学者强调内在性的所谓"神秘主义"倾向的一个系统的批评。荀子又引《易·坤》六四爻辞"括囊无咎无誉"批评腐儒的"慎言"，亦颇值得注意。《礼记》中的《中庸》《表记》《坊记》《缁衣》四篇，为子思著作，亦特别主张慎言。孟子虽辩，但却反复强调

---

① 陈荣捷：《初期儒家》，《史语所集刊》第47本，1976年，第752—753页。
② 《尽心下》"口之于味章"（14.24）。
③ 《帛书五行篇研究·代序》，齐鲁书社1980年版。
④ 郭沫若：《儒家八派的批判》，收入氏著《十批判书》，东方出版社1996年版，第146页以下。

"予岂好辩哉？予不得已也"①，与荀子"君子必辩"② 的气魄颇有不同。荀子的"君子必辩"，源于其强调"知"和"智"的思想理路；与此相反，子思这个"括囊"般的"慎言"，与其注重内在性的所谓"神秘主义"倾向亦不无关系。

其实，在伦理道德的意义上，荀子也讲"五行"，如《荀子·乐论》就说："贵贱明，隆杀辨，和乐而不流，弟长而无遗，安燕而不乱，此五行者，是足以正身安国矣。"那么，他为什么还要批评思孟的"五行"说呢？我的解释是，荀子批评思孟五行是"神秘主义"，根据在于思孟混淆了天人的区别性。荀子讲"天人之分"，是说天与人有不同的职分。天的本质是自然，人的本质是伦理、礼义。在天或自然里面，不包含有礼义的伦理的规定。思孟则主张人性之善本原于天。《中庸》首章即言"天命之谓性，率性之谓道，修道之谓教"。《孟子》则以"仁义礼智，非由外铄我也，我固有之也"，为"天之所与我者"③。在荀子看来，这是不知"统类"，天人混淆，故可谓是"甚僻违而无类，幽隐而无说，闭约而无解"，当然是一种"神秘主义"。

这样看来，在子思、孟子的著作中，荀子所批评的思孟五行说，不仅可找到其德目内容，而且可寻绎出其内在理论结构及其涵义的逻辑线索。这证明荀子的批评有事实的根据，思孟之学的存在也是于史有征的。

四

《孟子》书对曾子、子思亦多所称道。孟子有"曾子子思同道"之说，《离娄下》：

> 曾子居武城，有越寇，或曰："寇至，盍去诸？"曰："无寓人于我室，毁伤其薪木。"寇退，则曰："修我墙屋，我将反。"寇退，曾子反。左右曰："待先生如此其忠且敬也，寇至则先去，以为民望。

---

① 《孟子·滕文公下》。
② 《荀子·非相》。
③ 《孟子·告子上》。

寇退则反,殆于不可。"沈犹行曰:"是非汝所知也。昔沈犹有负刍之祸,从先生者七十人,未有与焉。"子思居于卫,有齐寇。或曰:"寇至,盍去诸?"子思曰:"如伋去,君谁与守?"孟子曰:"曾子子思同道。曾子,师也,父兄也;子思,臣也,微也。曾子子思易地则皆然。"

曾子与子思遇寇,曾子的选择是去而避之,子思则选择助卫君据守。同样是遇寇,曾子与子思的却有去避与留守两种不同的选择。孟子的解释是:曾子与子思所处的地位、时势不同,然正因时势、地位不同,才有不同的行为和处理办法。二者"易地则皆然",所以说"曾子子思同道"。这个"同道",是认为其为学、为道之精神是一致的。

从《孟子》的记述及其解释来看,曾、思、孟都主张"德"超越于势位,体现了一种超越于现实政治的独立性和"以德抗位"的精神。这表明,在曾、思、孟之间,具有一种精神气质上的一致性。孟子有"天子不召师""大有为之君有不召之臣"之说,就表现了这一点。

《公孙丑下》记载,孟子本来要去朝见齐王,恰好此时齐王也来召见他,孟子反称病不见。别人对此不理解,孟子作了如下说明:

> 曾子曰:"晋楚之富,不可及也。彼以其富,我以吾仁;彼以其爵,我以吾义,吾何慊乎哉!"夫岂不义而曾子言之?是或一道也。天下有达尊三:爵一、齿一、德一。朝廷莫如爵,乡党莫如齿,辅世长民莫如德。恶得有其一以慢其二哉?故将大有为之君,必有所不召之臣。欲有谋焉,则就之。其尊德乐道不如是,不足与有为也。故汤之于伊尹,学焉而后臣之,故不劳而王。桓公之于管仲,学焉而后臣之,故不劳而霸。今天下地丑德齐,莫能相尚,无他,好臣其所教而不好臣其所受教。汤之于伊尹,桓公之于管仲,则不敢召。管仲且犹不可召,而况不为管仲者乎?

《万章下》亦记子思之事云:

> 天子不召师,而况诸侯乎……缪公亟见于子思,曰:"古千乘之

国以友士，何如？"子思不悦，曰："古之人有言曰：事之云乎？岂曰：友之云乎？"子思之不悦也，岂不曰："以位，则子君也，我臣也，何敢与君友也？以德，则子事我者也，奚可以与我友？"千乘之君，求与之友而不可得也，而况可召与？

这两章记述了曾子和子思的两则佚事，并对之作了深刻的义理阐释，由此提出了一个重要的政治哲学观念："天子不召师""将大有为之君，必有所不召之臣"。

曾子以仁义自任，而不屑晋楚之富与其爵位之尊。子思则以德自任，高尚其志，而不曲己以事诸侯。孟子推重曾子、子思，认为"曾子子思同道"，即有相互一致、一贯的德性原则和为学精神。曾子、子思这个所"同"之"道"，就是以仁义或"德"为政治和行为的最高原则，守死善道，而不为贵富势位所动。孟子的解释，则特别凸显出一种"德"高于"位"的政治理念，体现了一种士人道义担当和以德抗位的独立自由精神。

孟子亦自述进言时君之法云："说大人则藐之，勿视其巍巍然。堂高数仞，榱题数尺，我得志，弗为也。食前方丈，侍妾数百人，我得志，弗为也。般乐饮酒，驱骋田猎，后车千乘，我得志，弗为也。在彼者，皆我所不为也；在我者，皆古之制也，吾何畏彼哉！"① 盖人之所存，有大体，有小体，从其大体为大人，从其小体为小人。② 今之所谓"大人"，"堂高数仞，榱题数尺""食前方丈，侍妾数百人""般乐饮酒，驱骋田猎，后车千乘"，皆从其耳目之欲，而受制于外物者，其虽在"大人"之位，至于其所为，则从其"小体"，而实为"小人"者也。此皆我所不屑为者。其在我者，乃大体立乎中而其小者不能夺，我之所施，乃古圣王者之制。"说大人而藐之"，表现了与曾思一脉相承的道德和人格精神，孟子又常当面批评时君，甚而令其羞愧以至于"王顾左右而言他"③，都表现出了其与曾子子思在政治理念和精神气质上的一种内在关联性。司马迁说孟子

---

① 《孟子·尽心下》。
② 《告子上》"钧是人也章" 11.15。
③ 《孟子·梁惠王下》。

"受业子思门人"，孟子也通过追述曾思佚事并诠释其义理精神，表明了其学行与曾子、子思之间，具有一种一脉相承的关系。

五

综而言之，思孟之学的存在，既是一个客观的事实；同时，它的形成，亦与学者自身的反思和自觉意识具有密切的关系。孟子关于尧舜汤文武周公孔子的圣道传承论，乃基于一种学术根源性的意识；而其有关孔曾思孟学脉系统的论说，则着眼于当下学术新统的建构。这种圣道谱系（后儒谓之"道统"）与学术新统（或可谓之"学统"）的反思和自觉，对一个时代思想的生产或创造而言，是必不可少的。

曾思孟一系思想的特点，可以从两方面来看。第一点，就是将孔子的学说向内转以奠定其心性的基础。孔子的学说是一个平衡的系统。《公孙丑上》孟子里引子贡的说："仁且智，夫子既圣矣"。《荀子·解蔽》也说："孔子仁智且不蔽。"孟子和荀子都承认孔子思想的特点是"仁智"的平衡和统一。孔子学说之仁与礼的平衡，乃根源于此仁与智的平衡。相对而言，"仁"表征人的德性，"礼"则是一个外范的系统。曾子、子思至孟子思想发展，则把孔子的这个系统引向内转，要为儒家的伦理道德学说和政治的架构系统，建立一个心性的超越基础。这个特点，我们将在下文作进一步的说明。第二点，表现为一种内在贯穿的精神气质。这个精神气质，可以用"以德抗位"这四个字来概括。它强调德高于位，以超越性的道义法则为现实政治之合法性的根据。这个"以德抗位"，体现了当时知识分子的一种独立自由的精神。

原载《湖南大学学报》（社会科学版）2019年第2期

朱子的思想蓝图与当代中国思想的建构*

一 引 言

一个时代有一个时代的学术，每一个时代总是有一种思想的生产，而思想的生产构成了一时代学术的核心。所谓的"生产"，有两方面意义：一方面是继承，我们过去常常说"批判继承"，而传统上讲的思想生产并非如此，主要侧重于文化生命的延续性；另一方面则是产生一种适合当代的思想，以此为基础而构建出一套适合于当下所处时代的学术，这样的学术才能契合当下社会和一般的民众生活。

不过，长期以来，政治意识形态占据了中国当代思想的核心地位，学术则只具有一种客观研究和历史知识的地位。可以说，现代中国哲学研究所存在的一个主要问题，就是哲学思想的生产与学术研究的两歧。当学术和思想产生分离后，学术就变成一种所谓的客观研究和反映过去的历史知识，就可能沦为列文森所形容的"博物馆里的陈列品"的命运。[①]

近些年来，大家逐渐意识到思想生产的重要性，有学者也逐渐地开始注重思想的创造。但是总体来说，对于当代中国思想的生产，确实还未真正建立起中国思想和文化的现代形态，而且也还没有为思想的产生做好充足的准备。具体来看，我们在问题意识、核心话题、思想论域、经典系统、致思路径、话语风格以及价值认同诸方面，尚未达成基本共识，未能

---

* 本文为国家社科基金重大项目"中国价值观变迁史"（编号14ZDB003）阶段性成果。本文基于我参加一次学术论坛之讲稿。我近患眼疾，读写不便。本文由我口述，博士生王宇丰录音记录整理补充成文。学生田智忠、许家星也参加了本文的相关讨论。——李景林

① 列文森：《儒教中国及其现代命运》第三卷第二部分以及结束语部分，中国社会科学出版社2000年版。

明晰地找到方向上的共通性。

在中国哲学史上，朱子是一个特别有思想原创力的思想家，是宋代学术思想的集大成者。朱子以其广大完备之格局，建构并完成了思想生产的基本途径，为宋代思想设计了宏阔的思想蓝图。我们可以从朱子有关宋代思想建构的蓝图设计，来对当代中国思想建构所可能有的启示和借鉴意义这一方面，做一些讨论。

二 朱子之学术目标

汉唐以降，儒学略偏重于社会政治层面，心性修养和精神皈依方面，乃渐次为佛家和道教所操持。一直到南宋淳熙间，理学兴起已过百年，孝宗的《原道辨》还在用"以佛修心，以道养生，以儒治世"来讲三教之功用，这说明佛教、道教的影响深刻而巨大，儒家只能被挤到"治世"一边，而个人身心修养和精神信仰方面还多为佛老思想所占据的胜场。由此可见当时社会的思想状况。

儒家如果没有一个精神信仰和形上层面的价值系统来作为其"外王"事业的基础，显然是不合理的，此即宋儒所面临和所要解决的主要问题。因此，建立起自己的一套形上学价值系统，这是宋儒的志向所在。宋儒自称其学为"实学"，认为当时熙宁变法的失败，从学术根源上讲，即由王安石之学"祖虚无而害实用"，把圣学的"外王"事业错置于释老的"性命之理"之上所致。[①] 在这一思想背景下，宋儒的"心性义理之学"的根本宗旨，就是应对释老对儒家传统价值理念的冲击，以接续儒学固有的人文传统，为其"外王"之事业建立起一个合理的形上学基础（体）。

朱子作为宋代学术思想的集大成者，对此时代问题有着深刻的反思，并提出自己的一套应对的方法和路径，其所设想的思想蓝图，亦非常宏伟，可以说是"致广大而尽精微"。朱子总结宋代的思想学术，设计了一套道路，或者在反思里构建生产思想的路径，大概有以下五个方面：

（一）道统的建构

朱子建立圣道传承和思想学术的谱系，有两个方面，一是古代的圣道

---

① 余英时：《朱熹的历史世界》下篇第八章第一、二节，生活·读书·新知三联书店2004年版。

思想学术传承谱系，简称道统；二是宋代以来的思想学术传承谱系，简称道学之传。前者意在寻根，为儒家思想找到人文精神的历史根源；后者意在建立新统，为思想生产作准备。

道统的观念，起源甚早，从孔子创立儒家学说就已经萌生。《论语·尧曰》：

> 尧曰："咨尔舜，天之历数在尔躬，允执其中。四海困穷，天禄永终。舜亦以命禹。"

此已粗略勾勒出尧、舜、禹三代所传之道。《孟子·尽心下》则又有如下详尽的表述：

> 由尧舜至于汤，五百有余岁；若禹、皋陶，则见而知之；若汤，则闻而知之。由汤至于文王，五百有余岁，若伊尹、莱朱，则见而知之；若文王，则闻而知之。由文王至于孔子，五百有余岁，若太公望、散宜生，则见而知之；若孔子，则闻而知之。由孔子而来至于今，百有余岁，去圣人之世若此其未远也，近圣人之居若此其甚也，然而无有乎尔，则亦无有乎尔。

这可以看作对这一圣道传承观念的一种表述。《论语·里仁》记载孔子有"闻道"之说，而在这里，孟子有关"闻而知之"和"见而知之"两种"知道"方式的区分，源自孔门后学，表现了一种圣道传承的观念，可以看作后儒道统观念之滥觞。① 另外，我们还可以从简帛《五行》"闻而知之者圣"与"见而知之者智"两命题，参照《礼记·乐记》的相关论述，可知先秦儒认为文化、文明创制演进过程有"作"与"述"这两面之人格担当者。这一圣道传承论，特别强调"闻而知之者"对于圣道传承之贯通天人的原创性作用。

汉唐以来，一方面是儒家固有的"性命之学"的湮灭；另一方面是佛老的盛行，士人学者都到佛老思想那里去寻求安身立命的根据。李翱概

---

① 李景林：《孔子"闻道"说新解》，《哲学研究》2014年第6期。

括当时思想状况说："性命之书虽存，学者莫能明，是故皆入于庄列老释。"① 由是，韩愈《原道》提出了他的道统说：

> 尧以是传之舜，舜以是传之禹，禹以是传之汤，汤以是传之文、武、周公，文、武、周公传之孔子，孔子传之孟轲。轲之死，不得其传焉。②

按照韩愈的理解，儒家的"道"有一个从尧、舜、禹、汤、文、武、周公直到孔子、孟轲一贯下来的传承系统，称作"道统"。他认为，在孟子以后，这个性命之道就失传了。韩愈的这一道统说，大体为宋儒所接受，并继续弘扬。到了朱子那里，则明确而系统地阐述出来，《中庸章句序》云：

> 《中庸》何为而作也？子思子忧道学之失其传而作也。盖自上古圣神继天立极，而道统之传有自来矣，其见于经，则"允执厥中"者，尧之所以授舜也。"人心惟危，道心惟微，惟精惟一，允执厥中"者，舜之所以授禹也……自是以来，圣圣相承，若成汤、文、武之为君，皋陶、伊、傅、周、召之为臣，既皆以此而接夫道统之传。若吾夫子，则虽不得其位，而所以继往圣，开来学，其功反有贤于尧舜者。然当是时，见而知之者，惟颜氏、曾氏之传得其宗。及曾氏之再传，而复得夫子之孙子思，则去圣远而异端起矣……自是而又再传，以得孟氏，为能推明是书，以承先圣之统，及其没，而遂失其传焉。③

朱子历述尧、舜、禹、汤、文、武（君），皋陶、伊、傅、周、召（臣），直到孔子、颜、曾相传之道统，又言道统传至孟子而后失其传。此所传道统之内容，朱子言即"人心惟危，道心惟微，惟精惟一，允执

---

① 《复性书·上》，《李文公集》卷二，《四库全书》本，上海古籍出版社1988年版，第108页。
② 《韩愈文集汇校笺注》，中华书局2010年版，第4页。
③ 《四书集注》，中华书局1983年版，第14页。

厥中"的所谓"十六字心传"。总而言之，这一"道统"说，其意义在于接续儒家的人文传统，为宋代的思想建构奠定文化生命之认同基础。朱子则自觉地接续这一具有历史根源性的历史人文传统。

另外，朱子还致力于对北宋以来思想（新统）之谱系的建构。在朱子的思想蓝图里，并不是赖其一人之力建构整个学术思想体系，而是特别注重以往学术积累的积极成果，把这些思想资源凝聚成一种问题意识、核心话题、思想论域，并形成新的思想系统。这一点非常典型地反映在朱子和吕祖谦所编的《近思录》。该书采撷周敦颐、二程、张载四子书，是一部记述理学思想的著作，被认为是程朱理学的入门书。我们从这部书的分篇结构，就可以看出宋儒对学术思想内容的理解，这里面也表现了朱子重建宋代以来的学统的努力。《近思录》共十四卷，原无篇名，《朱子语类》卷一百五记载了朱子对《近思录》各篇的逐篇纲目的说法：

> 第一卷道体；第二卷为学大要；第三卷格物穷理；第四卷存养；第五卷改过迁善，克己复礼；第六卷齐家之道；第七卷出处、进退、辞受之义；第八卷治国、平天下之道；第九卷制度；第十卷君子处事之方；第十一卷教学之道；第十二卷改过及人心疵病；第十三卷异端之学；第十四卷圣贤气象。①

显然，这完全是一个"内圣外王"的结构，与《大学》"格致诚正，修齐治平"的学说规模相一致。清儒张伯行摘录朱熹书成《续近思录》，亦完全仿照《近思录》的体例。其书十四卷篇目如次：

> 第一卷道体；第二卷论学；第三卷致知；第四卷存养；第五卷克治；第六卷家道；第七卷出处；第八卷治体；第九卷治法；第十卷政事；第十一卷教学；第十二卷戒警；第十三卷辨别异端；第十四卷总论圣贤。②

---

① 黎靖德编：《朱子语类》卷一百五，第3450页，《朱子全书》第十七册，上海古籍出版社、安徽教育出版社2002年版。
② 张伯行：《续近思录》，收录在《近思录专辑》第五册，华东师范大学出版社2015年版。

这表现了时人对朱子学内涵的理解。这个学问规模，与先秦儒是一致的。

如果说自尧、舜、禹、汤以至孟子的道统建构，意在文化认同和传统的接续，那么，对北宋以来的思想谱系之建构，则意在建立有宋一代以来学术思想的"新统"。前者注重在思想文化的连续性、根源性，后者则注重在当代思想的生产。这是朱子为宋代思想所勾画的整体画面和进入路径的第一个方面。

（二）经典系统的重构

每个时代的义理不同，面对的问题亦不同，经典系统的内容也要发生相应的变化。当然经典还是原来那些历史上留存的文献典籍，但哪些是核心的、哪些是外围的，则会发生某些系统上的变化。宋儒思想的建构，首先表现为一种经典系统的重建。其所重经典，则由汉唐儒的"五经"，转向以"四书"为中心而辅以"五经"的经典系统。

在经典方面，朱子谓读经要循序渐进，应先"四书"后"六经"；"四书"次序，则宜先《大学》，次《论》《孟》，最后《中庸》。在朱子看来，《大学》三纲八目，概括了儒家由心性内圣工夫外显于治平外王事业的一个总的纲领，故为学须从作为圣学入德之门的《大学》开始；《论语》《孟子》应机接物，因时因事而发微言，循此以进，可以收具体而微，融贯会通之效；最后是《中庸》一书，荟萃儒家天人性命学说之精要。循《大学》《论》《孟》，而后会其极于《中庸》，便可建立学问思想的大本大经。由此再进于经史，乃能知其大义，而不致泥于文字训诂。朱子说："凡读书，先读《语》《孟》，然后观史，则如明鉴在此，而妍丑不可逃。若未读彻《语》《孟》《中庸》《大学》便去看史，胸中无一个权衡，多为所惑。"① 朱子认为，经史包括丰富浩繁的古代制度、礼制方面的内容，这些东西属于一些历史知识，而"四书"才是儒家义理的精要。在朱子看来，"四书""道理粲然"，易晓易解，但他同时也指出圣贤之言难精，须从精处用力，再读其他书则易为力，难者既精，粗者便易晓，因为后面的工夫里面已立大体，就不易流于偏颇。

---

① 黎靖德编：《朱子语类》卷十一。《朱子全书》第十四册，上海古籍出版社、安徽教育出版社2002年版，第353页。

从"四书"的系统里，我们可以看到两点：第一，从思想义理上，凸显了心性之学和道德修养的方面。汉唐的时候主要是以"周孔"并称，"周孔"表征意义在政治领域。到了宋代以后则强调"孔孟"，"孔孟"注重在心性修养或人文教化方面。像《孟子》和《中庸》，就涉及非常多的心性之学。第二，从道统意识上，则注重孔、曾、思、孟的传统。周公以前皆为圣王，乃政治上的传承，孔子之后则为学统的建立。

由此可见，一个经典系统的建立，不是随便选择几本书就可以想当然地确立出来。孔子以"六经"教授弟子并非随意为之，而是以《周易》《春秋》为中心，《周易》凸显了形上学，《春秋》凸显了要正名分，把这两个方面贯穿在"六经"里，则成为一个经典的系统。但是需要注意的是，不同于现如今以传授知识为教学目的的教材编写，经典系统更是思想义理的系统，在这个系统中，思想精神根底蕴含其中，义理脉络次第分明。

(三) 心性义理之学

宋儒的道学或理学，就是传圣道之学；而此"道"的内容，即是一心性义理之学。黄百家说："孔孟而后，汉儒止有传经之学，性道微言之绝久矣。元公崛起，二程嗣之，又复横渠诸大儒辈出，圣学大昌……若论阐发心性义理之精微，端数元公之破暗也。"① 这即是以心性义理之学来概括宋儒之学。

汉唐以来，佛老在精神修养方面发展出一整套精微的思想学说，对儒学形成很大的挑战和压力，宋儒所采取的应对策略即是以经典系统为理论支撑，来自觉建构儒家自身的心性义理之学。宋儒多有出入佛老的为学经历，故能清醒地认识其心性论上吸引人们目光的地方，并加以批评，从而转化其为儒家的思想性质。朱子曾说："佛家一向撤去许多事，只理会自身己；其教虽不是，其意思却是要自理会。所以它那下常有人，自家这下自无人。"② 朱子在这里主要借佛家理会自我身心之教来批评一些儒者只是"守经"而不从切己处理会的弊病，佛家摒弃人伦而自修，这是与儒

---

① 黄宗羲原著、全祖望补修：《宋元学案卷十一·濂溪学案》黄百家案语，中华书局1986年版，第482页。

② 《朱子全书》第十四册，上海古籍出版社、安徽教育出版社2002年版，第289页。

家的根本分歧,但是从某一侧面也引出了儒家自身的"为己之学",自有一套就自家身心上理会的本领。借此形成儒家心性义理之学的自觉意识,逐渐地把佛老一直占据着的心性修养领域重新回归到儒家经典系统的话语中来。

总之,宋儒所发心性义理之精微,绝非空言推论的产物。其所讨论问题,大率亦皆出自经典。诠释原则和思想重心的转变引发了与之相对应的经典系统的重构,通过经典的讲论、经典的诠释重新构建了一套核心范畴。由这些核心范畴建构起来的义理系统,和汉唐有很大不同,比如汉儒讲天人感应、三统三正、更化,但宋儒讲太极、理气、理欲、性命、心性、性情、性气、格致、本体功夫,等等,这些观念或范畴的突显,围绕着心性修养和个体人格的养成这一核心话题,构成新的义理系统和新的理论视域,这就是思想的生产。在这种思想生产与经典之缘生互动的动态机制中,经典乃在不同时代获得其意义重构,参与思想的创造进程,成为思想生产的源头活水和生命源泉。

(四) 对民间学术的关注

宋儒讲心性义理不是空谈心性,宋儒把自己的学问称为"实学"。这个"实学"不是后来所讲的事功之学,其所言"实学",一者言学贵在自得;二者言学不离人伦日用。这便涉及宋代思想学术在现实生活中的实践和落实问题。这个落实,有两个方面值得注意:一是民间学术的讲论;二是社会生活样式的重建,也就是礼仪系统的重新建构。宋儒特别注重民间的教化,宋儒要把他的这一套东西落实到民间,同时也落实到心性,主要是心性的修养和人格的养成,其所重并不专在政治儒学。

宋代的书院非常发达,陈钟凡《两宋思想述评》说:"宋学形成之近因,则在书院之设立……宋代书院之设,遍于中国,造端实在南唐升元间,而大盛于宋庆历之际焉。"[①] 当时书院非常多,有公立,有私立。其著名者,如嵩阳、岳麓、睢阳、白鹿洞四书院。讲学著名者也很多,有齐同文、孙复、胡瑗、石介等。其实宋代的儒者,无论高居庙堂还是置身江湖,大多都在民间、在书院讲学,影响非常之大,比如胡瑗为北宋第一大教育家,讲授"明体达用"之学,所从学者达数千人之多,培养了大批

---

① 陈钟凡:《两宋思想述评》,东方出版社1996年版,第12页。

优秀的政治家和学者，对当时的学风产生了很大影响。据《宋史·儒林传》所载，当时礼部每年选士其弟子常居十之四五，其弟子居朝和教授于四方者甚多。仁宗庆历年间，朝廷于京师立太学，下诏州县皆立学，并取胡瑗的苏湖教法为太学教法。这对当时学风的转变起到了重要的推动作用。

其实每一个当时的儒者虽在官，但也要治理一方，要教化一方，担当着教化的职责。朱子当然也是这样的，他对民间的学术和讲学非常重视，经常在民间讲学，其在知南康军期间（孝宗淳熙年间），曾兴复白鹿洞书院，并为白鹿洞书院制定院规，名曰《白鹿洞书院揭示》。《揭示》有五条：

一曰"五教之目"：
"父子有亲，君臣有义，夫妇有别，长幼有序，朋友有信。"
"右五教之目：尧舜使契為司徒，敬敷五教，即此是也。学者，学此而已。而其所以学之之序，亦有五焉，其别如左。"
二曰"为学之序"：
"博学之，审问之，慎思之，明辨之，笃行之。"
"右为学之序。学、问、思、辨四者，所以穷理也。若夫笃行之事，则自修身，以至于处事接物，亦各有要，其别如左。"
三曰"修身之要"：
"言忠信，行笃敬，惩忿窒欲，迁善改过。"
四曰"处事之要"：
"正其义不谋其利，明其道不计其功。"
五曰"接物之要"：
"己所不欲，勿施于人；行有不得，反求诸己。"

在院规后面，朱子讲了所制定院规的主要精神，曰："熹窃观古昔圣贤所以教人为学之意，莫非使之讲明义理，以修其身。然后推以及人，非徒欲其务记览，为词章，以钓声名，取利禄而已也。"①也就是说圣贤之学

---

① 《朱文公文集》卷七十四，《朱子全书》二十四册，上海古籍出版社、安徽教育出版社2002年版，第3586—3587页。

是非功利的。

中国传统学术传承,有官、私两条线。民间学术的传承,始终是社会教化的基础。当时的讲学,包括官方、民间的教学,官方的讲学也有民间性质,所谓的官方学说和民间学说是合而为一的,不像现在分得这么清,现在的官方学术和民间学术甚为悬殊,而当时则是融合为一的。孔子就是第一个私学的教师,其影响开始当然是在民间。儒学在汉代成为官方学术后并没有失去其民间性的基础,民间的学术还是照样发展,并与官方有一个互动的关系。中国传统学术的根基在民间,民间学术的特点就是"自由":自由的讲学,自由的讨论,在价值观上自由的选择。一种学术和文化,只有具有了这样自由的精神,才能真正发挥教化的作用,而教化的基础就在民间。民间学术的存在和发展,成为消解官方学术意识形态化的僵硬性的一种力量。

(五)社会礼仪的建构

礼是社会生活的样式,携带着丰富的文化信息,涉及社会生活的方方面面。同时,它又与民众生活具有一种内在的关联性,能够对人的教养和社会良性的道德氛围的养成起到潜移默化的作用。此为历代儒家所关注。

中国古代的教化,要因时代变化不断地调整礼仪。朱子对礼特别重视,朱子的礼学有两种:第一种是具有学术性的《仪礼经传通解》,它把《仪礼》和《礼记》结合起来讲,着重点是在古制,比较详明。又著有《家礼》,《家礼》简便易行,重在当下之实用。《仪礼经传通解》则极尽其详,多存古制。朱子《家礼序》云:

> 凡礼,有本有文。自其施于家者言之,则名分之守,爱敬之实,其本也;冠婚丧祭仪章度数者,其文也。其本者,有家日用之常礼,固不可以一日而不修;其文,又皆所以纪纲人道之始终,虽其行之有时,施之有所然,非讲之素明,习之素熟,则其临事之际,亦无以合宜而应节,是亦不可以一日而不讲且习焉者也。
>
> 三代之际,礼经备矣。然其存于今者,宫庐器服之制,出入起居之节,皆已不宜于世。世之君子,虽或酌以古今之变,更为一时之法,然亦或详、或略,无所折衷,至或遗其本而务其末,缓于实而急于文。自有志好礼之士,犹或不能举其要,而(困)用于贫窭者,

尤患其终不能有以及于礼也。

熹之愚，盖两病焉。是以尝独究观古今之籍，因其大体之不可变者，而少加损益于其间，以为一家之书，大抵谨名分，崇爱敬以为之本；至其施行之际，则又略浮文，务本实，以窃自附于孔子从先进之遗意。诚愿得与同志之士，熟讲而勉行之，庶几古人所以修身齐家之道，谨终追远之心，犹可以复见，而于国家所以崇化导民之意，亦或有小补云。①

观朱子此《序》之义，大要有三：

一者通说礼之义："礼有本有文"，此落实于"家礼"，其"本"即"名分之守，爱敬之实"；而其"文"，则落实于"冠、婚、丧、祭"之"仪章度数"。

二者言古代礼制虽备，但因世事变化，多已"不宜于世"，需要加以变通以适宜于当世之生活。

三是据此而变通古今，创为一书，其意在于实现先圣"修身齐家之道，谨终追远之心"，而且要对国家筹划"导民之义"有所帮助。

朱子关注民间学术，关注礼仪的重建、调整，这就关乎到日常生活。他制定《家礼》，对于礼仪之普泛地在社会民众生活中的落实，起到了重要的作用。如《家礼》卷一"通礼"首列"祠堂"小注云：

此章本合在《祭礼》篇，今以报本反始之心，尊祖敬宗之意，实有家名分之守，所以开业传世之本也，故特著此冠于篇端，使览者知所以先立乎其大者，而凡后篇所以周旋升降出入向背之曲折，亦有所据以考焉。然古之庙制不见于经，且今士庶人之贱，亦有所不得为者，故特以祠堂名之，而其制度亦多用俗礼云。②

朱子在《家礼》里有很多变通的内容，其中很重要的一点就是"祠

---

① 《朱文公文集》卷75，《朱子全书》二十四册，上海古籍出版社、安徽教育出版社2002年版，第3626—3627页。

② 《朱子全书》第七册，第875页。

堂",这个部分本来应该放在"祭礼"里,但他放到最重要的位置。古代讲天子七庙,诸侯五庙,大夫三庙,士一庙,庶人不准设庙。朱子把"祠堂"放在第一部分内容里讲。在朱子看来,建祠堂,而使祠堂维持下去要有田,要分出一部分地来养,这样的话,每一家的旁边都要建祠堂,祠堂都归置好了,这样就把"礼"真正落实到一般老百姓身上。祭祀礼仪,出行、有大事的时候,都要去祠堂告诉先祖和祖先,这就把礼落实到一般的百姓生活里。他的见识非常高,也非常平实。西方讲哲学,开始不是学院哲学,后来变成学院哲学,这一套哲学没有直接关乎到社会生活的意义,而是通过不同文化部门,对不同文化部门的影响而影响生活,是间接的,但儒家这一套哲学直接影响了社会生活,礼仪尤其如此。

统合以上五点,大体可以见到朱子和宋儒完成其思想建构的基本路径和规模:

第一,重建道统,以奠定其思想的文化生命之认同基础;第二,重构以"四书"为核心的经典系统,以确立其思想的经典根据;第三,在经典诠释的基础上,建构起一个心性义理之学的思想系统;第四,关注民间学术和经典的传习;第五,适时变通,重构社会生活的礼仪形式。而其中的最后两点,涉及到民众社会生活,是其思想和价值于社会生活层面的落实。

三 朱子思想蓝图的启示意义

朱子提出的这一思想蓝图和达成的途径,对当代中国思想的建构,仍具有重要的启示意义。

首先,当代学术思想形态需要有因时制宜的建构,就需要意识到重建经典系统的必要性。每一时代有经典系统的重建,但并非随意。古人的提法经过千锤百炼的沙汰,经过历史检验,有其合理性和必然性。如"周孔"在经典上对应着"五经",注重在政治方面;"孔孟"在经典上对应着"四书",注重在心性修养和教化方面,其内在的根据是天人合一和人性本善。核心的经典提供着一整套完整的义理系统。当代学者亦注意到了经典系统重建的重要性,提出了一些相关的说法。就目前来看,这些说法尚未形成当代性的思想视域而具有相应的思想高度,对经典重构的看法往往杂而不纯。《庄子·人间世》言："夫道不欲杂，杂则多，多则扰，扰则忧，忧而不救。"一个经典系统或者意义系统应该有它最为核心的东西。其实，在当代社会这一政教分离的生存境域下，朱子"四书"的系统仍然有效，它突出性善论，重视个体心灵的工夫教化，关注民间社会的个体教育，对当代政教分离社会背景下的人文素质培育仍有其意义，没必要对宋儒、朱子的"四书"经典系统进行刻意的改作，起码目前没有这个必要。现代学者为了强调政治哲学，而特别突出了荀子的意义，但我们认为，目前还是应以性善论和天人合一为基础，把儒家这套教化理念在现代生活里重新建构起来。儒家是一个教化的系统，每个时代讲的虽是原来经典里面的东西，但它某一个方面会在现实中凸显出来，生产出一套新的思想，以朱子为代表的宋儒把心性凸显出来，形成理学的思想系统。他这一套思想生产的路径，对当下中国社会思想建构、思想生产起一种启示作用。

其次，经由经典及其意义的重构以实现思想上的创造性转化，应该成为中国哲学思想生产的基本意识。长期以来，中国学界占主导地位的哲学理论，基本上从外面现成"拿来"，这些理论诠释方法虽然表现为一元性，但其解释原则未能与经典本身达到真正差异化对待，导致一种外在的批判标准，而所谓中国哲学思想史的学术研究，往往蜕化为某种资料性的整理工作，研究对象仅作为与当下生命不甚相关的历史知识而已。经典诠释传统发生了断裂。可以说，方法脱离了内容。朱子建构的一整套"四书"经典诠释的义理系统，首先是作为接续思想生产与思想史研究的相互共生的立言方式，这提醒我们，方法本身不是独立的东西，方法是要回归到内容，是内容的一种展开。中国传统哲学有一个构成自身系统内容的形式方法。方法回归内容，我们要回归到我们自身的时代，面对我们所经历的这个世界，去找出我们自己的问题意识，然后以此问题意识，回过头来去通过对传统经典系统的重新建构，来转化、处理现代意义的形上学、知识论、道德伦理学说等问题，这样一种形上学、伦理道德回到那个经典系统的整体性之中的时候，中国人所讲的道德学说，就和西方理论不一样，这个道德伦理的系统、形上学的系统、知识论的系统，能够与西方的哲学在同一个层面上进行对话，但同时它拥有其自身的特点，真正形成属于中国当代自身的系统，中国当代文化的建设才会有主心骨，才会具有一个创造性的本源，才能确立中国文化的主体性。

最后，儒学本质上是一种形上学，是一种哲学，其所关注的核心在教化。这种儒学"教化"的哲学意义，要在人的实存及其内在精神生活转变升华的前提下实现生命的真智慧和存在的真实，以达于德化天下，以至参赞天地化育的天人合一之境；由此，人对真实、真理、本体的认识，亦被理解为一种经由人的情感、精神、实存之转变的工夫历程，而为人心所呈显并真实拥有，而非一种单纯理论性的认知。这使之能够密切关联于社会生活，表现为一个内外统合的生命整体。这就要求学者在经典方面的传习讲论中同时密切关注着现实生活，构成当下的思想世界；而经典的学术研究也在这种不断当下化了的思想视域中，参与着思想的生产。因此，它也提示出了当代中国哲学学院化之可能性与努力之方向，即要建构以教化为职能的儒家当代思想形态。过去儒学长期以来变成学院里少数人惨淡经营的工作，与社会生活失去了联系。应该注意到民间社会学术形态与社会生活样式的重建，培养学者成为有教养的"中国人"，成为以身体道者。只有儒学当代思想实现了双向建构，即理论和社会生活、文脉和血脉这两个层面融汇起来，其整体乃能逐渐影响到新的当代思想形态之建立。

原载《中原文化研究》2018年第2期

续说之四

"民可使由之"说所见儒家人道精神

《论语·泰伯》篇"民可使由之,不可使知之"章,历来解释纷纭,虽经先儒殚精竭思多方诠解,终难免于"愚民"之讥。20世纪末郭店楚简公布以来,学者以《尊德义》及相关材料为据所作研究,终于摘下了加诸"民可使由之"章头上这顶"愚民"的大帽子。郭店简《尊德义》篇等相关文献为我们理解孔子"民可使由之,不可使知之"说的思想内涵提供了一个新的认知方向,但由此亦衍生出了一些新的问题,需要做进一步的深入探讨。

一 问题之所在

《郭店楚墓竹简》出版①后不久,廖名春先生即敏锐地指出,郭店简《尊德义》篇"民可使道之,而不可使智之",即《论语·泰伯》所载"子曰:民可使由之,不可使知之"。而简文"民可道也,而不可强也",则对"民可使道之,而不可使智之"一命题作进一步的发挥,表明它的内涵乃"是在重视老百姓人格,强调内因的重要性的前提下来谈教民、导民",而很难说是"愚民"②。庞朴先生则撰文对此进行专门的讨论,认为《尊德义》"民可使道之,而不可使智之。民可道也,而不可强也";《成之闻之》"上不以其道,民之从之也难。是以民可敬道也,而不可掩也;可御也,而不可牵也"两段文字,所讨论的正是《论语·泰伯》"民

---

① 文物出版社1998年版。
② 廖名春:《郭店楚简儒家著作考》第八小节,《孔子研究》1998年第3期。

可使由之，不可使知之"的问题，二者可以相互印证以得其真义。① 循此思路，学界对这一问题的研究已取得了可喜的成果。《论语·泰伯》所记孔子"民可使由之，不可使知之"一语，单句独出，缺乏上下文的关联，造成歧义，实为难免。郭店简《尊德义》及相关文献，为孔子这一命题提供了相应的语义背景②，使之有了确定的内容规定。二者相参，可知孔子"民可使由之，不可使知之"之说，乃在政治上反对对民众的外在强制，并非主张"愚民"。在这一个大方向上，学界大体上已取得了共识。

不过，这里仍然存在着一些需要进一步思考的问题。其中一个重要的问题是：既然我们可以认定郭店简《尊德义》"民可使道之，而不可使智之"即《论语·泰伯》所载"民可使由之，不可使知之"，而"民可道也，而不可强也"就是对"民可使道之，而不可使智之"的解释③，那么，为何"使知之"能够被理解为"强"，或者说对"民"的一种外在的强制？探讨这一问题，对于准确理解孔子"民可使由之"说所体现的思想内涵和哲学精神，有着重要的意义。

对此一问题，学者提出了不同的解决办法，但尚未能形成一致的意见。

一些学者从文字释义的角度寻求解决办法。彭忠德先生释"知"为主持、掌管，引申其义为控制、强迫，认为"民可使由之，不可使知之"应理解为"对于民众，应该用（德）引导他们，不应该用（德）强制他们"④。李锐先生训"知"为"主""管"，认为"民可使由之，不可使知之"的涵义应为"民可使导之，不可使管之"，"即说民众可以让人引导他们，不能让人管制他们"⑤。廖名春先生则从文字学的角度，指出"知""折"二字本可互用。在"不可使知之"句中，"知"应为"折"字之假借。"折"之义为折服、阻止。这样，孔子"民可使由之，不可使知之"，

---

① 庞朴：《"使由使知"解》，《文史知识》1999年第9期。
② 陈来：《郭店楚简儒家记说续探》，《郭店简与儒学研究》，《中国哲学》第二十一辑，辽宁教育出版社2000年版，第79页。
③ 廖名春：《〈论语〉"民可使由之"章的再研究——以郭店楚简〈尊德义〉篇为参照》，见饶宗颐主编《华学》第九、十辑（一），上海古籍出版社2008年版，第172页。
④ 彭忠德：《也说"民可使由之"章》，《光明日报》2000年5月16日。
⑤ 李锐：《"民可使由之不可使知之"新释》，《齐鲁学刊》2008年第1期。

可以理解为"民众可以让人引导，而不能用暴力去阻止、挫折"。①

另一些学者则从句法语法的角度提出问题。刘信芳先生认为，郑玄"言王者设教，务使人从之"的注释，提出了一种对"民可使由之"章的语法定位，结合《尊德义》篇的相关论述，可知"民可使由之，不可使知之"有一隐藏的主语："王"。"民可使由之"的"之"是指代"王"，而不是指代"民"。这样"民可使由之，不可使知之"就可以译为："王可以使民跟从他，不能使民认知他"。②吴丕先生则强调，不能简单地把"民可使由之"与"民可道也"，"不可使知之"与"不可强也"的语义相等同，不能直接把"知"与"强""牵"联系起来。认为在"民可使由之"或"民可使道之"这句话中，"使"字很重要，句中有"使"字与无"使"字，意思相差很大，不可混为一谈。主张"民可使道之，而不可使智之"应断句为"民可使，道之；而不可使，智之"。其义应为老百姓可以使用，就引导他们；不可以使用，就教育他们。吴丕先生把他的这一理解称作"使民说"。③

在近年相关的一些讨论中，还有一些学者特别强调通过对《尊德义》"民可使道之，而不可使智之。民可道也，而不可强也"上下文的讨论，来复原"民可使由之，不可使知之"或"民可使道之，而不可使智之"这一命题的上下文语境。④ 这一思考的方向，是很有启发意义的。

以上三个方面的研究路向，实质上包含了我们阅读古代哲学经典所不可缺少的三个层面。读古书要明训诂，这是基础。但是，一字一词常有很多不同的意义，而它在一段乃至一篇文字中却只能有一个确定的涵义。因此，必须把字、词置于一种文法结构和上下文的关联中才能规定其确定的义训。再进一步，我们读古代哲学经典，常有这样一种体会：全篇无一字不识，文法亦无问题，却读不懂。这就涉及义

---

① 廖名春：《〈论语〉"民可使由之"章的再研究——以郭店楚简〈尊德义〉篇为参照》，见饶宗颐主编《华学》第九、十辑（一），上海古籍出版社 2008 年版，第 171—175 页。

② 刘信芳：《"民可使由之"的"之"是指代"民"还是指代"王"》，《学术界》2010 年第 8 期。

③ 吴丕：《重申儒家"使民"思想》，《齐鲁学刊》2001 年第 4 期。

④ 李锐：《"民可使由之不可使知之"新释》，《齐鲁学刊》2008 年第 1 期；赵骞、彭忠德：《完整理解〈尊德义〉后，再说"民可使由之"章》，《社会科学论坛》2009 年第 11 期（下）。

理的问题。训诂、文法和上下文的语义关系及义理的勾连，在中国哲学经典的诠释过程中，常常是互为因缘的。孤立地从某一层面来求解，都难以得到令人满意的结果。

需要强调指出的是，在"民可使由之，不可使知之"或"民可使道之，不可使智之"这两句话中，"使由之"和"使知之"表现了两种相反的为政理念，二者相对而言，儒家肯定前者而否定后者。近年的相关研究，略偏重和纠结于"知"与"强"的对应关系，这在某种程度上模糊和掩盖了解决问题的本质和症结所在。因此，"使知之"何以能够被理解为一种对"民"的外在强制而被儒家所摈斥这一问题，不能脱离开对"使由之"这一为政理念内涵的讨论来单独求解。它既涉及文字训诂和文法语义的问题，更涉及思想义理的诠释问题。必须把上述三个方面很好地结合起来，才能对之作出较为合理的解释。

二 回归旧注之"王教"论域

对于"使知之"何以能够被理解为一种对"民"的外在强制，"强"是否直接可以对应于"知"这一问题，我们首先应从"民可使由之，不可使知之"一语的句法结构角度入手来进行分析。

从句法结构看，吴丕先生特别强调"使"字在这句话中的重要性，认为不能简单地把"民可使由之"与"民可道也"，"不可使知之"与"不可强也"的语义相等同，不能直接把"知"与"强"联系起来。这个看法，点出了认识"民可使由之，不可使知之"句法结构的一个重要的角度。

从现代汉语的角度来分析，在"民可使由之，不可使知之"或"民可使道之，不可使智之"这两句话中，说"使"是谓语，"民"是宾语（宾语前置），应该没有问题。但是，再进一步分析这两句话的结构，可以看出，"使"字作为谓语动词，它的作用并不是直接落在"民"上。廖名春教授仔细分析郭店简《尊德义》"民可使道之，而不可使智之。民可道也，而不可强也"一语，指出，"民可道也，而不可强也"两句，是对"民可使道之，而不可使智之"的解释，因而"民可使，道之……"或"民可使，由之……"的断句不能成立。① 这是一个很正确的看法。这表明，我们不能把"民可使由之，不可使知之"这两句话简单地归结为"使民"这样一个动宾结构。"民可使由之"句在古汉语中为一典型的兼语句式。具体说来，在这句话中，"民"为兼语，被前置。将其放回原位，其形式为"（）可使民由之"，"（）"表示被省略的主语。"使"为使令动词谓语。"民"字在句中的性质为兼语，有着双重的语法功能：它作为名词既充任使令动词"使"的宾语，又充任"由之"这个谓词性词组的主语。而"由之"作为一个动宾短语，则可看作"民"之谓语和宾语。（"由"字充任"民"之谓语，"之"字充任宾语）"不可使知之"句与此同。要言之，"民可使由之，不可使知之"这两句话，乃表现为一个使令动词加兼语、加谓词性词组构成的兼语结构。从《尊德义》全篇来看，它为"民可使由之，不可使知之"这一命题所提供的语义背景，乃要在教化之方的问题，而非如何"使民"的问题。"民可使由之，不可使知之"这两个使令动词后加兼语、加谓词性词组构成的兼语句子所表示出的，乃是两种不同的教化方式。

这样看来，在《尊德义》"民可使道之，而不可使智之。民可道也，而不可强也"这段话中，后两句是对前两句话作为一个语义整体所体现的两种不同教化方式的解释和评价。考虑到"使"这个动词谓语在前两句中话的语法作用，前两句与后两句话在语义上不是一种直接等同的关系，"知"与"强"二字，亦非一种简单对应的关系。在这一点上，吴丕先生的讲法是有道理的，但其"民可使，道之……"的断句和"使民"说是不可取的。

接下来的问题是，"民可使由之，不可使知之"一语中的两个"之"字是指何而言？

刘信芳先生指出，在"民可使由之，不可使知之"这句话中，有一个隐藏的主语，这个主语，是"王"而非"民"。这是一个很正确的看法，同时，他也提揭出了思考这一问题的一个很重要的方向。但是，说"民可使由之，不可使知之"的"之"字，所指代的就是"王"这个主语，则需要进一步斟酌。

在近年的相关讨论中，学者多有意无意间将这个"由之""知之"的

---

① 廖名春：《〈论语〉"民可使由之"章的再研究——以郭店楚简〈尊德义〉篇为参照》，见饶宗颐主编《华学》第九、十辑（一），上海古籍出版社2008年版，第172页。

"之"字理解为指"民"而言。如上引"民众可以让人引导他们,不能让人管制他们","民众可以让人引导,而不能用暴力去阻止、挫折","老百姓可以使用,就引导他们;不可以使用,就教育他们"诸说,其实都隐含着把这个"之"字理解为"民"的意思。我们要注意的是,以"之"为指代"民",无形中便把对"民可使由之,不可使知之"的讨论局限在统治术的范围之内,这与郭店简《尊德义》"民可使道之,不可使智之"所指示的教化之方,是不能切合的。刘信芳先生指出"之"非指代"民",对于正确理解孔子的"民可使由之,不可使知之"说,是很有意义的。

不过,刘信芳先生主张此"之"乃指代"王"这一"隐藏的主语",却是有问题的。刘先生的这一判断,系由郑玄"言王者设教,务使人从之"的注释引申而来。但是,按照郑玄的解释,这个"民可使由之,不可使知之"的"之"字,指的只能是"王教"而不可能是"王"。换言之,在"民可使由之"这句话里,主语是"王"(此点应无问题),而这"王""使民"所"由"者,则是"教"或"王教"。

此"之"字所指代的是"王"还是"教"(即"王教"),虽仅一字之别,然其所关却不在小小。

我们注意到,旧注对于《论语·泰伯》"民可使由之,不可使知之"章的解释虽有歧义,但对此章之主旨要在言王道教化这一点,却有着大体一致的看法。如郑注云:

> 由,从也。言王者设教,务使人从之。①

皇侃《论语集解义疏》:

> 言为政当以德,民由之而已,不可用刑。

朱子《论语集注》:

> 程子曰:圣人设教,非不欲人家喻而户晓也,然不能使之知,但

---

① 程树德:《论语集释》引,中华书局1990年版,第532页。

能使之由之尔。①

张栻《癸巳论语解》卷四：

> 此言圣人能使民由是道，而不能使民知之也。凡圣人设教，皆使民之由之也。圣人非不欲民之知之，然知之系乎其人，圣人有不能与。

刘宝楠《论语正义》亦说：

> 凌氏鸣喈《论语解义》以此章承上章诗礼乐言，谓诗礼乐可使民由之，不可使知之。其说是也。

可见，旧注乃多从"王教"或"圣人设教"这一角度来理解"民可使由之，不可使知之"之义。而这王教或圣人设教的内容，也就是诗书礼乐之教，或可统称为"道"。上引张栻和刘宝楠的说法，即表明了这一点。在这个意义上，"民可使由之，不可使知之"之"之"所指代的，就是这个"王教"或圣王之"教"，具体言之，即诗书礼乐之教或礼乐教化，其所体现者，就是"道"。

此点极可注意。盖"王教"或"圣人设教"，其使民所由者，乃是"道"，而非"君""王"或统治者自身。

儒家的郅治理想，是"王道"，或行王道于天下。何谓"王道"？孔子说："如有王者，必世而后仁。"② 又说："道二：仁与不仁而已矣。"③ 孟子则说得更明确："以力假仁者霸，霸必有大国。以德行仁者王，王不待大。"④ "霸必有大国"，乃因"霸"的本质是靠强力，而奉行仁义只是其手段。"王不待大"，则是因为"王"的内在原则是"以德行仁"，"以德服人"，或"修文德"以"来远人"，而非靠强力的征诛与统治。可知

---

① 朱熹：《四书章句集注》，中华书局1983年版，第105页。
② 《论语·子路》。
③ 《孟子·离娄上》引。
④ 《孟子·公孙丑上》。

这个"王道"的核心,即是以仁义或道义为最高的原则。而这个"王道"之"王",亦非一般的天子或统治者,而是作为仁德之肉身化表现的理想中的"圣王"。司马迁论孔子作《春秋》之意说:"是非二百四十二年之中,以为天下仪表。贬天子,退诸侯,讨大夫,以达王事而已矣。"又,"夫《春秋》上明三王之道,下辨人事之纪,别嫌疑,明是非,定犹豫,善善恶恶,贤贤贱不肖,存亡国,继绝世,补敝起废,王道之大者也。"①"贬天子,退诸侯,讨大夫,以达王事",乃是以一超越于时王的价值原则以评判现实政治。可见,孔子所言"王道",必是一至善超越性的价值原则。在这个意义上,这个王"道",亦即是超越于天子时王之上的"天道"。儒家屡言王者"乐天""畏天",其行事与为政,应是"顺天行道""顺天为政"②,讲的就是这个道理。这样看来,这个王"道",既规定了"王"之所以为王的根据,亦是对现实中的王或天子的一种形上超越性的制裁力。因此,儒家所言"王教""圣人设教",已超越于一般治术的范畴。而儒家之治道,亦必以此"王道""王教"作为内在的根据。从儒家这一义理精神来看,旧注把孔子"民可使由之,不可使知之"说置于"王教""圣人设教"的视域中来理解,是很准确的。

郭店简《尊德义》为"民可使由之,不可使知之"说所提供的语义背景,亦可证明这一点。

《尊德义》开篇说:"尊德义,明乎人伦,可以为君。"这"尊德义""明人伦",是对君之所以为君的一种本质性的要求。这也表明,《尊德义》所言治道,并非一种为君主谋意义上的统治术,而是一种超越性的为政原则。《尊德义》篇的主旨,是说为政之道,应以"德义"为最高的原则;而贯彻这一原则,则当以德教、德化为先务。《尊德义》说:

> 善者民必富,富未必和,不和不安,不安不乐。善者民必众,众未必治,不治不顺,不顺不平。是以为政者教道之取先。教以礼,则

---

① 见《史记·太史公自序》。
② 孟子认为谓仁者"无敌于天下。"而"无敌于天下者,天吏也,然而不王者,未之有也。"(见《孟子·公孙丑上》)又谓有"天民"承担"以斯道觉斯民"的教化及行道于天下之责。(见《孟子·万章上》和《尽心上》)小程子释"天民""天吏"云:"顺天行道者,天民也;顺天为政者,天吏也。"(见程颢、程颐《二程集》,中华书局1981年版,第213页)

民果以劲。教以乐，则民弗德将争……先之以德，则民进善焉。

又：

> 为古率民向方者，唯德可。德之流，速乎置邮而传命……德者，且莫大乎礼乐焉。治乐和哀，民不可惑也。①

此论"政"与"教"的关系，乃言"为政者教道之取先"，"先之以德，则民进善焉"，表明这个"为政者教道之取先"的"教"，其内容就是德教。"德者，且莫大乎礼乐焉"，则表明，这个德教亦即礼乐之教或礼乐教化。

这个"先"，是逻辑上的而非时间上的"先"。它所表示的，是德教或礼乐教化对于"为政"所具有的根本性或本质性的意义。为政有多途，法制禁令、刑赏征伐等皆为之具。然此法禁刑赏等政事举措，皆当以"道"和"德"为其内在的根据和原则。《尊德义》指出，刑赏、爵位、征侵、杀戮等行政措施，虽各有其作用，然"不由其道，不行"。物皆有其道，为政当以"人道之取先"②。这个人道的内容，即是礼乐。《尊德义》强调"为政者教道之取先"。而"教"亦有多术。《尊德义》列举"教以辩说""教以艺""教以技""教以言""教以事""教以权谋"诸项，认为其皆有所蔽，不能教人以善。而唯有礼乐之教，乃能使人进德向善。所以说"德者，且莫大乎礼乐焉"，"先之以德，则民进善焉"。以道、德、礼乐之教为根本，使儒家的为政与霸道以下的为政有本质的区别。《尊德义》"民可使道之，不可使智之"一语所论，正是德教和礼乐教化而非单纯的统治之术的问题。

从《尊德义》所提供的语义背景来看，这个"民可使由之"之"之"，既非是"民"，亦非是"王"，而只能是"王教"、礼乐或"道"。此道、礼乐，是统治者和天下百姓所应遵循的最高原则，而王与民当共由之。《孟子·滕文公下》"居天下之广居，立天下之正位，行天下之大道，

---

① 李零：《郭店楚简校读记》，北京大学出版社2002年版，第139、140页。
② 同上书，第139页。

得志与民由之,不得志独行其道"之说,对于理解这一点而言,庶乎近之。

综上所述,在近年的相关研究中,学者着力借助于出土文献为孔子"民可使由之,不可使知之"说辩诬,值得称道;但是,学者乃多从统治术的角度来讨论这个问题,反不如旧注"王教"和"圣人设教"的论域更接近于问题的本真。这"王道"和圣人之"教"为王和民所共由的观念,提出的是一种郅治的教化理念和普遍性原则,而非一种君如何"使民"服从自己的统治之术。落实到句法结构来讲,在"民可使由之,不可使知之"这个句式中,"之"所指代的是王"教"或礼乐之"道"。"使"这个谓词不能忽略。使民"由之"与"知之"("民"字为宾语前置)这两个动词谓语("使")作用于宾语补足语的句子,所表现的乃是两种不同的遵循"道"的为政和教化方式。"民可道也,而不可强也"两句,是对"民可使由之,不可使知之"两种为政原则和教化方式的整体价值评判,其与"民可使由之,不可使知之"或"民可使道之,不可使智之"的句式不同,"知"与"强"亦非一种文字上的简单对应关系。基于上述对"使由之……使知之"这样一个句法结构的分析可知,简单地对"知"作表面的字义解释以求与"强"字相曲通,在文法和义理上未免牵强,其偏于治术的研究倾向,亦不可取。① 因此,超越文字训解及与之相关的治术视角,回到传统"王教"和"圣人设教"这个思想的识度,才有可能厘清孔子"民可使由之"说之本真的义理精神。

三 以"人道"为最高原则的为政理念

从上述句法和语义背景的讨论我们知道,使民"由之"和使民"知之",所表现的是两种不同的为政原则和教化理念,儒家肯定前者而否定后者。吾人知其所以肯定前者,则其何以否定后者乃不待辩而明矣。

---

① "民可使由之,不可使知之"是"使"作为动词谓语作用于两个宾语补足语的句子,"民可道也,而不可强也",则无"使"这个动词和"之"这个作为宾语补足语的代词。二者结构不同,故其意义亦不能等同。释"知"为"主持""掌管""管"等义以使之相应于"强"字的解释路径,既忽视了"使知之"这个句式中"使"的语法意义,亦把"之"这个代词由圣王之"教"或礼乐之"道"改换成了"民",这是讲不通的。

在"王教"或"王道"德治这一论域中，孔子的"民可使由之"说凸显的乃是一种以"道"或"人道"为最高原则的为政理念。

《论语·泰伯》"民可使由之"，郭店简《尊德义》作"民可使道之"，此处所透露出的信息，极可注意。

从文字学的角度讲，"由"与"道"二字，字义相通。道，《说文·辵部》："道，所行道也，从辵从首。一达谓之道。"段注："毛《传》每云：'行，道也。'道者人所行，故亦谓之行。道之引申为道理，亦为引道。"① 由，《说文》："𢌿，随从也，从系㳄声。由或𢌿字。"段注："辵部曰：'从，随行也。随，从也。'𢌿与随、从三篆为转注。从系者，谓引之而往也。《尔雅·释故》曰：'𢌿，道也。'《诗》《书》作猷，假借字。《小雅》'匪大犹是经'，《大雅》'远犹辰告'，《传》皆曰：'犹，道也。'《书·大诰》：'猷尔多邦。'猷亦道也。道路及导引，古同作道，皆随从之义也。"② 是"由"可训"道"，随从、引导义。"道"亦有随从、随行、引导、行、道路、道理诸义，其间又有意义上的关联性。"民可使由之"与"民可使道之"，意义是相通的。

从上下文的关系来看，这个"民可使由之"或"民可使道之"的"由"或"道"，当训为"从"或"随从""随行"。近年学者多主张训"由""道"为"导"或"引导"，是因为未考虑到"使"这个动词的意义，同时又将"使由之""使道之"的"之"理解为指代"民"所致。从前述对"民可使由之"这句话所作句法结构定位来看，训"由"或"道"作"导"或"引导"显然是不妥的。③ 不过，《尊德义》"民可道也"句，作为对"民可使道之"的引申评述，与后者句法结构不同，这个"道"字却必须解释为"导"或"引导"，才能讲得通。

"民可使由之"，郭店简《尊德义》"由"作"道"，既可能是孔子弟

---

① 段玉裁：《说文解字注》，上海书店1992年版，第75页。
② 同上书，第643页。
③ 如前所述，在"民可使由之"或"民可使道之"这个句式中，"使"是动词谓语，"民"是前置宾语，"由之"或"道之"是宾语补足语。在这个宾语补足语中，"之"指代"王教"或"道"而非"民"；以"从"释"由"或"道"，其所起的则是一种动名词的作用，而非是整个句子的谓词，其与"之"这个代词亦是相称的。把"由"或"道"释作"引导"，则其作用为整句的动词谓语，这既使"使"这个谓词失去其语法位置，亦与"之"所指代的"王教"或"道"不能相称，故不可取。

子后学引述孔子之语为文①,亦可能是所传闻异辞的结果。不过,从郭店简《尊德义》篇整体的思想脉络来看,这个"道"字的使用,却使其在思想义理上显得更为精审周密。从文字学而言,"引道而行"为"道"之本义,而具有方向性的道路、道理、原则、本体等,则是其引申义。② 但在《尊德义》"民可使道之"说所表出的为政之道中,二者的关系却正好倒转过来——"道"之引导、随从诸义则是建立在"道"作为本体和形上理念的基础上的。

《尊德义》篇对此有很精当的论述:

> 教非改道也,教之也。学非改伦也,学己也。禹以人道治其民,桀以人道乱其民。桀不易禹民而后乱之,汤不易桀民而后治之。圣人之治民,民之道也。禹之行水,水之道也。造父之御马,马之道也。后稷之艺地,地之道也。莫不有道焉,人道为近。是以君子,人道之取先。③

如前所述,《尊德义》"民可使道之"之说,讲的是德教的问题。而此处所言"道",正是这德教之本体论和形上学的根据。儒家提出"民可使由之"或"民可使道之"的教化理念,而反对"使"民"知之"的行政方式,其根据悉在于此。

宇宙万有皆有其自身的"道"。水有水之道,马有马之道,地有地之道。禹之行水,须因任水之道;造父御马,须因任马之道;后稷艺地,须因任地之道,乃能有其成功。同样,人亦有人之道,圣人因乎"人道",故能使天下大治。是"道"对于包括人在内的宇宙万有,具有先在性和本原性的意义。因此,人之接物行事,必循"道"而行,这是一个普遍性的原则。

据先在本原性的"道"以言为政当循人道而行,在儒家是一个一贯的思想。《礼记·中庸》引孔子语云:"子曰:道不远人。人之为道而远

---

① 李锐:《"民可使由之不可使知之"新释》,《齐鲁学刊》2008年第1期。
② 刘翔:《中国传统价值观诠释学》第三章、五,生活·读书·新知三联书店1996年版,第243页以下。
③ 李零:《郭店楚简校读记》,北京大学出版社2002年版,第139页。

人，不可以为道……故君子以人治人。"朱子注云："以人治人，则所以为人之道，各在当人之身，初无彼此之别。故君子之治人也，即以其人之道，还治其人之身。"这个"以人治人"或以"人之道"还治"人之身"的为政原则，其根据即"道不远人"。人先天客观地具有其自身的"道"，故循人道以治人，亦必然成为君子为政之最高的原则。"以其人之道，还治其人之身"，朱子注所下这一"还"字，用得特别贴切传神，它指示出，圣人君子之治，其实质就是把人（民）所固有的道"还"给人自己，而初无任何"外铄"的成分。①《尊德义》所谓"教非改道也，教之也。学非改伦也，学已也"，讲的正是这样一个道理。

郭店简《成之闻之》亦特别强调了这一点：

> 上不以其道，民之从之也难。是以民可敬导也，而不可掩也；可御也，而不可牵也。②

庞朴先生已在《"使由使知"解》一文中指出，《成之闻之》此语，与《尊德义》"民可使道之，不可使智之。民可道也，而不可强也"讲的是同一个问题。③ 不过我们要注意的是，《成之闻之》此语更明确地点出了君子引导"民"从"道"之根据所在。在这里，"上不以其道"的"道"，是名词，指为人所先天固有的"人道"；"民可敬道（导）也"的"道"，是动词，为引导义。二者具有一种内在的意义关联性。在这里，引导之而使民从"道"之义，乃以人（民）本具其自身之"道"的本体义为根据。

民"可道""可御"而"不可掩""不可牵"。"掩"有掩袭捕捉义，"牵"有牵逼强使就范义，与《尊德义》"不可强"的"强"字义同。是知"民可敬道（导）也，而不可掩也；可御也，而不可牵也"，亦即《尊德义》所说"民可道也，而不可强也"，都是对"民可使道之，不可使智之"这两种为政或教化方式的解释性评价。而"上不以其道，民之从之

---

① 《孟子·告子上》："仁义礼智，非由外铄我也，我固有之也。弗思耳矣！"孟子乃从人性善的角度，言仁义礼智诸道德原则，乃人所先天固有，而非由外而内的灌输。
② 李零：《郭店楚简校读记》，北京大学出版社2002年版，第121页。
③ 庞朴：《"使由使知"解》，《文史知识》1999年第9期。

也难"句，则揭示出了"民可使道之"这一为政和教化方式的本体论和形上学的根据：人君须据民（人）自身所先天本有之道而引导之使从王教。非此以往，皆是对人（"民"）的外在附加。非人之所本有而"外铄"之，谓之"强"，不亦可乎！

郭店简《尊德义》及相关文献有关"民可使道之"的论述，恰当地通过"道"的本体义与随从、引导诸义间的内在意义关联性，揭示出了儒家德教原则的形上学根据。

四　德教与政令

为政须把人所先天固有之道"还"给人自己，这既是对君之所以为"君"的正名和本质性的要求，亦是儒家政治哲学的最高原则和理念。这一理念和原则，要求儒家为政之方式和途径，必须是"使由之"或"使道之"，而不能是"使知之"。请进一步申论之。

我们注意到，前引《成之闻之》"上不以其道，民之从之也难"一段有关为政方式的讨论，是针对德教与政令刑法的关系问题而发的。为了讨论的方便，我们把《成之闻之》的相关论述抄录于下：

> 君子之于教也，其导民也不浸，则其淳也弗深矣。是故亡乎其身而存乎辞，虽厚其命，民弗从之矣。是故威服刑罚之屡行也，由上之弗身也。昔者君子有言曰：戗与刑，人君之坠德也……农夫务食，不强耕，粮弗足矣。士成言不行，名弗得矣。是故君子之求诸己也深。不求诸其本而攻诸其末，弗得矣。是故君子之于言也，非从末流之贵，穷源反本之贵。苟不从其由，不反其本，虽强之弗入矣。上不以其道，民之从之也难。是以民可敬导也，而不可掩也；可御也，而不可牵也。①

从《成之闻之》这段论述可以看到，"民可使道之，不可使智之"说

---

① 郭店楚简《成之闻之》，释文参李零《郭店楚简校读记》，北京大学出版社2002年版，第121页。

所关涉和针对的问题，就是德教与刑法政令的关系问题。

这里从"本末"的关系入手来讨论为政之道的问题。凡事皆有其"本"或根由。农夫务食，以勉力耕作为本。士成就其为"士"，以力行其言为本。君子为政，则以德教为本。此言本末，指德教与刑法政令的关系，即德教为刑法政令之本。在这里，刑法政令又可以区分为两个层次：政令与刑法。"亡乎其身而存乎辞，虽厚其命，民弗从之矣。是故威服刑罚之屡行也，由上之弗身也。""辞""命"，是人君所发政令或教令。人君为政，如仅限于宣教布令，而不能"身服善以先之"，民众便不会服从；势将继之以"威服刑罚"来强制实行。故"战与刑"的频发，正是人君失却"德"这个根本的结果。

在儒家的政治哲学系统中，德教与刑法政令是相对的两个方面。《论语·为政》："道之以政，齐之以刑，民免而无耻；道之以德，齐之以礼，有耻且格"《大戴礼记·礼察》："世主欲民之善同，而所以使民之善者异。或导之以德教，或敺之以法令。导之以德教者，德教行而民康乐；敺之以法令者，法令极而民哀戚。"《孟子·尽心上》："仁言不如仁声之入人深也，善政不如善教之得民也。善政，民畏之；善教，民爱之。善政得民财，善教得民心。"赵岐注："仁言，政教法度之言也；仁声，乐声雅颂也。"孔子以政刑与德礼相对举，孟子以"仁言"与"仁声""善政"与"善教"相对举，《大戴礼记·礼察》以"法令"与"德教"相对举，其义略同。相对而言，德礼、仁声、善教、德教，其所重在德性的教化及其成就；政刑、仁言、善教、法令则重在以强力推行刑法政令。

不过，儒家并非一般性地排拒刑法政令，《成之闻之》以本末论德教与政令刑法的关系，而这个"本末"，却非现成摆在那里的一种静态的关系。"本"即德教，这一点没有问题；而这个"末"，却非直接指政令和教令而言。为政必须行其政令和教令。人君为政所奉行之"道"或原则，将赋予其政令以不同（正或负）的意义和价值。对儒家来说，政令、教令必须本乎"人道"和人性。《尊德义》篇谓刑赏征伐等行政措施各有效用，然"不由其道，不行"，因而强调"为政者教道之取先"[①]，"先之以德，则民进善焉"，讲的就是这个意思。这个"先"，亦即《成之闻之》

---

① 郭店楚简《成之闻之》，见《郭店楚简校读记》，北京大学出版社2002年版，第122页。

所说的"本",是言德教对于行政法令具有先在性和本质性的意义。脱离此德"本"的政令,只是无根的说教,必不能为民所信从,是之谓"末"。《礼记·中庸》末章:"诗云:相在尔室,尚不愧于屋漏。故君子不动而敬,不言而信。诗曰:奏假无言,时靡有争。是故君子不赏而民劝,不怒而民威于铁钺。诗曰:不显惟德,百辟其刑之,是故君子笃恭而天下平。诗云:予怀明德,不大声以色。子曰:声色之于以化民,末也。诗曰:德輶如毛,毛犹有伦,上天之载,无声无臭。至矣。"此言为政之道,正可与《成之闻之》的"本末"说相参证。人君为政,必以"德教"为首出的原则,其教令政令乃能获得自身作为"王教"的价值,自然为民众所信从,由是刑赏不用而教化大行,而能收"笃恭而天下平"之效。"声色之于以化民,末也",乃相对于"予怀明德,不大声以色"而言。缺失"德"本而求诸"声色"之"末",其政令必不能有王道教化之效。

政令之不行,则继之以"威服刑罚"甚至战争与杀戮。由此,丧失其"德"本的教令、政令,必会流于一种对"民"的外在的强制。上引《大戴礼记·礼察》把"敺之以法令"与"导之以德教"表述为两种"使民之善"的方式,亦表现了这一思想。"敺"无疑就是《尊德义》和《成之闻之》所说的"强"。"苟不从其由,不反其本,虽强之弗入矣。上不以其道,民之从之也难。是以民可敬导也,而不可掩也;可御也,而不可牵也。"很显然,这里所说的"强""掩""牵",指的就是这个失其德"本"的政令之"末"。不由乎其德本,而只是对民众发号施令,则"虽强之弗入矣"。……这种失去"人道"和德性根据的政令,虽强聒之不已以使民知之,然"民弗从之"必矣!此应即儒家强调民"不可使知之"的道理所在。

五　道德主体之双向互成

儒家的最高为政原则是"以人治人"或"以其人之道,还治其人之身"。此以人先天具有自身的"道"为其形上学的根据。《尊德义》讲"民可使道之""民可道也",为孔子"民可使由之"说提供了语义的背景。它通过"道"的本体义与随从、引导诸义间的内在意义关联性,揭示出了其德教原则的形上学根据。"道"的随从和引导义，是建立在其作为理念、本体的意义基础之上的。"民可使由之"，"由"和"自"可以互训。① 古语"自由"连言，其义为"由乎自己"。从前引《成之闻之》"苟不从其由，不反其本，虽强之弗入"的说法可见，"由"亦有本根义。《孟子·离娄下》："舜明于庶物，察于人伦，由仁义行，非行仁义也。"舜之"由"仁义行，亦即孔子所谓"从心所欲不逾矩"，乃是仁义由内心著见于外，表现为一种自觉而又自由的"德之行"②。不能"居仁由义"者，孟子谓之"自暴自弃"，其理由正在于仁义乃人性所本有。两者相互印证，可知"使由之"或"使道之"这种为政、教化的方式，其精神本质就是要把"民"先天所本有的"道"在民自身中实现出来。而这个民自身之道或价值实现的途径，则是"德教"。

"民可使由之"或"民可使道之"何以要表现为一种"德教"的形式，这一点还需要再做一些讨论。

我们来看《成之闻之》的说法：

> 闻之曰：古之用民者，求之于己为恒。行不信则命不从，信不著则言不乐。民不从上之命，不信其言，而能念德者，未之有也。故君子之莅民也，身服善以先之，敬慎以守之，其所在者入矣，民孰弗从？形于中，发于色，其诚也固矣，民孰弗信？是以上之恒务，在信于众。《韶命》曰："允师济德"何？此言也，言信于众之可以济德也。③

"君子之莅民也，身服善以先之，敬慎以守之，其所在者入矣，民孰弗从"，乃相对于"苟不从其由，不反其本，虽强之弗入"而言，二者从

---

① 如：《诗经·大雅·文王有声》："自西自东，自南自北，无思不服。"郑玄笺："自，由也。"《大戴礼记·曾子事父母》："曾子曰：夫礼大之由也，不与小之自也。"
② 简帛《五行》篇有仁义礼智圣五行"形于内谓之德之行，不形于内谓之行"之说。这个"形于内"的"德之行"，即由内形著于情感生活而自然发之于行为，因而具有自身肯定性的道德价值。
③ 郭店楚简《成之闻之》，释文参李零《郭店楚简校读记》，北京大学出版社2002年版，第122页。

正反两面阐述了同一个道理。后者批评的是使民"知之"的施政方式，这种施政方式的特征是"强"，此点已如上述。相应地，前者肯定的则是使民"道之"或"由之"的为政方式，这种为政方式的特征是"道"（导）。

这段引文论为政之道，以取信于民为人君为政之要务，进而乃从因果两端，将此"信于众"的为政要务归结为一种道德的抉择与成就。人君反求诸己，"身服善以先之，敬慎以守之"，其教令乃能为民所信从，这是从因位上讲；"信于众之可以济德"，则是从果位上讲。我们要注意的是，这里所谓的"济德"或成德，应包括君德与民德之成就两个方面的内容。引文中的"念德"，"念"简文原作"㐁"，刘钊教授《郭店楚简校释》读为"含"，释"含德"作"怀藏道德"①。在这里，"含德"或"怀藏道德"的主辞是"民"。这个释读是有根据的。儒家讲"爱人"，非苟且之爱，其本质乃是"爱人以德"②，重在人的德性成就和超越性价值的实现。这一点亦表现在其为政之道上。孔子论人君为政临民，曰："道之以政，齐之以刑，民免而无耻；道之以德，齐之以礼，有耻且格。"③曰："听讼吾犹人也，必也使无讼乎！"④乃言为政之本，要在民众内在道德意识的唤醒与德性的养成。《大学》总论儒家为政之纲领与途径，言明德亲民以止于至善、格致诚正修齐治平，最后亦归结于"自天子以至于庶人，壹是皆以修身为本"。是《成之闻之》为政使民"含德"或"怀藏道德"之说，其所来有自，并非一个偶然的说法。显然，此"信于众之可以济德"之效，亦当包括民之"含德"的意义在内。

前引《尊德义》"教非改道"一段话说："莫不有道焉，人道为近。是以君子，人道之取先。"指出物皆有自身的"道"，人之应事接物，必须循"道"而行，同时亦突出了"人道"及人君为政循"道"之方的特殊性。"禹之行水""造父之御马""后稷之艺地"，其循道之主体在禹、造父和后稷一方，这主体是单面单向的。而"人道"，则须经由圣王设教的方式来实现。《尊德义》特别强调："为政者教道之取先"，"教非改道

---

① 刘钊：《郭店楚简校释》，福建人民出版社2005年版，第144页。
② 《礼记·檀弓上》："君子之爱人也以德，细人之爱人也以姑息。"
③ 《论语·为政》。
④ 《论语·颜渊》。

也，教之也。学非改伦也，学己也"。有"教"必有"学"。在现实的教化过程中，教与学可以相对地分开；但究竟言之，二者皆本之于"道"而由乎自己，其根据在内而不在外。《孟子·滕文公上》："圣人有忧之，使契为司徒，教以人伦：父子有亲，君臣有义，夫妇有别，长幼有序，朋友有信。放勋曰：劳之，来之，匡之，直之，辅之，翼之，使自得之，又从而振德之。圣人之忧民如此。"朱子《孟子集注》解"自得之"为"使自得其性"，是对的。圣人忧民设教，其目乃在使其"自得"于道而成其性。在儒家的为政理念中，"教"与"学"两方面，皆须成就其自身为循道和实现道之主体，这主体是双面双向的。

人自得于道者谓之"德"。前引《尊德义》文有云："为古率民向方者，唯德可。德之流，速乎置邮而传命……德者，且莫大乎礼乐焉。治乐和哀，民不可惑也。"这一段话，指出了"道"与德教的关系。《礼记·乐记》："君子反情以和其志，广乐以成其教，乐行而民乡方，可以观德矣。"郑注："方，犹道也。"是"率民向方"，即率民向"道"。如前所述，"民可使由之""民可使道之"的"之"，所指代者即"道"。为人君者使民所从者，非统治者自己，而是"道"或"王教"。这个"率民向方"，与"民可使由之""民可使道之"之义是完全一致的。而这里讲"率民向方者，唯德可"，则明确指出，从根本究竟而言，可使民向道、从道者，唯有"德"这一条途径。"德"的意义，在行道内得于心、自得于己而成其性。"道"必由乎"自得"而非出于"外铄"，"教"与"学"，君与民，二者皆成就其为循"道"之主体。由此臻于其极，则其君可成就其为王者之君，其民可成就其为"王者之民"[①]。王者之君与王者之民，是成就"王道""王教"之一体互成的两个方面。

"率民向方"，是言与民共由乎道。《孟子·滕文公下》"行天下之大道，得志与民由之，不得志独行其道"，对此义讲得尤其明白。"率"有"身先"义。儒家不仅要求人君要"与民由之"，而且要求其必须率先行之。人君率先行道，落实于德教，乃表现为一种以身体道，身先服善，诚中形外的教化方式。《成之闻之》所谓"身服善以先之，敬慎以守之……形于中，发于色，其诚也固矣……言信于众之可以济德也"，讲的就是这

---

① 见《孟子·尽心上》。

个意思。"形于中",可参照简帛《五行》篇所说仁义礼智圣"五行""形于内谓之德之行"之义来理解。"形于中,发于色",即《大学》"诚于中,形于外"之义。对这个诚中形外的教化方式,儒家论述颇多。如《礼记·中庸》:"诚则形,形则著,著则明,明则动,动则变,变则化。唯天下至诚为能化。"《荀子·不苟》:"善之为道者,不诚则不独,不独则不形。不形则虽作于心,见于色,出于言,民犹若未从也,虽从必疑……夫诚者,君子之所守也,而政事之本也,唯所居以其类至。操之则得之,舍之则失之。操而得之则轻,轻则独行,独行而不舍,则济矣。"前引《中庸》末章言"声色"为"末"一段话,亦讲到这一点,都可与《成之闻之》的说法相参酌。

在这个"诚中形外"的观念中,为政与成德乃一体不可或分的两个方面。诚、独、形、著、明、动、变、化,即是一个成德与政事合一并功的历程。诚则独,是深造于道,实有诸己的"自得",同时亦是一种无所依傍的"独"得。独则形以下,讲的则是君子道德人格之表显于外的教化之效。荀子所谓不独、不形"虽作于心,见于色,出于言,民犹若未从也,虽从必疑",与《尊德义》"亡乎其身而存乎其辞,虽厚其命,民弗从之矣"意思相同,所指正是前述儒家所摒弃的以"声色"化民之"末"。此独则形的"形",乃是"道"之实有诸己并转化人之实存的当身显现,故能超越"声色"形表,不言而信,无声无臭,如春风之化雨而润物无声,具有直接感通人心,德风德草,化民于无迹之效。是之谓"信于众之可以济德"。信于众而行其教令,为其政事之效;"济德"则是其道德与价值之内涵,二者本为一体。由此"德"的奠基,这教令之行乃能获得其"王教"(或"王道")的意义,反之,则必流为声色之"末"。失其德本的政令必继之以刑罚甚至战争的外在强制。而儒家诚中形外的教化之道,则以"济德"为根本义。其率民向方行道,落实于人君身先服善,以身体道、德风德草的教化方式,乃使一般教化所挟带的声色规范性消弭于无形,而真正凸显出其所本有的"自得"义。"唯所居以其类至",是君子之"济德"必以民众之"含德"为其自身的内容。由此,人君之率民向方从道,其在"教"与"学"两面,皆表现为一种本诸自己的价值实现,而非由乎他力。

要注意的是,如前所述,儒家所反对的"使知之",指的是一种人主以强力实行其政令的施政方式。此"知"读如字,但并非"理解"意义上的知。《尊德义》论德教之效谓"德者,且莫大乎礼乐焉。治乐和哀,民不可惑也"。而相反,"不形则虽作于心,见于色,出于言,民犹若未从也,虽从必疑"(前引荀子语)。郭店简反复强调,民之事上,"不从其所命,而从其所行"(《尊德义》),"亡乎其身而存乎其辞,虽厚其命,民弗从之"①。民众理解并服从的是君所能身体力行的教令。如其行反其所令,民心必生疑惑而不从,由是必有"威服刑罚之屡行"。此亦犹文革之习语所谓"理解的要执行,不理解的也要执行"。古今暴政之所为,又何其相似乃尔!儒家所反对"使知之"者,正在于它是这样一种愚民的暴政。"治乐和哀,民不可惑也"。"治乐和哀",指礼乐教化或德教而言,其实质是要求人君以身体道,"身服善以先之",则民必"不惑"而"所在者入矣",由是而"可以济德也"。何来"愚民"之说?是不能"以意逆志",望文生义而已。

总之,孔子的"民可使由之,不可使知之"说,绝非一种单纯为人君谋的统治之术。它作为一种为政和教化的方式,乃以"道"或"人道"为其形上的根据,主张德教而拒斥仅以声色之末治民的愚民暴政。其将人先天固有之道"还"给人自身,导民由乎自己以实现其自身价值的政治理念,体现出了一种高远的政治理想和切实的人道精神。这也正是儒家民本思想的本质所在。

原载《人文杂志》2013 年第 10 期

---

① 从这个意义上讲,庞朴先生以"身教"与"言教"来界定"使由"与"使之"的涵义,是很正确的。说见庞朴《"使由使知"解》,《文史知识》1999 年第 9 期。

"遯世无闷"与"人不知不愠"

——儒者人格的独立性和独特性

儒家论君子,特重其独立人格之养成。《易传》"遯世无闷"之说,对了解此义,颇有助益。

《易·乾·文言传》:

> 初九曰潜龙勿用。何谓也?子曰:"龙德而隐者也。不易乎世,不成乎名,遯世无闷,不见是而无闷,乐则行之,忧则违之,确乎其不可拔,潜龙也。"

《易·大过·大象传》:

> 象曰:"泽灭木,大过。君子以独立不惧,遯世无闷。"

《易传》以"遯世无闷"喻"龙德"和君子之德,这在儒家并不是一个偶然的说法。《礼记·中庸》:"子曰……君子依乎中庸,遯世不见知而不悔,唯圣者能之。"《论语·学而》:"子曰……人不知而不愠,不亦君子乎?""遯世不见知而不悔""人不知而不愠",亦《易传》所谓"遯世无闷"之义,但看问题的角度略有不同。

《周易》贵"时",常据特定的情势和情境具体地揭示宇宙人生之理以指导人行。乾卦综论君子刚健之德("龙德"),而其六爻则各有时位的差异。《乾卦》初九"潜龙勿用",《文言传》乃据此以言君子处穷困潜隐之时势境遇,其所当行及其所必持之原则和态度。故《易传》"遯世无闷"之说,是有关人行的一种时机性的指点。而《论语》《中庸》圣人君子"人不知不愠""遯世不见知不悔"之说，则是一种直陈性的、具有普遍意义的表述。二者相参，可使我们对儒家君子人格的内涵，有更为切实的了解。

《易》言"遯世无闷"，首先强调的是"君子"不为外物和外在环境所左右，转世而不为世转的人格独立性。《易·乾·文言传》所谓"不易乎世，不成乎名，遯世无闷，不见是而无闷，乐则行之，忧则违之，确乎其不可拔，潜龙也"，《易·大过·大象传》所谓"君子以独立不惧，遯世无闷"，讲的就是这个意思。儒家常常用"独"这一概念来表征君子人格之独立性和独特性的意义，强调为人要能够做到"和而不流""中立而不倚"①"和而不同"②"特立独行"③。先秦儒讲"慎独"，《帛书·五行》的慎独说，更凸显出这慎独之"舍其体而独其心"的意义④。可知强调人格的独立性与独特性，实为儒家之通义。

不过，《易传》所论，乃特别突出了君子独立人格表现的境域性特点。道有隐显，世有治乱，君有明暗。人所处时势，亦有顺逆、得丧、安危、穷达等种种不同境况。《易传》"遯世无闷"之说，乃是就君子所处穷迫困厄及世衰道微之非常情势，以言君子人格之特征及其养成之途径。这对我们理解儒家的人格观念，实具有特殊的意义。

人所处时势不同，故其行事，亦有出入、行止、进退、取舍之异。其所表现的，就是人对"道"或价值原则之内在的抉择。在平常境况和顺境中，人对自身行事之选择，其道德意义尚不能彰明。而人在逆境，处身于利害得丧尤其生命交关之境域，其进退取舍抉择之道德及价值意义，乃善恶昭然，霄壤立判。《乾·初九》"潜龙勿用"，象征君子处困厄潜隐之时会。《大过》卦巽下兑上。巽为木，兑为泽。泽本当润养于木，今泽处木上而灭于木，故为"大过"，其于人亦象征衰乱非常之世。《易传》特于此险难非常的境域，彰显君子"遯世无闷"独立人格之价值，实颇有深意在。

我们特别要注意的是，这里所谓的"龙德而隐"的"隐"，非一般隐

---

① 《礼记·中庸》。
② 《论语·子路》："子曰：君子和而不同，小人同而不和。"
③ 见《礼记·儒行》。
④ 李景林：《教化的哲学》第四章，黑龙江人民出版社2006年版。

士之隐逸，而是君子出入、进退之道的一种"时"或特殊性的表现。

一般隐士的隐逸，所表现的是一种出世之道。如楚狂接舆、荷蓧丈人、长沮桀溺之属，以为天下滔滔而不可与易，其避世的态度，其实乃以个体自由与现实人伦的对峙为前提。故其隐逸避世之义，乃有"出"而无"入"，有"退"而无"进"，拘执于一偏而终失人道之正途。儒家讥其"不仕无义"，"欲洁其身而乱大伦"，可谓切中肯綮。①《易传》所见儒者之隐遁，则表现为"不易乎世，不成乎名，遯世无闷，不见是而无闷，乐则行之，忧则违之，确乎其不可拔"，其义理精神和价值取向，与隐士之隐逸，有着根本性的区别。"乐则行之"，是进；"忧则违之"，则是退。其进退之间，全在吾心之内在自由的决断，而不由乎世俗之是非成见。由此可知，儒者之隐遁，其要不在于"隐"，亦非拘执于"隐"，而在于因时而有"进退"。在此进退之"几"的抉择上，君子人格之独特和高洁的品性，乃可显见。

儒家对君子进退之道多有论述。《论语·泰伯》："天下有道则见，无道则隐。邦有道，贫且贱焉，耻也；邦无道，富且贵焉，耻也。"《论语·述而》："子谓颜渊曰：用之则行，舍之则藏，惟我与尔有是夫。""见隐""用藏"，亦即进退。君子之行，有进有退。决定此进退的原则就是"道"，而非出于功利的动机。人或有道可行而不能"进"，或有屈己枉道苟取富贵而不知"退"者，此皆为孔子所不齿。《孟子·万章上》："孔子进以礼，退以义，得之不得曰'有命'。"儒家所谓"命"，是一个与人的气性生命或功利结果相关的观念。此亦言孔子之行事进退，必以道义为唯一的原则和目的。

由此据"道"以言进退的角度看，可知《易传》所谓"隐遁"，所体现的正是一种乾乾精进、刚健有为的进取精神。儒家有所谓孔颜之乐之说。《论语·雍也》孔子极称颜回之行云："贤哉回也！一箪食，一瓢饮，在陋巷，人不堪其忧，回也不改其乐。贤哉回也！"《述而》孔子自谓曰："饭疏食，饮水，曲肱而枕之，乐亦在其中矣。不义而富且贵，于我如浮云。""奚不曰：其为人也，发愤忘食，乐以忘忧，不知老之将至云尔？"又："子谓颜渊曰：用之则行，舍之则藏，惟我与尔有是夫。"《子罕》：

---

① 见《论语·微子》。

"子谓颜渊曰：惜乎！吾见其进也，未见其止也。"孔子粗食陋居而乐在其中。颜子穷居陋巷，箪食瓢饮，处常人所忧苦之境，亦能自得其悦乐之地。此即《易传》所言"遯世无闷"之精神。唯其如此，彼乃能于用行舍藏之间，进退裕如。正是在此进退之"几"的抉择和决断上，君子乃表现出"发愤忘食，乐以忘忧，不知老之将至"，"见其进也，未见其止也"那样一种积极进取和以天下为己任的道义担当精神。

时势有穷通，君子之行亦因时而有进退。而潜隐大过非常之境遇，对养成和凸显君子大过人之德，则又有非常重要的意义。

用行舍藏，进退合宜，是一种至高的智慧和境界，一般人很难达到。孔子谓颜回"惟我与尔有是夫"，就表明了这一点。而此种智慧境界，恰恰要以其在穷塞之境中养成并表现出的乐天达观、"遯世无闷"的精神为根基，才能达成。所以，儒家于进退两端，虽不偏主于退隐，然对"隐遯"之成就君子人格的意义，却又表示一种特别的重视。《易传》特就"遯世无闷"这一具体的处身情态以彰显君子之独立自由的人格特质，其意义亦在于此。孔子处身世衰道微、礼坏乐崩之时代，虽欲得君行道，重建周文，但政治上终未能得志。其在率领弟子周游列国十余年的羁旅生涯中，更是四处碰壁，畏于匡，拔树于宋，厄于陈蔡之间，"累累若丧家之狗"①。而孔子却常借此困厄忧患境遇以教化弟子，史载孔子与弟子厄于陈蔡之间的一番问答，于此可谓有典型的意义：

> ……不得行，绝粮。从者病，莫能兴。孔子讲诵弦歌不衰。子路愠，见曰："君子亦有穷乎？"孔子曰："君子固穷，小人穷斯滥矣。"……孔子知弟子有愠心，乃召子路而问曰："诗云：'匪兕匪虎，率彼旷野。'吾道非耶，吾何为于此？"子路曰："意者吾未仁耶，人之不我信也？意者吾未知耶，人之不我行也？"孔子曰："有是乎？由，譬使仁者而必信，安有伯夷、叔齐？使智者而必行，安有王子比干？"……子贡曰："夫子之道至大也，故天下莫能容夫子。夫子盖少贬焉。"孔子曰："赐，良农能稼而不能为穑，良工能巧而不能为顺，君子能修其道，纲而纪之，统而理之，而不能为容。今尔不修尔

---

① 见《史记·孔子世家》。

道而求为容，赐，而志不远矣！"……颜回曰："夫子之道至大，故天下莫能容。虽然，夫子推而行之，不容何病？不容然后见君子！夫道之不修也，是吾丑也。夫道既已大修而不用，是有国者之丑也。不容何病？不容然后见君子！"孔子欣然而笑曰："有是哉，颜氏之子！使尔多财，吾为尔宰。"①

身处如此穷厄绝境，孔子不仅"讲诵弦歌不衰"，同时更将此境遇当作启发点化弟子了悟君子之道之一种切身的机缘。平常人处此，不能"无闷"，不能无"愠心"。孔子所提问题，正是因弟子处穷境所生之"愠心"而发，不仅有很强的针对性，时机亦恰到好处。

孔子的提问，涉及的核心问题，实质上就是守道与事功效果之间的关系问题。子路之"愠"，乃以其对"君子有穷"的不理解而发。孔子的回答是，"君子固穷，小人穷斯滥矣"。穷达，涉及人行之事功效果，此在儒家属诸"命"的范围。孔子首先肯定"君子有穷"这一事实，但转从是否能"守道"的角度答子路之问。人处穷境，守道不易。君子小人之根本区别，于此乃可显见。

对于"诗云：'匪兕匪虎，率彼旷野。'吾道非耶，吾何为于此"这一相同的问题，子路、子贡、颜回三大弟子给出了不同的回答。子路的回答，表现出其对道德法则与事功效果间之分位区别性缺乏清醒的理解，由此产生对孔门事业之道义性的怀疑。孔子对子路问题的回应，要在指出持守道义原则与作为事功效果的"命"之间，具有分位上的区别性，故君子虽具仁智之德，仍不能必然免于人"不我信""不我行"之结果。子贡的回答，则意欲以自贬损于道为代价，"而求为容"于天下。孔子乃从君子行道之动机（"志"）必纯粹而不杂的高度，对子贡的方案予以严厉的批评和拒斥。颜子的答案，深契孔子之意，因而获得孔子的赞许。

颜子的回答，揭示出了义与命或动机与事功效果之间的内在一致性。修道行义，乃君子之本分和天职；而事功效果之所以被儒家付之于"命"，正因为它受制于人的历史际遇等外在因素，而不能为人所直接可

---

① 《史记·孔子世家》。《荀子·宥坐》《孔子家语·在厄》《说苑·杂言》《韩诗外传》亦载此事。

求。是义与命之间，有着分位上的区别性。但此二者间却同时又存在着一种价值实现意义上的内在关联性：人本其道义之抉择，而得其所应得，乃能赋予其"命"或此事功效果以正面的存在意义和价值。此即孟子之所谓"正命"①。而这"正命"，乃为人"尽其道"的道德抉择所建立、所赋予，此亦即孟子之所谓"立命"②。从这个"立命"和"正命"的意义上，我们只可以说君子有命；而小人或不能躬行道义者，则是"无义无命"③。小人不能躬行道义，其"无义"，因而"无命"。在这个意义上，义与命之间，又存在着一种因果意义上的关联性。这个"正命"由人之道义抉择所"立"并赋义，具有君子人格与天命之完成的双重意义。在人之穷厄潜隐的境遇中，此义尤能得到充分的证成和彰显。"不容然后见君子"这一论断，即很好地表现了这一点。"遁世无闷"的境界，既基于对此义之理性的了解，更须经由学者切身情境的磨砺而实有诸己的体证方能达成。孔子据潜隐大过的特殊境遇以言君子人格的独立性，并常借此"君子有穷"之切身处境来点化弟子亲切体证君子之道，这是很有深意的。

相对于《易传》所言君子"遁世无闷"之潜隐大过的具体情境性而言，《论语》之言君子"人不知而不愠"，则是从常态的角度着眼。二者所论，正可相互参证。我们先把《论语》的相关论述录出以便讨论。《论语·学而》首章云：

> 子曰："学而时习之，不亦说乎？有朋自远方来，不亦乐乎？人不知而不愠，不亦君子乎？"

《论语·宪问》：

> 子曰："莫我知也夫！"子贡曰："何为其莫知子也？"子曰："不

---

① 《孟子·尽心上》："莫非命也，顺受其正。是故知命者不立乎岩墙之下。尽其道而死者，正命也。桎梏死者，非正命也。"

② 《孟子·尽心上》："存其心，养其性，所以事天也；夭寿不贰，修身以俟之，所以立命也。"

③ 见《孟子·万章上》。

怨天，不尤人，下学而上达，知我者其天乎！"

又：

子曰："君子上达，小人下达。"

《易·乾·文言传》以"遁世无闷"喻"龙德"，《中庸》更说，"遁世不见知而不悔，唯圣者能之"。达于此君子圣人境界者，其行有内在的原则主乎其中，决不媚俗阿世，随物宛转；其眼界和所见亦必异于常人，因而常常会遭遇"人莫我知"的境况。从这个角度来看，君子圣人之难于为人所知和理解，其实是很正常的事。历史上的大哲和圣人常常会成为无所依傍的先知和独行者，其道理亦在于此。孔子"莫我知也夫"之慨，即表现了这一点。

其实，凡世间之特立独行者，常不免有孤独之感。如我们平素所谓"天才"，亦常会有"人不我知"之叹。但天才的孤独，则常常很痛苦，更不能做到"无闷""不愠"和无怨尤。究实言之，我们一般所言天才，乃常囿于才性知能之范围。天才之才性知能，或表现于文学艺术，或表现于数学、科学创造性诸领域，其作为气性方面的表现，往往偏而不全。同时，气性生命既有充溢发皇之时，亦易于在其高峰过后急促趋于消竭。天才在其所专领域之外之智能，常远低于一般人，故有"科学白痴"之说。艺术、文学方面的天才，亦多会遭遇到"江郎才尽"一类的瓶颈。诗人的发疯、文学诺奖得主的自杀，所在多有，不乏其例。这样的天才，甚至往往缺少正常的个人生活，似乎是上天专门派来实现人类某一方面文明的特使，任务完成便被召回。人不能没有才性知能，但才性知能源于自然的恩赐。这自然的才性，常偏于一曲，而与人与物有隔，故常孤独且痛苦而不能"无闷"，不能无怨尤。君子则要通过"下学而上达"的途径，达于完整的人性实现。人的气性经由"下学而上达"的历练和升华，转变自身为此德性生命的结构性内容，才能使之摆脱自然因果律的束缚而达到自由。君子虽常遭遇"人莫我知"的境遇但却"不愠""无闷"，无怨无尤，正源于这种人格的自由。

所以，儒家特别重视"学"。孔子自谓不敢当仁圣之名，而唯以"好学"自许①。在诸弟子中,孔子亦仅称颜回为"好学"②。盖"学"实为扰化和升华人的自然禀赋以成就君子人格之基本的途径。

《论语·学而》首章言"为学",以"人不知而不愠,不亦君子乎"一句作结。参照《宪问》篇"不怨天,不尤人,下学而上达,知我者其天乎","君子上达,小人下达"的说法可知,所谓"不怨不尤",亦即《学而》所谓的"人不知而不愠";而由"学"达于"人不知而不愠"的君子人格,正是一个"下学而上达"的历程。而从"下学而上达,知我者其天乎"的说法亦可看出,这"人不知而不愠"的君子之德,须臻天人合德的形上境域,才能得到实现。《论语·尧曰》:"子曰:不知命,无以为君子也。"《论语·季氏》:"孔子曰:君子有三畏:畏天命,畏大人,畏圣人之言。小人不知天命而不畏也,狎大人,侮圣人之言。"孔子讲"君子有三畏",其第一条就是"畏天命",并把它视为判分君子小人的首要的尺度。其晚年亦自述说自己"五十而知天命,六十而耳顺,七十而从心所欲不逾矩"。"知天命"并由之而敬畏天命,标志人的内在超越性至善价值原则的挺立,由此乃能达到人格的完成和道德的自由。

上文有关"君子有穷"或"隐遁"的讨论,实已涉及到"天命"的问题。"不容然后见君子"与"不知命无以为君子",这两个命题,亦正可以互训。不过,仔细比较《易传》"遯世无闷"与《论语》"人不知而不愠"说的论述角度,可以看出,后者乃更突出了"下学而上达"于天对于成就君子独立人格的根本性意义。

《学而》首章既言学而能"乐",又言"人不知而不愠",二者意义是相通的。今人从学,常感受到的是"苦"而非乐,乃因其学无"上达"这一向度,以致流为知识技能的口耳之传。天才之孤独,常陷于痛苦挣扎,则因其拘于才性、偏于一曲而不能与物无隔。故人生之孤独痛苦,常由于其与人、物有隔而不能通。儒家言"乐学",要在"下学"而能"上

---

① 如《论语·述而》:"子曰:若圣与仁,则吾岂敢? 抑为之不厌,诲人不倦,则可谓云尔已矣。""子曰:默而识之,学而不厌,诲人不倦,何有于我哉!"《公冶长》:"子曰:十室之邑,必有忠信如丘者焉,不如丘之好学也。"
② 《论语·雍也》:"哀公问:弟子孰为好学? 孔子对曰:有颜回者好学。不迁怒,不贰过,不幸短命死矣。今也则亡,未闻好学者也。"

达"。易云："乐天知命故不忧，安土敦乎仁故能爱。"① 君子之学，为仁由己，下学而上达于天，乐天知命，故能临事无怨无尤、不忧不惧，安止于本分而仁心流行、曲通万物。这揭示出儒家君子人格一个重要的特征：独与通的内在统一。

今人受西方思想的影响，常常从个体性与普遍性相对峙的角度来理解人的"自我"的实现。这样的自我和个体性，由于失却了其自身普遍性的规定，而流于情态化和感性的任性。另一方面，价值原则的普遍性亦被抽象化为一种落在个体差异性之外的单纯有用性或功利性的约定，因而失去了其真理性的意义。由此产生了两方面的后果：一是道德和价值相对主义的流行；二是个体存在失去其普遍性和超越性的根据从而被感性化，易于为现代高度发达的媒体信息所引领的各种流俗时尚左右，而丧失其自身的独立性和独特性。因此，真实的自我和个体性，不可能在这种抽象私己性与共在性相对峙的思想前提下得到真正理解和实现。

与此相反，儒家的君子人格学说，既强调道德原则的至上普遍性和超越性，同时又特别强调个体人格的独立性和独特性。在儒家看来，对于君子、圣人的人格成就而言，这两个方面实为一体两面，不可分割。君子人格的独立性，绝非一种抽象的私己性。君子之学，必上达于天、天命、天道。故"知命"然后乃能为君子。人莫我知，"知我者其天乎"，表明君子之知天命，乃是一种个体内在的独知。因此，这样一种基于天道、天命的君子人格的独立性和独特性，决定了人对天、天命、天道的了悟和自觉，必是一种以个体内在的"独知"为前提的敞开性和互通性，而非一种共同性或同质性的认知。王阳明对这种"独知"与"天命"的内在关联性有很好的说明。阳明有诗云："良知即是独知时，此知之外更无知"② "无声无臭独知时，此是乾坤万有基"③，王龙溪亦说："良知即是独知，独知即是天理。天理独知之体，本是无声无臭……独知便是本体，慎独便

---

① 《周易·系辞上》。
② 王阳明：《答人问良知二首》，《王阳明全集》卷二十，上海古籍出版社1992年版，第791页。
③ 王阳明：《咏良知四首示诸生》，《王阳明全集》卷二十，上海古籍出版社1992年版，第790页。

是功夫。"① 这个"独知"的观念,很切当地表明了知天命、知天道之"知"的特点。"天理""天道""天命"是普遍超越之体,但它并非现成平铺摆在某处、可供人抽象认取的一种认知的对象。它对人心的显现,必是一种经由个体内在的独知所敞开之"通",而非一种认知意义上的"同"。古人恒训"圣"为"通"②,其道理亦在于此。所以,最高的知或人的真智慧必为独得于心的"独知","知我者其天乎","独知"才能达天人相通,具有充分而完全的敞开性。

这独知之知,既是一种自觉和了解,同时亦是一种实有诸己的自得和独得。"学而时习之,不亦说乎",孔子所谓学,要落实于不间断的践行工夫。这践行工夫的修身之效,孟子谓之"践形":"形色天性也,惟圣人然后可以践形"。践者实现义。"践形",表现为一系列自内向外的实存和精神气质的转变和转化。形色气性,本原于天,故可以说"形色"是人的"天性"。然此"形色天性",非如自然物那种本能直接性的获得,人必学止于圣,转变转化此形色气质至于精纯,其作为人之"天性"的本有价值才能得到完全的实现。《礼记·中庸》:"诚则形,形则著,著则明,明则动,动则变,变则化,唯天下至诚为能化。"《荀子·不苟》:"善之为道者,不诚则不独,不独则不形……操之则得之,舍之则失之。操而得之则轻,轻则独行,独行而不舍,则济矣。"《孟子·尽心上》:"仁义礼智根于心,其生色也,睟然见于面,盎于背,施于四体,四体不言而喻"。这样一个诚、独、著、明、动、变、形、化的历程,既是道体植根于人心,并推动人的形色实存和精神生命之一系列转变的普遍化过程,亦是人心对道体之独得独知的一个实有诸己的过程。经由这样一个普遍化的教化历程,那作为个体实存的自然秉性才能实现并保有其为自身的个性内容,具有独立而不受外物外力左右的独立性和独特性。人心对"道"之实有诸己的独知独得与道在个体生命中的创造性的开显,实为同一过程的两个方面。

这样一种君子的人格成就,虽"独"而不碍其为"通",虽特立独

---

① 《明儒学案》卷十二。
② 如:《说文解字》:"圣,通也"。(见段玉裁《说文解字注》,上海书店1992年版,第592页)《白虎通·圣人》:"圣者,通也"。

行，却并不孤独。君子处世，亦必有其时位方所、职责位分之异，然其能以仁心之流行，而与人与物通而无隔，由是而能常怀万物备我①、天地万物一体之乐。② 是以人不知而不愠，不怨不尤，遯世无闷，"唯圣者能之"，正是人生修养所至最高境界的表现。

原载《船山学刊》2013 年第 2 期

---

① 《孟子·尽心上》："孟子曰：万物皆备于我矣。反身而诚，乐莫大焉；强恕而行。求仁莫近焉。"由此语可知，孟子所谓"万物皆备于我"之"乐"，无非经由忠恕之工夫历程，而能至人我、物我一体相通之境而已。

② 阳明《与黄勉之书（甲申）》论《论语·学而》"学而时习之不亦说乎"之义，认为仁人以天地万物为一体，与人与物一体相通而欣合无间，其心乃能常乐："乐是心之本体。仁人之心，以天地万物为一体，欣合和畅，原无间隔……时习之要，只是谨独。谨独即是致良知。良知即是乐之本体。"（《王阳明全集》卷五，上海古籍出版社 1992 年版，第 194 页。）

论孝与仁

一 小序

孝和仁是密切相关的两个概念。二者的关系,可见《论语·学而》篇有子的话:"君子务本,本立而道生,孝悌也者,其为仁之本与!""孝"的主要内容是对亲人尤其是父母的"爱"和"敬"的情感。有敬,悌的意义实质上已包含在其中。当然,在孝里面有爱,在悌里面也有爱,但是从概念的显性特征来讲,孝的着重点在"爱",悌的着重点在"敬"。孝悌,体现了敬和爱两个方面。

孝悌"为仁之本"。何晏《集解》解释说:"本,基也。基立而后可大成也。"朱子《集注》解释说:"本,犹根也。"意思是说,孝悌是仁的基础或根本。在孔子那个时代,血缘关系在社会生活里面占据非常重要的位置,所以孔子特别强调孝悌。《孝经》首章开宗明义,亦引孔子的话说:"夫孝,德之本也,教之所由生也。"孝是德的根本,是教化的开端。仁是全德之名,是德的总称。这里讲"孝"为"德之本",与《论语》讲仁以孝悌为本,意思是相通的。我们的生命是父母给予的。孝悌这种情感,对人来说是一切情感里边切近,又最真挚的情感。"子生三年,然后免于父母之怀",这一点,是永远无法割舍的。对人来讲,孝悌的情感是人最为自然真挚的情感,因而是人的德性成就的真实基础。

儒家讲孝悌为仁之本,但孝并不等于仁。孝相对于父母而言,悌相对于兄长而言,因此孝悌作为一种情感,又有一定的局限性。"仁"不局限于孝悌,但为仁成德,却必须以孝悌为前提。儒家讲孝悌为仁之本,是着眼于孝悌作为情感之真实、真诚对人成德的根本性意义,并不是把仁局限于"孝悌"。所以,一方面,仁德的成就要以孝悌为前提;另一方面,孝悌一定要推扩达于仁德，其所本有的道德意义才能得到实现。

二 孝养与爱敬

从文字上讲，孝的本义是善事父母。《说文》："孝，善事父母者。从老省，从子，子承老也。"孝是一个会意字。金文中"孝"的字体构形，上部为一老人的形象。"孝"字从老从子，意谓"子承老"，即子辈奉养老人。[①]"孝"字既可用为动词，指子善事父母，对父母的孝顺；同时，也可用为名词，意指人的一种美德和德性。

关于孝的意义，我们先来看《论语·为政》篇："孟懿子问孝。子曰：'无违。'樊迟御。子告之曰：'孟孙问孝于我，我对曰，无违。'樊迟曰：'何谓也？'子曰：'生，事之以礼；死，葬之以礼，祭之以礼。'""无违"，并不是简单地说不要违背父母，其意义要在不违"礼"。《孝经·广要道章》说："礼者，敬而已矣。"唐玄宗注："敬者，礼之本也。"礼的意义在于"敬"。"无违"或不违礼，所表现的就是一个"敬"的精神。我们要注意，这个"敬"字，有两个方面的涵义，一方面，指对父母的尊敬，敬事父母的行为是"孝"；另一方面也表明，"敬"是孝作为德的一个内在的原则。又《论语·为政》篇记孔子答"子游问孝"说："今之孝者，是谓能养。至于犬马，皆能有养。不敬，何以别乎？"这里强调的也是"敬"。孝必须以"养"为前提，没有"养"，孝当然无从谈起，但是这只是一个基础。对于犬马，对于宠物，人同样能有养，如果不能敬，养父母与养犬马也就没有什么本质的区别。孟子说得更直截："食而弗爱，豕交之也，爱而不敬，兽畜之也。"（《孟子·尽心上》）对父母仅有衣食之养，而无爱敬之情，实无异于把他当作生畜来畜养。这里，凸显了"敬"对于"孝"的根本性意义。

又《为政》篇："子夏问孝。子曰：'色难。有事，弟子服其劳；有酒食，先生馔，曾是以为孝乎？'"什么是"色难"？《礼记·祭义》说："孝子之有深爱者，必有和气。有和气者，必有愉色。有愉色者，必有婉

[①] 刘翔：《中国传统价值观诠释学》，生活·读书·新知三联书店1996年版，第115—116页。

容。"这句话，可以很好地解释这个"色难"的意义。即言孝子奉养父母，所表现出的和气、愉色、婉容，是由内心的深爱达于容色，这不是能够做作得出来的。侍奉父母，并不是一件很容易的事。父母年老，脾气可能不太好。孝子内心对父母有深爱，这种深爱，由中心见于容色，才能做得到这一点。这就叫"色难"。这样以对父母内心的爱敬之情为根据的奉养，才能称作"孝"，具有"孝"的道德价值。我们请个保姆，在饮食起居的照料上可能做得比我们自己还好，但这并不就是"孝"。这里所凸显的，是"孝"德对于父母长辈之"爱"的一面。

《论语·学而》篇说："子曰：父在观其志，父没观其行。三年无改于父之道，可谓孝矣。"何谓"三年无改于父之道"？《礼记·坊记》："子云：君子弛其亲之过，而敬其美。"郑玄注："弛犹弃忘也，孝子不藏记父母之过。"有些人总是唠唠叨叨，表说父母不好的地方，这实际上是对父母的不敬。孝子不藏记父母之过，而总是赞扬他好的地方。《诗经》里面有"追孝"①之说，意思是要追念并承继父母、前辈的孝德。对于父母前辈，要继承的是他好的、善的、美的方面而不记过恶，由此而形成一个好的家族传统。此即所谓"无改于父之道"。

孝子对父母的这种爱、敬之心，会表现在孝行的方方面面。比如《里仁》篇："子曰：事父母几谏，见志不从，又敬不违，劳而不怨。"父母有错，当然要谏诤。《孝经》说："父有争子，则身不陷于不义。"（《孝经·广扬名章》）父母做错事，如不劝谏，就可能陷其于不义，这不是真爱父母。但对父母的谏诤，要讲究方式。"几谏"，要委婉地对父母提出意见。如父母不从，就再找其他的机会。孝子对父母有真爱，会表现在一些很细微的地方。《孟子》有一个说法，叫作"父子之间不责善"："父子之间不责善，责善则离，离则不祥莫大焉。"（《孟子·离娄上》）"责善，朋友之道也。父子责善，贼恩之大者。"（《孟子·离娄下》）"责善"，就是板起面孔直接指责、责备对方的错误。"责善则离""父子责善，贼恩之大者"，是说，板起面孔的指责，会伤害父子的感情。这个"几谏"的方式方法，也体现了对父母真切的爱敬之情。

又如《里仁》篇："子曰：父母在，不远游，游必有方。""父母在，

---

① 《诗经·大雅·文王有声》："匪棘其欲，遹追来孝。"

不远游",古代也很难完全做到,在现代社会,就更难做到。所以孔子退一步,讲"游必有方"。"有方",就是让父母知道你在哪里,在做什么,状况如何,免得老人牵挂。过去信息不发达,做到"游必有方"也不容易。现在这一点就很容易做到。又《里仁》篇:"子曰:父母之年,不可不知也。一则以喜,一则以惧。"知父母之年,这是人之常情。现在很多人连父母的生日都不知道,这是不应该的。知父母之年,一则以喜,一则以惧。为什么?父母高寿,八十、九十岁还健在,是我们做子女的福分。孟子讲"君子有三乐",第一乐就是"父母俱存,兄弟无故"。但是增加一岁,生老病死,是自然规律,因而"一则以惧"。此言孝子深爱父母之心、之情,极细微而亲切,本身就有一种感动人心的教化意义。孔子所讲的道理,特别切合人心,切近人情。

综上所论,"孝"作为一种德,其主要的内容表现为对父母的奉养和爱、敬之情。《礼记·祭义》:"曾子曰:孝有三,大孝尊亲,其次弗辱,其下能养。""尊亲"包括对父母的敬和爱。"弗辱",是说孝子处世,不能做有辱父母令名之事,其实质仍在于"尊亲"。"能养"则其下者。这里讲"孝"的三个层次,养为基础,如果没有奉养,孝就无从谈起。但仅仅是奉养,尚不足以尽孝之义。"孝"必须以"能养"为前提,但其本质的内涵则是爱和敬。

三 敬与敬畏

其实,儒家所言"孝"的意义,不限于此。儒家孝的观念,不仅是对在世父母长辈而言的,而且包括生命成始成终的意义在内。为什么要孝?人的生命,根源于父母,父母的生命,根源于父母的父母。由此返本复始,人的生命,可以说是本原于天地。所以,进一步说,儒家的孝道思想,还包含着一种通过"慎终追远"以追寻人的生命本原的形上学意义。

《礼记·中庸》说:"敬其所尊,爱其所亲,事死如事生,事亡如事存,孝之至也。"《荀子·礼论》:"礼者,谨于治生死者也。生,人之始也;死,人之终也。终始俱善,人道毕矣。"《礼记·祭统》亦说:"孝子之事亲也,有三道焉:生则养,没则丧,丧毕则祭。"生为生命之始,死为生命之终。这里所言"孝",就涉及到生命之成始成终的意义。上文引孔子论"孝"也讲道:"生,事之以礼;死,葬之以礼,祭之以礼。"《论语·学而》:"曾子曰:慎终追远,民德归厚矣。"慎终讲丧礼,追远讲祭礼。① 可知,孝道不仅局限于对父母、亲人的爱敬和奉养,更要由生命之成始成终,通过追思生命的本原("追远"),以实现人的德性成就。

《孝经·圣治章》说:"父子之道天性也。"又《孝经·三才章》:"曾子曰:甚哉孝之大也。子曰:夫孝,天之经也,地之义也,民之行也。"在儒家看来,父子之情,父慈子孝,出于天性,而非人为。从这个意义说,父慈子孝,乃天经地义;孝道作为人(民)行之法则,亦本原于天道。孟子讲"不孝有三,无后为大"(《孟子·离娄上》),继嗣不断,由此亦可以看作孝的意义的一种表现。所以,祭祀皇考先妣,并能奉祀不断,既为"孝"之意义的彰显,亦包含有一种追思生命本原的超越性意义。

现实中每个人地位不同,所处境遇亦不同,因此,孝行在现实上亦有不同层次的表现。《孝经》自第二章以下分论天子、诸侯、卿大夫、士、庶人五位或五个层次的"孝"②,就指出了这一点。同时,孝道又是贯通于人类行为的一个普遍原则。《孝经·庶人章》说,"故自天子至于庶人,孝无终始,而患不及者,未之有也",说的就是这个意思。在上述天子、诸侯、卿大夫、士、庶人五个位次的孝德的表现中,天子之孝实贯通此五位而为"孝"的意义之最高表现。《孝经·圣治章》:"曾子曰:敢问圣人之德,无以加于孝乎?子曰:天地之性人为贵,人之行莫大于孝,孝莫大于严父,严父莫大于配天,则周公其人也。""严父",严即敬、敬畏。此仍以"敬"为孝之本质内涵。这个"敬"的意义,在天子之"孝"上得到了最充分的表现。

《孝经·圣治章》"严父莫大于配天",是从祭祀的角度论"孝"之"敬"的意义。《礼记·王制》:"天子祭天地,诸侯祭社稷,大夫祭五祀。天子祭天下名山大川,五岳视三公,四渎视诸侯,诸侯祭名山大川在其地者。"《公羊传·僖公三十一年》:"天子祭天,诸侯祭土。天子有方望之

---

① 何晏:《论语集解》:"慎终者丧,尽其哀;追远者祭,尽其敬。"
② 《孝经》《天子章第二》《诸侯章第三》《卿大夫章第四》《士章第五》《庶人章第六》分别论"天子之孝""诸侯之孝""卿大夫之孝""士之孝""庶人之孝"。

事，无所不通。诸侯山川有不在其封内者，则不祭也。"这是说，人因其所处社会等级的差异，亦有不同的祭祀对象，而只有天子有祭天之权。古代天子祭天，可以其先祖配享。《礼记·郊特牲》说："万物本乎天，人本乎祖，此所以配上帝也。郊之祭也，大报本反始也。"报本反始，是古人制祭的原则。万物本原于天，人本原于先祖。天子祭天，以其先祖配享，意谓其先祖之德可以配天。这一点，既表现了祭祀"大报本反始"的精神，同时，亦最充分地体现了孝道的最高意义，由此亦贯通并构成为上述五位孝德的意义基础。

《大戴礼记·礼三本》篇说："礼有三本：天地者，性之本也；先祖者，类之本也；君师者，治之本也。无天地焉生，无先祖焉出，无君师焉治。三者偏亡，无安之人。故礼，上事天，下事地，宗事先祖而宠君师，是礼之三本也。"这个"本"，义即本原或根据。"性"读为生，亦即生命。人的生命，本原于父母先祖，所以先祖是族类之本，天地是宇宙万有一切生命的本原。人是文化的存在，君与师，则是文明创制之原。西方人的上帝信仰，是个人直接对越上帝。中国人则讲敬天法祖。从这段"礼三本"的论述可知，儒家建立超越性价值基础的方式，乃是由法祖而敬天。这与西方宗教实现其超越性终极关怀的途径和方式，是有很大差别的。

如前所述，"孝"的核心在"爱"和"敬"。这爱敬之情，由此"法祖而敬天"的途径，乃具有了一种内在的宗教性和形上学的意义。一方面，它把天之作为生命本原的意义通过"慎终追远"的序列建立起来。这个"礼三本"，当然是从社会整体的礼文创制而言的，而天子祭天以祖配的最高意义，乃贯通在天子以至于庶人之祭祀的整个序列中，使之获得了超越性的意义。由此，人对父之"敬"的意义，乃转变为对"孝道"作为一种道德法则之具有形上意义的"敬畏"。《孝经·圣治章》所谓"人之行莫大于孝，孝莫大于严父，严父莫大于配天"，就说明了这一点。另一方面，这种形上学超越性的敬畏，同时又因于亲亲之"爱"的一面，而具有可以亲切体证、实有诸己的落实。

四 "仁"与行仁之方

孔子首先提出了一个仁学的思想系统，在孔子仁学思想中，仁是一个关于为人之本和理想人格的概念，同时又是全德之名。

《礼记·中庸》篇引孔子的话说："仁者人也。"就是说，仁是人之所以为人的本质的规定。《论语·卫灵公》篇："子曰：民之于仁也，甚于水火。水火，吾见蹈而死者矣，未见蹈仁而死者也。"水火，为人的日常生活所依凭者，然过多则会伤及人的生命。而仁则是人的精神生命之所依归之处，所以说"吾未见蹈仁而死者"。

《里仁》篇记孔子说："有能一日用其力于仁矣乎，我未见力不足者。"又《述而》："子曰：仁远乎哉？我欲仁，斯仁至矣。"仁不远人，每个人都有能力能做到仁。一个人，其他的事，不见得有能力做到。像功名利禄、寿命长短、功利事功效果之事，皆非人靠自己的力量所能决定者，儒家把这些统称作"命"；但是，行"仁"，选择做一个好人，做一个仁人，却是人唯一可以不借助于外力，自己能够自作决定的事情。所以唯有"仁"，才是人最本己的可能性，为人之本质所在。

儒家把事功功利效果之事归诸"命"，并不是说它与人完全无关。《孟子·尽心上》说："知命者不立乎岩墙之下。尽其道而死者，正命也，桎梏死者，非正命也。"命有"正命"和"非正命"之别。人行其所当行，所得到的结果，那个"命"，就是"正命"。相反，一个人不行正道，或者作奸犯科，被关进监狱，死在里边，那就是"非正命"。人在现实中的价值抉择，赋予自己的行为及其结果以正面和负面的价值，此即孟子所说的"正命"或非正命"。从这个意义上讲，只有君子有命，小人因为"无义"，所以"无命"。因为他得到的不是"正命"。《礼记·中庸》说："君子居易以俟命，小人行险以徼幸。"孟子更讲"修身"以"立命"①。人选择居仁由义，便赋予了你的行为及其结果以"正命"，这个"命"，是人的价值抉择所"立"起来的。人行其所当行，得其所应得，这既是天命的实现，亦是人的人格的完成。孔子讲，"不知命，无以为君子也"（《论语·尧曰》），讲的就是这个意思。

所以，孔子论仁，认为仁是人最本己的可能性，是之作为人的本质所在。以后孟子的性善论，其根据即在于此。

---

① 《孟子·尽心上》："存其心，养其性，所以事天也；殀寿不贰，修身以俟之，所以立命也。"

仁又是一个标志理想人格的概念。《里仁》篇孔子云："君子去仁，恶乎成名？君子无终食之间违仁，造次必于是，颠沛必于是。"《易·乾·文言传》说："君子体仁足以长人。""成名"，即成就君子之所以为君子之名。君子之为君子，实以"仁"为其"体"（体仁），君子之德，亦须经由始终如一、不间断地行仁来达成。所以，仁，是标明君子之所以为君子者，是一个理想人格的概念。

不仅如此，不同层次的道德人格亦皆以践仁行仁而得以成就。《论语·述而》："伯夷、叔齐何人也？曰：古之贤人也。曰：怨乎？曰：求仁而得仁，又何怨？"孔子称赞伯夷、叔齐为古之贤人。伯夷、叔齐的"贤人"之德，既由"求仁得仁"之途径而成就，故亦包含于"仁"德的概念中。《论语·雍也》："子贡曰：如有博施于民而能济众，何如？可谓仁乎？子曰：何事于仁，必也圣乎，尧舜其犹病诸！夫仁者，己欲立而立人，己欲达而达人，能近取譬，可谓仁之方也已。"忠恕为仁之方，推己及人，成己成物，达致天下，至于其极为"圣"。可见，行仁而至乎其极者乃为圣。理想的圣人之境亦由推极践仁的功夫而致。故孔子乃以"仁"这一概念表征其人格之理想。

同时，仁又为全德之名或统括诸德的一个总体。孟子说："仁，人心也。"朱子《仁说》以仁标"心之德"："语心之德……一言以蔽之，则曰仁而已矣……人之为心，其德亦有四，曰仁义礼智，而仁无不包。其发用焉，则为爱恭宜别之情，而恻隐之心无所不贯。"陈淳《北溪字义》也说："仁者乃心之德……仁所以长众善而专一心之全德者，何故？盖人心所具之天理全体都是仁……举其全体而言，则谓之仁，而义礼智皆包在其中。"仁为"心之德"，这个"德"，是性质或本质义。心总体言之是仁，分说则有仁义礼智四个方面的规定。仁统括仁义礼智，概括了仁义礼智的全体。所以，仁统括诸德，而为诸德之总名。

孔子讲"仁"，并未对仁下一个一般的定义。因为孔子所说的仁，就是道。《易传》说"形而上者谓之道，形而下者谓之器"。道是形而上者，本来不可说。所以，孔子所教人者，唯行仁之"方"，即我们怎么样达到仁。这个行仁之方，就是"忠恕"之道。通过"忠恕"这个行仁之方，我们才能对"仁"的本真内涵有所了解。

《论语·里仁》："子曰：'参乎！吾道一以贯之。'曾子曰：'唯。'

子出，门人问曰：'何谓也？'曾子曰：'夫子之道，忠恕而已矣！'"曾子用"忠恕"来概括"夫子之道"，大体不差，但并不完全准确。《礼记·中庸》引孔子的话说："忠恕违道不远，施诸己而不愿，亦勿施于人。""违"就是离开。忠恕离道不远。忠恕是行仁之方，当然离道不远，通过忠恕可以把"道"实现和呈现出来，但却不能把忠恕等同于道。《中庸》这个说法，把仁与忠恕之道的关系表述得很准确。

《论语》讲忠恕，最有代表性的是两句话："己所不欲，勿施于人。"①"己欲立而立人，己欲达而达人。"② 概括地讲，忠恕行仁，就是要从人最切己的欲望、要求出发，推己及人，由内向外最后达到人与我、物与我一体贯通的境界，它所表现的就是"仁"。所以"忠恕"就是为仁之方或达到仁的方法和途径。当然，它不仅是一种方法，同时也是实现仁的一种工夫。

忠恕这一概念，有两个重要的特点。第一，强调情感的真实。忠恕是一个整体的概念，但忠恕两个字，亦可以分开来讲。朱子释忠恕说："尽己之谓忠，推己之谓恕。"③ 忠者中心，恕者如心。尽己、推己，要在一个"己"字。尽己之忠，强调的是为人的真诚；推己之恕，强调的是要以真诚之心处事待人。为仁之方，是从人最切己的意愿出发推己及人。要达到仁，实现仁德，最根本的一点就是情感、意愿表现出来要非常真诚。

第二，这个忠恕，突出了一种差异性的原则。"忠恕"，涉及外与内、人与己、物与我的差异与沟通的关系。忠恕行仁，就是要从切己的意愿出发，通过推己及人的践履工夫，达到内外、人己、物我之一体。从这个意义上讲，忠恕是一个"沟通原则"。但是，儒家的忠恕之道，乃以肯定我与人、人与人、人与物的差异为前提。所以，忠恕所达到的沟通，是在差异实现前提下的沟通。西方人讲普世伦理，肯定孔子忠恕之道之作为普世性伦理原则的意义。瑞士神学家孔汉斯一方面强调"己所不欲，勿施于

---

① 《论语·卫灵公》："子贡问曰：'有一言而可以终身行之者乎？'子曰：'其恕乎！己所不欲勿施于人。'"又《论语·颜渊》："仲弓问仁。子曰：'出门如见大宾，使民如承大祭。己所不欲，勿施于人。在邦无怨，在家无怨。'"

② 《论语·雍也》："夫仁者，己欲立而立人，己欲达而达人。能近取譬，可谓仁之方也已。"

③ 见朱子《论语集注·里仁》"参乎！吾道一以贯之"章。

人"这一原理的普世性价值，同时，又试图对它作出一种"己之所欲，施之于人"的所谓"积极表达"①。这种对忠恕之道的理解，所表现的是西方人类中心论的立场，与儒家的思想是根本不相应的。

忠恕之道这两个特点，表现了"仁"德的根本精神。忠恕，是由己出发，推己及人。《中庸》引孔子的话说："忠恕违道不远，施诸己而不愿，亦勿施于人。君子之道四，丘未能一焉：所求乎子以事父，未能也；所求乎臣以事君，未能也；所求乎弟以事兄，未能也；所求乎朋友先施之，未能也。"儒家讲忠恕，历来强调的都是对自己的要求，而非对他人、他物的要求。孔子此语，集中地体现了这一点。对"己"的要求，就是"诚"或"忠"。"推"，即今人所谓将心比心或"换位思维"。这推己及人的过程，同时即是一个不断消解人对私己的偏执，从而保证人我、人物各在其自身的限度内有所成就的过程。人以此接人处事应物，则无往而不"通"。这一忠恕的原则，所达成的是个性差异实现或限制性前提下的沟通，它所体现的，乃是一种价值平等的精神。反之，对忠恕作"积极表达"，主张"己之所欲，施之于人"，则会忽视人我、人物间的实存性差异，以己之意欲和价值强加于人、物，从而造成人我、人物间的隔阂与冲突。②

总之，忠恕讲的是己与人的关系，或者说是成己和成物、自成和成人、内与外的关系。通过推己及人的践履工夫，达于内外、人己、物我之动态合一，就是德。最高的德，就是仁。忠恕是行的工夫，其所成就的，就是人我、外内一体相通的境界。此一境界所实现和呈显的，就是"仁"。而仁这种"通"的精神，则是以因任人、物存在之平等性实现为前提的。

五 孝与仁的关系

忠恕行仁，是推己及人、达于人己内外的一体相通。这个推己及人的

---

① 刘述先：《世界伦理与文化差异》，收入氏著《儒家思想开拓的尝试》，中国社会科学出版社2001年版，第108—109页。

② 李景林：《忠恕之道不可作积极表述论》，《清华大学学报》2003年第3期。

前提，是人的真实情感。在现实中，人最真挚的情感莫过于"亲亲"之情。《论语》讲孝悌"为仁之本"，孔子讲"立爱自亲始""立敬自长始"（《礼记·祭义》），就指出了这一点。

不过，《论语》讲忠恕行仁之道，尚未直接把忠恕与孝道相联系。孔子后学论人的德性成就，更注重孝道。由曾子到思孟学派的发展，其言忠恕，特别凸显出以"亲亲"之情作为忠恕行仁之发端的意义。

曾子以忠恕来概括孔子的一贯之道，曾子又以其孝德孝行显名于后世。所以，曾子论忠恕行仁之道，乃以"孝"为前提。《大戴礼记·曾子本孝》篇："曾子曰：忠者，其孝之本与！"又《曾子立孝》篇："曾子曰：君子立孝，其忠之用，礼之贵。故为人子而不能孝其父者，不敢言人父不能畜其子者；为人弟而不能承其兄者，不敢言人兄不能顺其弟者；为人臣不能事其君者，不敢言人君不能使其臣者也。"这两条材料，皆言忠恕与孝的关系。"忠"，以诚敬为本。如前所述，"孝"德之义，不仅在"养"之效，而要在"敬"之情。因此，曾子以"忠"为"孝之本"，而以孝为"忠"之用。"立孝"篇"故为人子而不能孝其父者"以下所言，即忠恕之道；而这个忠恕之道，则是以孝悌亲情为前提，而以忠敬为其精神之依归。

《礼记·中庸》引孔子云："道不远人，人之为道而远人，不可以为道……忠恕违道不远，施诸己而不愿，亦勿施于人。"道不远人，即由忠恕而见。忠恕之行，乃以切己之情为出发点。人之生，本于夫妇之道，《中庸》第十二章说："君子之道，造端乎夫妇；及其至也，察乎天地。"因此，忠恕之行，其切近处，乃必自亲亲孝道始。《中庸》第十五章："君子之道，辟如行远必自迩，辟如登高必自卑。《诗》曰：'妻子好合，如鼓瑟琴；兄弟既翕，和乐且耽；宜尔室家，乐尔妻帑。'子曰：'父母其顺矣乎！'"此章乃引《诗经》以明此义。又《中庸》第二十章说："在下位不获乎上，民不可得而治矣；获乎上有道，不信乎朋友，不获乎上矣；信乎朋友有道，不顺乎亲，不信乎朋友矣；顺乎亲有道，反诸身不诚，不顺乎亲矣；诚身有道，不明乎善，不诚乎身矣。"此章记孔子答哀公问政，其所论乃由远至近、由外至内的归结，其实仍言忠恕。由治道而归结为孝亲。亲亲之推扩，则本乎"忠"，亦即诚敬之心。

孟子论忠恕行仁之方，亦沿袭了这一思路。不过，孟子更突出了

"仁"对于"孝"德之价值实现和完成的意义。《孟子·尽心上》:"孟子曰:人之所不学而能者,其良能也;所不虑而知者,其良知也。孩提之童无不知爱其亲者,及其长也,无不知敬其兄也。亲亲仁也,敬长义也;无他,达之天下也。"这里,孟子据孩童皆有亲亲敬长的孝悌之情,来说明人具有先天的"良知""良能"。此亦孟子证成其性善说的一个根据。我们这里要注意的是,孟子讲"亲亲仁也,敬长义也",并非说"亲亲"现成地就是"仁","敬长"现成地就是"义"。"无他,达之天下也",乃指出,我们之所以可以说"亲亲仁也,敬长义也",仅仅在于,亲亲敬长之情,可以并必须推扩至于天下,达至人我、内外的一体相通,实现为一种普遍的爱和敬,其作为"仁"和"义"的本有价值才能得到实现。"天下",指人类社会而言,孟子又讲"亲亲而仁民,仁民而爱物",这个"仁民而爱物",更赋予由孝道亲亲推扩而实现"仁"的忠恕之道以宇宙论的意义。在中国古人生命伦理义的宇宙观念中,万物皆有生命。"爱物"这个在今人不易理解的观念,对于儒家却是天经地义的。

综上可见,孝道与仁德的关系,可以从两个方面来看,一方面,孝悌为仁之本;同时,孝悌亦必经由忠恕的途径推扩而至于"仁",才能实现其所本有的道德价值。下面,我们需要对这两个方面再做进一步的申论。

儒家之所以要讲"孝悌""为仁之本",是因为,亲亲之情是人最真挚的情感;由乎亲亲,仁德之成就才能有真实的基础。如前文所述,儒家讲忠恕行仁之方,强调差异实现前提下的通性。由此,仁作为一种普遍的"爱",亦非一种抽象的普遍性,其内在地包含有等差性的规定。《孟子·滕文公下》说:"圣王不作,诸侯放恣,处士横议,杨朱墨翟之言盈天下。天下之言,不归杨,则归墨。杨氏为我,是无君也;墨氏兼爱,是无父也。无父无君,是禽兽也……杨墨之道不息,孔子之道不著。是邪说诬民,充塞仁义也。"《孝经·圣治章》则说:"不爱其亲而爱他人者,谓之悖德;不敬其亲而敬他人者,谓之悖礼。"在孟子看来,杨朱的"为我"和墨家的"兼爱",是抽象的两个极端。"杨子取为我,拔一毛而利天下不为也"(《孟子·尽心上》),是偏执在我或己的一端,是极端的个人主义;墨家偏执于"兼爱"一端,则这"爱'成为与个体实存和人的情感生活无关的抽象原则。这两者都会破坏人的伦理秩序,导致一种"禽兽"亦即非伦理的状态。墨家要先爱利他人之父母,"不爱其亲而爱他人",

"不敬其亲而敬他人",这种所谓的爱和敬,必是出于某种外在目的的人为的造作,它不自然,不真实,不合乎人性,不能为人的内心生活所亲切体证,所以叫作"悖德""悖礼"。

儒家所言仁,是一个普遍的原则,但它并非一种与个体实存无关的抽象的普遍性。其忠恕行仁之方,乃循着由己及亲、由亲及人、由人及物这样一种成己成物的途径来达成"仁民爱物"的超越境界。在儒家的伦理体系中,"亲亲"实构成为人的自爱与普遍人类之爱的中介或桥梁。《大戴礼记·曾子本孝》篇说:"险涂隘巷不求先焉,以爱其身,以不敢忘其亲也。"《孝经·开宗明义章》也说:"身体发肤,受之父母,不敢毁伤,孝之始也。"人皆自爱或"爱其身",但这个自爱本身即包含着一种超出自身而指向于他者的超越性意义。孝子"爱其身",不会随便拿自己的生命去冒险。为什么?人的生命原出自父母及其族类,人对自己生命的珍视,同时即包含着对作为自身生命本原的父母及其先祖的敬重。因此,"亲亲"乃被看作人类超越其自爱而达于普遍性人类之爱的一个开端。

《礼记·哀公问》引孔子的话说:"古之为政,爱人为大。不能爱人,不能有其身。不能有其身,不能安土。不能安土,不能乐天。不能乐天,不能成其身。"又记孔子答哀公问"何谓成身"说:"仁人不过乎物,孝子不过乎物。是故仁人之事亲也如事天,事天如事亲,是故孝子成身。"《孟子·离娄上》也说:"不失其身而能事其亲者,吾闻之矣;失其身而能事其亲者,吾未之闻也。孰不为事?事亲,事之本也。孰不为守?守身,守之本也。"这几条材料,准确地表达了儒家对人的自我实现、孝亲与普遍性人类之爱之间内在统一性的理解。这个"成身"的"身",不能仅仅理解为当代哲学家所谓的"身体性"。"成身"犹今所谓自我的实现。对这个自我的实现,儒家有其独特的理解。在儒家看来,人的自我的实现("成身""成其身"),是整个社会伦理体系的基础。但是,个体的自我,并非如今人所理解的那种原子式的个体或抽象的私己性。"不过乎物",就是应事接物,皆能"时措之宜"而与物无不通。"成身",必经由由己及人、及亲以至于仁民爱物、天人相通的境界,才能最终得以实现。在儒家道德学说体系中,孝的观念和亲亲的情感,具有一种连接个体与普遍、自爱与爱人爱物的中介性功能,它既使儒家的仁爱原则获得了一种差异互通的精神,同时,亦使人类性的普世博爱精神和形上的价值原则,能够落实于人的个体实存和情感生活，从而具有一种现实的可能性和切合于世道人心的真实性。

过去我们批评儒家的人性论是抽象的人性论，其实并非如此。实质上，"文化大革命"期间把孝道批判为封建道德，把人仅仅理解为一种阶级关系、社会关系的"总和"，这才是抽象的人性论。儒家所理解的人，是具体的有血有肉的存在。建立在此基础上的伦理原则，才能够合乎世道人心，具有真实性和现实的意义。

按照孔子的说法，孝子必"事亲如事天，事天如事亲"，做到"爱人""安土""乐天"，乃能"成其身"。这便涉及到孝与仁关系的第二个方面。

孝的概念内涵，首先是相对于父母家族而言的，因而亦有它自身的局限性。如果不通过一种推扩的途径和工夫历程拓展其意义，这孝德就会具有某种排他性，在实行上也会产生问题。孔子的后学注重孝道，甚至把"孝"的概念加以泛化，如曾子说："居处不庄，非孝也；事君不忠，非孝也；莅官不敬，非孝也；朋友不信，非孝也；战陈无勇，非孝也。"（《大戴礼记·曾子大孝》）"孝"似乎可以统括忠、敬、信、勇等德目。但其实，由于"孝"德本身在对象上的局限性，它在现实性上常常与其它德性有不能协调之处。如我们常说"忠孝不能两全"，就表明了这一点。

儒家处理这一问题，有两点值得注意。一是就德行功夫上讲，强调必须经过忠恕的途径推扩以达于"仁"，以此为根据，孝德的本有价值才能得以实现。《孟子·梁惠王上》说："老吾老以及人之老，幼吾幼以及人之幼，天下可运于掌。诗云：'刑于寡妻，至于兄弟，以御于家邦。'言举斯心加诸彼而已。故推恩足以保四海，不推恩无以保妻子，古之人所以大过人者，无他焉，善推其所为而已矣。"以爱敬自己父母之心，推及于爱敬他人之父母；以慈爱己子之心，推及于慈爱他人之子，由此"推恩"至于家国天下，此即忠恕之道。这里特别强调"推恩"："故推恩足以保四海，不推恩无以保妻子"。这里的"恩"，指人的亲亲之情。人固有亲亲之情，这当然已是具有某种超越人的当身性意义的"爱"。但这爱的对象，是父母子女，同时又有局限性。如不能"善推其所为"，则这亲亲之情就会限于一种偏蔽，而成为一种排他的偏私之爱，则亲亲由此亦失其所本有的"孝""慈"的意义。以推恩的方式解除这种爱的偏蔽，乃能成就一种普遍性的博爱，由此奠基，吾人的亲亲之爱，才能成就和实现其为"孝"（也包含"慈"）德的应有价值。

二是就现实性来讲，儒家特别强调内与外的区分。《礼记·丧服四制》说："门内之治恩掩义，门外之治义断恩。资于事父以事君而敬同。贵贵尊尊，义之大者也。故为君亦斩衰三年，以义制者也……资于事父以事母而爱同。"所谓"门内之治"，指对家族事务的处理；"门外之治"，指对社会事务的处理。"门内之治恩掩义，门外之治义断恩"，是讲处理家族事务与社会公共事务，其治法和原则应有所不同。

这里是分两层来讲内与外的关系。第一层是讲事父和事君，家族伦理和社会伦理之间的连续性和统一性。"资于事父以事君而敬同"，"资于事父以事母而爱同"，《孝经·士章》作"资于事父以事母，而爱同；资于事父以事君，而敬同。故母取其爱，而君取其敬，兼之者父也。"二者所说，意思大体相同，不过《孝经》讲得更清楚。孝子之事父母，皆有爱与敬两方面的情感。但对父，偏重于"敬"；对母，则偏重在"爱"。"资"者取义。社会生活的原则，要在"尊尊"之义，对待上级，有取于事父之"敬"；家族生活的原则，要在"亲亲"之恩，侍奉母亲，则有取于事父之"爱"。父实兼具尊尊之义与亲亲之恩二者于一身，从中可以看到家族伦理与社会伦理的内在关联性。这是一层意思。第二层是讲，治理家族与治理社会所使用的方法和原则要有区别。处理家族内部事务，也包含"义"或责任义务原则，但其显性的或主导性的原则是"恩"或亲亲，所以说是"恩掩义"；处理社会性公共事务的方法和原则，当然也不能没有"恩"或感情的因素，但其主导性的原则应是"义"或责任义务，这就叫作"门外之治义断恩"。这种对"内""外"或公私两个领域关系的理解和处理，合情合理，充分显示了儒家高超的哲学和政治智慧。有人批评儒家公德和私德、公领域和私领域不分，这个说法是对儒家的一种曲解。

从这两个方面来看，孝与仁两个概念有着内在的关联性。现代中国社会逐渐由传统的熟人社会转变为生人社会，社会公私领域的边界亦变得愈益清晰。在这种生存境遇下，一方面，我们特别需要在伦理道德领域中理解和重建儒家的道德精神；同时，亦要注意克服后儒把"孝"作泛化理解的倾向，更好地开发和发扬儒家"门外之治义断恩"这一方面的哲学智慧，着力于社会公共秩序的建构。这两方面的结合，对中国当代价值体系的重建，是有重要意义的。

原载《江南大学学报》2014年第3期

孟子的仁政思想

——一种道义至上的精神

在孟子的思想中,"仁政"与"王道""王政"是意义相通的几个概念。孟子的仁政思想,体现了一种道义至上的精神。其基本内容是:以民本为社会基础,以井田制为经济基础,以德教为为政先务,以"不忍人之心"和"亲亲之情"为人性根据,以"仁"或"仁义"为最高原则。孟子的性善论为中国人的道德责任确立了超越性的价值本原,行仁政由此亦成为为政者必然的道德责任和天职所在。孟子既强调伦理共同体必须以道义为最高的原则,同时亦不否定功利、事功的合理性。其仁政、王道原则,与"霸道"在事功、功利层面,具有一种意义重叠的关系。孟子仁政思想的特点,是突出了在"道义至上"原则基础上道义与功利的内在统一性。孟子的仁政、王道论对当今国际社会合理秩序的建立,亦具有积极、现实的意义。

一 孟子仁政思想的结构和内容

孟子主张王道。王道的本质,是以仁或者仁义作为为政的最高原则,所以王道又可以称作王政或仁政。在《孟子》一书里,"仁政""王政""王道"这几个概念是相通的。以下分五个方面对仁政、王政的结构和内容作一概述。

(一)仁政的社会基础是民本

《孟子·尽心下》说:"民为贵,社稷次之,君为轻。是故得乎丘民而为天子,得乎天子为诸侯,得乎诸侯为大夫。诸侯危社稷,则变置。牺牲既成，粢盛既洁，祭祀以时，然而旱干水溢，则变置社稷。"诸侯如果不称其职，危害了国家，就要改立新君，社稷也就可以变置。只有民不能变置，为政的社会基础是民。所以，为政首先要考虑的是民心之向背。为政者要得民，其要点在得民心。《孟子·离娄上》说："桀纣之失天下也，失其民也。失其民者，失其心也。得天下有道，得其民斯得天下矣。得其民有道，得其心斯得民矣。"得民心之方，就是百姓想要的，为政者就应给他；百姓不想要的，就不应强加给他，这样就能得民心。

古代政治学说所讨论的一个重要问题，就是王权、君权的合法性根据问题。这个合法性来源于"天"。以往我们经常批判"君权神授"这一观念，其实君权神授学说有其合理性。中国古代政治的合法性，不能由统治者自己决定，而要由一个超越现实的形上学本原和根据，对人君和现实政治施以要求和限制。美国总统宣誓就职时要对《圣经》起誓，也可看作是一种现代版的"君权神授"。

孟子认为，政权的合法性来源于天，天和民意又是相通的。在《孟子·万章上》中，孟子讨论了王权的来源，认为"天子不能以天下与人"，而只能由"天与之，人与之"。并引《尚书·泰誓》的话来做佐证："《泰誓》曰：'天视自我民视，天听自我民听'，此之谓也。"王权是否合法，其根据和决定之权在于天。但是，这个"天"的内容，是民、民心之所向。"天视自我民视，天听自我民听"，天与人是相通的。

（二）仁政的经济基础是井田制

《孟子·滕文公上》说："民之为道也，有恒产者有恒心，无恒产者无恒心。"要让百姓有恒心，心有常而不乱，其基础是使百姓有自己的产业，有可靠的生活来源。在孟子看来，"苟无恒心，放辟邪侈，无不为己，及陷乎罪，然后从而刑之，是罔民也。焉有仁人在位，罔民而可为也？"（《孟子·梁惠王上》）"罔"即欺罔。如果百姓没有可靠的生活来源，为了生存，他们可能什么事都干得出来，那时再用刑罚惩罚他们，就是"罔民"。所以，国君一定要"制民之产"，首先让百姓都有自己的产业和生活来源，"故明君制民之产，必使仰足以事父母，俯足以畜妻子，乐岁终身饱，凶年免于死亡。然后驱而之善，故民之从之也轻"（《孟子·滕文公上》）。"轻"的意思是容易。"制民之产"，使百姓衣食无忧，这样引导他为善就是很容易的事情了。当然，这个"制民之产"，按照孟子的说法，是要恢复井田制。现在的社会情况虽已与孟子那个时代有了很大的差异，但以使民有恒产为为政之基础，这个道理却是古今相通的。

（三）以德教为为政之先务

中国古人讲到爱人，君要爱人、爱民。这个爱人、爱民不仅表现在物质上，更重要的是要"爱人以德""爱民以德"，让百姓各有自身的德性成就。

《孟子·滕文公上》说："人之有道也，饱食煖衣，逸居而无教，则近于禽兽。圣人有忧之，使契为司徒，教以人伦，父子有亲，君臣有义，夫妇有别，长幼有序，朋友有信。放勋（尧）曰：'劳之来之，匡之直之，辅之翼之，使自得之，又从而振德之。'""司徒"是教化之官。现在有一种观念认为，教化的内容都是从外面来的，好的思想、先进的思想必须要从外面灌输进来。这种观点，在哲学上被称作"内化说"。这是一种错误的观念。中国传统思想，强调根据人性来进行教化。《中庸》所谓"率性之谓道，修道之谓教"，讲的就是这个道理。所以，最好的政治应是"以人治人"。按朱子的解释，"以人治人"就是"以其人之道还治其人之身"（《中庸集注》第十三章）。这句话应该读作"以其→人之道，还治其→人之身"，重点是要根据"人道"来"治人"。实际上，"以其人之道还治其人之身"，是说治理天下，应以"人道"、人性为根据，以"德教"为先。当政者应反身内求，"先之以德"（郭店简《尊德义》），以引导民众成德向善。① 为政不能靠长官意志，靠强力去推行其政令。孟子说："学问之道无他，求其放心而已矣。"（《孟子·告子上》）认为人先天本有良知本心，后天被放失了，需要返躬内省，再把它找回来。所以，教化的关键是要使民"自得之"，自得其"本心"。

长期以来，我们的教育总是秉持一种"内化"的观念，要从外边对人进行灌输。这个教育理念是有问题的。"文化大革命"时期有个流行的说法，叫"理解的要执行，不理解的也要执行"，"把最高指示融化在血液里，落实到行动上"。但关键是这个政令是否符合人性、合乎人情。单

---

① 李零：《郭店楚简校读记》，北京大学出版社2002年版，第140页。

纯强力的推行、外在的灌输，只会导致人格的两面性或者多面性。这样分裂的人格，口里说的、心里想的、实际做的乃至其下意识里面的东西，往往自相违背。有人跟我讨论，说现在中国人存在诚信缺失的问题，其原因是否在于儒家文化有其先天的不足。这是一种误解。儒家的思想，最讲诚信。它的教化，不是外在于人性的灌输。它只要人反归内心，找寻到自己的良知本心，以此作为自己的行为和判断事物的根据。这是儒家教化的根本理念。当今中国社会诚信的缺失，恰恰是我们丢弃了这一传统的教化理念所致。

（四）仁政的人性论根据

孟子仁政思想的人性论基础是其性善论。人性善的表现，是人皆有"不忍人之心"。孟子说："人皆有不忍人之心。先王有不忍人之心，斯有不忍人之政矣。以不忍人之心，行不忍人之政，治天下可运之掌上。"（《孟子·公孙丑上》）把人先天本有的"不忍人之心"推扩开来，以行"不忍人之政"，这样就很容易把"仁政"实行起来。

这个问题很重要。在这里，我们先把它提出来，下文再做具体的讨论。

（五）仁政、王道的最高原则，就是"仁"或者"仁义"

儒家讲王道，以王、霸对举，但并不完全拒斥霸道。春秋五霸，那个霸道也有其价值。霸道"挟天子以令诸侯"，它的旗号还是"仁义"，但其目的和行为的原则却不在此。孟子用"以力假仁者霸"来概括霸道的特点。"假"是假借，"仁"只是个幌子，实质上用的还是强力手段，这就是霸道。孟子讲"霸必有大国"（《孟子·公孙丑上》）。为什么？因为霸道靠的是强力，国家就必须强大。比如说美国现在实行的是霸道，它的原则是"以力假仁"，所以要依靠强大的国力特别是军事力量。孟子又讲，"以德行仁者王，王不待大"（《孟子·公孙丑上》）。王道是"以德行仁"，其目的和原则是德，是仁或者仁义，所以王道与霸道的根本区别就在于以"力"还是以"仁"作为最高的原则。为什么"王不待大"？因为以德服人，国家不必要大。中国是大国。要行王道的话，大国当然更好。孟子举例子说："汤以七十里，文王以百里。以力服人者，非心服也，力不赡也。以德服人者，中心悦而诚服也，如七十子之服孔子也。"(《孟子·公孙丑上》)商汤、周文王行王道，国土都很小，汤只有七十里，文王只有百里，最后他们能王天下，凭借的是以德服人。

以上五个方面，概括了孟子仁政思想的结构和主要内容。仁政或者王道的精神核心，是对道义原则的强调，我们可以把它概括为一种道义至上主义的精神。同时，儒家这套思想，并不是为一个国家设定的，它的观念和着眼点是"天下"。"天下"，就是"世界"。这个天下的观念，跟今天世界的观念、国际社会的观念是相当的、相通的。因此，孟子的仁政和王道思想，既涉及国家内部的施政原则，同时也涉及国际关系原则，在今天仍有非常重要的意义。

二　仁政、王道的人性论基础

孟子的人性论，涉及人（包括王、百姓和民族在内）的道德责任的根源性和形上基础的问题。

关于仁政、王政的人性论基础，孟子提出"推恩"说。孟子有关推恩，有两种说法，即推扩"不忍人之心"和"亲亲之情"以达于王政的实现。

第一种"推恩"说，其前提是人所皆有的"不忍人之心"。

这里涉及"四端"问题。孟子说："人皆有不忍人之心，先王有不忍人之心，斯有不忍人之政矣。以不忍人之心，行不忍人之政，治天下可运之掌上。所以谓人皆有不忍人之心者，今人乍见孺子将入于井，皆有怵惕恻隐之心。非所以内交于孺子之父母也，非所以要誉于乡党朋友也，非恶其声而然也。由是观之，无恻隐之心，非人也；无羞恶之心，非人也；无辞让之心，非人也；无是非之心，非人也。恻隐之心，仁之端也；羞恶之心，义之端也；辞让之心，礼之端也；是非之心，智之端也。人之有是四端也，犹其有四体也。有是四端而自谓不能者，自贼者也。谓其君不能者，贼其君者也。"(《孟子·公孙丑上》)"孺子"就是小孩子。人见小孩子将掉到井里，都会生出"恻隐"之情。我们要注意，在这里，"恻隐之心"是说明"人皆有不忍人之心"的一个例证。

"恻隐之心"是人心当下的一种自然表现，而不是出于其他的目的和想法。"非所以内交于孺子之父母也,非所以要誉于乡党朋友也,非恶其声而然也。"就是说,见人家小孩子要掉到井里去,人自然会生出"怵惕恻隐之心",不是因为那个小孩子的爸爸是个部长,要去结交他;也不是想在乡里乡亲面前得到一个好名声;甚至不是因为讨厌小孩的哭声。它是人心当下的自然反应和表现。在现实生活里,人和人之间、人和物之间有分别隔阂,不能相通。但在儒家看来,从本原上讲,人和人、人和物是一体相通的,这个"通"性并没有丧失掉。它在我们的精神和情感生活里,会时时地表现出来。我们把这个"通"性推扩开来,落实到为政上,那就是"仁政"。所以孟子认为,"恻隐之心、羞恶之心、辞让之心、是非之心"作为"四端",就像人天生有四肢一样,是先天所本有的,因为它会在我们的情感生活里不时地显现出来。

在上引《公孙丑上》"人皆有不忍人之心"章下文中,孟子又讲到,"凡有四端于我者,知皆扩而充之矣,若火之始然,泉之始达。苟能充之,足以保四海;苟不充之,不足以事父母。"不忍恻隐之心,是"推恩"的一个前提。

第二种"推恩"说,其前提是人的"亲亲之情"。

《孟子·梁惠王上》说:"老吾老以及人之老,幼吾幼以及人之幼,天下可运于掌。《诗》云:'刑于寡妻,至于兄弟,以御于家邦。'言举斯心加诸彼而已。故推恩足以保四海,不推恩无以保妻子。"这里讲的,其实也就是忠恕之道,忠恕之道落实到政治上,叫作"絜矩之道"。

"老吾老以及人之老,幼吾幼以及人之幼",即爱自己的父母,爱自己的孩子要推扩至于爱别人的父母和孩子。"刑于寡妻,至兄弟,以御于家邦。""刑"读为"型",垂范义。以此垂范于妻子,推扩到兄弟,以至于宗族和邦国。"言举斯心加诸彼而已","斯心"指"亲亲之情"。"故推恩足以保四海,不推恩无以保妻子"。这个"推恩"的说法,与上引《孟子·公孙丑上》的说法完全相同,但在这里,推恩的前提则是"亲亲"之情。

上引《孟子·公孙丑上》"人皆有不忍人之心"章,讲的是人性善。而这性善,不是一个抽象的观念,其内容乃显之于"情"。"四端"所表现是人心一念发动处当下的一种直感,正如冯友兰先生概括宋明儒的说法，人"初念是圣贤，转念是禽兽"①。"初念"，比如说我看到那个老人病倒在地上，当下会生出救人之心，这个"初念"与"圣贤"并无不同。但是考虑到社会环境不好，容易被人讹上，一"转念"，那个与圣贤相同的"初念"就会被遮蔽。所以人性的实现要有一个好的社会环境来保证。当然，好的社会环境同我们每个人从自身做起是有关的，这两个方面是统一的。现实中人和人之间是有分别间隔的；但人和人之间、人和天地自然之间在本原上是相通的。对"四端"的意义，后来宋明儒做了发挥。按王阳明的说法，人见孺子将入于井，而有怵惕恻隐之心，表明其心之仁与孺子为一体；人见鸟兽哀鸣觳觫，而生不忍之心，表明其心之仁与鸟兽为一体；人见草木摧折，而生悯恤之心，见瓦石之毁坏，而生顾惜之心，表明其心之仁与草木瓦石为一体。古人认为天地万物都有"心"。人与天地万物的一体性，会时时在人的当下情感上，尤其在生命交关的临界状态里自然地呈现出来。这表明仁义礼智为人心所先天固有。孟子提出"四端"说，其理论意义就在于此。"仁义礼智，非由外铄我也，我固有之也"（《孟子·告子上》），仁义礼智不是从外面融化进来的，而是我先天所固有的本性。不忍人之情是普遍的"爱"的感情，这个爱的情感最直接、最真挚的表现，就是"亲亲之情"。人的孝心，是人类普遍之爱的表现，《孟子》认为恻隐之心跟亲亲之情是相通的。

《孟子·尽心上》说："人之所不学而能者，其良能也，所不虑而知者，其良知也。孩提之童，无不知爱其亲者。及其长也，无不知敬其兄也。亲亲，仁也。敬长，义也。无他，达之天下也。"这里，举人皆有亲亲敬长之情为例，来说明人有仁义之心，有先天的良知良能。"亲亲仁也，敬长义也"，并不是说亲亲现成地就是仁，敬长现成地就是义，这是一个善"端"，要把它推扩开来，"达之天下"，才能把人心先天具有的仁、义实现出来。但是，这个善"端"非常重要，它表现为一种真情实感，因而是成就仁义或道德的真实基础。如果一个人连自己的父母都不爱，就不能期望他去爱其他人，更不能期望他会有德性。我们过去批判儒家，认为儒家的人性论是一种抽象的人性论，这个观点是错误的。儒家人性论所言，恰恰是一种有血有肉的具体的人。儒家讲"立爱自亲始"

---

① 冯友兰：《三松堂全集》第10卷，河南人民出版社2001年版，第204页。

(《礼记·祭义》),这个教化的方法,更切近人情。

总而言之,人虽然生活在一个文化和习俗化的世界里,但是,在人的道德和情感生活的体验里,我们却可以发现人心那种完全超越于私利计度和功利私意干扰的纯粹自然的表现,它本然地指向于善。所以孟子认为,人性是本善的。这里涉及一个很重要的问题,就是人的道德责任的根源性问题。上引《孟子·公孙丑上》"人皆有不忍人之心"章讲:"人之有是四端也,犹其有四体也。有是四端而自谓不能者,自贼者也。谓其君不能者,贼其君者也。"即人心本有"四端"之心,人性本善;故人对实现这个善性,有先天必然的道德责任,推脱之而不行仁义,便是"自贼"。关于"自贼",孟子还有另一种说法,就是"自暴自弃"。"自贼"或"自暴自弃",就是放弃自己所本有的道德责任。不仅如此,人的完善,还必须有一个合理的伦理制度,即须有一个"王道"的社会。王道也就是行"仁政"。实行王道、仁政,就是把"不忍人之心"的善端推广落实到组织社会国家的工作上。这个王道或仁政,不仅是可能的,亦是为政者之必然的道德责任和天职所在。

从西方文化的角度来看,基督教认为人有原罪,人性本恶;同时,从上帝创世的观念出发,人必然有一种服从上帝律法的义务和责任。中国文化没有上帝创世的观念,如果把性善这个根本去掉,人的道德责任就无从谈起。所以,性善是中国人道德责任所由以产生的超越性价值本原。

《礼记·中庸》开篇即言"天命之谓性"。人性之"善",既本原于天,同时又内在于人,为人所本有。孔子讲"知天命"(《论语·为政》)、"畏天命"(《论语·季氏》),又讲"不知命,无以为君子也"(《论语·尧曰》)。可见,"知命"与"知人",是统一不可分的两个方面。所谓"天命之谓性",表明躬行仁义,是人的天职。人敬畏天命,亦即敬其在己者,对自己的道德责任有敬畏之心。儒家强调"知止",所谓"知止",即《大学》所讲的知"止于至善"。知"止于至善",具体讲来,就是"为人君,止于仁;为人臣,止于敬;为人父,止于慈;为人子,止于孝;与国人交,止于信"。人各止于其分位,就是"止于至善"。每个人在社会生活里都有他自己的角色,这个角色规定了人的应当或其所当行。人在社会生活中的角色不是单一的,人所处身的伦理关系,不是单面的、直线的关系。人在社会生活中有各种不同的角色。在各个角色里面，作为个体的人是处在多层面动态关系中的一个中心点。凡事都有一个理、必然或"天命"。"知止"，就要了解这个理、必然或天命，并能够坦然面对，把它在人的生命中挺立起来。在一个角色中，这个角色就规定了行为主体所当行的界限，为君一定要仁，为臣一定要敬，为父一定要慈……这是一个必然。放弃了这个必然，就是放弃了自己的道德责任。所以对于一个君来讲，行仁政也是其必然的道德责任。当今社会道德的沦丧，就是因为人心缺失了这个敬畏和必然。中国文化的重建，首先需要把这一点在我们的内心生活里重新建立起来。

孔子讲君子有"三畏"，第一条就是畏天命。又讲"小人不知天命而不畏也"（《论语·季氏》），"小人而无忌惮也"（《礼记·中庸》）。小人不知天命而无敬畏之心，故猖狂妄行，肆无忌惮，什么事都干得出来。宗教在西方人的社会生活中占很重要的位置，在宗教性的仪式活动中，尤其会感受到他们对上帝的虔敬之心。赵启正先生有一个观点，认为中国人不是没有信仰，中国人的信仰不是宗教的，而是文化的。这个讲法并不算错。不过，这个信仰一定是形上超越性的、对天命的一种敬畏。天命和人性，对于中国文化来讲是统一的，对天命的内在敬畏与对道德法则的敬畏，是一体两面、不能分开的。中国传统社会的教育，使得中国人内在地具有对天命道义的敬畏之心。传统的老一辈人，即使不识字，也不缺乏这样的敬畏心。天理良心，一件事，不能做的一定不会去做。儒家的教化，在这方面是很成功的。近几十年来，我们的道德教育在这方面有所缺失。这应是当代中国文化价值重建的一项重要内容，也是行仁政与建立一种好的伦理政治秩序的一个超越性的基础。

三 仁义原则与事功功利

道义至上，是儒家仁政、王道论的一个内在的、最高的原则。据《孟子·梁惠王上》记载，"孟子见梁惠王。王曰：'叟不远千里而来，亦将有以利吾国乎？'孟子对曰：'王何必曰利？亦有仁义而已矣。王曰何以利吾国；大夫曰何以利吾家……上下交征利，而国危矣！'"《孟子·告子下》记述了秦、楚两国欲交兵，宋牼欲以"利害"为由，劝说秦楚罢兵，孟子对此批评一事。孟子批评宋牼云："先生之志则大矣，先生之号，则不可。"孟子指出，宋牼如果以"利"为由，向秦王、楚王进言，秦、楚之王会因为好"利"而停止军事行动，若以此为逻辑，就会出现臣以"利"事君、子以"利"事父、弟以"利"事兄的情况，这样人人以"利"相交，国家最终会走向灭亡。相反，孟子指出宋牼应以"仁义"劝说秦、楚二王，使其"悦于仁义，而罢三军之师，是三军之士乐罢而悦于仁义也"。以此相推，人人去"利"而怀"义"、以"义"相交，"然而不王者，未之有也。何必曰利？"孟子批评宋牼，同他与梁惠王对话所表现的思想是一致的。

孟子所谓"有仁义而已""何必曰利"，其实并非不讲"利"，亦并非把"义"和"利"对峙起来。这里有一句话值得注意，即"先生之志则大矣，先生之号，则不可。"这个"号"，就是做事情所打的旗号或公开申明的原则。这一点非常重要。孟子所强调的是，在一个伦理共同体中，其最高原则，必须是"仁义"而不能是"利"。为什么只讲"义"而不讲"利"？因为"上下交征利，而国危矣"！"征"是"取"的意思。一国上下都以利为最高原则，互相以取利相尚，国家必然会陷于危亡的境地。荀子也讲，"人一之于礼义，则两得之矣；一之于情性，则两丧之矣。故儒者将使人两得之者也。"（《荀子·解蔽》）人的存在，既有道德的要求，又有功利的要求。如能以"礼义"为最高的原则，则这两种要求都能得到完满的实现。反之，如以功利为最高的目标和原则，这两个方面都会丧失掉。在这一点上，荀子与孟子的思想是一致的。

孟子的仁政思想，最先强调的是，在一个伦理共同体中，其最高原则是仁义，而不能是功利。当然，强调以仁义为最高原则，并不是否定功利。儒家讲王霸之辨，主张王道，但在事功层面上，对霸道又有充分的肯定。比如在《论语》中，就可以看到孔子对管仲有似乎相反的两种评价。一种评价非常高，说"桓公九合诸侯，不以兵车，管仲之力也"（《论语·宪问》）。"管仲相桓公，霸诸侯，一匡天下，民到于今受其赐。微管仲，吾其被发左衽矣。"（《论语·宪问》）如果没有管仲，华夏或将为夷狄所征服，沦为野蛮人。在这一方面，孔子对管仲是充分肯定的；另一方面，孔子又批评管仲"器小""不知礼"（《论语·八佾》）。孔子讲"克己复礼为仁"（《论语·颜渊》）"不知礼"，当然不能达到"仁"。在孔子对管仲的评论中，可以看到，"王"与"霸"在内在价值原则层面上，有着根本的区别;同时也可以看到,在惠及社会和人类的事功成就层面上,"王"与"霸"又有着某种意义的相关性和重叠性。所以,在价值原则上,儒家对霸道持批评的态度,同时又在事功上给予霸道充分的肯定。

在这种意义上,孟子继承了孔子的思想。我们看到,《孟子》一书在判分王、霸,凸显王道原则的时候,陈义很高;但在讲到王道于事功层面的落实时,又特别关注百姓的衣食住行,身段又放得非常的低。这一点,很值得玩味。

《孟子·梁惠王上》说:"不违农时,谷不可胜食也;数罟不入洿池;鱼鳖不可胜食也;斧斤以时入山林;材木不可胜用也。谷与鱼鳖不可胜食,材木不可胜用,是使民养生丧死无憾也。养生丧死无憾,王道之始也。""使民养生丧死无憾",这是很基本的条件。"王道之始",这个"始",既有开始,又有"本始"的意思。《孟子·梁惠王上》记载了孟子劝说齐宣王,说王如欲行王政,"盍反其本"?这个"本",就是前文所说的"制民之产","使民养生丧死无憾"。所以,使民有自己的产业,生活富足,养生丧死无憾,既是王道的开端,也是王道的根本和基础所在。当然,仁政不仅限于此。在此基础上,还要"教以人伦",使民成德,建立良好的社会伦理秩序。这一点,即上文所提到"德教"问题。

同时,孟子也不否定执政者的情欲要求。齐宣王讲"寡人有疾",有很多坏毛病,既"好世俗之乐",又喜爱钱财和女色,因此不能施行王政。孟子则回答说:"今王与民同乐,则王矣。"(《孟子·梁惠王下》)孟子认为,王如果能与民同乐,王政就能得到实现。"王如好货,与百姓同之,于王何有?"(《孟子·梁惠王下》)喜好钱财,是人之常情。王如喜好钱财,同时也能让百姓富足,对于施行王政来讲,有什么困难呢?王如能使治下"内无怨女,外无旷夫",让大龄姑娘都能嫁出去,让小伙子都能娶上媳妇儿。"王如好色,与百姓同之,于王何有?"(《孟子·梁惠王下》)对于施行王政来讲,又有什么困难呢?孟子并不否定统治者本身有情欲要求,认为只要统治者能与百姓同欲、同忧、同乐,满足人民的生存要求,即使人君虽多欲,亦无碍于实行仁政。

孟子的仁政王道论,虽然肯定事功和人的欲望要求,但其仍以道义原则为其内在价值指向,这一点与"霸道"有着根本的区别。《孟子·梁惠王下》记载了孟子与齐宣王一段很有趣味的对话,即"齐宣王见孟子于雪宫。王曰:'贤者亦有此乐乎?'孟子对曰:'有……乐民之乐者,民亦乐其乐。忧民之忧者,民亦忧其忧。乐以天下,忧以天下,然而不王者,未之有也。'"在孟子看来,仁义、道义并不是一个抽象的原则。当人君能够"乐民之乐,忧民之忧"的时候,他的乐和忧,其实已经超越了功利的意义,其动机和目的,也将内在地指向道义原则,而超越于"乐""忧"的情欲、情绪和功利本身。范仲淹说,士当"先天下之忧而忧,后天下之乐而乐"(《岳阳楼记》)。"士"(知识分子)应有替天下担当道义的精神。张栻《癸巳孟子说》解释"与民同乐"这句话,说是"乐民之乐者,以民之乐为己之乐也;忧民之忧者,以民之忧为己之忧也……忧乐不已己而以天下,是天理之公也。"为人君者与民同乐,能够以民之忧为己之忧,以民之乐为己之乐,其忧乐所表现的,正是"天理之公",而非情欲和功利。

四 以大事小和以小事大

先秦人所理解的"天下"和我们今天所说的世界、国际社会意义相近,东周与各个诸侯国之间的关系,也与今天的"国际关系"有很多相似之处。我们从《左传》的记述就能看到这一点。春秋五霸"挟天子以令诸侯",与今天美国、北约对联合国的关系,似亦可相比拟。先秦儒家的王道和仁政理论对国际关系的讨论,在今天仍有意义。孟子论"国际关系"的原则,主要从两个方面来谈:一是"以大事小";一是"以小事大"。

《孟子·梁惠王下》记有孟子和齐宣王的一段对话,即"齐宣王问曰:'交邻国有道乎?'孟子对曰:'有。惟仁者为能以大事小,是故汤事葛,文王事昆夷。惟智者能以小事大,故太王事獯鬻,勾践事吴。以大事小者,乐天者也;以小事大者,畏天者也。乐天者保天下,畏天者保其国。《诗》云:畏天之威,于时保之。'"朱子《孟子集注》指出:"大之事小,小之事大,皆理之当然也。自然合理,故曰乐天;不敢违理,故曰畏天。""畏天"和"乐天",角度不同,但道理是一样的,强调的都是对仁义、道义的最高原则的敬畏。

《孟子·滕文公下》举"汤事葛"的事例来阐发"仁者以大事小"

和王政征伐的道理。大意是说：汤居亳的时候，与葛为邻。葛伯"放而不祀"。古人对祭祀很重视，《左传》讲"国之大事，在祀与戎"（《左传·成公十三年》），就表现了这一点。汤使人责问葛伯"何为不祀？"葛伯回答"无以供牺牲。"（《孟子·滕文公下》）汤使人送给他牛羊。葛伯并没有拿这些牛羊做祭祀，而是把它们吃掉了。汤又使人责问葛伯"何为不祀？"回答是没有祭祀用的"粢盛"。汤干脆派人替葛伯来耕种土地，并派老弱去送饭。"葛伯率其民，要其有酒食黍稻者夺之，不授者杀之。有童子以黍肉饷，杀而夺之。"（《孟子·滕文公下》）商汤对葛伯，可谓是仁至义尽；葛伯则是翻云覆雨，怙恶不悛，于是就有了汤对葛的征伐，即"《书》曰：'葛伯仇饷。'此之谓也。为其杀是童子而征之，四海之内皆曰：'非富天下也，为匹夫匹妇复雠也。''汤始征，自葛载。'十一征而无敌于天下。东面而征，西夷怨；南面而征，北狄怨。曰：'奚为后我？'民之望之，若大旱之望雨也……不行王政云尔，苟行王政，四海之内皆举首而望之，欲以为君。"（《孟子·滕文公下》）这里讲的就是"以大事小"。汤事葛，是以大事小。但其行事，体现的是仁至义尽，行事情之所当然和天理之所必然，而不是靠强力的恣意妄为。这就是孟子所谓的"惟仁者为能以大事小"，其所体现的，乃是对天理之必然的敬畏。应乎天理，则能合乎人情。应乎天而顺乎人，天和人是统一的，故其征伐，师出有名，南征而北怨，东征而西怨，得到天下百姓的欢迎。过去解放军打天下，也可以说是"东征而西怨"，往东打，西边的人抱怨，说你怎么不先来解放我？往西打，东边的人抱怨，说你为什么不先来解放我？这就是得民心者得天下。"民之望之，若大旱之望雨也。归市者弗止，芸者不变，诛其君，吊其民，如时雨降。民大悦。""不行王政云尔，苟行王政，四海之内皆举首而望之，欲以为君。"（《孟子·滕文公下》）行王政、行仁政就非常容易了。

行仁政、王道也要有征伐。但是，这个征伐，必行事于仁至义尽之后，这正是对上述道义至上精神原则的体现。孟子很熟悉《春秋》。《孟子·尽心下》说："《春秋》无义战"，又说："有人曰：'我善为陈，我善为战。'大罪也。国君好仁，天下无敌焉。南面而征，北狄怨，东面而征，西夷怨……征之为言正也。各欲正己也，焉用战？"《孟子·离娄上》说："君不行仁政而富之，皆弃于孔子者也，况于为之强战？争地以战，杀人盈野；争城以战，杀人盈城。此所谓率土地而食人肉，罪不容于死。故善战者服上刑。"这里对"征"与"战"作了区别。孟子所谓王政，有征伐而无战争。"征"与"战"的根本区别在"正"与"争"。"战"的本质是"争"，其目的在于私利；而"征之为言正也"，其原则在道义。王政之征伐，南征而北怨，东征而西怨，是顺乎天而应乎人，此征伐之"正"或其行为之正义，上本之于天道，下顺应于民心。

"以小事大"也是这样。孟子讲"以小事大"，举的是"太王事獯鬻"的例子。《孟子·梁惠王下》记载孟子答滕文公问以小国事大国的问题说："昔者大王居邠，狄人侵之。事之以皮币，不得免焉；事之以犬马，不得免焉；事之以珠玉，不得免焉；乃属其耆老而告之曰：'狄人之所欲者，吾土地也。吾闻之也，君子不以其所以养人者害人。二三子何患乎无君，我将去之。'去邠，逾梁山，邑于岐山之下居焉。邠人曰：'仁人也，不可失也。'从之者如归市。"太王就是周先公古公亶父，当时，周还很弱小。太王被狄人所逼，首先考虑的是百姓的利益，而非自己的君位，体现了一种以道义为上而不计功利，居易以俟命的精神。孟子对此评论说："苟为善，后世子孙必有王者矣。君子创业垂统，为可继也。若夫成功，则天也。"（《孟子·梁惠王下》）"智者"的"以小事大"，所遵循的仍然是道义至上的原则。

总之，孟子论国际关系原则，从"以大事小"和"以小事大"两方面来看，亦贯彻了一种道义至上的精神，并在此基础上，特别强调了这种作为"天道""天命"的道义原则的超越性和必然性意义。这是因为，国际关系的原则，与"天下"观念相关。对于人类而言，"天下"至大无外。所以，国际关系的原则，关系到人类存在的整体的意义，直接关联于超越和形上的境域。同时，在国际关系中，大国尤其是强国实质上已经不再有外部的制约性。所以，国际关系的原则特别容易为霸权者所任性操纵。今天的国际关系，所缺乏的往往是一种一致性和自洽性原则。比如美国，我们可将其比拟为当今国际社会里的桓文（齐桓和晋文），一方面，美国在国际事务里，经常以正义的面目出现；而另一方面，又常常不加掩饰地以本国利益作为出师之名，以武力干预国际事务，使人感到特别无奈。这样，处理国际事务原则，就缺乏其自身的一致性和自洽性。因此，孟子的仁政、王道论，对当今国际社会合理秩序的建立，也是具有现实意义的。

原载《黑龙江社会科学》2014年第1期

诚信的本真涵义是什么

一

诚信是儒家学说和中国文化传统中一个基本的德性观念和道德原则。今人多从人际交往的角度来理解"诚信",较注重在经济、政治、法律和社会交往等社会价值及其功用的层面来把握"诚信"这一观念的涵义。儒家讲"诚中形外","德不可掩"。其言道德,所重在人己、物我、内外的一体贯通。人际交往中的讲信用、重承诺、诚实无欺,必建基于人的真实的德性成就和存在的完成,才能实现其作为"诚信"的本真意义。脱离开人的德性实现这一本然向度,单从社会交往的效果方面理解诚信的观念,不免有将其功利化的偏颇。现代中国社会诚信价值的缺失,当然有复杂的社会原因,但它与这种对诚信观念的片面理解,亦有相当大的关系。

从文字上讲,"诚信"是由"诚""信"两字所组成的一个合成词。《说文解字》卷三上:"信,诚也。""诚,信也。"诚、信两字,都有诚实不欺之义,可以互训。二者的区别在于,"信"略重于处理人际关系的践履一面;"诚"则着眼于反身自成的人性实现和人的本真存在之完成一面。在"诚信"这一概念中,二者实互证互成,表现出一种诚中形外、内外一体的整体意义结构。

《左传·襄公二十七年》:"志以发言,言以出信,信以立志。""信"字初义,即以言语取信于人。先秦儒言"忠信""诚信",把它发展为一个内在的德性观念和普遍的道德原则,但在概念的使用上,仍然保留了"言以出信"这一人际交往的原初字义。如《论语·学而》:"与朋友交言而有信",《孟子·滕文公上》:"朋友有信",《礼记·大学》:"为人君,止于仁;为人臣,止于敬;为人子,止于孝;为人父,止于慈;与国人交，止于信"，《礼记·曲礼上》："交游称其信也"都表现了这一点。这后一方面，可以看作诚信概念的狭义使用。在儒家的论域中，后者乃以前者为基础构成为诚信观念的一项本质的义涵。

应当注意的是，古人在概念的使用上比较灵活。如《大学》讲"为人君，止于仁；为人臣，止于敬……与国人交，止于信"。仁不仅是人君之德，敬亦不仅是人臣之德。凡人接人处事，皆当怀有仁、敬之心，"仁""敬"本是一种普遍的德性原则。这里所谓"止于仁""止于敬"，不过表明在多层面的人际关系中，人因在社会中所处位分之差异，其处事的角度有不同的特点而已。"信"亦如此。人处身于社会，不仅要"朋友有信""交游称其信"，凡父子、君臣、上下、夫妇、长幼、乡党、邻里、为政、经济、邦交诸种关系和事务，皆须贯穿诚信的原则以为其本。所以，孔子说："人而无信，不知其可也。"（《论语·为政》）又："自古皆有死，民无信不立。"（《论语·颜渊》）"信"对人之重要性，甚于生死。由此可见，"信"乃是人立身行事之根本和贯通于社会人伦关系的一个普遍的道德原则。

不仅如此，儒家更强调诚信对于人的德性实现和存在完成之本原性的意义。

孔子特别强调"主忠信"。其论"崇德"云："主忠信，徙义，崇德也。"（《论语·颜渊》）意即以忠信主乎一心。人心有忠信主乎其中，则能闻义而徙，充盛而蕴成其德性。可见，"主忠信"乃是人成就其德性的途径和根据。《易·乾·文言传》论忠信和诚，对此义有更为系统深入的阐述。《易·乾·文言传》释九三爻辞云："子曰：君子进德修业。忠信，所以进德也；修辞立其诚，所以居业也。"进一步从进德与修业互成一体的角度，阐述了"忠信"或"诚"对于人的德性和存在完成之奠基性的意义。忠信为进德之基础和途径。但君子之德性，又需借由立言垂教和人文的创制，乃能见诸功业成就而臻于完成。在儒家看来，人的德性非一种抽象的内在性。德性必显诸一定的功业成就，乃能达至其不同层级的实现；同样，人在现实中的事功成就，亦须植根于其德性的基础，才能实现其作为人道的本有价值。进德与修业，内外互成，其根据与途径乃在"诚"或"忠信"。

忠信或诚信为人成就其德性之基础，这一层面的涵义，先秦儒常通过

"诚"这一概念来表达。

《礼记·中庸》:"在下位不获乎上,民不可得而治矣。获乎上有道,不信乎朋友,不获乎上矣。信乎朋友有道,不顺乎亲,不信乎朋友矣。顺乎亲有道,反诸身不诚,不顺乎亲矣,诚身有道,不明乎善,不诚乎身矣。诚者,天之道也;诚之者,人之道也。诚者,不勉而中,不思而得,从容中道,圣人也;诚之者,择善而固执之者也。"这一段话,从信与诚的关系,引申出"诚"作为天道与人道统一的本体意义。"获乎上"和"信乎朋友",讲的都是一个"信"字。应注意的是,这个"信"字义,仍是偏在人际交往层面的狭义用法;而由此所引出的"诚"字,却揭示出了诚信概念的本体意义。诚即真实,但这个真实,不是认识意义上的真实。人需要经历一系列"择善而固执"的德性修养工夫,然后能实现和真实地拥有其天命之性。对于人而言,"诚"的真实义,应理解为一种人性或其生命存在实现意义上的真实。至思孟揭示出"诚"之本体义,上述字义乃获致其本质性的意义勾连与贯通,儒家诚信概念之义涵,方始完整而邃密。

二

什么是"德"?《说文》:"德,外得于人,内得于己也。"朱子《论语集注·为政》"为政以德"章注:"德之为言得也,行道而有得于心也。"都强调"德"之自得或内得于心的意义。"德"必见之于"行",但一个合乎伦理原则的行为,并不必然具有道德的价值。简帛《五行》篇更在"德之行"与"行"之间作出区分,指出仁义礼智信五行"形于内谓之德之行,不形于内谓之行"。人的德性成就,必筑基于内而发行于外,原是一个合外内之道。伦理之道要形著于人内在的情志生活而实有诸己,德充于内而自然发之于行为,这"行"方可称"德之行",具有自身必然的道德价值。"德行"必须是"形于内"的"德之行",《五行》篇的这一界说,特别突出了儒家"德"之实有诸己的意义。这德的实有诸己,也就是"诚"。《中庸》说:"天下之达道五,所以行之者三……知仁勇三者,天下之达德也,所以行之者一也。"程子说:"知仁勇三者,天下之达德也,所以行之者一。一则诚也,止是诚实此三者,三者之外更别无诚。"智仁勇三德,其本质和实现的途径只是一个"诚"。一方面，无"诚"，智仁勇诸德便只流于一种外在的"行"，而非实有诸己的"德之行"，故"诚"实规定了诸德之为德的本质的特性。另一方面，"诚"并非一种抽象的观念或状态，其实在性亦要在智仁勇等德性成就上显现出来，《大戴礼记·文王官人》"诚智必有难尽之色，诚仁必有可尊之色，诚勇必有难慑之色，诚忠必有可亲之色，诚絜必有难污之色，诚静必有可信之色"的说法，就很切实地表现了人的德性这种诚中形外的具体性意义。

"诚"标志"性之德"，是一个合外内之道。德的"诚中形外"，是一个动态的生命创造过程。《中庸》："诚则形，形则著，著则明，明则动，动则变，变则化。唯天下至诚为能化。"《荀子·不苟》："善之为道者，不诚则不独，不独则不形。"《礼记·大学》："所谓诚其意者，毋自欺也，如恶恶臭，如好好色，此之谓自谦……此谓诚于中，形于外，故君子必慎其独也。"所谓"诚于中，形于外"，具体讲，就是诚、独、形、著、明、动、变、化，它所展现的，是人的存在和德性成就的一个完整的创造历程。这个"诚中形外"，以"独"为枢纽。"诚"，是实有诸己而真实无妄。"独"，则是诚之实有诸己的内在性之表现。人心深造自得于道，乃能转化其情感生活及形色气质以臻于精纯，其行方能不思不勉，从容中道。这便是一种无所依傍的"独"行，或一种自然自由的行为。这"独"，表现为人的内在精神世界的开拓，但它并非是孤立的内在性和私人性。此"独"行之"形"，乃可超越形表，具有"不言而信""不大声以色"，直接感通人心，化民于无迹之效。《中庸》所谓"至诚能化"，正表现为这种个体德性人格与人文化成的外王事功的内在贯通。这与前述《易·乾·文言传》以忠信立诚为本的进德修业一体观是完全一致的。

在这个意义上，诚或忠信不仅是进德之途径和根据，同时，亦是政事之本和社会礼义伦理之道建立的根据。在儒家看来，举凡君臣、父子、夫妇、长幼、朋友诸社会人伦原则、礼义伦常乃至行政事务，均须建基于诚或忠信，乃能获得其合理性并得到完满的实现。

三

综上所述，儒家论诚信，以"真实"为其根本义。这个真实，是人的存在之实现意义上的真实，即是其所是，真实地拥有其当然之性。人实现其存在的真实，必以道德为进路。诚信，既显诸人的德性成就，同时亦构成了诸德之为德的本质根据。仁义礼智信诸德，要见之于"行"；但这"行"，须是"诚中形外"的"德之行"，方具有其自身必然的道德价值。"信"作为传统德目之一，其不欺诈、重承诺、讲信用的义涵，亦要建基于"诚中形内"这一"德之行"内在规定，才能获得其本真的内涵。

儒家对"诚信"的这种理解，体现了一种道义至上的伦理原则。在儒家看来，一个社会，一个伦理共同体，只能是以"义"或道义为最高的原则，而不能以功利为原则。孟子所谓"何必曰利？亦有仁义而已矣……上下交征利，而国危矣"，荀子所谓"人一之于礼义则两得之矣，一之于情性则两丧之矣"，都很明确地指出了这一点。此非否定功利，而是反对以功利为社会共同体的行为原则。究实言之，以道义为最高的原则，功利作为人性和人类存在之肯定性的价值乃能得以贞定和实现。以功利为行为的原则则反是。儒家的"诚信"论对道德之"诚中形内"，是其所是，实有诸己的本体论阐明，强调的正是道德的自身价值和自身目的，而拒斥对道德行为之外在功利目的性的理解。

据此，今日中国社会要重建诚信道德，我们的道德教化，便不能仅从人际交往的角度甚或居怀利邀福之心来理解诚信的观念，而宜注重唤醒人心内在的天德良知，由之逐渐在整个社会挺立起道义至上的至善价值原则，此其所以端本正原，深根固蒂之道。

原载《光明日报》2012 年 1 月 31 日

儒家的道德精神及其现代意义

各位同仁：下午好！

文津讲坛最近要开一个系列的讲座，主要内容是讲廉政建设的问题，希望我能讲讲儒家的廉政思想。这个问题我没有研究。但是考虑廉政建设应当包括正反两面的内容，反面的是法治的问题，正面的就是道德建设的问题。每一时代都需要有价值系统的重建，这个重建与自身的文化和价值传统有着密切的关系。儒家是中国传统文化的主流，因此我在这里选了"儒家的道德精神"这样一个题目来讲一讲。

下面我们讲第一个问题。

一 成德之教——儒学的理论出发点

儒家哲学首先是一种成德之教，其核心是成就德性，成就人格。一个人要有智慧，首先必须要有德性。《左传》里面讲"立德、立功、立言"，这"三不朽"，不能看作是三个"不朽"。"三不朽"其实只是一个。你立功也好，立言也好，如果不把"立德"作为基础，不可能做出真正的、大的成就。年轻人做学问，立志要成就"名山事业"。但我们这个时代垃圾很多，文化垃圾尤其多。现在有人出不少书，但没有什么人去读，很快就被忘记了。你看《论语》就一两万字，老子的《道德经》五千言，却永远是经典。一本书能不能藏之名山，传之其人，不是你个人说了算的，而是看它有没有内在价值。这个内在价值，乃以"德"为根据。

孔子自称好学，《论语》论学的地方很多。什么是"学"？《学而》篇："子曰：弟子，入则孝，出则弟，谨而信，泛爱众，而亲仁。行有余力，则以学文。""行有余力，则以学文"之前，讲的都是德性修养的问题。"入则孝"，入是入父母之宫，是说在家庭里面要"孝"字为先。"出则弟"，弟即悌。出门要悌，这个悌是指对兄长而言。悌的特征就是"敬"，能够知道敬长，尊敬长者。"谨而信"指和朋友交往的时候要讲信用。同时，要能够爱人，亲近有仁德的人。"行有余力，则以学文"中"文"指的是知识技艺。可知对儒家来讲，为学之道，首要的是德性的成就，知识技艺并非为学之首务。

《论语·学而》："子夏曰：贤贤易色；事父母，能竭其力；事君，能致其身；与朋友交，言而有信。虽曰未学，吾必谓之学矣。"子夏的说法，也是在德性教养的意义上论"学"。"贤贤易色"讲夫妻关系。第一个"贤"字是动词，"易"即交换，就是用敬重贤德之心代替注重美色之心。男人对妻子应如此，妻子对自己也应该这样。女子注重内在的德性修养而不只是外貌的修饰，才有真正内在的、永久性的美，你才能获得男人的爱和尊重。这样，夫妻的关系才能稳固，家庭稳固社会也才能稳固。"事父母，能竭其力"，讲的还是孝道。"事君，能致其身"，讲上下级的关系。这个君当然不光是指国君，古人所谓君臣，就是上下级的关系。上级对下级就是君。我们要敬在上位的人。敬在上位的人并不是单纯敬这个个体，这作为个体的人，这个职位，实质上是我们处身其中的这个伦理共同体的代表。所以，君臣都有自己的分位和相应的伦理要求。《大学》讲"为人君止于仁，为人臣止于敬"。孔子讲正名："君君、臣臣、父父、子子"。君要做得像君的样子，臣要做得像臣的样子。所以，事君，所表现的是对这个共同体所应有的伦理原则的敬畏。"与朋友交，言而有信"，《大学》则讲"与国人交，止于信"，可知"信"是处理社会关系的原则。所以，这句话概括了从夫妻、家庭、政治到社会关系的原则。这就是"学"的内容："虽曰未学，吾必谓之学矣"。

《论语·雍也》篇："哀公问：弟子孰为好学？孔子对曰：有颜回者好学，不迁怒，不贰过。不幸短命死矣。"颜回好学，表现在"不迁怒，不贰过"。这里的好学，其内容也是德性修养。一个人经常迁怒，就是没有修养。真正有修养的人应该是当怒的时候怒，当喜的时候就喜，喜怒一当于理。这个喜和怒不是由乎自己主观的情绪，而是顺着事情本身之"宜"或理，喜怒一过，并不在心灵上留下痕迹，所以虽有喜怒，其心仍然静如止水。这样的人才能临大事而有静气，有力量，有智慧。"不贰过"，也是有关德性修养的问题。一个人总犯同样的错误，是因为其内在的价值尺度没有挺立起来，所以总会受到诱惑而不能自作主宰。

总之，儒家所言为学，以成德为首务。孔子论人的知识技艺与德性的关系说："志于道，据于德，依于仁，游于艺。"又讲："君子不器"。"器"就是有特定用途的器物。对于人来说，成为某个方面的专家，就是"器"。这当然不是否定专门知识，而是说，"君子"之为君子，其根本点在于成就德行，而不在于知识技能。一个人能够成就其人格，其心灵才是敞开的，能顺应事物之理而无执定，能与物、与周围的世界相沟通或贯通。

儒家讲人格的成就，并不单纯停留在的一般的规范伦理，它要有一个超越性的基础。这就是《论语》所讲的"下学而上达"。孔子说："不怨天，不尤人，下学而上达，知我者其天乎？""君子上达，小人下达。""下达"就是把人生的原则归结到功利性的满足上。"下学而上达，知我者其天乎"，可见，"上达"，就是达到天人合一的超越境界。孔子在七十岁以后有一个对自己一生的自述："吾十有五而志于学，三十而立，四十而不惑，五十而知天命，六十而耳顺，七十而从心所欲不逾矩。"这就是一个下"学而上达"的历程。这不是说，要到七十岁才达到人生的最高境界。儒家讲人同此心，心同此理。圣人与我没有不同，只不过"圣人先得我心之所同然耳"（孟子语）。孟子讲人心皆有"四端"，说一个人"见孺子将入于井"，都会产生怵惕恻隐之心。这表明，人虽然生活在一个分化了的现实中，但人与人、与天地万物的本然一体性并没有丧失，它在我们生命的当下会时时显露出来。这表明人性是本善的。不过，人的这个善心，会在现实生活中被遮蔽掩盖起来。这就需要有一种保任和修养的工夫，把他在实现出来。孔子讲下学上达，就是要通过一种修养的工夫，把这种超越的体悟、这个与圣人所同的心和理实现出来，并保持贯通在日常生活中，使我们的生活便保有一种超越的意义和精神的光辉。这个不是刻意做出来的，而是通过修养的工夫才能达到的。

这是我想要讲的第一个问题。

二 义利之辨——儒家的道德原则

儒家的最高道德原则就是"义"。孔子讲："君子喻于义，小人喻于利。"以"义"为原则，还是以"利"为原则，这是君子与小人的一个根本区别。儒家虽有很多派别，而明"义利之辨"，却是其所共同认可的原则。

现在，好多人觉得儒家强调以道义为最高原则，陈义太高，一般人做不到，因此造成了很多"伪君子"。其实这是一种误解。一个伦理共同体，其最高的原则必须是道义，而不能是功利。我想说，伪君子要好过真小人。这不是赞扬伪君子，我是要强调，伪君子的存在，说明一个社会的价值和道德体系还很稳固，因此大家不敢明目张胆地去作恶。在一个社会里，大家都标榜要做"真小人"，那表明这个社会已经是非不分，它的价值和道德体系已经崩溃了！

我们看《孟子·梁惠王》篇讲的一个故事："孟子见梁惠王。王曰：叟不远千里而来，亦将有以利吾国乎？孟子对曰：王何必曰利？亦有仁义而已矣。王曰何以利吾国，大夫曰何以利吾家，士庶人曰，何以利吾身。上下交征利，而国危矣！"梁惠王提出的问题是何以"利吾国"。孟子则回答说，你不必讲利，只讲"仁义"就行了。这就是强调，治理一个国家，必须以"仁义"而不能以"利"为最高的原则。为什么？"上下交征利，而国危矣"，如果大家都以取利为目标，那么这个国家就危险了。

有一次，一个报纸采访我，说现在我们的社会诚信不足，大家尔虞我诈，是不是我们中国的文化传统有先天的缺陷，儒家是不是本身就是一个"伪善"？我说，你这个提法本身就是错误的。一方面，形上的理念在任何一个社会、任何一个时代都不可能得到完全的实现。人是一种具有偶然性的存在，他会犯错误。正因为如此，人类必须有一种至善的价值作为伦理共同体的最高原则和理念。西方基督教教会里面也出现过很多不好的事情，但基督教神圣至善的原则并未因此而被否弃。中国的传统也是这样，不能因为一些偶然的事情否定它的价值理念。另一方面，当前中国社会诚信缺失的问题，恰恰是因为我们长期以来割断传统，道德教育意识形态化的结果。我们应当反省的是我们自身教育的失误，而不应当把它归咎于传统。

儒家强调以"义"为最高原则，但并不否定功利和人的欲望要求。儒家讲王霸之辨，主张王道，但在事功的层面上，对霸道又有充分的肯定。孟子主张行仁政和王道，在道德原则方面确实陈义很高，但是在王道的具体落实方面却又很低调、很平实。如孟子论王道，说"使民养生丧死无憾，王道之始也"。又讲王者发政施仁，必先安顿好"鳏寡孤独"这些最穷困无靠的人。这就是"王道之始"。同时，儒家的仁政，亦不排拒人君的欲望要求，只是要求统治者要能够"与民同乐"、同欲。当然，这个与民同欲同乐，并不是要降低道德原则，孟子对人君与民同乐有一个很好的界定："乐民之乐者，民亦乐其乐。忧民之忧者，民亦忧其忧。乐以天下，忧以天下，然而不王者，未之有也。"（《孟子·梁惠王下》）"乐民之乐，忧民之忧"，"乐以天下，忧以天下"，经后来范仲淹的发挥，意思说得更清楚：士应该"先天下之忧而忧，后天下之乐而乐"。当你能够"先天下之忧而忧，后天下之乐而乐"，真正以这样的关怀对待天下老百姓的疾苦及其衣食住行的时候，你的这种关怀，实质上已经超越了衣食住行而进入到了"义"的道德层面。在这个意义上，人的欲望和功利性满足亦得到升华而构成为"王道""仁政"的一种本质的内容。人的欲望和功利性的实现，并不与儒家的道义原则相矛盾。

所以，一个伦理共同体的最高原则必须是"义"而不能是"利"。记得20世纪80年代，大学生张华救老农牺牲的事件，曾引起过一番大学生牺牲自己救农民"值不值得"的价值观讨论？那时候大学生还被看作是天之骄子。有人认为国家培养一个大学生不容易，他还没有为国家做贡献就死了，不值得。其实这个观念是一个非常有问题的。我们看美国电影《拯救大兵瑞恩》，一个小分队去救一个人，到底这个人值不值得去救。一个伦理共同体应以"道义"为最高原则，而不能以"利"为最高原则。人是目的，应该救人，就不能计较功利，不能讨价还价，这个道义的原则必须挺立起来。目前的中国社会，其实还是在倡导以"利"为原则。政府搞土地财政，难道不是在与百姓争利？时下很多商人，就是唯利是图，为富不仁。现在茅台酒的价格掉下来我觉得是应该的。什么要把茅台酒打造成奢侈品，一般老百姓就不应该有能力喝它。只要有人卖，一瓶茅台酒十万元他都敢要。这就是为富不仁。任何事物都有自己的理和道，你可以偏离一点，但它是有限度的。所以《老子》里面说"道大"，"大曰逝，逝曰远，远曰反"。万事万物都要归根复命，你偏离太远，那就要强迫你返归于这个"道"。所以，我们对道和理应该保有一种内在的敬畏之心。没有敬畏之心，早晚会出问题。个体如此，国家也是一样。

总之，在儒家看来，一个社会伦理共同体，一定要以"义"为最高原则，而不能是以"利"为最高原则。个体也是这样，这是区分君子与小人的尺度。

三 知止——人的自我认同

"知止"是中国哲学的一个重要观念，儒家、道家都讲"知止"。在儒家的文献中，《周易》《礼记》《荀子》都有有关"知止"的论述。这个"知止"的观念，与个体的自我认同和文化的认同有密切的关系。认同，就是"我"在不同层级的共在形式中实现并认出自己。个体自我的认同，必然与血缘、家族、社群、职业、民族、国家、文化、类性以至于天人、神人关系等一系列的超越性相关联，并且在这种普遍化的过程中转变和升华人的自然实存，人的真实的自我认同才能够得到实现。

《礼记·大学》："大学之道，在明明德，在亲民，在止于至善。知止而后有定，定而后能静，静而后能安，安而后能虑，虑而后能得。"一个人能做到知止，内心才能安定平静而思虑明睿，由之获得智慧而上达于道。《大学》下文对"知止"作了解释："《诗》云：'邦畿千里，惟民所止'。《诗》云：'缗蛮黄鸟，止于丘隅'。子曰：'於止！知其所止，可以人而不如鸟乎？'《诗》云：'穆穆文王，於缉熙敬止'。为人君，止于仁；为人臣，止于敬；为人子，止于孝；为人父，止于慈；与国人交，止于信。"孔子引《诗经》作比喻，谓小鸟尚知止于丘隅，以山林为家。难道说人还不如鸟吗？鸟之所止，找到的是一个物质性的家。而人之所当止者，则是一种精神的家园。文王之所以伟大，是因为其能够时时敬其所止。这个所止之处，即"为人君，止于仁；为人臣，止于敬；为人子，止于孝；为人父，止于慈；与国人交，止于信。"你是君，对臣下就要仁；你是臣，对君上就要敬；为人子，对父母就要孝；为人父，对孩子就要慈，与人交往，一定要做到信，等等。当然，人所处身其中的伦理关系，不是单面的、直线的关系。相对于上级我是臣，相对于下级我是君，相对于父亲我是儿子，相对于儿子我是父亲。在社会的各个角色中，"我"是一个处在动态关系中的中心点。在这样一个动态的人伦网络系统中，你的为人处世，要有所"止"，各处其宜。在这个意义上，"知止"，就是要了解自己的使命，培养德性，建立起个体存在的"一贯之道"和超越的基础。不管是一种文化、一个社群，一个民族，还是一个个体，都存在这样一个"认同"的问题。你首先要回到你自己，回到自己的位置，回到自己合理的本分，找到自己存在的"家"。民族有文化认同的问题，个体也有自我认同的问题。你要摆正自己的位置，找到了这个认同的基础和阿基米德点，也就真正拥有了自己的"一贯之道"，能够站得住，立得起来，从而获得自身存在和发展之原创性的内在动源。从文化上来讲，我们也必须回归传统，返本开新，重建起自身文化价值的认同的基础。

凡事都有一个理，一个不能逾越的天命。阿来所著《尘埃落定》里那位最后的土司，那个"傻子"，说过一句很有哲理的话："该怎么干，就怎么干。"反过来说，不该这么干，就不能干。《中庸》"天命之谓性"。这个天命之性，就规定了人之所以为人的这个"应该"或应当。"知止"，不仅要了解这个理、这个必然或天命，更要能够坦然面对，把它在人的生命中挺立起来。孔子说："下学而上达，知我者，其天乎。""不知命，无以为君子也。"又讲"君子有三畏"，其中第一条就是"畏天命"。而小人则因"不知天命"而不"畏天命"，故"小人而无忌惮也"。此以"知命""知天命"与否来区分君子与小人。一个真正了解自己的使命的人，其心与天相通。君子知命，实即理解存在、事理之必然而坦然承当之。知命、知止与尽性成德，实一体两面，不可或分。

四　忠恕之道——儒家的达道成德之方

孔子学说的核心是"仁"，所以也有人用"仁学"来概括孔子的学说。但孔子并没有对仁下一个抽象的定义。《易传》说："形而上者谓之道，形而下者谓之器。"《老子》一章也说："道可道，非常道。"那形而上的"道"是不可说的。孔子的道，就是仁。仁不可直陈界定，孔子指示人达到"仁"的方法和途径，就是"忠恕之道"。

孔子弟子曾子说："夫子之道，忠恕而已。"《论语》中对"忠恕"有两个明确的表述。《论语·颜渊》："仲弓问仁。子曰：出门如见大宾，使民如承大祭。己所不欲，勿施于人。"见大宾，承大祭，内心必很诚敬。诚和敬就是"忠"。"己所不欲，勿施于人"，就是恕。忠者中心，中心或内心要真诚。恕者如心，就是要以真诚之心对待他人。《雍也》篇："夫仁者，己欲立而立人，己欲达而达人。能近取譬，可谓仁之方也已。"这是说，自己有所立有所成就，也要让别人有所立有所成就。忠恕其实是一个概念，但是可以分开来讲。朱子说："尽己之为忠，推己之为恕。"忠恕之道，讲的就是己与人、成己与成物、自成与成人、内与外的关系。忠恕是孔子为人所指出的一条达到"仁"或"道"的方法和途径；当然，它不仅是方法、途径，而且是一种实践的工夫。仁或道，需要我们通过切实的修养、践行工夫，而真实地实现和拥有之。概括起来讲，忠恕之道，就是从自己最切己的欲望、要求和意愿出发，推己及人；通过这种推己及人的践履工夫，达到于内外、人己、物我的一体相通，就是"仁"。

忠恕既是一个沟通的原则，同时又是差异或限制性的原则。"沟通"一定要建立在"限制"或等差性的基础上。

沟通原则比较好理解。孟子也讲到这一点："老吾老，以及人之老，幼吾幼，以及人之幼。"（《孟子·梁惠王上》）"亲亲而仁民，仁民而爱物。"（《孟子·尽心上》）也就是由近及远，推己及人，最后达到人我、物我的一体相通，并且把这个一体相通作为自己存在的基础。这就是"仁"。所以忠恕是一个"沟通"的原则。但同时，忠恕作为沟通的原则，又是建立在它作为一个差异原则的基础上的。

近年，有人讲"己所不欲，勿施于人"只是对忠恕的一个消极的表述，认为还可以有一个积极的表述："己之所欲，施之于人"。我认为，对孔子的忠恕之道，不能做这种积极的表述。《中庸》引孔子说："忠恕违道不远，施诸己而不愿，亦勿施于人。"又从"所求乎子以事父""所求乎臣以事君""所求乎弟以事兄""所求乎朋友先施之"四个方面解释忠恕的内涵。《大学》讲"絜矩之道"："所恶于上，毋以使下；所恶于下，毋以事上；所恶于前，毋以先后；所恶于后，毋以从前；所恶于右，毋以交于左；所恶于左，毋以交于右。"絜矩之道亦即忠恕之道。可见，儒家所言忠恕，首先都是对"己"的要求，而非对人的要求，就是强调在接人、处事、待物时要有限制，不能以己加于人、加于物。

《庄子》里面有一个寓言故事说："南海之帝为儵，北海之帝为忽，中央之帝为浑沌。儵与忽时相与遇于浑沌之地，浑沌待之甚善。儵与忽谋报浑沌之德，曰：'人皆有七窍以视听食息，此独无有，尝试凿之。'日凿一窍，七日而浑沌死。"（《庄子·应帝王》）"浑沌"本没有七窍，才被称为"浑沌"。"儵"和"忽"也确实太疏忽，他们忽视了"浑沌"与人的差异性，硬要用人的价值强加给浑沌，结果好心办了坏事。在现实中这样的事情比比皆是。父母亲爱孩子，却常常不顾孩子意愿，硬要把自己的观念强加给孩子，造成与孩子沟通的困难。西方社会往往持一种西方中心论的态度，今日所谓的西方中心论，实即以西方的价值加之于非西方社会，长此以往，便产生东西、南北、甚而种族之隔阂冲突。所以我们便须讲"全球伦理"。凡此种种，都是像"儵、忽"那样在破坏事物之差别性的限制，此皆由以造成人我、物我有隔，而不能沟通。

这个"沟通"就是承认差异的前提下达到沟通。人与人、人与物都是如此。

因此，忠恕之道是成就德性的一种方法和工夫。"成己"与"成物"，是相辅相成的两个方面。因他人他物之"宜"而成就之，在人我、物我差异性实现的前提下，才能真正做到合外内、通物我而实现"仁"德。

五 独——人格教养与个体性的实现

上面所讲的四个方面归结到一点，这就是人格教养与个体性实现的问题。

个体性的实现和人格教养密切相关，个体性的价值实现和普遍性的原则是密不可分的两个方面。现代人常常强调自我的实现，但是这种自我的理解常常把普遍性和个体性对立起来。今人所谓个体性，基本上是西方意义的原子式个体；而另一方面，伦理的原则又常被理解为落在个体实存之外的一种单纯的约定性，亦失去其"真"的意义。因此，伦理原则变成了一种单纯的使用工具，而不是一种我们内心本来实有的东西，所以在其中找不到真实感。那么你这个存在就缺乏个体的独立性。我在这里用了一个字——"独"，去概括、理解人的人格教养与个体性的实现。

儒、道哲学常常用"独"这一概念来表征人格的独立性和独特性。《荀子·不苟》篇说："善之为道者，不诚则不独，不独则不形。"明儒王龙溪说得更明确："良知即是独知，独知即是天理。天理独知之体，本是无声无臭……独知便是本体，慎独便是功夫。"（《明儒学案》卷十二）强调为人要能够做到"独立而不倚"，"和而不流""和而不同""特立独行"。道家也是如此，庄子亦特别强调"见独""独与天地精神往来"。很显然，这个"独"，一方面标识人的内在性和独特性之极致；另一方面，它又是向着他人和世界的一个完全的敞开性。在这两极的互通动态张力关系中，乃能成就真正的自我，达于个性的完成与实现。

一个真正得道的人，才能够做到转世而不为世转，形成自己独立的人格。从哲理上说，如果把普遍性和个体性看成抽象的两个对峙的方面时，这两个方面都失去了它的真理性。个体存在的实现，必须有一个普遍性内在的奠基。所以这个"独"一定是有一个内在的普遍性奠基的个体的实现。

因此，儒家论人的教化和教养，特别强调人的自我认同或证显道体对个体存有之奠基的意义。《论语·卫灵公》："子曰：赐也，女以予为多学而识之者与？对曰：然，非与？曰：非也，予一以贯之。"孔子谓曾子云："吾道一以贯之。"按曾子的解释，夫子这个一贯之道，就是"忠恕"行仁之道。（《论语·里仁》）建立这个"一贯之道"，就是要在人的存在中建立起其超越性的基础。这就是我们前面所讲到的"知止"之第三个层面的意义。人有种种的实存表现，健全的人格要求人的现实行为的过程具有同一性和纯一性。所谓"同一性"，就是个体过去、现在、未来的行为，具有可以得到统一解释的连贯性，人们由此而可以从中认出其作为区别于他者的"这一个"。现在的人不如此。比如，一个官员，前几天还在冠冕堂皇地大讲反腐倡廉，不几天却因贪腐而被"双规"。人们在其行为间不能找到一种统一连贯性的解释，其所表现出的，乃一种人格的两面性或多面性。所谓"纯一性"，乃相对于杂多性而言。人的实存情态，非杂多之聚合。《礼记·中庸》："诗曰：维天之命，于穆不已。盖曰天之所以为天也。于乎不显，文王之德之纯。盖曰文王之所以为文也。纯亦不已。"这个"于穆不已""纯亦不已"，即言个体之种种实存表现乃因其内在实体性的确立和贯通而臻于精纯，由之统合为一体。当然，这个"知本分",不仅是我们一般的了解,而是在生命中真正地拥有这个"道"和"理",在自己的生命中把它真正地挺立起来。有了这个"一贯之道"作基础,个体的人格才能真正具有他的同一性和纯一性,因此能够有真实的成就。

内在的价值基础（如前面讲的知天命、畏天命与认同）的建立,会推动个体实存发生一种转变。教化就是一种转变,从内在精神生活、情感以至于形色的一系列的转变。《礼记·中庸》说:"诚则形,形则著,著则明,明则动,动则变,变则化,唯天下至诚为能化。"《孟子·尽心上》:"形色天性也,惟圣人然后可以践形。"张载也讲,学问之道,在于"知礼成性,变化气质。"孟子又讲:"仁义礼智根于心,其生色也,睟然见于面,盎于背,施于四体,四体不言而喻"（《孟子·尽心上》）。形色是人的"天性",但是,只有修养至于"圣人"的高度,"形色"作为人的"天性"的本有价值才能得到实现。"仁义礼智根于心",在内心里面将这个超越的基础挺立起来,它会推动你的形色气质发生一系列的转变,在你的言谈举止、言动语默之间,展显出一种精神的光辉。一个人的天性本来是很好的,但是如果不注重修养的话,好的天性会被丢掉。所以人一定要通过一种形上认同的超越价值的内在奠基,并经历一种实存转变的教化历程,才能成为一个具有真正独立个性的人。这就是"独"。

上面,我们从理论出发点、道德原则、人的自我认同、达道成德之方及人格教养、个体性的实现诸方面,对儒家的道德伦理精神作了简要的说明。儒家的道德伦理精神在今天的社会,仍有着重要的价值,值得我们来体会和实践。

本文系作者2013年9月15日于国家图书馆文津讲坛上的演讲。原载《中国德育》2013年第23期。发表时有删节,此为原稿。

诚敬存养与格物穷理
——二程人格修养论述论

一 德性与哲理

现代以来，我们把儒学纳入到哲学的框架中来作研究，这当然没有问题。儒学追求闻道、达道，"形而上者谓之道"，这本就是一种哲学。但是，哲学又是一种个性化的学问。儒学作为哲学，其思想的进路与西方哲学不同。西方哲学讲思维和存在的关系，实质上是从认知、认识出发。儒学作为一种哲学，却注重在"人的存在实现"的先在性。我称儒家的哲学为"教化的哲学"，并提出"教化儒学"说，道理就在于此。教化作为儒学的本质，就是一个存在实现论的观念。

哲学是爱智之学，要成就人的智慧。但对于儒家而言，这个智慧，乃是在人的存在和人格实现的前提下才能真正达到的生命智慧。儒家讲"学以至圣人之道"，学有所止，而止诸成圣。在儒学的思想系统中，人的德性的成就和存在的实现，对于知识的问题来说是先在的。在儒家哲学中，"知"乃是人的德性成就和存在完成之一内在规定，同时，亦须依止于后者乃能转成为人的生存和生命的真智慧。由此，通过道德践履，变化气质，践形成性，由工夫以证显本体，就成了儒家达道的基本进路。从德性修养和人的存在完成的角度去理解和成就人的生存和生命智慧，并据此以反观人所面对的这个世界，这是儒学在哲学思考上的基本进路和思想的透视点。

这样，德性修养论便构成了儒学系统的一项核心内容。相对而言，汉唐儒在理论上较注重政治、历史的层面，宋儒则由政治和历史转向心性与教化，更注重于个体的德性修养。二程作为理学之创始与奠基者，在德性修养方面提出了一套系统的理论。

儒家言德性修养工夫，主张下学上达，道合外内。《中庸》讲"尊德性而道问学""极高明而道中庸"，又讲"自诚明，谓之性；自明诚，谓之教。诚则明矣，明则诚矣。"尊德性与道问学、自诚明与自明诚、极高明与道中庸，兼通上下、外内，不可偏废。然正如詹姆士所说，哲学家有不同的气质，而气质的不同乃决定了其不同的致思向度。如思孟一系主张"先立其大者"，直接悟入本体，偏向于"自诚明"的思想路径；荀学一系则强调学、知的意义，而偏向于"自明诚"的思想路径。可见，治学与思想理路之差异，古已有之。

二程兄弟相差仅一岁，其气质性格却有很大的差异。

程颢为人，幽默宽厚，轻松活泼，志趣高远。《宋史道学传》："颢资性过人，充养有道，和粹之气，盎于面背。门人交友从之数十年，亦未尝见其忿厉之容。遇事优为，虽当仓卒，不动声色。"[①] 他的语言文字，也甚简约，直抒胸臆，坦荡自如，而又意味深远，言约意丰。可见其学理和为人，皆涵泳圆熟，顺畅自然，透出与天地合一的博大情怀和生命力量，而无丝毫的勉强和黏滞。

与大程子相比，小程子则显得过于严毅。程颐作宋哲宗的侍讲，每次讲授之前"必宿斋豫戒，潜思存诚"，进讲时容貌庄严，无一毫松懈。小程子对学生很严肃，学生对他也敬而远之。有一次，二程随父到一僧寺，一左一右行，从人都跟着程颢而不跟程颐。小程说："此是颐不及家兄处。"[②] 程颢亦说："异日能使人尊严师道者，吾弟也；若接引后学，随人才而成就之，则予不得让焉。"[③] 著名的"程门立雪"故事，也表现了这一点。

二者的气质性格，也影响了他们的学问和思路。大程子之学，周浃圆熟，直从本原悟入，其修养工夫，重在诚敬存养，自诚而明。小程子之学，则略偏重于学、知，其修养工夫，乃偏在格物致知，自明而诚一路。不过，诚如《中庸》所说："诚则明矣，明则诚矣"，诚、明之义，乃互

---

① （元）脱托：《宋史》，中华书局1977年版，卷427。
② （宋）朱熹：《伊洛渊源录》，中华书局1985年版，卷四。
③ （宋）程颢、程颐：《二程集》，中华书局1981年版，河南程氏遗书附录。

证互成，不可或分的两个方面。古人率以"同归殊途，一致百虑"论天下思想学术之异同关系，可谓至当之论。对于二程之学的异同，亦必于同中见异，异中求同，方能得其精髓。

二 大程子之修养论

孟子以善性先天本具于人心，故"学问之道无他，求其放心而已矣"①，学问之道，要在反思本心，先立其大者，然后实地用功，推扩而至于物我一体，天人合一的境界，乃能实现人格的完成。

大程子继承了这一思理，其在修养工夫上，首重反思先天存于吾心的全体之仁，诚敬存养，以达其全体之呈显。大程子认为，心体之原本的全体性和"明觉"虽在人的现实精神活动里往往被障蔽，但却并未丧失，而且常在人心不假思索的"当下"活动里显露出来，只要紧紧把握此不时呈露之本心，"以诚敬存之"，久之，它就可以贯通于气性，在人的精神活动里全体朗现。这种治学之路，就是以后心学家所称道的"易简工夫"。

《遗书》卷二上有一段被称作《识仁》篇的话，最能见此精神。《识仁》篇全文如下：

> 学者须先识仁。仁者，浑然与物同体。义、礼、知、信皆仁也。识得此理，以诚敬存之而已，不须防检，不须穷索。若心懈则有防，心苟不懈，何防之有？理有未得，故须穷索。存久自明，安待穷索？此道与物无对，大不足以名之，天地之用皆我之用。孟子言"万物皆备于我"须反身而诚，乃为大乐。若反身未诚，则犹是二物有对，以己合彼，终未有之，又安得乐？《订顽》意思，乃备言此体。以此意存之，更有何事？"必有事焉而勿正，心勿忘，勿助长"，未尝致纤毫之力，此其存之之道。若存得，便合有得。盖良知良能元不丧失，以昔日习心未除，却须存习此心，久则可夺旧习。此理至约，惟患不能守。既能体之而乐，亦不患不能守也。（明）

---

① （清）焦循撰：《孟子正义》，卷23《告子上》，中华书局1987年版。

大程子以"浑然与物同体"释"仁",将仁理解为一绝对的物我、天人合一的本体。"此道与物无对",是进一步强调仁体、道体之内外、天人合一的整体性意义。这个"浑然与物同体"之"仁",即先天存诸吾心,而为我所本有的天德人性。此即儒家所说的人性本善。所谓"万物皆备于我""良知良能元不丧失",讲的就是这个意思。这是大程子诚敬存养工夫之本体论的基础。

由此,大程子特标心、性、天、道为一之旨。《遗书》卷十三曰:

> 曾子易箦之意,心是理,理是心,声为律,身为度也。

《遗书》卷二上:

> 只心便是天,尽之便知性,知性便知天(一作性便是天),当处便认取,更不可外求。

又《文集》卷二《答横渠张子厚先生书》曰:

> 性之无内外也。

此言天、道、性、心贯通为一,天、道、性全体在心,心非仅一抽象认知的作用。故学问之道,反躬自求于心可得,而不应外求。《遗书》卷一:

> 伯淳先生尝语韩持国曰:"如说妄说幻为不好底性,则请别寻一个好底性来,换了此不好底性者。道即性也。若道外寻性,性外寻道,便不是。圣贤论天德,盖谓自家元是天然完全自足之物。若无所污坏,当即直而行之;若小有污坏,即敬以治之,使复如旧。"

性道一体,本具于人心,此孟子所谓"仁义之心""本心"或"良心"。此良心(仁义之心、本心),包含有两面,一为"能",一为

"知",以其为先天本有,不杂人为(伪),故谓之"良能""良知"。"良能"指其才具言,"良知"指其自觉灵明言。良心本涵具此两面而为一体。这个心体之原本的全体性和自觉灵明,"天然完全自足",为吾心所本有,只为习心所障蔽,而不能显现,我们所要做的工夫,便是"以诚敬存之",转化并贯通于气性,使其在人的精神和实践活动中重新显现出来,而非向外求取。

关于"仁"体、道体的上述涵义,程颢还举例加以说明,《遗书》卷2上曰:

> 医书言手足痿痹为不仁,此言最善名状。仁者,以天地万物为一体,莫非己也。认得为己,何所不至?若不有诸己,自不与己相干。如手足不仁,气已不贯,皆不属己。故博施济众乃圣人之功用。仁至难言,故止曰"己欲立而立人,己欲达而达人。能近取譬,可谓仁之方也已"。欲令如是观仁,可以得仁之体。(明)

通常我们说"麻木不仁",大概即从此来。麻木何以不仁?一者,麻木者,气不贯通,其内在的生命无法通达四肢;再者,这样,四肢已不属我,在我之外,即非一体;复次,"麻木"者,是已对之无感觉痛痒,失去生命,成为死体。故又说:"医家以不认痛痒,谓之不仁,人以不知觉,不认识义理为不仁,譬最近。"① 大程子用此比喻,就是要说明,仁是一个生命创造,物我为一的主客统一性和整体性。

此以"通"言"仁",乃表明"仁"并非一个抽象的实体或认知义的统一性,而是因物之宜而成就之的一个动态的生命整体性。它包括两个方面,一是个体自身的自成,二是因物之宜以成就之。人不能"诚"以自成,则偏执而不能成物;反过来,吾人不能成物,亦不可说已实现了"自成"。此两者乃互成不可或分的两个方面。《中庸》所谓"诚者,非自成己而已也,所以成物也。成己仁也,成物知也。性之德也,合外内之道也,故时措之宜也",讲的就是这个道理。由此,乃有物我一体贯通的实现。大程子以"通"言仁体道体,是对先秦儒仁与忠恕思想之进一步的

---

① 《二程集》,中华书局1981年版,《河南程氏遗书》卷2上。

理论阐发。

这是大程子修养工夫论的本体论基础。

仁体既然是人心达致人格完善的一个先天和先在的整全性，那么，修养的工夫，便简易直截："识得此理，以诚敬存之而已，不须防检，不须穷索。"大程子的修养工夫，可归结为一句话，就是"以诚敬存之"。他认为，这是最简易的方法。

以诚敬存之，亦即孟子所说："必有事焉而勿正，心勿忘，勿助长。"① 在现实生活中，人心之良知良能，虽往往为私欲巧智所蔽，而不能全体显现，但却并未丧失。"必有事""心勿忘"，就是要时时提撕警醒，操存之而不放失此心。诚敬一志，时时警觉，谨守勿失，守之既久，便可化去旧习，使良知本心于吾人之实存与行为中，有必然和自然的显现。

这诚敬存之，包括内外两个方面的内容："敬以直内，义以方外"。《遗书》卷十一即言："'敬以直内，义以方外'，仁也。""敬以直内，义以方外"，语出《易·坤·文言传》，其言曰："直其正也，方其义也，君子敬以直内，义以方外，敬义立而德不孤。"敬以直内，是言内心的修养。"直其正也"，直包含正。孔子谓"人之生也直"②，是言人之性，本天然正直。敬以直内，是言反躬内求，诚敬专一，做到内心廓然，正直而无一毫曲屈。义以方外，是言表现于外的行事。"方其义也"，义者宜也，义亦涵方。是言以内心诚敬、廓然正直之心应事接物，而能行为方正，曲尽事物之宜，而与物无不通。此内外之合一，就是仁体的呈显和仁德之实现。是知大程子之诚敬存养工夫，并不单单专主于内。敬以直内的内心修养，必落实为"义以方外"的因物之宜，而达人己内外之一体相通，方可实现仁德。小程子的修养工夫论，即强调了这后一方面。

而"诚敬存之"的一个重要的内容，就是必须归于"自然"。"勿正""勿助长"，即是讲德性须自然养成的道理。"正"者期义。预期效果。急于求成，揠苗助长，以速其效，汲汲于求取成功，亦是一种外在于心性涵养的功利要求，这本身就是一种私心和外向的偏执，正与仁体的本

---

① 焦循：《孟子正义》，中华书局1987年版，卷六《公孙丑上》。
② 何晏：《论语注疏》，中华书局1999年版，卷6《雍也第六》。

性相悖。大程子论修养工夫，反对防检、求索，道理即在于此。苦心力索的方法之所以不可取，就是因为它不自然。大程子说：

> 敬以直内，义以方外，仁也。若以敬直内，则便不直矣。行仁义，岂有直乎？"必有事焉而勿正"，直也。夫能"敬以直内，义以方外"，则与物同矣。①（《遗书》卷11）

敬以直内，是不假外求，没有外在目的的工夫。"以敬直内"，便是把"敬"当作一种外在的手段，去达到"直"的目的。这样，还是有对待，不能内外合一，故亦不能是"直"。"必有事焉而勿正"。"必有事"是敬；勿正，就是顺其自然，不外在地预期结果、功效。此亦即上引《识仁》篇中所说的"未尝致纤毫之力"。所以，大程子特别强调："学者须敬守此心，不可急迫，当栽培深厚，涵泳其间，然后可以自得。但急迫求之，只是私己，终不足以达道。"②

《文集》卷二有一篇《答横渠先生定性书》，与张载讨论"定性"的修养方法问题。

人性问题在宋明新儒家，凸显为一个心性的问题，也就是落实于"心"以言"性"。所以，宋儒论人性，必涉及性、心、情三方面的关系问题。就其整体言，此三者可统谓之"性"。但就概念所表示的意义之区别说，三者又有差异。"性"为一灵明鉴照之整体。就此体之超越性而言，可称之为"性"。就此"性"之具体展开的活动言，可称之为"心"。心之活动的实存内容，则可谓之"情"。心之自体，乃纯然至善，是即所谓性。但心之本然，非离心之活动而自存者。心之活动的内容即是情，具有向外的对象性，乃表现为一种指向于外而内生于中的情意活动。"性"，乃是标示此一活动之整体的概念。

故大程子论"定性"，乃就"心"而见诸于"情"言之。其所言"定性"，实为"定心"，而其论"定心"，又是即"情"之自然应物之"通"而无累无滞言之。

---

① 《二程集》，中华书局1981年版，《河南程氏遗书》卷十一。
② 《二程集》，中华书局1981年版，《河南程氏遗书》卷2上。

这与上述大程子的诚敬存养之道是一致的。

《定性书》答张载"定性未能不动，犹累于外物"之问曰：

> 承教喻：以定性未能不动，犹累于外物……所谓定者，动亦定，静亦定，无将迎，无内外。苟以外物为外，牵己而从之，是以己性为有内外也。且以己性为随物于外，则当其在外时，何者为在内？是有意于绝外诱，而不知性之无内外也。既以内外为二本，则又乌可遽语定哉？

此言动静一本，性无内外。性之本然，本只是一个诚，一个自是其所是，本为一个整体，故无外内可言。无外内，故性本正定而不外于己。性显现为"心"的活动的具体性。此活动虽为动，但动静本是一。心静时是定，动时亦是定。凡心不定，乃因不知性本为一而无外内，以外物为外，心遂受制于外而无主于内。故取绝除外诱之途径，已是以性有内外，不足以言定性。

故大程子提出以内外两忘，返归明觉之自然为达于"定性"之途径。《定性书》说：

> 夫天地之常，以其心普万物而无心；圣人之常，以其情顺万物而无情。故君子之学，莫若廓然而大公，物来而顺应……人之情各有所蔽，故不能适道，大率患在于自私而用智。自私，则不能以有为为应迹（一作物），用智，则不能以明觉为自然……与其非外而是内，不若内外之两忘也。两忘，则澄然无事矣。无事则定，定则明，明则尚何应物之为累哉！圣人之喜，以物之当喜；圣人之怒，以物之当怒。是圣人之喜怒，不系于心而系于物也。是则圣人岂不应于物哉？

"内外两忘"，即前述复性之一本之义。"自私而用智"，此"用智"之"智"，乃指私意分别之小智，而非单纯的认识作用。是以自私必用智，用智必自私。"用智"与"自私"，其实是一个问题的两个方面。人因"自私用智"而情有所蔽，而复性之一本，却不在于绝情屏物。人心有情，必起而应物。故内外两忘，亦非屏事不问。圣人之喜怒，因物之宜，系于物而不系于心，以其情顺万物而无情，是以自然通物而不累于物。苟合其理，则内外一如，故情虽应物而心无往而不定也。如斯而已矣。

这种涵养的结果，就是仁心的全部显现。它既表现为一种道德创造的绝对连续与必然性，亦实现为一种个体人格的自由至乐境界。《遗书》卷十一：

"天地设位而易行乎其中"，只是敬也。敬则无间断，体物而不可遗者，诚敬而已矣，不诚则无物也。《诗》曰："维天之命，于穆不已，于乎不显，文王之德之纯"，纯则无间断。

《文集》卷三大程子有诗曰：①

寥寥天气已高秋，更倚凌虚百尺楼。世上名利群蚁蠓，古来兴废几浮沤。退安陋巷颜回乐，不见长安李白愁。两事到头需有得，我心处处自优游。

闲来无事不从容，睡觉东窗日已红。万物静观皆自得，四时佳兴与人同。道通天地有形外，思入风云变态中。富贵不淫贫贱乐，男儿到此自豪雄。

"无间断"，即生命活动的绝对连续。这个诚敬、纯粹"无间断"之"于穆不已"，就是一种道德创造的生生不息落实于个体的必然性。是乃仁体作为生命创造的内在力量之转化气质实存而臻于精纯的内外合一。由此，人的道德行为，既出于必然，又"自得""悠游"，而达于一种自然自由的至乐之境。

三　小程子之修养论

小程子对人的特点有一个很有趣的描述：

---

① 秋日偶成二首。

> 万物皆有良能，如每常禽鸟中，做得窠子，极有巧妙处，是他良能，不待学也。人初生，只有吃乳一事不是学，其他皆是学。人只为智多害之也。①

《遗书》卷二下有一段文字，与此文意相同，且说得更明白，可视之为小程子语。

> "万物皆备于我"，此通人物而言。禽兽与人绝相似，只是不能推。然禽兽之性却自然，不待学，不待教，如营巢养子之类是也。人虽是灵，却斫丧处极多。只有一件，婴儿饮乳是自然，非学也。其他皆诱之也。欲得人家婴儿善，且自小不要引他，留他真性，待他自然，亦须完得些本性须别也。

这里提出了人的存在之两方面的特点。一是其作为存在的自身同一性；一是人的存在由于其自我意识而所具有的自身分化。从"诚者天之道"的意义说，人与物的原初存在，皆表现为一是其所是的本原同一性。但人能"思"，有自我意识，故其存在便同时具有一种自我的分化，能够从自身中走出来以反观自身。动物的存在依赖于本能，表现为一个天然之"诚"，不待学为，此其所长。然动物不能"推"，故只能固着于此，而不具自身升华和超越的能力。因此，动物仅服从于自然史，而没有自己的历史。而人则由于其智、思，而具有"推"即推己及人、及物的能力，从而得以超越其本能即自然的束缚，发展自身的文化。这是人之"灵"处，亦其优长之处。但是，文明的发展，则以人多重本能的丧失为代价。人要费心劳神，经过长期的学习重新获得生存的能力。更重要的是，人的自我分化，导致其与自然及自身存在的疏离。"诚"的状态，在人这里分裂了。这使其行为常常背离其自身的存在和价值，而行其反价值。所以，"欲得人家婴儿善，且自小不要引他，留他真性，待他自然，亦须完得些本性须别也"。此言修养工夫，要在回归自然，完其本性。这个思想，亦

---

① 《二程集》，《河南程氏遗书》卷19《伊川先生语五》，中华书局1981年版。

是中国儒家的一贯的思想。这就是：在人的理智的升华和文化的前行运动中，时时保持一种返璞归真、回归自然的精神向度，使人在其存在的不断发展中，能够将那天人合一的本然之"诚"体于文明的层面上重新实现出来。

小程子之修养论，可以以下命题概括之："涵养须用敬，进学在致知"①。

从经典之称述上说，周、张、大程皆以《中庸》《易传》为主，而归于《论》《孟》，故皆强调的是反归本心的修为工夫。小程子则特重《大学》，以《大学》为"入德之门"。《遗书》卷二十二上：

> 棣初见先生（程颐），问"初学如何？"曰："入德之门，无如《大学》。今之学者，赖有此一篇书存，其它莫如《论》《孟》。"

这就特别突出了《大学》的重要性。《大学》云："古之欲明明德于天下者，先治其国；欲治其国者，先齐其家；欲齐其家者，先修其身；欲修其身者，先正其心；欲正其心者，先诚其意；欲诚其意者，先致其知。致知在格物。"故小程子亦以"格物致知"为其达于理想人格之根本途径。当然，返归人的"本性"之全，亦是小程子修养工夫所达之目的。注重格致，只标明了为学之方的一种思想的倾向性。

小程子特别强调"致知"在为学修养工夫中的先在性意义。《遗书》卷二十五：

> 学以知为本，取友次之，行次之，言次之。
> 君子以识为本，行次之。今有人焉，力能行之，而识不足以知之，则有异端者出，彼将流宕而不知反。
> 学者不可以不诚。虽然，诚者在知道本而诚之耳。
> 君子之学，将以反躬而已矣。反躬在致知，致知在格物。

《遗书》卷十五：

---

① 《二程集》，《河南程氏遗书》卷18，中华书局1981年版。

> 康仲问：人之学非愿有差，只为不知之故，遂流于不同，不知如何持守？先生曰：且未说到持守。持守甚事？须先在致知。

以上诸条材料，都表现出了其对"大学之道"的重视。

兹先言"致知"。

伊川所言致知之"知"，即是"德性之知"，为人心先天所本有。它是人的意志情感表现所本具、并能够发行为实践的一种决断与自觉作用，而非今人所说的理智认知之知。

此知既为人心先天所本有，那么，何以必须致之？《遗书》卷二十五：

> "致知在格物"，非由外铄我也，我固有之也。因物有迁，迷而不知，则天理灭矣，故圣人欲格之。

又：

> 闻见之知非德性之知，物交物则知之，非内也，今之所谓博物多能者是也。德性之知，不假闻见。

这里所说的"德性之知"与"闻见之知"之分，就是人的以道德良知为核心的整体灵明觉知（这是人所固有的知的整体性）与经验知识的分别。这个"德性之知"，是人先天固有的人心本然觉知，它不依赖于见闻，却是见闻能够成立的根据。然因见闻之知之指向于外的对象性，其心往往于"因物"之"迁"中，迷而不返，受到遮蔽，故必致之而后可得。故小程子认为，"知者，吾之所固有，然不致，则不能得之。而致知必有道，致知在格物。"① 是致知之道，乃由乎"格物"。

这就引出了其"格物穷理"的方法。在伊川看来，格物，就是穷理：

---

① 《二程集》，《河南程氏遗书》卷25，中华书局1981年版。

> 格犹穷也，物犹理也，犹曰穷其理而已矣。穷其理，然后足以致之，不穷则不能致也。格物者，适道之始。思欲格物，则固已近道矣！是何也？以收其心而不放也。①

格物，就是穷理。那么，穷物之理何以能达于人心先天之知？何以能"收其心而不放"其心呢？

这与小程子对于"理"的理解有关。这里的逻辑前提是，天下万物本一理。这个理即人心内之理，是一本原的主客一体性。《遗书》卷十五：

> 所以能穷者，只为万物皆是一理，至如一物一事，虽小，皆有是理。

又《遗书》卷十八：

> 问：观物察己，还因见物反求诸身否？曰：不必如此说。物我一理，才明彼，即晓此，合内外之道也。语其大，至天地之高厚；语其小，至一物之所以然，学者皆当理会。又问：致知，先求之四端，如何？曰：求之性情故是切于身，然一草一木皆有理，须是察。

格物穷理以致吾"德性之知"，其根据就在于"理"是在吾心中的一个主客本原一体性。"物我一理""合内外之道"，即标示出了此点。

那么，为什么要格物穷理，而不直接说"反求诸己"？小程子说：

> 随事观理，而天下之理得矣。天下之理得，然后可至于圣人。君子之学，将以反躬而已矣。反躬在致知，致知在格物。②

反躬内求，之所以必须落实于格物，原因就在于人必须"随事观

---

① 《二程集》,《河南程氏遗书》卷25，中华书局1981年版。
② 同上。

理"。这就是说，理不能离事而独存。理是形上超越之体，然此超越性并非彼岸性。天理本先天具于人心，人心以情应物，发于行事，故心体必于应事接物的活动中以反观自身。当然，人心常会于此应物的活动中滞著于外而不知自反，导致心物二元，徇物丧己之弊。故君子之学，要在"反躬"。然此"反躬"，却非摒事不问。恰恰相反，人须在应事接物的活动中，方能达到对"理"之具体性、整体性的了悟。如果将"反躬"理解为排斥了行事的出世之道，则将与徇物丧己者同样流于心物二元对峙之病。在小程子看来，释、老之病，即在于此。《遗书》卷十八：

> 问：恶外物，如何？曰：是不知道也。物安可恶？释氏之学便如此。释氏要屏事不问。这事是合有邪？合无邪？若是合有，又安可屏？若是合无，自然无了，更屏什么？彼方外者苟且务静，乃远迹山林之间，盖非明理者也。世方以为高，惑矣。

因此，君子之"反躬"，须在随事观理，格物穷理中才能真正得到实现。不然，只是不明理，便谈不上"反躬"了。

这个在事上穷理致知的方法，就必须表现为一种顿悟。《遗书》卷十八："须是今日格一件，明日格一件，积习既多，然后脱然自有贯通处。"吾心以情应物，随事观理，而物物皆有理，吾人不能穷格天下之物。然万物本一理，故可以积渐格物之工夫，而脱然贯通，通达事物之整全性的道理。这个脱然贯通，即是由事物之实存超越至于整体之理的飞跃。此一飞跃，可称之为顿悟。

这个顿悟的知，乃是一个知情、知行合一之知。小程子由于强调"知"，故把此知行合一的意义归到知上来理解。《遗书》卷十八：

> 到底须是知了方能行得。若不知，只是觑了尧，学他行事，无尧许多聪明睿知，怎生得如他"动容周旋中礼"？有诸中必行诸外，德容安可妄学……未致知便欲诚意，是躐等也……除非烛理明，自然乐循理……知有多少般数，然有浅深。向亲见一人，曾为虎所伤，因言及虎，神色便变。旁有数人见他说虎，非不知虎之猛可畏，然不如他说了有畏惧之色。盖真知虎者也。学者深知，亦如此。且如脍炙，贵

公子与野人莫不皆知其美，然贵人闻着便有欲嗜脍炙之色，野人则不然。学者须是真知。才知得是，便是泰然行将去也。某年二十时，解释经义与今无异，然思今日，觉得意味与少时自别。

又：

金声而玉振之，此孟子为学者言终始之义也……始于致知，智之事也；行所知而致其极，圣之事也。（同上）

此即在"知"上论知行合一。这个知行合一包括内在的体验亲证（如真知虎者之谈虎色变）。大程子曾说："'穷理尽性以至于命'，三事一时并了，元无次序，不可将穷理作知之事。若穷得理，即性命亦可了。"①（明）穷理、尽性、至命三事是一，穷理非仅为知之事。小程子亦说："入道莫如敬，未有能致知而不在敬者。"② 二程之说，在这一点上，并无不同。然大程子落在存养上说知行，小程子则偏于从"知"上论知行合一之义。

因此，进学致知，不能离开涵养用敬，二者一体而不可或分。

小程子致知之"知"，非见闻经验之知，此知为"德性之知"，其所知者为吾内心之理。这个"理"乃"物我一理"之理。故此理必经长期的修为工夫达于身心之合一方能至。这个修为的工夫，即可以概括为主一、用敬和集义。

主一、用敬属人心内在的方面；而集义是在事上的磨炼，重在养气。伊川与明道同样主张用敬，敬以直内。但明道强调以诚敬存心，浑然一体，不作分别。小程子也举孟子"必有事焉而勿正，勿助长"来明此"敬"之义，不过，小程子把"必有事"解作"集义"，其言"敬"，所强调的，则是精神的专一不分。关于主一、用敬，《遗书》卷十五说：

如明鉴在此，万物毕照，是鉴之常，难为使之不照。人心不能不

---

① 《二程集》，《河南程氏遗书》卷2上，中华书局1981年版。
② 《二程集》，《河南程氏遗书》卷17，《伊川先生语三》，中华书局1981年版。

交感万物，亦难为使之不思虑。若欲免此，唯是心有主。如何为主？敬而已矣。有主则虚，虚则邪不能入。无主则实，实谓物来夺之……大凡人心，不可二用，用于一事，则他事更不能入者，事为之主也。事为之主，尚无思虑纷扰之患，若主于敬，又焉有此患乎？所谓敬者，主一之谓敬。所谓一者，无适之谓一。且欲涵泳主一之义，一则无二三矣。言敬，无如圣人之言。易所谓"敬以直内，义以方外"，须是直内，乃是主一之义。至于不敢欺，不敢慢、尚不愧于屋漏，皆是敬之事也。但存此涵养，久之自然天理明。

小程子在心性论上，主张"性所主在心"之说。《遗书》卷十八："在天为命，在义为理，在人为性，主于身为心，其实一也。心本善，发于思虑，则有善有不善。若既发，则可谓之情，不可谓之心。""大抵禀于天曰性，而所主在心。才尽心，即是知性。知性，即是知天矣。""孟子曰：尽其心，知其性。心即性也。在天为命，在人为性，论其所主为心，其实只是一个道。苟能通之以道，又岂有限量？天下更无性外之物。"都表现了这一点。所谓性之所主为心，或性所主在心，一言性道即心而显，非一抽象的普遍性；一言心性为一，故说"心即性也"，"通之以道，心无限量"。这个"性所主为心"的心性说，落实在修养工夫上，就是"主一"或"心有主"。

就其本然言，心全体是性，是天，是道。然心之所发，乃以情应感万物，则必有思虑纷扰发生。故欲返归心性为一之本然，须吾心能自作主宰方可。"心有主"（"主一"）是原则，诚敬涵养此"一"则是工夫。诚敬涵养此"一"，久之乃能明天理。在小程子看来，性主于心，并非空守一个虚寂的理，这个诚敬涵养"主一"之功，乃是落在人心应事接物活动中的一个实践工夫历程。

这一点，与大程子注重本原上的涵养工夫，角度有所不同。

小程子之修养工夫论，注重事上的磨炼，凸显了"心"的本觉与生生不息的创造义。他反对摒除思虑的主静说，特别强调，善观心者，必"于喜怒哀乐已发之际观之"。"人说'复见天地之心'，皆以谓至静能见天地之心，非也。""自古儒者皆言静见天地之心，唯某言动而见天地之心。"所以，圣人不言静，而言"止"，"止"，就是止于事。如为君，止于仁；为臣，止于敬；为子，止于孝等。各于事上见之。① 故此止，就是敬在于事。小程子说：

> 才说静，便入于释氏之说也。不用静字，只用敬字，才说着静字，便是忘也。孟子曰：必有事焉而勿正，心勿忘，勿助长也。必有事焉，便是心勿忘，勿正，便是勿助长。②

小程子讲主一用敬，而不言"静"，特别注重心的生生创造义，而避免落于佛家在心性和工夫论上的虚寂之弊。这确乎表明了儒家心性修养论与佛道之区别。

"集义"，就是通过在事上的修为，以转化实存而达践形之实效。《遗书》卷十八：

> 敬只是涵养一事。必有事焉，须当集义。只知用敬，不知集义，却是都无事也……敬只是持己之道，义便知有是有非。顺理而行，是为义也……且如欲为孝，不成只守着一个孝字？须是知所以为孝之道，所以侍奉当如何，温清当如何，然后能尽孝道也。

《遗书》卷十八又说：

> "配义与道"，谓以义理养成此气，合义与道。方其未养，则气自是气、义自是义。及其养成浩然之气，则气与义合矣。本不可言合，为未养时言也。

持守道义，当然是内心之事，但却并非是不问世事，空守义理。道体性体，并非排斥气性的抽象形式。空守一个道理，不落实于实地修为，终难有成。所谓养成浩然之气，以使"气与义合"，并非现成两物

---

① 见《遗书》卷18。
② 《二程集》，《河南程氏遗书》卷18，中华书局1981年版。

之静态合一。"集义"之义，要在变化气质①，通过亲历人伦世事，而使道义在转化并通贯于气性的道德创造活动中，根于吾心，晬面盎背，施乎四体，得到整体和必然性的显现，吾人亦由此而得以自觉和领悟其整体性的内涵。

此与其主一用敬之说也是一致的。

结　语

大程子论修养工夫，注重诚敬存养，直悟本原，然亦颇重事上的磨炼，其本人"于兴造礼乐，制度文为，下及兵刑水利之事"，亦"无不悉心精练"②。小程子论修养工夫，略重在主一用敬，格物穷理，同时，亦特别强调反躬内求，诚敬涵养对于人格修养的根本性意义。③ 可见，二程之学，虽各有所侧重，然其为学宗旨，大本为一，并无二致。

今人研究宋明理学，以心学与理学之分途，导源于二程，遂多强调其学之差异性。吾意儒学精神，本为一原，朱陆之争，亦非水火不容。全祖望评论朱陆有云：

> 予尝观朱子之学，出于龟山，其教人以穷理为始事，积集义理，久当自然有得；至其所闻所知，必能见诸施行，乃不为玩物丧志，是即陆子践履之说也。陆子之学，近于上蔡，其教人以发明本心为始事，此心有主，然后可以应天地万物之变；至其戒束书不观，游谈无根，是即朱子讲明之说也。斯盖其从入之途各有所重，至于圣学之全，则未尝得其一而遗其一也。④

通乎"尊德性"与"道问学"，方可得"圣学之全"。吾人亦可由此角度反观二程之学。二程之学的差异，其实只是为学各有偏重，二者各在

---

① 《遗书》卷18：积学"既久，能变得气质"。
② 《宋元学案》卷14《明道学案下黄百家案语》，中华书局1986年版。
③ 《遗书》卷25："君子之学，将以反躬而已矣。"《遗书》卷3："入道莫如敬，未有能致知而不在敬者。"
④ 《宋元学案》卷58，《象山学案》，中华书局1986年版。

其自身中,即是包含对方的一个全体性。如此,方能对二程学说之精神,获得一种真切的了悟。

原载《人文杂志》2019 年第 7 期

续说之五

德、艺、知简说

德、艺、知之关系，是中国哲学的一个重要问题。今日哲学家皆言真、善、美，但多是平铺言之。黑格尔把美理解为理念的形象化表现。康德则把美理解为摆脱了利害要求的可愉悦之对象。二者皆有道理，但黑格尔的说法失之于抽象，而康德的说法则失之于皮相。中国哲学讲德、艺、知或真、善、美，则将三者理解为以德为核心的一个整体。

何以如此讲？

德之义首在于创造和转变；艺之义首在于陶冶与欣赏；知之义首在于觉知与观照。此三者本为生命存在整体之不可或缺的因素。然三者之关系非平铺之关系。三者既为生命整体之一要素，则此三义之显发，必由乎生命之实现。

在艺的欣赏观玩、妙运、涵化中，人能成就撑开世界之和谐一体性。此庄子、《乐记》所言之意。《论语·侍坐章》之自然空明境界亦尽表现此意。

在知的观照和自觉中，人能达致对世界的认知、理性、逻辑、概念性的了解，由中实现人对世界不同层级的本真性的把握。

一般常说，人有一价值的理性和理论的理性。现代哲学中常将人的主客二分、形式化实体归结为所谓的"理论态度"。其实，所谓价值态度和理论态度，从本原上说是不存在的。

海德格尔论存在，从此在来讲。为什么由此在来讲存在？因为从此在乃能开显存在的本真义涵。此在的存在，其首要的特点，就是能从自身站出来反观自身。这是一般存在者所没有的。一般的存在者就是它自己，它天然地是其所是，因而也固定了它的所是。从本原的意义讲，人这个存在者亦是"是其所是"；但他与一般存在者不同之处，是他对自己的自由的离开,以及离开中的复归。

我们看儒家和道家的说法。《周易·复卦》:"初九,不远复,无祇悔,元吉。象曰:不远之复,以修身也。"《老子》25章:"大曰逝,逝曰远,远曰反。"《老子》16章:"致虚极,守静笃,万物并作,吾以观其复。夫物芸芸,各复归其根,归根曰静,是曰复命,复命曰常,知常曰明。"这"远",就是离开自身;"复"和"反",就是"归根复命"。"远"和"复""反",不是分为两截的,而是相互贯通中的一种张力关系。

如何能"远",能离?因其有"知"、有"明"。人的知与明使之能够将自己展开而观之。这原初性的展开而观,并不是现成地给予一个客观的对象。凡其能展开而观之者,皆已经过理解或诠释的活动,即已发生了一种转变。既是已展开的自己,便是可以予以执取的实存。展开便是已"远",执取便是已"离";"远",乃在与"复""反"的张力中,实现其为澄明而非遮蔽。"离"是执取,停留,而不知"反",不知"复",则为遮蔽。停留于外在的实存,失去其所"是",所以人可以为不善,是之为人之"罪"。人在展开而观的存在方式中,自始便有出"离"之趋向、冲动。在此意义上可以说,人的罪,乃是一种"原罪"。

故展开而观,依赖于人的"知",却不仅仅是静态的、所谓理论性的"知",而是转变、转移中给予我们的"知"。这转变、转移,是一种实存性的创化,有一种"力"包含在其中。故从本真的意义上,理论、认知并不能单独存在。

"知"有综合,有简别。这简综的作用,与名言共生。简综的结果见之于名言概念。展开而观,见诸语言,吾人遂可以说,"语言是存在的家"。人能对其存在展开而观,固然由于有"知",但其对实存的执取之"离",却是出于价值的理由。

我们说"价值",不是一般说的有用,也不是与理论与价值相对立的意义上使用"价值"一词,而是指选择一种方式"去存在",或"去实现这存在"。比如《庄子》里讲的麋鹿食荐,蝍且甘带,鸱鸦嗜鼠,麋与鹿交,鳅与鱼游,猵狙以猿为雌之属,皆是指实存而言。物作为实存,皆有其存在之方、所、位、时、角度、方式等。因自然物之实存是固定的、无选择性的,故其无偏执、执取。就其亦是取一定方式去实现其存在言,它亦有其自身的价值。不过，它因不能选择，故其自然的规律与其存在的实现是不分的。在这个意义上，人往往仅把它看作实然的存在，而不以之为有价值的存在。这亦是人的人类中心的立场使然。

人作为实存者，亦有其存在之方、所、位、时、角度、方式等。但人有"知"，这知，使其能对其实存展开而观，故有选择。这展开中，便有对其实存之方、所、位、时、角度、方式之偏执、执取。自然物无选择地对其"去存在"或"去实现这存在"的方式有所固着；但这固着不是偏执，这是因为，物被固着于此方式方能维持其存在。比如，牛是食草动物，它必固着于食草。人把牛的内脏制造成饲料，强使之改变实存方式，它便要得"疯牛病"。所以，它的固着对于其存在之"道"来讲，是不增不减的，是"恰好"肯定其存在的。人对其存在的方式能有所选择，因而亦由其存在的方、所、位、时、角度而有所固着，然此固着却往往表现为偏执和执取。对于其存在之"道"来说，这偏执或执取却是有所"增"有所"减"的。

这增和减（其实，所谓"减"，也是在人的自然生命存在上增添了一些东西，亦可视为是"增"。比如：禁欲，是"减"，但它也是对人的自然生命所外在添加的东西。），古人称之为"伪"和"蔽"。中国哲学历来强调"中""中庸""中道""中正""中和"。"中"就是不增不减，恰好是其自己。但是，天然的"恰好"、不增不减，就是固着于自己，不离开自己，因而也就不知道自己。人能知道，有知，就要"远"。由"远"而"反"，而"复"，这正是人的存在方式，亦是人能够敞开存在，认识自己的原因所在。所以，人的知本身必同时伴随着价值性的偏执，不存在一个抽象的理论态度。因而，人的固着，就会有所增、有所减。这个增和减，即是对存在本然的"离开"。这离开，有时会成为人的存在的负面甚至反面。动物同类不残。人的相互杀戮则能达到很残忍的程度。这对人的存在就是一种负面的作用。这是人能够离开、能够认识自己的一个代价。当然，这个离开，会有一个限度，人离开与复返自己的张力关系，就在这个限度内展开。比如，一个人要完全违背了做人的尺度，就不能再存在，"死刑"，就是为这种人准备的。一个暴君和政权，要完全违背了作君上的尺度，就不能再存在，"革命"就是为这种政权准备的。古人讲"自作孽，不可活"，讲的就是这个道理。

所以，《易》言"不远复"，《老》言"远曰反"。在这个作为人的尺度内，有一个远与反、复的张力关系。这就是人的"去存在"或"去实现这存在"的方式。

"复""反"，可以老子"复归于婴儿"、孟子"求放心"释之。复归于婴儿、求放心，是对其所失去的"是"之找回。但这找回却不是现成的。这复归于婴儿和求放心实质上是一个在敞开中之解蔽的活动或过程。解蔽是在其展开中的校正活动。如《中庸》所谓"喜怒哀乐之未发谓之中，发而皆中节谓之和"，"未发"是"中"，"已发"是展开，展开就有偏执，因而就有遮蔽，就不"中"。人的存在总处于此种展开的不断解蔽的过程中。展开就是"远"，远因而能从外面观之，这就愈来愈丰富。展开的实存表现从而可以不断超越自身，并通过解蔽的活动把这实存的展开活动加以转化、转变而保持住其本真的意义。那人之所"是"亦在其中完成。此即是中国哲学所谓的"道"。这"道"是先在的基础，但却并非现成，它是活动、创生性的绽出，包含着创生性的力在其中。存在主义讲人无先在的本质，从人是非现成的存在讲，这是对的。但如否定"是"的超越形上基础之意义，则不可取。

"复"和"反"，就是人的实现。这实现，是一种展开中的转变、创生。它一方面是在人的实存表现中转变了这表现，使之具有了人之所"是"的本真意义。孟子讲"形色天性也，唯圣人然后可以践形"，说的就是这个道理。另一方面，道、人性亦作为这创造性的本原，由之而将它自己呈现出来。

这转变着的实现，就是人的"德"。"德者得也"，内得于己谓之德。"德者得也"，是一个分化中复归于其所"是"的过程。分化来源于"知"，经历此转变的整合，人建立于其所"是"的实存，与世界构成一和谐。故《中庸》说："喜怒哀乐之未发谓之中，发而皆中节谓之和。中也者，天下之大本也，和也者，天下之达道也。致中和，天地位焉，万物育焉。"人经此转变的经历，那知亦随之而转变为对此和谐之境的照明，转变为能够起照明作用的智慧。所以《大学》首言"明德"，而大学之道，首在于"明明德"。德是"明德"，即是说它包含智慧。但相对说，明与德可分而言之。《中庸》所谓"自诚明，谓之性；自明诚，为之教。诚则明矣，明则诚矣"，对这一点说得尤为透彻。

而"道""性"之在转变实存中的给出，实已是充分个性化了的呈露，此即表现为化境之美。《孟子·尽心下》"可欲之谓善，有诸己之谓信，充实之谓美，充实而有光辉之谓大，大而化之之谓圣，圣而不可知之谓神"之说，就很好地表现了这一点。心之所可欲者为善。此善之实有诸己为信、为真。真善统一，诚于中必形诸外，充实而有光辉，为美。德、艺、知，乃以德为本而实现其为一整体。

道个性化为当下性的实存和生命的涌动，是为美。这是对儒家所理解的美之很好的说明。所以我们说，德、艺、知三者，以德为其核心。

原载《光明日报》2019 年 7 月 13 日

人惟求旧　器惟求新

——理解科学与信仰关系的一个视角

《尚书·盘庚》篇："迟任有言曰：人惟求旧，器非求旧，惟新。"此语为我们理解科学与信仰的关系提供了一个视角。

1. "器惟求新"，较好理解。上古帝王，堂高三尺，采椽不斫，茅茨不翦。后世则宫阙巍峨，钟鸣鼎食。古人乘马车，今人或驾宝马。是所谓"器惟求新"者也。"人惟求旧"，按《盘庚》篇原意，是讲任用故旧，听从"老成人"之意见。但我们对此义可以做一点合理的引申。故旧老成，亦可视为人格上之成熟。每一时代，必有彼时代精神之人格上的表现。比如孔子考察夏商礼制，必征以夏商二代之"文献"。"文"者，见之于典册之历史记载；"献"者贤也，为一时代文明之人格化的表现。此亦陈寅恪先生所谓"为此文化所化之人"者也。故"人惟求旧"注重在文化人格上的历史继承和连续性。重历史，可谓之"求旧"。

2. 科学有关于"器"，信仰则有关于"人"。"器"所展示的，为一客观性对象性的世界，此为人所公有的共在性一端，我们可以称之为"器性"的一端。信仰所给我们的是一种与个人性相关的一端，我们可以称之为"我性"的一端。"器性"的一端当然不能与"我性"的一端相分割，但二者却有很大的区别。"我性"可以不断地对象化也必须对象化，但总是要收归到一个内在的阿基米德点上来看它，才能如其所是。比如笛卡尔的"我思故我在"，费希特的"自我设定自我""自我设定非我""自我与非我的统一"。但自我异化在非我中，一定要回归于自我这个基底，才能把展现出来的东西把握为自我的内容，使之具有深度和立体的丰富性。这可以用庄子的"似丧其耦"或"吾丧我"来表述。庄子的说法，就是不要停留于对象化的外在性状态中。"器性"出自于"我性"这一端，但是，我们却可以暂时将这"我性"隐去，截取其一层面、一部分或一片段，完全把它划定或限定在一范围内，从而构成一客观的对象领域，此即科学的"器性"一端。凡在"器性"一端中全不显"我性"者，为纯粹技术性之产物。而在器物中有"我性"呈显者，即或为艺术（包括文学），或为信仰之对象。在艺术品中，精神使物质实存现出光辉，呈现出其精神本质。所以，照片不能代替绘画（当然，照片亦有艺术品），徐悲鸿的"马"，价值要高过实存的真马（以其比真马更"真"）。在信仰的对象中，精神使物质的定在现出神性而照临于世间，因之常为人所匍匐而求之。

3. 这"我性"一端的基本特征，为时间性或历史性。一个失忆的个体，不再有"我性"，因其已失却"我"之所"是"。一个失去历史记忆的民族，也不再有"我性"，因其已失却作为一个民族之所"是"。器物之有历史价值，亦在于其内涵"我性"，如历史文物、古董等。当一种器物单纯成为实用物，它即失却其历史性的价值。人的时间性或历史性不是"一维"性的，人是在现在中回向过去并朝向未来。文明的发展一定是朝向未来的，这是"求新"的一维。这朝向未来必以回向过去为基础而建立这"求新"的内在动源，这是"求旧"的一维。人在这历史性"求新"和"求旧"的双向性中建立一个立体的世界。所以，人的历史性或时间性开显出的是一个五维以上或多维的世界，而不仅仅只有我们一般所认为的"四维"。如果单从器物一端说，人所建立的世界，可以借用柏格森的话，叫作"时间的空间化"。人的历史性或时间性存在必须经历这种空间化，才能构成一个客观的、为人所共有的世界。这个世界，代表了人"求新"的向度、向未来敞开的向度。在这个世界中，人的概念、符号、逻辑、定理、规则、法律等构成一个交互性的平台。这个世界，不断变异，日日新又日新，这叫作"器惟求新"。这"求新"当然是创造。但是，这个创造性却产生于"人惟求旧"与"器惟求新"二者张力关系的保持。任何一种"时间的空间化"都既是敞开又是遮蔽。这敞开的概念化、符号化会有执着的作用发生，使人易于停滞于共在性一端，由此导致人的存在的平面化而缺乏立体性的深度，使之失去原创性的动源。所以，社会及文化的发展往往需要回归历史的源头，以重燃文化生命原创之活火。牟宗三先生的"良知坎陷说"，即指出民主政治与科学技术来源于良知本体，然其表现，却是一停顿。需要知其所本，并不断返归其本原，方不致陷于片面和极端。

4. 从文化的意义上，"人惟求旧"与"器惟求新"的张力关系，表现出文化的差异性原则和普世性价值之间的一种互通性。"求旧"与"求新"，是社会和文化发展上一种"进"与"止"的平衡关系。"求旧"是"知止"，即文明上的复归运动。老子所谓"复归于婴儿"，《福音书》所谓"变成小孩的样式"才能"进天国"，都讲到这种文明复归于自然的向度。轴心时代的观念、文艺复兴、儒家的复古，亦都表现了一种人类文化回向其本原的努力。不过，要注意的是，复归于自然不是"回到"自然，而是在文明中贯注自然的原则。世界文明起源说中轴心时代的观念的普遍性意义在于，人类并不拥有一个一般性无差异的"自然"（像动物那样），其所拥有的，是在文明起源上差异化了的自然。我把轴心时代的观念称作是"文明和自然的交错点"。在这个"交错点"上，由于理性反省的导向作用，那保持在人类文明初始中的自然，或作为人类禀赋的自然，已经差异化了。这个"文明与自然的交错点"，是不同文明的经典或"圣经"产生的时代。所以，向自然的回归，实质上表现为向这个"交错点"的历史源头和经典的回归。这正是儒家所谓"复古"的意义所在。如果认真考察一下儒家的"复古"说，就知道复古无非是要达到在文明中一种"文、质"的平衡与连续性。

所以，"人惟求旧"的复归运动，就是朝向差异化的一种回归。但这差异化，具有不同的层级性。而不同层级的差异化的另一个方向（"求新"），则是不同层级的普世化。二者的交互贯通，使得差异化之一极，正是它向着共在世界的一个内在彻底的敞开性。信仰的建立一定是"人惟求旧"即回向历史源头的差异化实现；但人类的普遍之"爱"、博爱、慈悲的普世性价值，乃由此而奠基。科学义的"器"世界的"求新"，亦将由此而获得其合宜的方向性及无穷的动源。

原载《光明日报》2019年12月14日，发表时有删改。

文化焦虑浅议

文化焦虑与文化认同是密切相关的两个问题。这次会议提出"文化焦虑"的问题，把它与"文化认同"放在一起来谈，这是一个很好的角度。目前，学界很关注文化焦虑的问题。不过一般所描述的所谓文化焦虑，其实多是一些在现象层面上各种利益冲突之心理和情绪表现，尚谈不上是真正意义的文化焦虑。在我看来，文化焦虑乃由自我认同之危机而起，是存在性的自我认同与精神价值之可望而不可即所产生的一种生存情态，具有一种立体性和深度感，非可仅从平面性的矛盾冲突来理解。

何谓认同？认同，就是"我"在不同层级的共在性形式中实现并认出自己。个体自我的认同，必然与父母、血缘、家族、社群、职业、民族、国家、文化、类性以至于天人、神人关系等一系列的普遍性、共在性领域相关联，并在此普遍化的过程中转变人的当下实存，而使这种禀赋自天的实存内容在升华了的状态中得以保持，人的真实的自我认同才能够得以实现。文化意义上的普遍与个体，不是抽象对峙的两个方面。这个普遍，我把它理解为在差异实现前提下的一种"通性"。同时，个体性，亦非一种抽象的私己性，它必须经由那普遍"通性"的内在奠基，才能有和而不流、独立不倚的个体的成就。"我"在一种共在的形式中实现并认出自己。这"认出"，要由"实现"做前提。实现中的认出，并非一个单纯的认知过程，它要经历一个实践、教养、教化的历程；而这个"认出"，乃是这教化成就中的实有诸己和心明其义。这个过程，既是一个普遍化的过程，又是一个差异实现的过程。而这教养或教化，既是道德性的，同时又是历史性的。文化或价值实现意义上的焦虑，就产生于此一认同之自觉和实现的过程之中。

黑格尔《精神现象学》有一节关于"苦恼的意识"这一精神现象的

讨论，对我们理解文化焦虑的问题，很有参考的意义。按照黑格尔的分析，在主奴意识中，主人与奴隶分据两端，表现为一种"独立"与"依赖"的外在对立。苦恼的意识，则是通过自我意识而将主、奴的对立转化为同一意识内部的对立之结果。"苦恼的意识就是那意识到自身是二元化的、分裂的仅仅是矛盾着的东西（即把主奴意识包含在自身内——引者）。"① 就是说，苦恼的意识乃是一种意识到自身分裂为二的意识。它作为一种有限的个体性感受到并趋向于它自身的普遍本质，对之有一种"无限的仰慕之情"②，但又无法把握到它，实现它作为自己的本质在自身之内。自我意识之"苦恼"，乃由此产生。

此所谓苦恼的意识，乃是同一意识内部之分裂和张力关系的一种情态性表现。我们所说的文化焦虑与此有相似之处。比如，弱丧者知其亲生父母之存在匍匐求归而不能得之焦虑、南唐后主羁旅他邦，故国山河犹在而不堪回首之焦虑、历史鼎革时代前朝遗老因其固有价值之失据与崩溃所生之焦虑（如王国维、梁济之自杀），等等，此基于自我认同危机的焦虑，必是不同层级的、具有超越意义之共在性构成为个体实存之内在规定和本质要素时，才能发生。而中国社会当下的生存情态，其主流则是狂躁、暴怒、愤愤不平。社会存在着一种普遍性的愤懑情绪，充斥着对优于己者之嫉恨、对有权势者失势之狂欢这样一种弥漫性的恶意。穷人愤愤不平，富人也愤愤不平；无权势者愤愤不平，有权势者也愤愤不平。这是社会性的追逐功利，而非追求精神价值时所表现的一种生存情态，它是各种利益之间矛盾和冲突的一种心理和情绪性表现，而非文化和价值意义上的焦虑。吾人可以文化价值意义上的焦虑为基础来理解此利益冲突之情绪表现，却不可以据此利益冲突来理解文化焦虑的思想义涵。

文化的认同作为一种个体在不同层级共在形式中的实现，即是一个教化的历程。黑格尔在个体通过异化或普遍化而使自身成为具有本质的存在的角度理解教化的意义。③ 而这个教化的普遍化，同时亦是普遍性原则在个体转化了的感性实存中的实现或"保持"，而并非个体性的丧失。④ 因

---

① 黑格尔：《精神现象学》，商务印书馆1979年版，第140页。
② 同上书，第145页。
③ 同上书，第六章，"二、自身异化了的精神：教化"一节。
④ 伽达默尔：《真理与方法》，王才勇译，辽宁人民出版社1987年版，第10—58页。

而人文的教化，既是一个普遍化的过程，亦是个体人格独特性之实现的差异化过程。教化的普遍化，作为个体向着一个他者的共在世界之敞开，同时亦是一种个体之反身向内的深入。阳明有诗云："良知即是独知时，此知之外更无知"[①]"无声无臭独知时，此是乾坤万有基"[②]。其高足王龙豀亦说："良知即是独知，独知即是天理……独知便是本体，慎独便是功夫。"[③] 这个独或独知，标识人的存在之充分的个性化和内在化，良知、天理、本体，则标识存在普遍性的超越之体及其充分的敞开性。个体实存经由自身普遍化的敞开与内在奠基，乃能打破自然因果律的链条而不受制于外物，实现其为一特立独行、能够自作主宰、具有独立性人格的自我。同时，那超越性的天理、本体亦由此而差异化其自身而为个体存在所实证和真实拥有。人心对天理、本体之实有诸己的独知独得与其在个体生命中的创造性的开显，实为同一过程的两个方面。天理、天道、上帝既是一真理与至善的观念，同时，又总会经由吾人之内在决心、决断与抉择，而以信念、确信、敬畏、信仰或终极关怀的方式给予、临在并植根于吾人之生命。教化的历程将个体实存普遍化的敞开，实现为其反身向内的深入与奠基，这使真实的文化认同成为可能。同时，文化的认同既以个体与不同层级的共在性的自觉与实现为前提，则个体与认同对象之差异和张力关系，亦必不同程度地保持于此认同之实现的整个过程中。所以，文化焦虑虽会在认同之一定的阶段有显性的表现，但不同程度的焦虑，却亦将伴随整个的认同过程。由此我们可以说，只要有认同，就会有焦虑。不过，焦虑作为认同过程中个体存在自身之差异甚至分裂之自我意识的情态性表现，乃表现并赋予了自我认同着的个体存在以生命的张力、力度和立体性的深度，这是文化焦虑对于吾人之生命存在的意义和价值所在。

一般说来，社会的转型和历史的鼎革，常常会引发价值认同之失焦，文化的焦虑亦由此而产生。不过，社会变革和革命又常会使全社会之目光转向于意识形态和政治性话语，并由之构成一种凝聚社会和人心之精神力

---

① 王阳明：《答人问良知二首》，《王阳明全集》卷20，上海古籍出版社1992年版，第791页。
② 王阳明：《咏良知四首示诸生》，《王阳明全集》卷20，上海古籍出版社1992年版，第790页。
③ 《明儒学案》卷十二。

量。这在一定的历史阶段是必要的，亦是不可避免的。但我们要特别注意的是，"革命"作为一种人类社会发展过程之一种"非常态"，具有很强的破坏性。而在现代中国很长的时段之内，革命不仅被常态化，而且被泛化到社会生活的各个方面。像"砸碎旧世界，建立新世界""破字当头，立在其中""与传统的观念实行彻底决裂""灵魂深处爆发革命"等政治意识形态话语，亦被广泛地运用于社会生活和学术文化领域。价值与文化的存在，乃表现为一有因有革，生生不息的动态生命历程。现代中国社会过于长期、广泛、深度的革命，造成了政治和意识形态话语对文化价值和人文教化之替代性的错置，使中国文化传统之生生连续性发生了断裂。而中国当代社会政治意识形态的强同一性特质，乃使教化的普遍化趋向于同质性，从而失去了其作为差异肯定的"通"性意义。中华人民共和国前三十年的人学理论，强调"人是社会关系的总和"，作为个体的人消融在以阶级归属为主导的同质性的政治意识形态观念中。个体性之自觉既失，文化之认同当然也无从谈起。20世纪80年代以后，国门向世界的开放，使民众意识从一个虚幻的抽象同质性的极端跳到另一个极端，追求绝对的私己性的满足，成为社会占主流地位的生存状态。价值原则的抽象同质化与个体意识之趋于私己性，二者分立而漠不相干，在这种生存状态下，文化认同之目标趋于消失，文化的认同亦无由发生。我们现在讲"认同的危机"和"文化的焦虑"，这是一个很有意义的课题。但是，确切地讲，就现实而言，我们所有的，不是"认同的危机"，而是"认同缺失"的危机；与之相应，我们有各种平面性的欲望、利益冲突及其情绪表现，却缺乏真实的"文化焦虑"。这使我们的生存情态趋于平面、浅薄、庸俗化而缺乏精神性的向度和立体性的深度。这是当代中国社会文化原创力缺乏、道德诚信缺失等社会问题的根源所在。

  因此，我们当前的首要任务是如何重建文化认同的问题。重新正视社会与个体的内在生命欲求，回归自身的文化传统才能真正建立起文化的认同。回归传统并不是把传统作为一个现成的东西，国学也并非现成摆出来的《四库全书》，每个时代都要把原有的传统重新构筑为当下的活着的价值系统，这才是文化传统的应有之义。在此基础上的文化认同之建构包含三个方面，一个方面是思想理论方面，面向核心的经典，通过经典的传习和创造性阐释，实现文脉之重建与连续；另一个方面是在社会生活方面的重建，即文化血脉之接通与连续，这需要以身体道群体之养成、家族传统之延续、民间学术之恢复等诸多方面的共同努力；再一个方面还需要制度方面的保障，即通过政教彻底分离来确保社会文化自由选择机制之形成。这样通过回归文化传统建立起来的文化的自我认同和文化主体性，为自身存在的内在生命整体性提供思想和文化的原创性动力，避免了将文化的普遍性仅视为可由各种观念碎片组合而成的抽象同质化之误区，进入个体存在之初始的文化自觉会将源于文化传统的整体性予以个性化的"保存"，使之作为通性精神奠基于个体性之中，展现为文化生命的独立性和独特性。

可见，文化认同的重建过程，确实会附带经历文化焦虑之阵痛，只是这一"焦虑"并非现象层面上种种利益冲突、纠葛中的心理和情绪性表现，而是文化认同层面上个体存在与文化传统、个性与通性、独立性与整体性、个体化与普遍化之间始终保持着的生命内在的那种张力；而且伴随着文化认同的不断生成与提升，这一"焦虑之阵痛"将会成为为个体生命灌注立体性和深度感的积极进程，亦即成为个体存在在文化传统的整体性中不断"确认"自己并"实现"自己的内在生命过程。

本文是作者在2017年3月26日北京文化发展研究院"文化：焦虑与认同——名家圆桌"会议上发言的录音整理稿，原载《京师文化评论》，中国社会科学出版社2017年版。

在"进"与"止"之间保持张力

"全球化"下的文化认同

"认同"和"文化认同"的问题是大家比较熟悉和关心的一个问题。中国哲学中"知止"这个观念，涉及"文化认同"的问题。因此，我想从"知止"这个观念，引申出对"文化认同"问题的讨论。

谈认同，就要先对"认同"这个概念作一个界定。认同，是"我"在一种共在的形式中实现并认出自己。个体自我的认同，必然与父母、血缘、家族、社群、职业、民族、国家、文化以至于天人、神人关系等一系列的普遍性、共在性领域相关联，并且在这种普遍化的过程中转变人的当下实存，而使这种禀赋自天的实存内容在升华了的状态中得以保持，人的真实的自我认同才能够得以实现。这是我对"认同"这一概念的一个基本的理解。

文化意义上的普遍与个体，不是抽象对峙的两个方面。这个普遍，我把它理解为在差异实现前提下的一种"通性"。同时，个体性亦非一种抽象的私己性，它必须经由普遍"通性"的内在奠基，才能有和而不流、独立不倚的个体的成就。

"我"在一种共在的形式中实现并认出自己。请注意"实现并认出"这个说法。"认出"要由"实现"作前提。实现中的认出，并非一个单纯的认知过程，它要经历一个实践、教养、教化的过程；而这个"认出"乃是教化成就中的实有诸己和心明其义。这个过程既是一个普遍化的过程，又是一个差异实现的过程。而这教养或教化，既是道德性的，同时又是历史性的。这就涉及文化认同的问题。

目前，"全球化"是一个热门的话题。其实，从世界范围看，与全球化相伴随的还有另外一个潮流，那就是"本土化"。"全球化"与"本土化"这两个潮流看似相反对，但实质上却是并行不悖的。文化的观念总是与特殊的历史传统相关联而具有整体性的生命意义。就文化价值而言，所谓"全球化"，并不是说存在一个既成的、独立的、同质性的文化价值体系。这样一个抽象的体系，并不存在。今日世界具有所谓普适意义的文化价值既来源于西方，亦必先天地受制于其固有的文化特性和其特殊的方向性。非西方的社会和民族亦必经由回归自身传统的文化认同和主体性确立，而超越性地切中我们这个日益全球性的现代世界。在这个过程中，所谓全球性的普适化价值，既经由差异性的内在奠基，而构成文化生命整体的一个内在环节；同时，各异质文化间的多元互动，亦可使源出于西方文化特性的价值取向之偏至，得到一定程度的矫正。因此，"天下同归而殊途，一致而百虑。"（《周易·系辞下》）今日所谓的"全球化"，正是在文化差异性内在奠基和异质文化自身认同之"殊途"和"百虑"前提下的"同归"或"一致"。也就是说，在我们所努力实现的现代化与古老的思想文化传统之间，存在着一种必然的联系。

"知止"，回到你自己

中国哲学中"知止"的观念，对于我们理解这一点有很重要的意义。什么叫知止？我们可以对它作一个现代意义的简单界定，就是要"回到你自己"。不管是一个文化、一个社群、一个民族，还是一个个体，都存在"认同"的问题。你首先要回归自己，回到自己合理的本分，找到自己存在的"家"。民族有文化认同的问题，个体也有自我认同的问题，要摆正自己的位置。有了这个认同的基础和"阿基米德点"，这个文化、这个社群、这个个体的实存，也就真正拥有了自己的"一贯之道"，从而获得自身存在和发展之原创性的内在动源。这就是"知止"。这个"回到你自己"，不同于西方哲学所倡导的"认识你自己"。"认识你自己"所强调的是认知，而这里所谓"回到你自己"、回到自己的"家"，其着眼点则是存在，或存在的实现。我把它称作是一个存在"实现论"的立场，以区别于西方人那种认知的立场。

具体来说，"知止"这一观念应有以下三个层面的意义。

"知止"第一个层面的意义,就是"回归自然"。《老子》里面经常讲到要"复归于婴儿""复归于朴",意思就是回归自然。回归自然并不是说要抛弃人文、出离文明,回复到刀耕火种的状态。这是做不到的。人注定要长大成人,脱离自然的状态。但是我们要认识到,人的存在乃本原于自然。海德格尔讲"语言是存在的家"。在人的存在之本真的意义上,我们可以套用海氏的话说:"自然是人存在的家"。虽然城市发展得很好,但在休假的时候,城里人更愿意到山林之间去。这就是回归自然。把这种回归自然的精神融入到现实生活里面,人的生活才能充实、饱满而显现出活力。古人讲知进退、一天人,这种精神仍以"日用而不知的"方式为现代人的生活所践行着。

"知止"第二个层面的意义,就是回归于自身的历史源头以建立认同的基础。孔子特别讲究"复古"。孔子评价自己是"述而不作,信而好古,窃比于我老彭"。又说,要"行夏之时,乘殷之辂,服周之冕"。孔子的话体现了一种"复古"的精神。这个"复古"实质上是要通过对文化历史的源头的回归,达到社会、文明发展中一种文与质,亦即文明和自然之间的内在协调与贯通。从历史上看、从世界范围来看,每一系文明发展的一个大的阶段的肇端,往往要回归到历史的源头去汲取文化和社会进一步发展的动力。在文明之初创,即《老子》所谓"始制有名"的时代,"质"或自然的内容,以某种定型的方式进入了人类存在意义上的自觉。我用"自然与文明的交错点"一语来概括这个时代的文明内涵及其特质。在"始制有名"这个自然与文明的"交错点"上,保持在初始文明中的自然,取得了它个性化或差异化的意义,人类文明由此亦进入了差别各异的历史进程。这个时代亦成为各系文明经典形成的时代。在思想和艺术等领域,它亦是我们只能仰望而不能企及的一个时代。这样,保持礼制或文明的历史连续,就成为在文明中唤醒人类存在之自然生命整全性,实现自然对文明之制约的有效方式。回归自然以建立认同,其内容应是回归文化的历史源头和经典来建立认同。凸显人的历史性存在的意义,强调回归历史的源头,以建立文化发展的内在基础,汲取文化发展的生命原创力,这正是儒家"复古"观念的精髓所在。它与西方学者所提出的"轴心时代"观念,在精神上也是相通的。"文明与自然的交汇点"这个观念,也是我依据中国文化经验,对"轴心时代"内涵的一种解读。

"知止"第三个层面的意义,就是要知本分,培养德性,以建立自我认同的超越基础。《大学》首章论"知止",接着下文对"知止"的内容作出了自己的解释:"为人君,止于仁;为人臣,止于敬;为人父,止于慈;为人子,止于孝;与国人交,止于信。"人所处身的伦理关系,不是单面的、直线的关系。人在社会生活里面有各种不同的角色。在各个角色里面,"我"是一个处在动态关系中的中心点。在阿来的作品《尘埃落定》里,那位最后的土司,那个"傻子",有句话说得很有哲理——"该怎么干,就怎么干"。反过来说,不该这么干,就不能干。在不同的角色里面,要有所"止",各处其宜。这个意义上的"知止",就是要了解自己的使命,培养德性,建立起个体存在的"一贯之道"和超越的基础。凡事都有一个理、必然或"天命"。"知止"就要了解这个理、必然或天命,并能够坦然面对,把它在人的生命中挺立起来。孔子讲"君子有三畏",以"知命""知天命"与否来区分君子与小人。小人猖狂任性,肆无忌惮,在于其未能了解自身的职责和行为的界限,缺乏内在的敬畏之心。君子知命,实即理解存在、事理之必然而坦然承当之。知命、知止与尽性成德,实一体两面,不可分。在现实生活中,德性正是我们获得幸福的基础。没有德性的人不会有真正的幸福。古人讲,"积善之家,必有余庆,积不善之家,必有余殃"。真正行善、有德的人,才能担待得起、消受得了那种大富大贵。这是中国人古老的生活智慧。

"差异互通"原则不可忽略

要言之,"知止"具体展开的三重意义:回归自然、回归历史与成德知本,乃辐辏于第二义而贯通为一体,其特点则表现为一个"复古"的历史精神。当然,这"知止"并非故步自封,止步不前,而是要在文与质之间、文明与自然之间、外与内之间、现实与神圣之间、物欲与超越之间——一言以蔽之,在"进"与"止"之间保持一种内在的张力和协调的关系。这样,人的存在才能有根,社会和文化的进步才能具有内在的活力和本真性的意义。

从内容上讲,"知止"这一观念强调的是文与质,即文明与自然的内在贯通。"回归于自然",非直接性地"到达"意义上的回归,而是自然在文明中的"保持"。这个保持的意义，就体现在一个文明展开的历史的连续性中。

在"认同"的意义上，"知止"观念所体现的这种历史的精神，特别突出了一种"差异互通"的原则。回归自然，这是人类文化所本具的一个精神向度。但是，"知止"观念提示我们，人类的存在所面临的并非一个一般性的"自然"。能够构成人的存在内容的"自然"，在"始制有名"或曰理性自觉的文明初创中，已然以一种定型化了的方式进入人类历史，把这种存在的生命整体定型和差异化了。人类必须从他存在的内在生命整体性中汲取思想和文化原创性的动力，但是，从进入人类存在之初始的自觉这个角度来看，回归历史传统及其经典以建立文化的自我认同和文化的主体性，便成为文化和思想原创性永不枯竭的生命源泉。

现代以来，中国的文化意识的一个核心的理论误区，就是把文化的普遍性仅视为可由各种观念碎片组合而成的抽象的同质性，而忽略了文化认同的差异原则。上述"知止"观念从存在实现论意义上所突出的历史精神和思想文化的差异互通原则，对于当代中国的文化建设，仍具有重要的理论价值和实践意义。

原载《社会科学报》2013年10月24日总第1383期第5版

善用生活中的加减法

加减法，是数学中最基础的运算。其实，现实生活中也有加减法。老子说："为学日益，为道日损。损之又损，以至于无为，无为而无不为。""益"是增益；"损"是减损。"日益"，用的是加法；"日损"，用的是减法。这个加减的问题，不仅涉及"为学"，也与我们的日常生活和个体的人格成就有密切的关系。

为学，知识会不断地增加。知识的获得，是一个不断积累的过程。在现代社会，人必须要终身学习。一个人，从小学到大学，一直到进入社会，知识都在不断地增益。这可以说是"为学日益"。学习知识很重要，在这一方面，需要用"加法"。

知识能够使我们走出自然的混沌，认知周围的世界，获得生存的技能和生命的自觉。不过，知识本源于心灵的原创，而对于个体而言，人类的知识系统和文明成果，却又总是现成性的。人所面对的世界，生生不息，瞬息万变。心灵一旦停留在既成的知识形式里，就会变得僵化，失去其自然应物的作用。因此，这个为学的"日益"，会不可避免地带给人某种负面的东西。因此，为学之"益"，必须伴之以为道之"损"。这个"损"，就是要减损或消解既成的知识形式所带给我们的思想限制。在这一方面，我们需要用"减法"。

这个"为学日益"与"为道日损"，并非对立的两个方面。古人论为学，注重博、约两个方面的平衡。孟子说："博学而详说之，将以反说约也。"学问要博，但却不能杂。孔子是大学问家，弟子子贡认为夫子的特点在博闻强识，孔子对此予以否定说："非也，予一以贯之。"又说："吾道一以贯之。"为学，贵在能由博返约，建立起一个内在的一贯之道。只有博，没有约，这样的博，古人谓之"杂博"。杂博之学，不足以为学。

"吾道一以贯之",这个"道",犹今所谓"真理"。古人说,道是"易简之理"。今人也说,真理是简单的。易简、简单,归博于约,用的亦是减法。而由博返约,以道贯通于所学,吾人乃能以一行万,以简驭繁,以类行杂,转变此学而为一真理的系统。是以学问之道,须博而能约,博约兼备,加减二法,实犹一体之两面,不可或离。而在当今这个知识信息大爆炸的时代,对为学来说,能"约"似乎更为重要。

知识的创造,源于个体心与物冥的独得;但其结果,却必表现为一种具有公度性的名言概念系统。认知系统的可公度性,对于人类生存经验的继成、文明成果的积累、社会共同生活的形成,具有重要的意义。但知识系统的公共性和现成性,往往又会造成对个体心灵的丰富性与原创性的遮蔽。百姓有一句俗语,说某某人学成了"书呆子""圣人蛋"。这样的人,走惯了别人开的路,却不再会自己去开辟新路;习惯于去获取现成的知识,却没有能力去创造新知。知识及其固有的形式,反倒成了知识进一步发展的障碍。任何一门学问、知识,都有自身的规范和结构。知识学问的获得与发展,既要导入规范,又须消解和超越规范。

孟子说:"君子深造之以道,欲其自得之也。自得之,则居之安。居之安,则资之深。资之深,则取之左右逢其原。故君子欲其自得之也。"君子为道,要在"自得"。为道日损,由博返约,消解规范的减损之法,乃可使人超拔于认知性的共在形式,接通个体心灵之独得的创造性本原。庄子称知"道"为"见独",阳明谓"良知即是独知",龙溪说"独知即是天理"。"独"是充分的个性化,道、天理、良知,则标识超越的普遍性。君子造道,自得于心,其所达之境域,是"通"而非"同"。"通",是基于充分的个性化的一个朝向世界的完全的敞开性。在这个"通"的境域中的人,乃能居安资深,左右逢源,注焉不满,酌焉不竭,获得原创性的智慧。

其实,从以上所论已约略可知,这加减二法的统一,不只限于认知的意义。由博返约而建基于道,其根本的指向,在人格的完成和存在的实现。

古人讲三不朽,太上有立德,其次有立功,其次有立言。三不朽,不必是"三个"不朽,立功属事业成就之事,立言属知识学问之事。立功、立言,都要建基于立德,乃能实现其本有的价值。立德,既规定了人生的原则与行为的界限，同时，亦决定了这立功和立言所能达到的高度与价值。孔子说："志于道，据于德，依于仁，游于艺。""艺"，属知识技能之事。"游"者，既入乎其中，又超乎其外而不偏执之谓。而此超乎其外，不偏执于"艺"之根据，则是道、德、仁。孔子又教人"博学于文，约之以礼"。约之以礼，即内在价值和道德原则的确立。故由博返约，建立内在的一贯之道，不仅是知识学问之事，其根本在于价值原则的挺立与道德人格的养成。

人有自我意识，能思、能知，故能区分物我，形成名言知识的系统。同时，人又是一整体的存在，因而这理智的区分，乃不可避免地会给人带来种种虚妄的价值分别，如人的自贵而相贱，自是而相非，如文人之相轻，有钱有权者之任性，皆此之属。人之矜尚之情由此而生，物我、人我之对峙由此而起，由是其心外倾，心为物役，而失其存在的真性与心灵的自由。道家强调"日损"，去知去欲；儒家亦强调"解蔽"，剥落物欲，皆针对此外在加于人心之伪蔽而言。消解人心之伪蔽，其本心之良知，乃得挺立，而臻其虚一而静的大清明之境。

综上可见，为学与做人，虽各有其损益、博约、加减两端而不可偏废，然比较而言，于立言立功之事，我们常要考虑的，是自己能做些什么，是以略偏于"日益"和加法；于做人或立德之事，吾人所当考虑者，则多在什么事不能做，略偏重在自我的限制，或"日损"和减法。善用生活中的加减法，对我们的人生，有重要的意义。

原载《新课程教学》2016年第3期

人性论的论域暨价值取向

这个课题非常重要，非常有意义。人性论是中国哲学一个非常核心的问题，大家都非常关注，但过去一直没有这样一部系统的通史。作中国人性论通史，首先涉及对人性的看法。西方哲学的人性论，主要是用认知和理论分析的办法，揭示出一些人性的要素。这是形式的讲法。儒家论人性，是在心性的论域中来讲，是一种内容的讲法。儒家是从"心"上来确立"性"的概念。心是一个活动，一个整体，性在心上显示出来就是"情"。《中庸》说："喜怒哀乐之未发，谓之中；发而皆中节，谓之和。中也者，天下之大本也；和也者，天下之达道也。致中和，天地位焉，万物育焉。"这是从内到外，从人的心性讲到人和物之间的关系。所以人和周围的世界打交道，其核心的观念在一个"情"字。而这个情，并非西方人所讲的"非理性"，它内在地具有理性的规定或自觉的作用。后来《孟子》所讲的良知、是非之心，《中庸》所讲的诚和明，《荀子》所讲的大清明，都是即心而见诸情的一种自觉和智照作用。性表显于情，有内在的理性规定和自觉作用，故具有自身内在的意志的指向性。而意志的本然的指向性就是善。从孔子开始到思孟学派，包括荀子也是这样的。荀子讲："性者，天之就也；情者，性之质也；欲者，情之应也。以所欲为可得而求之，情之所必不免也；以为可而道之，知所必出也。"这也是以情作为核心。我们研究儒家的人性论，必须要把人性的问题放在心性的论域中，放在心、性、情、气、才这些关涉人的实存的观念序列中，才能说得清楚，才能揭示出其不同于西方人性论的思想内涵。这个论域，说到底是一个价值或存在实现的论域。它显示出了一种存在实现论的思想路向。

从孔子开始的先秦儒家，确立了一个思想和学术的方向。孔子讲人性，主要有两个角度，一是"性相近也，习相远也"，一是"中人以上，可以语上也；中人以下，不可以语上也"。前者讲人之作为人的类性，后者讲差异性。先秦儒家的关注点主要是在前一个方面。《孟子》说"凡同类者，举相似也"，而"圣人与我同类者"，讲的就是这个"类"性。这同类相似的本质内涵就是"理、义"。孔子说："为仁由己""我欲仁，斯仁至矣""有能一日用其力于仁矣乎？我未见力不足者"。这里讲的是一个义、命区分的问题。按《中庸》的说法，"天命之谓性"，人所得自于天的内容，包括人的道德规定、情感欲望，都属于性。孔子在这个天命之性中，作出了一种区分：为仁行义，我当下可以做到，此为人所能自我决定者；而人的情欲和功利性的满足，则受外在条件的制约，不能由自己决定。故仁义为人之最本己的可能性。《中庸》引孔子的话说："仁者，人也"，就是把"仁"看作"人"这个类性的规定。思孟学派发挥了这一点。思孟学派以仁义为人心先天本有的道德规定。这可以从三个层面来理解。第一个层面就是反思，仁义礼智为我所固有，思则得之，不思则不得。第二个层面是讲人皆有不忍恻隐之心，理、义内在于人的情感生活，具有先天的内容。第三个层面是把理、义落实到气或才上来理解。这个气或才，和宋明理学所讲的气质不一样。宋明儒所言气质，是要说明人的个性差异，郭店简和帛书《五行》《礼记》《孟子》里面讲的气，事实上是一种德性的实存基础，所重在通性而非差异。思孟讲仁义内在于人的情感和实存，所以主张人性本善。现在学术界流行一个观点，认为"自然人性论"是先秦儒家的主流，孟子则是一个歧出。我不同意这种观点。从孔子及其后学、简帛文献到孟子，可以看到一个一脉相承的思想学术系统。

儒家的人性论或者心性论规定了中国文化的价值实现方式和道德责任的形上根据。先秦儒家把神性内在于人这一观念发掘出来，转化成为一套人性本善的思想系统，从而构成了中国文化价值实现的方式及其道德责任的形上基础：内求，"学问之道无他，求其放心而已矣"。丢掉这个根本的指向和超越的基础，中国文化及其价值将无以立足。

摘自《性朴还是性善——中国人性论通史修撰学术研讨会纪要》一文，原载《光明日报》2016年5月30日国学版。

以情应物的心物观

我这里一是向蒙先生表示祝贺，另一方面也表一种羡慕的心情。（笑）算起来，我的大学同班同学，已经有四个不在了，其中有三个没能活到50岁。所以说，活到70岁还是要有一个过程的。（笑）因此，我们首先应该争取活到70岁，向蒙先生看齐，然后再进一步努力。当然，这也不是我们自己说了算的事，你锻炼也没用，这也许就是"天命"吧！但是，我们还是要往好的方向努力啊。（笑）

我觉得，今天这个会议的主题非常好。蒙先生在这方面的确做出了很大的贡献。

刚才几位先生也讲到，现代中国哲学的研究，正面临这样一个困境：我们现在来阐释中国哲学，无法摆脱西方哲学的概念框架，在这个前提下，能否凸显出中国哲学的固有精神呢？前一阵子讨论过"中国哲学的合法性问题"，也与这一点相关。对此当然有很多不同的看法。我个人觉得，西方的东西现在我们不能不用，但要看怎么用。

哲学是一种反思的活动。黑格尔把哲学界定为"对事物的思维着的考察"。所以，把握思维、理性、精神这些观念的内涵，对中国哲学的现代诠释，有很重要的意义。在中国哲学中，虽有心、性、情、意、知、神、良知、良能等概念与上述观念相关相应，但它们在内涵上却有很大差异。二者之间的关系是很难处理的。我们注意到梁漱溟先生讲儒学，讲孔家的学问，借用西方"直觉"和"理性"的概念来做诠释，用得很巧妙。他早期用"直觉"，后期则改用"理性"这一概念。不过，他用"理性"这一概念，是要排除掉"直觉"这一概念与本能混同的偏弊，其前后期的思想在精神上还是一致的。梁先生后期讲"理性"，特别强调儒学的心、知论与西方哲学基于知、情对峙立场而有的理性和本能概念之间的区别。他一方面提出"直觉"和"理性"的概念,来对传统儒学的良知本心思想作现代诠释;另一方面又对它作了新的界定。梁先生把儒家的"理性"概念界定为一种"情意之知""有情味的知""无私的情感",或以"情意"活动为主体的体证和自觉作用。因此,我觉得老一辈学者其实很早就在关注"理与情"的关系这个问题了,而且他们所做的工作对现在来讲也是很有意义的。从梁漱溟先生的诠释方法中我们可以看出,他虽然使用了西方哲学"理性"这一概念,但是却对它作出了符合中国哲学精神的界定。我觉得这样讲才能真正克服刚才我们所提到的那种困境。

情感与理性之间的关系问题,大家刚才也提到了。情、理是一本的。哲学既然是一种反思的活动,那么,中、西哲学的差别主要就在于如何看待人的存在这一问题。蒙先生刚才讲了,在西方哲学中,情与知是分开的,而中国哲学是情、理一本的。这个"一本",应该落实到哪一个上面去呢?我觉得还是应该落实到"情"上面去。

《中庸》第一章讲"喜怒哀乐之未发谓之中,发而皆中节谓之和",然后又讲"中""和"是"天下之大本""天下之达道",能达到中和,则可实现"天地位""万物育"。可见,这"大本"和"达道"就是从情感层面上来谈的,或者说,是依据情感生活的真实和完成而建立起来的。而宇宙生命和存在的完成("天地位""万物育"),也与"情"的真实和实现相关联。"情"就是人的存在的一个主体。后来《孟子》里边讲:"仁之实,事亲是也;义之实,从兄是也;知之实,知斯二者弗去是也;礼之实,节文斯二者是也;乐之实,乐斯二者,乐则生矣;生则恶可已也,恶可已,则不知足之蹈之、手之舞之。"可见,仁、义、知、礼、乐这些社会、德性、伦理的规定,也是落实到"情"这个实存的基础上来讲的。以后,宋明儒学也继承了这个传统。不管是理学,还是心学,在讲"心"的时候,都认为从"体"来讲心就是"性",从发用上来讲心就是"情","心"的实存内容和活动全部落实到"情"上来讲。这样一来,"知"便不能是一个独立的原则,独立的存在。"知"被理解为一种心在其情感表现中的心明其义或自觉作用。所以《中庸》里说"自诚明,谓之性;自明诚,谓之教。诚则明矣,明则诚矣"。人性或人的存在的真正完成,一定有智慧的实现,反之亦然。在中国哲学里,不能脱离开存在的整体内容去抽象地讨论"知"的问题。而"情"也因有"知"作为其内在的规定，便成为有本然决断和定向的活动，而不流于西方人讲的"非理性"。这个决断、定向的作用，就是"意""志"，我们今天连起来叫意志。这个意志，在西方哲学中，常常把它看作非理性，叔本华、尼采所理解的意志，即是如此。中国哲学讲的意、志或意志，是情、知内在贯通的主体，所以既是冲动、力量、活动和生命义的，又不是盲目的、非理性的。

哲学是从反思的角度来看我们周围的世界，这个世界的意义如何，便与对这反思的主体的理解有关。我们可以把中国哲学观物的方式概括为一种"以情应物"的方式。儒学后来讲人与周围世界的关系时，都是讲"以情应物"的。"以情应物"，是而是之，非而非之，随感而应，曲中事物之理，心与物的关系，即由此而建立。王阳明有句话："天下事虽万变，吾所以应之不出乎喜怒哀乐四者，此为学之要。"讲的就是这个道理。为学之要就是以情来应物，而不是把物作为认识的对象。在此前提下建立起来的心物关系，就不单纯是一种反映与被反映的认知关系，而是一种价值和存在实现的关系。所以，我们现在讲中国哲学，已经都不讲唯物、唯心了，这是中国哲学研究在理论和诠释原则上的一个整体性的进步。因为中国哲学中的心物关系，从根本上讲不是一种单纯的认知关系，它是另外一种系统。

基于此，中国哲学观察和思考问题的透视点，便与西方哲学不同。人与人、人与世界的关系是一种平等性实现的关系。我们看孟子里的说法："万物皆备于我矣。反身而诚，乐莫大焉；强恕而行，求仁莫近焉。"《中庸》里也有相似的说法："诚者物之终始，不诚无物。是故君子诚之为贵。诚者非自成己而已也，所以成物也。成己，仁也；成物，知也。性之德也，合外内之道也，故时措之宜也。"这里都讲到物我的合一。这个合一所遵循的途径，就是"忠恕之道"。忠恕作为一种工夫，就是一个"成己以成物"的历程。在物我各依其"宜"而达到平等性的成就中，物我乃贯通为一而"皆备于我"，真实、真理、本体（道），就在这物我的贯通和我对世界的真实拥有中呈显出来。在中国哲学里，人与世界的关系就是这种"成己成物"的实现的关系。西方哲学讲"本体"，乃对应着"现象"而言，中国哲学的"本体"，则对应着"工夫"来讲。这种不同，即根源于其对人存在的理解的差异。因为中国哲学注重在通过情感生活、精神生活，包括肉身实存的一系列内在转变，而呈现出并把握和拥有那个本体。这个内在的转变，我把它称为"教化"。通过"教化"，我们拥有真实、本体，而非仅仅认知它。这是儒学的，也是中国哲学的真精神所在。我觉得，人在应对周围世界时，人在一念之间所展现出来的首先是一种"情"的方式，而不是一个单纯的"知"的方式。中国哲学牢牢地把握住了这一点。这可能正是中国哲学之异于西方哲学的根本之点。

蒙先生的书，我以前读过一些，但读得不是那么仔细。蒙先生今天讲了以后呢，对他的思想的逻辑，我基本上算是搞清楚了。我觉得蒙先生的工作是非常有意义的。

我就简单讲这么多吧，谢谢大家！

载《儒学中的情感与理性——蒙培元先生七十寿辰学术研讨会》，现代教育出版社 2008 年 12 月版。

坚持儒学作为哲学或形上学的研究方向

蒙先生是我们尊敬的哲学和学术前辈。原来我是在吉林大学工作，所以和蒙先生接触并不太多。不过，20世纪80年代读研究生的时候，我就读过蒙先生的书，感到蒙先生的思想很深邃，也很严谨。后来我调到北京师范大学来任教，与蒙先生交往逐渐多起来，感到不仅蒙先生的思想学术值得尊重，而且人也特别亲切。有一次，我们一起到南京去开会，他在南京的学生送他两瓶好酒（我忘记是什么酒了，反正是特别贵的酒）。在回程的火车上，蒙先生非要我们大家一起享用这两瓶酒不可，大家把酒言欢，其乐融融。蒙先生和我们这些晚辈在一起，无拘无束，毫无架子，使人感到非常亲切。

蒙先生70寿辰在北大的研讨会，我也参加了。去年玉顺兄给我打电话，说蒙先生80寿辰，要出一册纪念文集，约我写篇文章。但是，去年我患眼疾，做了手术，很长时间不能读写，遗憾未能成稿。最近要召开"蒙培元先生80寿辰学术座谈会"，玉顺兄再次约我来参加。我想，我虽然没写出论文，但是一定要来参加会议，主要是想来看看蒙先生。

蒙先生的书，我虽然读过，但还缺乏深入研究。这里有很多蒙门弟子，蒙先生思想学术的具体内容，他们可以去阐发。我这里有一点感想，就是觉得蒙先生所坚持的一些学术和思想方向，和我自己有些灵犀相通的地方，而且觉得特别重要。其中一点，就是蒙先生特别坚持对儒学的哲学和形上学的研究，并且一直在对儒学作为一种哲学和形上学的特点进行不懈的探索。蒙先生所坚持的这一思想和学术方向值得我们继续坚持并予以发扬。

近年，儒学的研究发生了一些变化，出现了国学热、儒学热的现象，这使得过去以哲学来研究儒学的方式被逐渐淡化，大家对儒学在哲学层面的研究比较放松了。一些学者对用哲学的方式和概念来研究儒学表示一种质疑的态度,强调儒学研究应以经学、经学史的研究为主。我觉得,经学这个角度对儒学的研究当然是非常重要的。我们过去的儒学研究,以西方的哲学概念和理论框架来现成地套用儒学,可能有一些偏蔽的地方,但是,我们不能因此否认哲学或形上的思考在儒学中的核心地位。

如果我们把哲学理解为一种对人的存在及其周围世界的形上思考,那么儒学的核心就是哲学。儒学的目标是求道,孔子讲"朝闻道,夕死可矣"(《论语·里仁》),又讲"志于道,据于德,依于仁,游于艺"(《论语·述而》),表明孔子一生都在求道,以道为最高的目标,《易·系辞上》:"形而上者谓之道",由此看来,儒学的核心内容就是形上学和哲学。近年有学者特别强调经学对于儒学研究的核心地位,这是有道理的。也有学者认为我们现在研究经学,只需要研究经学史而不需要经学。这是一个自相矛盾的说法,其实,所谓经学史,正是由每一个时代的经学所构成的历史,在中国思想史上,每一个时代的思想总是要经由经典和义理的双重建构而构成这一时代的经学,而这一时代的哲学或形上学,亦蕴含于其中而构成其核心的内容。这是儒学在每一时代形成其哲学的一种基本方式。

哲学是一种非常个性化的学问。其实,凡是与人的生命存在密切相关的学问或文化部门,都具有个性化的特征,比如文学、艺术、宗教,哲学也是这样。哲学从来没有一个为哲学家所共同认可的普遍原理体系,我们过去讲"哲学原理",并拿它来规范中国以及西方哲学的研究,这是有问题的。每一个思想家,都有自己独特的学问之道。黄宗羲以"殊途百虑之学""一本而万殊"来概括为学之道,认为学者必"穷此心之万殊",成一家之言,才能展现"理一"和那个同归一致之"道体",这很好地表现了哲学作为一种个性化学问的存在方式。哲学是以个性化的方式来表现出普遍性理念的,西方的哲学有它自身的特点,中国哲学也有它自身的特点。

由此看来,我们用哲学来研究儒学,是毫无问题的,而且是必须的。这里关键的问题是,我们要找到儒学作为哲学或形上学的个性化特质,而非用一种外在的框架来规范它。蒙先生的学术研究特别凸显儒学的哲学形上学层面,并着力探索儒学作为哲学和形上学之自身的特点,这一研究方向具有非常重要的意义。在这一点上，蒙先生"于我心有戚戚焉"。

刚才陈来老师、李存山老师也讲，蒙先生研究儒学，特别重视情感问题的研究，所以有"情感儒学"这么一个称谓。蒙先生讲儒学的特点，就是特别凸显、强调心性论，最后落到"情"上来讲，我觉得这个路子是很对的。我们讲儒学是哲学或形上学，但它和西方哲学不同，我觉得抓住心性、情感这个重点，就比较容易把儒学作为哲学与西方哲学区分开来。儒学讲人性论，西方哲学也讲人性论，中国的人性论和西方的人性论，区别究竟在什么地方？西方哲学讲人性的问题，是一种抽象理论分析的讲法，比如康德论人性，是在设定自由意志和道德法则的前提下，去分析善恶在理性中的起源，由此分析出人性里面有一种趋向于善或趋向于恶的癖性。这种人性论只是一种形式的讲法，缺乏人性之实质和内容的揭示，因此在人性与现实的道德之间缺乏一种必然性。儒学的人性论则是落实到心性的论域来动态展示人性的具体内涵，儒学讲人性的问题一定要落到"心"上来讲。其典型的说法，就是"心统性情"。张载这么讲，朱子也这么讲。"心统性情"，是进一步把"性"落到"情"上来讲。

刚才陈来老师讲到蒙先生所说的情感，是一种"理性的情感"。"理性的情感"这个提法凸显了儒学"情"论的一个重要特点。西方哲学传统上把情感划归到非理性，当然也有例外，但主流是这样，因为他们采取的是一种分析的方法。儒家言"性"，落到"心"上来讲，言"心"则落到"情"上来讲，"情"是"心"的现行和实存内容。因此，儒家所理解的人，"情"是实存的主体，"知"并非一个独立的原则，"知"是在"心"的情感表现活动中的一种心明其义或是自觉作用。所以，这个"知"，便是依情而有的"良知"，它既是存在性的、有力量的，同时又具有一种本然的决断和定向作用。儒家讲人性善，有些人把它理解为人性向善，有些人把它理解为人性本善。我是主张人性本善论的。为什么是人性本善？因为人性之善，不仅是一种逻辑的必然性，而且具有先天的内容。孟子讲"四端"，主体是个"恻隐"，同时内在地具有是非之心。这个是非之心，按照阳明的说法，就是"良知"，它既具有情感的实存内容，又具有内在的灵明智照作用。所以，这个"情"，不是非理性的盲目冲动，它具有本然指向于善的方向性，并具有内在的主宰性。从这个意义上讲，人性善的涵义，就是人性本善。

正因为如此，儒学就与西方哲学有很大的不同。这个不同就表现在，它是从这种"理性的情感"出发，来规定人与周围世界的关系。这样，人与人、人与周围世界的关系便被理解为一种价值或存在实现的关系，而不是一种单纯思维和认知的关系。不是说那个对象在那里现成地存在着，我去认知它，而是说人要在存在实现的前提下达到物我的合一。刚才王钧林老师引《中庸》论中和的话说："喜怒哀乐之未发，谓之中；发而皆中节谓之和。中也者，天下之大本也，和也者，天下之达道也。致中和，天地位焉，万物育焉。"就很典型地表现了这一思理。儒学从人的情感、人的存在的实现出发，去达成人己内外的一体相通，因此特别体现出一种就事物自身来理解其存在价值、敬畏自然、尊重生命的平等精神。这一点，就与西方哲学的人类中心观念有很大的不同了。所以，讲儒学的特点，要落到心性上，落到情感上，才能看清其人性论及其形上学的特点。儒学以人的生命存在为自己理论的出发点，所以才讲从工夫上见本体。我自己把儒学界定为一种"教化的哲学"，也是这个意思。因此，我读蒙先生的书，特别觉得自己能够与他灵犀相通，颇相契合。

政教分离是现代社会的一个进步。在这样一个政教分离的情势下，教化、教养、人格的养成成为社会和个体内在心灵的事务。传统的心性儒学，关注人的情感生活，注重个体的教化教养。这一点，应该成为当代儒学发展的一个重要生长点。我觉得，从这个意义上讲，蒙先生的"情感儒学"坚持的这个研究方向和学术路径，对于儒学未来的发展具有非常重要的意义。

今天在会上见到蒙先生，看到他身体违和，觉得很心疼。不过我觉着，以蒙先生的乐观、豁达，相信他一定能够早日康复。现在80岁不算什么，80岁还是年轻人。蒙先生现在已经进入"80后"，希望到他"90后"的时候，我们还可以来为他祝寿，向他请教哲学和学术问题。祝愿蒙先生学术青春常驻，思想之树长青！

原载《"情感儒学"研究——蒙培元先生八十寿辰全国学术研讨会实录》，四川人民出版社2018年版。

续说之六

将方法收归内容

——中国哲学研究方法之反思

一 哲学的方法与内容

哲学的方法依存于哲学的内容，其方法与内容是统一的。黑格尔论哲学的方法，就特别突出了这一点。黑格尔《小逻辑·导言》说，"别的科学……可以假定在认识的开端和进程里有一种现成的认识方法"①，但哲学的方法却必须是内在于其思想内容的方法。黑格尔特别嘲笑康德的批判哲学：要"认识于人们进行认识之前，其可笑无异于某学究的聪明办法，在没有学会游泳以前，切勿冒险下水"；而哲学"要想执行考察认识的工作，却只有在认识的活动过程中才可进行"。② 在《小逻辑》的《第一版序言》中，黑格尔乃宣称其哲学的方法为"唯一的真正的与内容相一致的方法"③。在他看来，哲学的方法乃是哲学内容展开和显现其自身的方式、次第、程序和历程，并非某种独立于这内容之外的、可供重复性操作的现成的工具和技术。哲学的方法内在于特定的哲学系统，与哲学的内容是密不可分的。当然，我们可以对方法作单独的处理和专题化的研究，这有助于我们的方法论自觉。但方法必须回归于内容，才能真正表现和实现它本有的意义。我们过去常常脱离哲学的本体和内容抽象地讲辩证法，致使辩证法堕落成为一种"公说""婆说"的"变戏法"，也从反面印证了

---

① 黑格尔：《小逻辑》，商务印书馆1980年版，第37页。黑格尔把哲学也称作"科学"，这里所谓"别的科学"，乃指哲学以外的其他一般科学而言。
② 同上书，第50页。
③ 同上书，第1页。

这一点。

与宗教、艺术一类密切关联于人的生命存在的文化样式一样，哲学乃表现为一种个性化的学问。① 庄子称知"道"为"见独"，王阳明谓"良知即是独知"，都很好揭示了哲学或形上思考这种个性化的特质。哲学有两千多年的历史，却并未能提出一种为所有哲学家所共许的哲学定义。世界上并不存在一种作为哲学范本或"原理"的哲学系统。哲学作为一种对人的存在及周围世界的形上思考，总是以某种不同层级的个性化方式出场，吾人对哲学的学习和讨论，也总是要通过个体与个体相遇的方式才能获得对它的切实领悟。哲学具有一种与生俱来的内在的吊诡性：它追求普遍性和形上之道，但却要在自身充分个性化的方式中呈显其普遍性的理念。一般科学的方法，可具有某种"现成"性与普遍可重复的实操性，而哲学的方法却必须依止于其独有的内容乃能实现自身本有的意义，其道理即在于此。

从这个角度来看，现代中国哲学研究所面临的一个重要问题，就是它的方法与内容的分离；与之相应，解决这一问题的途径，亦在于将这方法收归于其自身的内容。

二　中国哲学方法与内容的疏离

中国古代的学术分类，有汉人的六分②、六朝的七分③及《隋书·经籍志》经史子集四部等的分类。这个分类，既是图书的分类，同时也是学术的分类。这与西方的学术分类有明显的不同。西方现代的学术分类，可以追溯到古希腊，我们从亚里士多德的学说体系中，就可以清楚地看到这种学术分类的端倪。它是一种学科性的划分，其旨趣在于知识系统的建立和拓展。中国古代的学术分类，无论是汉人的六分、六朝的七分、隋志的四部分类，还是清人所谓义理、考据、辞章之学的区分，等等，都非学

---

① 李景林：《教化的哲学》第一章，黑龙江人民出版社2006年版。
② 《汉书·艺文志》据刘歆《七略》分经籍为六艺、诸子、诗赋、兵书、术数、方技六类。
③ 南朝宋王俭《七志》分经籍为经典、诸子、文翰、军书、阴阳、术艺、图谱七类。梁阮孝绪《七录》分经籍为经典、纪传、子兵、文集、技术、佛、道七类。

科性的划分，其间所体现的，要在一种"通"的精神。马一浮先生《复性书院讲录》论"判教与分科之别"说："中土之学"有"判教"而无"分科"，"分科者，一器一官之事，故为局；判教则知本之事，故为通。如今人言科学自哲学分离而独立，比哲学于祧庙之主，此谓有类而无统。中土之学不如是，以统类是一也"。① 乃以尚"通"为中国学术之特质。钱穆先生亦以"通人通儒之学"概括中国传统学术的精神②，并分析这通人通儒之学的精神内涵说："中国传统，重视其人所为之学，而更重视为此学之人……以人为学之中心，而不以学为人之中心。故中国学术乃亦尚通不尚专。既贵其学之能专，尤更贵其人之能通。故学问所尚，在能完成人人之德性，而不尚为学术分门类，使人人获有其部分之智识。"③ 西方尤其是近代以来的学术，强调事实与价值、真理与信仰的区别，故其学术旨趣归于知识系统的建构，由此而成就一种知识性的分科之学。各学科和知识系统之间，有明确的界限，而其整合贯通和人格德性成就的一面，乃归诸宗教而别成一独立的系统。中国传统学术并非无知识的向度，特其所重，乃将其知与学，建基于人之德性成就，故其学术不局限于一种知识的形态，而成就一种"通人通儒之学"。中国文化的超越性价值奠基于此学术的系统，而非另立为一宗教的体系，其原因亦在于此。

从20世纪初叶开始，中国传统思想和学术的研究，经历了一个现代转型的过程。现代以来，西方文化和学术处于话语霸权的强势地位，因此，纳入西方学术的分科模式和概念框架，便成了中国传统思想学术现代转型的一个必经之路。民国初年的"整理国故运动"，主张用西方现代的学科模式和学术规范对中国传统学术进行分类研究，以形成现代意义的学科体系。"中国哲学"，即在此学术转型过程中所形成的一个学科。这一研究方法，实代表了中国当代学术研究的一个一般倾向。

这一转型，对于中国当代学术体系的建立无疑具有重要的意义，但也产生了很大的问题。我们要注意的是，这一转型所运用的方法，非由中国学术体系自身中转出，而基本上是一种从外部现成的"拿来"。当时学者

---

① 《马一浮集》第一册，浙江古籍出版社、浙江教育出版社1996年版，第155页。
② 钱穆：《现代中国学术论衡》，生活·读书·新知三联书店2001年版，第1页。
③ 钱穆：《中国学术通义》，台湾学生书局1975年版，"序"第4页。

多以传统学术仅具"原料"或历史资料的性质,本无科学的方法、系统和学术可言,需要运用西方现代的科学方法和学科模式来对之分类整理,来构成诸如"哲学、教育学、人生哲学、政治学、文学、经济学、史学、自然科学"一类具有现代意义的知识系统。① 由此形成的中国哲学学科,当然亦不能自外于此一学术转型的路径。

"哲学"一辞,源自西方。在中国传统的学术分类中,本无一门被称为"哲学"的学问。我们可以把胡适《中国哲学大纲》(上卷)(1919)和冯友兰《中国哲学史》(上1930、下1933)的出版看作现代意义的中国哲学学科诞生的标志。胡适的《中国哲学史大纲》,开辟了用西方哲学框架和方法分析梳理解释古代文献、典籍以建构现代中国哲学系统的研究路径。由于其西方化的解释痕迹甚为明显,当时就有学者批评胡著《中国哲学史大纲》表现了"多数美国人的成见",甚至使人"觉得那本书的作者是一个研究中国思想的美国人"。② 冯友兰先生在《中国哲学史》的《绪论》中,更明确地规定了中国哲学的研究方法和学术框架:"今欲讲中国哲学史,其主要工作之一,即就中国历史上各种学问中,将其可以西洋所谓哲学名之者,选出而叙述之。"③ 而依照西方哲学的框架,中国哲学的内容,亦须由宇宙论或形上学(包括本体论与宇宙论)、人生论或价值论(包括心理学与伦理学等)、知识论或方法论(包括知识论与论理学)几部分来构成。④ 依照西方哲学的概念框架来重新规划中国传统思想学术,以形成一种哲学的观念系统,构成了现代中国哲学基本的研究方法。

当然,这种研究方法,对于中国传统学术的现代转型与现代学科体系的建立都起到了积极的推动作用。同时,这一时期的学者,自身多具备深厚的传统文化教养和学养,故其虽受西方哲学研究方法的影响,却具有一种较强的文化主体意识,能够取资中西学术,形成自身独特的哲学理论,据此阐发中国古代的哲学精神。因此,当时很多中国哲学的研究者,乃兼

---

① 李景林:《重建中国学术的通性基础》,《天津社会科学》2010年第2期。
② 金岳霖:《中国哲学史审查报告二》,见冯友兰《中国哲学史》"附录",中华书局1984年版。
③ 冯友兰:《中国哲学史》上册,中华书局1984年版,第1页。
④ 同上书,第2—4页。

具哲学家与哲学史家的双重身份，他们用属于自己的哲学理论来诠释中国自身思想的历史，哲学方法的外在性问题尚未构成为一个突出的问题。然而，凡事"其作始也简，其将毕也必巨"①。如理学之流于僵化支离，心学之流于空疏蹈虚，任何一种学术倾向所导致之片面化，都会在其发展过程中出现类似之流弊。20世纪中叶以来，随着中国哲学解释原则的由多元归于一元，学者在个人学养和教养方面与自身文化传统的渐行渐远，上述研究路径的流弊亦逐渐凸显出来。

概要言之，上述研究方法的主要问题，就在于它与内容的分离和相互外在。这种方法，是从西方哲学，从外面直接"拿来"的，而非来源于中国传统思想学术的内容本身。中国思想学术本有它内在"通"性的奠基，表现为一个生命的整体。哲学的方法作为其内容展开自身的形式，同时亦规定了这一内容的精神特质。当我们依照西方哲学的部门划分和范畴框架，把诸如《周易》《礼记》《论》《孟》《老》《庄》等古代典籍的资料分门别类，抽绎其命题、概念，将其系属于形上学、宇宙论、价值论、人生论、知识论等相应的哲学部门和类别，而对它做新的体系建构时，它的内容，便被抽象成为某种碎片化了的客观材料或历史资料，而丧失其生命整体性的意义，由此所构成的哲学的系统，亦逐渐缺失了其作为"中国"思想学术的自身的精神特质。譬诸今所谓西方的"汉学"。西方"汉学"以西方人的观念模式来研究中国的学问，它的知识内容是"中国"的，但其学术精神和性质却是西方的。这种研究进路，首先是把中国传统的思想学术当作一个客体。当然，西方的"汉学"有它的主体，但它的主体是西方的。而中国现代的哲学，其主体性并未真正被建立起来。这哲学的方法既由外拿来，而其内容则被当作一种客观的历史资料，由此所建构起来的现代中国"哲学"，便只能成为一种过去时形态的历史知识而非活在当下的思想，既失其学术性格或主体性的意义，亦无由切合并引领当下社会生活。近百年来中国的哲学和文化之建设缺乏原创性因而收效甚微，其原因要在于此。

---

① 见《庄子·人间世》。

三　中国传统思想学术的立言方式

一种学术，当其流弊发展流延至它的临界点，常会产生某种复归其历史源头以寻回自身原创性的冲动。改革开放尤其是21世纪初以来，中国哲学界的方法论意识逐渐苏醒。近年所出现的有关中国哲学合法性问题的讨论、国学热儒学热及其相关论争，及学者关于经学对中国哲学研究基础性地位的强调，都表现了这一点。这标识出了一种当代中国哲学研究的方法回归其自身内容的趋向。了解中国传统思想学术的立言方式及研究方法，对理解这一点有重要的意义。

中国思想学术有一个源远流长的诠释传统，每代的儒者并不像西方哲学那样着力于推翻一个体系以建立一个新的体系，而是通过经典及其意义系统的重建，以面对时代的问题，因应当下的生活，由此形成具有当代意义的思想论域和义理系统。其立言方式，乃表现为一种"述而不作"、不立之特点。此"不作""不立"，其诠释的原则，乃由经典与传统本身转出而非由外至，故能使古代经典及其文化精神保有自身生命的整体性和连续性，生生日新，切中当下生活，构成为每一时代引领社会精神生活的一种活的思想和文化传统。

此一传统为孔子所开创。孔子谓"士志于道"，又自称"朝闻道，夕死可矣"①，乃以求道为其职志。"形而上者谓之道"②。然孔子"述而不作，信而好古"③，其形上学的思想，乃寄寓于经典系统的建构，而非据一种形上学的体系以立言。孔子的述而不作，实绍述六经的系统以为"作"。西周学在官府，经籍掌于官司，并以六艺教国子贵胄。春秋王室衰微，礼坏乐崩，孔子始删定六经以教化于民间。要注意的是，孔子所定六经，并非一套一般的教本，而是一具有内在生命整体性的经典系统。孔子"论次诗书，修起礼乐"④。其于《诗》《书》《礼》《乐》所做的工作，是编辑整理和搜集删修。六经之中，孔子最重《易》与《春秋》。其

---

① 见《论语·里仁》。
② 见《易·系辞上》。
③ 见《论语·述而》。
④ 见《史记·儒林列传》。

于《易》，有《十翼》之作，又据鲁史而作《春秋》。但这《十翼》《春秋》之所谓"作"，亦非如西方哲学那样的抽象逻辑建构，准确地说，孔子于《易》所做的工作，叫作"赞"，于《春秋》所做的工作，叫作"修"。《易》本掌于春官太卜，为一卜筮之书，孔子好易，所重在其"德义"内涵①，为之作《传》，乃转变其为一"明于天之道而察于民之故"②的形上学系统，以寄托其"性与天道"的义理精神。春秋各有国史，《春秋》本为鲁史。史有事、有文、有义，孔子所重在其"义"③，因之而成《春秋》，寓褒贬，别善恶，正名分，以寄托其伦理、价值和政治的理念。④ 孔子乃以此贯通六艺，创成以六经为中心的经典系统，其形上学思想和教化的理念，遂寓诸其中。

古来学术，区分经学与子学，言儒家必及于六经。其实，诸子与六经亦密切相关。周世贵胄国子德行道艺诸方面之教育，乃存诸职官与经籍，此诸子教养与学养之所本。《庄子·天下篇》从学术渊源的角度论诸子百家，以百家诸子皆得"道术"之一曲而成其"方术"；而古来作为"内圣外王"一体之"道术"，乃明诸邹鲁之士缙绅先生所熟习之六经。《汉书·艺文志》列孔子《论语》《孝经》于六艺，而以诸子为"六经之支与流裔"。皆表现了这一点。章学诚谓战国之文、诸子之书，"其源皆出于六艺"⑤，洵有所本。嗣后历代思想的建构，大体包括两个方面：经典系统与义理系统的建构。而各代思想的不同，亦源于两个方面：所依据经典各有所重；其诠释的原则乃因时代所面临的问题而存在差异。这两个方面，犹一体之两面，是互证互成的。如汉代由贵族政府转变为平民政府（钱穆先生语），面临政治合法性这一重大时代课题，故其于政治乃强调"一统"，于经典特重五经，于理论则以天人之际为进路，由此转出一种

---

① 《帛书易传·要》："《易》，我后其祝卜矣，我观其德义耳也……吾与史巫同途而殊归者也。"
② 见《易·系辞上》。
③ 《孟子·离娄下》："晋之《乘》、楚之《梼杌》、鲁之《春秋》，一也。其事则齐桓、晋文，其文则史。孔子曰：'其义则丘窃取之矣。'"
④ 《史记·太史公自序》："周道衰废，孔子……是非二百四十二年之中，以为天下仪表。贬天子，退诸侯，讨大夫……夫《春秋》，上明三王之道，下辨人事之纪，别嫌疑，明是非，定犹豫，善善恶恶，贤贤贱不肖……王道之大者也。"
⑤ 见章学诚《文史通义·诗教上》。

基于天人感应宇宙观念的政治和历史哲学。魏晋承汉世经学虚妄烦琐之弊，又历经丧乱，纲常毁废，名教发生危机，是以名教与自然的关系凸显为时代一大问题，故其于经典乃推重《易》《论》《老》《庄》，于方法则循言意之辨的致思理路，由此展开了一套兼综儒道而统合有无、一、多、本末、内外为一体的玄学系统。宋儒面对释老对儒家价值理念的冲击，旨在承续儒家道统，重建圣学教化之心性与形上学基础。故其于经典，乃由汉唐五经转向以四书为重心而辅以五经的经典系统；其思想论域，则由政治和历史转向心性与教育；其于方法，乃由统合《易》《庸》的心性本体化思想进路①，呈现出一种以太极、理气、理欲、性命、心性、格致等观念为内容的"心性义理之学"。此经典系统与义理系统两方面的建构，实相为表里，不可或分，就其经典系统言可谓之为经学，就义理一方面言可谓之为哲学（如玄学、理学等）。

由此可以说，孔子所创据经典及其义理之建构以立言的方式，开辟了中国传统学术之思想创造的一个根本途径。

中国传统思想学术史的研究②，亦体现了上述研究方法这种"通"性的精神。如《庄子·天下篇》以"道术"到"方术"的转变论百家之学的产生，谓古之道术本为一个整体或大全："圣有所生，王有所成，皆原于一"。而这个"一"，就是一个"内圣外王之道"，即人格成就与现实人伦生活之完满统一的一个整全性。嗣后道术"为天下裂"，而有"方术"即百家之学的产生。但在这个分化了的"方术"中，仍然包含着那个"道术"之全体。故说"其数散于天下，而设于中国者，百家之学，时或称而道之。"其言各家，亦皆说"古之道术有在于是者，某某闻其风而说之。"即言百家之说，虽已流为"方术"，但仍在其有所限定的范限之内保有那个道术的整体和大全。此义在《汉书·艺文志》中得到了更为清晰明确的表述。《汉艺》以"天下同归而殊途，一致而百虑"综论诸家学术。谓诸家之说，推其所本，皆"六经之支与流裔"，故须"修六艺之术

---

① 李景林：《教化的哲学》第七章，黑龙江人民出版社2006年版。
② 这里所谓中国传统思想学术史研究，指古代以中国传统思想和学术为对象的一类研究论著，如《庄子·天下篇》《荀子·非十二子篇》，正史中的《艺文志》《经籍志》《儒林传》《道学传》，及《伊洛渊源录》《名臣言行录》《明儒学案》《宋元学案》等。此种研究如现代中国哲学史著作一样，都以中国传统思想学术为研究对象，故对我们的问题有直接的启示意义。

而观此九家之言",要其本原,从六经之整体精神来理解和把握诸家之学的根本意义。基于中国思想学术之统一的道术或经典传统的根源性意识,强调学术的"通"性精神,这是中国传统思想学术史研究的一个重要特点。

与此相应,其在论述方式上,亦重在通论各家思想学术的精神,而非做抽象的概念分析和知识系统的建构。黄宗羲所创"学案"这一思想学术史形式较集中地体现了这一点。"学案体的学术史是一种以人物为纲、因人立传、言行并载又重在记言的学术史形式。"[①] 它按每一学派立一学案,注重学术的师承渊源。有序录或总序以概述学派宗旨及其义理精神,勾勒学术源流;有传记以记述传主行谊、学术思想、学术传授与著述;有传主著述选辑以供读者对传主思想学术做具体而微的切实了解。此点最值得当代中国哲学的研究和撰述者取资借镜。此外,注重学术思想的经世精神和人格教化意义,亦是中国传统思想学术史研究的一个重要特点。

今欲救现代中国哲学研究方法与内容疏离之弊,重振中国传统思想学术为一当代性的活的思想和文化精神,借资先儒先哲"不作""不立"之诠释传统及其研究方法,乃一种可能之途径。

四 中国哲学方法向内容的回归

21世纪初有关中国哲学合法性问题的讨论,其实质是对近百年来依照西方哲学重构中国传统思想这种研究模式的反思。有学者主张要"汉话汉说"而不要"汉话胡说"。近年亦颇有学者强调经学对中国思想学术研究的主体地位,而对用哲学的研究方式提出质疑。其实,作为一种对人和周围世界做形上思考的学问,哲学或形上学在中国思想学术中具有自身悠久的传统。问题的关键,不在能否把中国传统思想学术做哲学的研究,而在于通过"将方法收归内容"方式,找到真正属于中国哲学自身的方法。我们主张"将方法收归内容",既非是说要实质性地回到传统经典和思想学术的内容,亦非是说在传统思想学术中有一个现成的方法可资现成地"拿来"取用,而是强调,现代中国哲学的方法须于中国思想学术传

---

① 卢钟锋:《中国传统学术史》,河南人民出版社1998年版,第13页。

统中整体性和创造性地转出。经学所关注的，正是经典自身的这种生命整体性。从这个意义说，经学与哲学的研究方式对于现代中国哲学的研究而言，不仅不相矛盾，而且具有相得益彰的作用。

实质上，每一时代的思想学术，其立言之途径与方法，皆有取于经典及其精神传统，而将其凸显为一种经典系统重构的新的诠释原则。以宋明儒学为例。宋儒心性本体化的方法理路，即表现为一种本于经典之创造性的转出。其心性之说，虽与佛学之刺激不无关系，然究其本原，却为儒家经典所本有。心性、性情、性与天道、天地之心诸观念，皆本存诸儒学元典。不过，在先秦儒家，一方面心性问题尚未凸显为其思想的主题；另一方面，先秦儒所言心性与天道，尚属于两个系统。就经典文本而言，《易》关涉"天道"的系统；《庸》《孟》则重在"心性"。宋明儒所做的工作，乃将此两者统合为一体，而构成一新的诠释原则。在经典上，宋儒以四书为中心重构经典的系统，其在诸元典中尤重《庸》《孟》与《易传》。而此经典系统的转变，则与其思想视域的转变相为表里。汉唐儒重五经，于学统上以周孔并称，以孔子上承周公，其关注点在政治与历史。宋儒在经典上由五经转向以四书为中心的经典系统，于学统则以孔子下开思孟，故以孔孟并称，这恰与其关注心性与个体人格之养成的思想视域相关。宋儒对经典系统的重构，在诠释方法和原则上的表现，我把它概括叫作"心性观念的本体化"。心学一系讲"心即理"，理学一系讲"性即理"，其言心性，又多以"心体""性体"称之，并常通过"天地之心"的观念来凸显道体的创生性意义，都表现了这一点。康德论人的想象力，有"再生的想象力"与"生产的想象力"之区分。上述诠释原则和方法从元典中的转出，正包含了这"再生性"与"生产性"两面的统一。其心性的观念之取诸经典，可谓之"再生性"的承续；其连结统合心性与天道而为一新的致思取径和诠释原则，则可谓之"生产性"的创造。这"再生性"，乃表现其经典的根源性与连续性；这"生产性"，则表现它的思想的创造性。由此整体转出而形成之诠释方法和原则，内在于其自身的内容；它对新的义理系统构成之作用，乃表现为一种生命整体性的统合而非外在碎片性的拼合，故能成就其本原于传统的文化主体性和精神特质。

哲学的方法既是一种创造性的转出而非现成性的取用，那么，我们所谓的"将方法收归内容"，亦须经过一个长期的、学界共同努力的过程才能实现。而"哲学"对于中国传统思想学术的"舶来"性，亦将会增加这一实现过程的艰巨性。不过，哲学作为一门学科的限定性，同时也赋予了我们思考此一问题以某种有迹可循的边界性。

哲学作为一种形上的思考，其目标在于求"道"（或曰真理）。在求"道"这一边界性中，我们可以从存在实现论的角度来理解中国哲学的方法论原则。西方哲学讲思维和存在的关系，采取的是一种认知、认识的路径。中国哲学则以人的生命实现为达道之进路。儒家讲"学以至圣人之道"，谓学有所止，而止诸成圣，以成己以成物、尽人之性以尽物之性的途径实现合外内、通物我的达道之境。其对道的自觉，亦须经修身成德，变化气质，由工夫而证得本体。道家则以成就"真人"为目标，讲"有真人而后有真知"，循致虚守静，知恬交养，虚室生白的途径以实现对道的自觉。佛家乃以解脱成佛为旨归，讲究止观双修，定慧一体，而由定发慧以证悟真如实相，是中国哲学乃以人的存在与人格成就为前提以理解人的智慧，而人对道的把握，亦被理解为存在实现前提下实有诸己的心明其意或自觉作用，而非一种对象性的认知。用这个存在实现论的观念来透视中国哲学各种哲学问题及其各个部门，它便会在整体上呈现出与西方哲学的本质差异和自身独特的精神特质。或谓中国哲学讲究直觉的方法，或谓中国哲学重体验或体知，也有学者强调中国哲学方法的工夫论特点。这些，其实都可以从存在实现论这一诠释路径得到合理的理解。近三十年来，我特别提出"教化的哲学"这一概念以诠解儒家哲学的特色，其根据亦在于此。

"将方法收归内容"，可视为建立真正属于中国文化自己的当代中国哲学之一可能的途径。

原载《天津社会科学》2019年第2期

《易》《老》象以抒义的证道方式

"道"与"言"的关系，是哲学中的一个重要问题。在中国哲学中，道与言常常并非直接相对应，其间要经由某种中介的环节，来实现"言"对"道"的敞开作用。其中一个重要的中介环节，就是"象"。象以抒义，成为中国哲学一种重要的证道方式，它对于理解中国哲学的话语形式，具有重要的意义。《易》《老》二书，尤其突出了这一点。本文试以二书相互参照，对此做一些说明。

（一）言与意

《易·系辞上》："形而上者谓之道，形而下者谓之器。"道是"形而上者"，而"名以定形"（王弼语），故"道"不可以名言出之。故儒道两家都提出言意之说来解决道与言的关系问题。《易·系辞上》引孔子的话说：

> 子曰：书不尽言，言不尽意。然则圣人之意其不可见乎？子曰：圣人立象以尽意，设卦以尽情伪，系辞焉以尽其言，变而通之以尽利，鼓之舞之以尽神……是故夫象，圣人有以见天下之赜，而拟诸其形容，象其物宜，是故谓之象；圣人有以见天下之动，而观其会通，以行其典礼。系辞焉以断其吉凶，是故谓之爻。极天下之赜者存乎卦，鼓天下之动者存乎辞，化而裁之存乎变，推而行之存乎通，神而明之存乎其人，默而成之，不言而信，存乎德行。

《庄子·外物》亦说：

> 荃者所以在鱼，得鱼而忘荃；蹄者所以在兔，得兔而忘蹄；言者

所以在意，得意而忘言。吾安得夫忘言之人而与之言哉！

这两段话都涉及言意关系的问题。在《周易》中，"圣人"乃是"易道"的见证者和拥有者，"圣人"的"设卦观象系辞"，所要给出者即是"道"。在《庄子》书中，得道的人，常"欲言而忘其所欲言"（见《庄子·知北游》），故"忘言"者，即是得道者。是此处所论言意关系，并非我们一般所说的一种主观性的意思与其表达的关系问题，而是一个有关"道"与"言"的关系问题。

（二）言与象

"名以定形"①"有形则有分"②。"言"所道出者，已有所限定，有所遮蔽。"书不尽言，言不尽意，然则圣人之意其不可见乎"，是对日常语言（逻辑语言）之能否给出"道"的质疑。孔子"晚而喜《易》"，乃表现为"不安其用而乐其辞"③。"不安其用"，是不按《周易》书的卜筮之用，其所乐者在于其"辞"，亦即《易》对"道"展开方式。这个"辞"，就是卦爻辞，它的特点，是通过"象"以出"意"。

《易》的"设卦观象系辞"，具体说，就是"立象以尽意，设卦以尽情伪，系辞焉以尽其言"。在这个表述系统中，易"辞"之作为"言"，并非直接关涉于"意"或者"道"，而是指引向"象"。王弼《周易略例·明象》云："夫象者，出意者也。言者，明象者也。尽意莫若象，尽象莫若言。言生于象，故可寻言以观象。象生于意，故可寻象以观意。意以象尽，象以言著。"由此看来，《易》的言或辞，并非对"道"的直陈表达，而是要在引导向"象"并通过象的意义之揭示以开显出"道"。

《易》之"象"，可以理解为象征。王弼《周易略例·明象》论"象"曰："触类可为其象，合义可为其征。"邢璹注云："大人君子义同为验也。"即表明了这一点。《周易》八卦、六十四卦以及"—""- -"两种符号，皆为宇宙万有之不同层次的象征符号。《系辞传上》："大衍之数五十，其用四十有九，分而为二以象两，挂一以象三，揲之以四以象四

---

① 王弼《老子注》25 章。
② 王弼《老子注》41 章。
③ 帛书《易传·要》。

时，归奇于扐以象闰……"表明《易》之筮法，其实亦具有象征的意义。

此象征义之"象"，可以略分为两类：其一，它关涉到有形之事象；其二，由此事象牵连至于"义""类"之形式。前引《系辞上》所谓"是故夫象，圣人有以见天下之赜，而拟诸其形容，象其物宜，是故谓之象"，就说到"象"这两方面的意义及其关联性。"物宜"，宜与理、义可以互训。物皆有其宜，有其理，此即王弼所说的"类"和"义"。"形容"即物之有形可象者。《系辞传上》："见乃谓之象，形乃谓之器"，可释此"形容"之义。由物之"形容"构成并转化出其形式之意义，此为易象或圣人所"观"之"象"的根本特征。如《说卦》讲"乾健也，坤顺也"，《系辞传下》"乾阳物也，坤阴物也"，即从义、类角度所言之"象"。但这义、类，非脱离事象之抽象的概念。"乾"性为阳、为健、为刚，故凡此属之事，皆可牵连而象之。如天、马、龙、君、父等，皆可为乾之象。"坤"性为阴、为顺、为柔，故凡此属之事，亦皆可牵连而象之。如地、牛、臣、妻等，皆可为坤之象。易"辞"关涉于"象"，而这象作为义、类形式，其本身即与与之相关之事象宛转牵连密合无间。

因此，《易》之"辞"的功能，首先是指引人由其切身之情境、熟习之事象转出对易象之义、类形式之直观整体性的了悟，而绝非导向一种抽象概念式的知解。《易》辞《易》象之可征可验，可观可玩，其道理即由于此。

（三）名与象

《易》之"象"，须放置于"设卦观象系辞"这一结构体系中来观其义。相比较而言，《老子》之"象"，其意义则更为宽泛。老子以"大象"指称"道"。三十五章："执大象，天下往。"四十一章："大象无形，道隐无名。"并其证。关于"象"，《老子》十四章和二十一章的论述堪称经典。十四章：

> 视而不见，名曰夷；听之不闻，名曰希；搏之不得，名曰微。此三者不可致诘，故混而为一。其上不皦，其下不昧，绳绳兮不可名，复归于无物。是谓无状之状，无物之象，是谓恍惚。迎之不见其首，随之不见其后。执古之道，以御今之有。能知古始，是谓道纪。

二十一章：

> 孔德之容，惟道是从。道之为物，惟恍惟惚。惚兮恍兮，其中有象。恍兮惚兮，其中有物。窈兮冥兮，其中有精。其精甚真，其中有信。自古及今，其名不去，以阅众甫。吾何以知众甫之状哉？以此。

此两章皆即"象"而显道体之义。

何谓"象"？《说文解字》象部："象，南越大兽，长鼻牙，三年一乳。"是"象"字本为一种南越野兽（大象）之称谓。《韩非子·解老篇》："人希见生象也，而得死象之骨，案其图以想其生也。故诸人之所以意想者，皆谓之象也。今道虽不可得闻见，圣人执其见功以处见其形，故曰无状之状，无物之象。"由野兽（大象）之称谓，"象"字又引申出其象形之义。故《说文解字》彡部又说："形，象也。"故此象形义之"象"字，亦写作"像"。

《易·系辞上》："方以类聚，物以群分，吉凶生矣。在天成象，在地成形，变化见矣。"凡物皆有形，凡形皆可象。形与象，皆为实存之物所本具。不过，形、象二字字义，又略有区别。物有实存，其扩延而占有一定空间者，为其实存之核心，可谓之"形"或"状"。此形此状，相对确定而不变，故曰"在地成形"。"象"之象形之义，乃即此形此状充溢而为时间历程之动态展开，并呈显为人之意象者，此即《老子》首章所称为"观"或直观者是。《易》所谓"在天成象"，老子所谓"惚恍""窈冥"者，以其动态不定而称之也。

前引四十一章"大象无形，道隐无名"，以形、名对称。"形名"对举，乃古书所常见。《管子·心术上》："物固有形，形固有名。名当谓之圣人。故必知不言无为之事，然后知道之纪。"按《管子》之说，圣人名以当形，处不言无为之事，由之以把握道之纲纪。是言圣人乃不离形名而知道。此说言治术，似杂有黄老之义，与老子有所不同。然究其要，二者思理并无二致。老子以"大象""无名"况道，谓道为"无状之状，无物之象"；谓"道之为物，惟恍惟惚；惚兮恍兮，其中有象；恍兮惚兮，其中有物"；谓"自古及今，其名不去，以阅众甫"，谓"执古之道，以御今之有。能知古始，是谓道纪"，是其所言道，实不离"名""有""象"

而有。

如前所述，物、形、象之关系，乃物以"形"为核心而展现为"象"之动态形势以表显其实存；由此，圣人"名以当形"或"名以定形"以构成为概念、观念，必表现为物以"象"的动态构成方式所给予人的"观"或直观。王树人先生近年对中国哲学的所谓"象思维"多有论述，并以非实体性、非主客二元和非概念思维来表述此"象思维"之特征。①其说对于理解中国哲学的思维方式，具有很重要的启发意义。不过，我们要特别提请注意的是，老子的"象以抒义"，却并不排斥"名"和"言"，也就是说，它并不与概念思维相对立。实质上，在老子的哲学中，"象"与"名"，乃在肯定与否定的双重意义上具有一种内在的相关性。

我们注意到，老子讲道的"无名"，是对应着物的"有名"而言的，讲"大象无形"，亦是对应着物的有形有象而言的。这说明，老子的"无名"，并非否定"名"。老子讲"自古及今，其名不去，以阅众甫""执古之道，以御今之有。能知古始，是谓道纪"，即表明了这一点。

"其名"，即道之名。"执古之道"，是言古今一道，道乃永恒超越之体。吴澄《道德真经注》卷一："古始者，道也，谓古先天地之所始也。"《白虎通·三纲六纪》："纪者，理也。"纪，可理解为把握古今之纲领、规则、统领。古今一道，故可以古之道而御今之有。"有"即显象。"甫"者，始也。"众甫"者，万有之端绪也。故此"甫"亦显象义。而显象者，皆为现前之象，故称为"今之有"。"无状之状，无物之象，是谓惚恍"，"惚兮恍兮，其中有象；恍兮惚兮，其中有物。窈兮冥兮，其中有精；其精甚真，其中有信"。此"物""状""象"，即此处所谓的"今之有"。不过，这里要特别注意的是，"执古之道，以御今之有。能知古始，是谓道纪"，"自古及今，其名不去，以阅众甫"，是总括前文"惚恍"之"象"而言的。也就是说，《老子》所言"象"，是在"复归于无物""无状"（亦即无形）、"无名"，亦即"执古之道，以御今之有"，以"道""阅众甫"而敞开之显"象"。凡物之象，皆为当下现前之象，是为刹那，流转不已，过而不存，如不能"执古之道"以"阅"之"御"之，则将

---

① 王树人：《"象思维"与原创性论纲》，《哲学研究》2005 年第 3 期；《中国的"象思维"及其原创性问题》，《学术月刊》2006 年第 1 期。

无任何之"象"能够得以保持。幼童三四岁之前"不记事",乃因其生存尚未进入理性化和概念化的阶段。名和符号的运用使幼童感性的内容获得自身"通"性的意义而得以保持。人的感性内容须经由"名"即概念普遍化的奠基与升华,以获得其持存恒久的存在性意义。

因此,老子所言"惚恍"之"象"所表征的,乃是在有与无、有名与无名、有形与无形动态张力关系中的存在整体,从存在的意义上,可名之为"道",就其以"象"的动态构成方式呈显于人心的角度说,又可名之为"观"或直观。人须由"观"或直观而见"道"。"道"与"观",乃一体之两面而不可分。

(四) 观与象

道即"象"而显。《易》言"观象",《老子》则由"观"而实现无、无名、无形与有、有名、有形之统一,即"象"而呈显道之全体。此义可就《老子》首章"观妙""观徼""同出而异名"之说见之。《老子》一章:

> 道可道,非常道。名可名,非常名。无名天地之始;有名万物之母。故,常无欲以观其妙;常有欲以观其徼。此两者同出而异名,同谓之玄,玄之又玄,众妙之门。

道为整体,为形上,不可以名字言,是为"无名"。然道之义,不能限于"无名"。"无名天地之始;有名万物之母。"五十二章说:"天下有始,以为天下母。"可知"始"与"母"互文见义,二者的统一,标识出"道"的本体始原之义。"此两者同出而异名",乃统无名有名、观妙观徼而言。无名与有名"同出而异名",故由无名与有名之统一,乃能见道之本真。古人以形、名对举,是道作为"无名",必即"有名"而关涉并统摄有形有象之万事万物。《庄子·天地》说:"有形有名。形名者,古人有之,而非所以先也。古之语大道者,五变而形名可举。"是以"形名"统归于"大道"。这个"无名"即"有名"而关涉并统摄万有,亦即前引十四章所谓的"执古之道,以御今之有"。

我们说道必即"有名"而关涉并统摄有形有象之万有,是就"道"本身而言。"道"即"名"而关涉于万有之"形"和"象",其呈显于人心者，即此章所说的"观"或直观。故"无名"与"有名"之统一，要由"观"而见。

西方哲学所言直观，大体有三种：一为"理智直观"（笛卡尔），二为"感性直观"（康德），三为"范畴直观"（胡塞尔）。这三种直观的观念，内涵虽有差异，但同属一种认识论的观念。中国哲学的"观"，则可归结为一种生命存在义的直观。"常无欲，以观其妙，常有欲，以观其徼"，这观，不是认识论意义上的静观，它所表现的，是从人的修养、修炼而转出的生命智慧。老子把"观"与"欲"联系起来讲，就表现了这一点。

今人受西方现代哲学的影响，常把主客的二元对立归结为一种所谓的认知或理论态度。这种观念对理解中国哲学尤其是道家哲学是不相应的，因而也是无效的。中国哲学把人看作一个生命的整体存在，因而，认知乃依止人的存在实现之自觉觉知作用，而非一独立的原则。从这个生命存在实现的角度看，道通过"名"而在"象"上对吾人的直观呈显，并非一种直接性的给予，而要经由一种生命实现义的意义翻转才能达成。要理解中国哲学的"观"或直观的观念，这一点，是要特别注意的。

从《老子》一章来看，"常无欲，以观其妙"，是相应于"无名"而言的；"常有欲，以观其徼"，则是相应于"有名"而言的。三十七章"无名之朴，夫亦将无欲"之说，就提示了这一点。不过，这"有欲""无欲"，却并非单指人的欲望要求而言。三章说："不尚贤，使民不争；不贵难得之货，使民不为盗；不见可欲，使民心不乱……常使民无知无欲，使夫智者不敢为也。"自然物之"欲"，甚少而恒定不变。人却不同，"物与欲相持而长"（荀子语），其欲望花样翻新，靡有穷极。原因即在其有"知"以作分别。故老子以"知"与"欲"相连属。人心之乱，以其多欲。而欲之多以至于脱离自然的轨道，悉由于"智"。而此"智"或"知"所作的分别，亦非指实然义的区分，而是一种虚妄的价值分别。人作为一个整体的存在，其用知制名，区分物我及万有品类，价值之分别亦必与之相俱共生。如人的"自师其心""自贵而相贱""名实未亏而喜怒为用"（庄子语）之类者是。人之矜尚之情由此而生，物我之对峙由此而起，由是其心外倾，心为物役，背离人的自然真性。故三章所说"常使民无知无欲"，应为"常无欲"之全面的说法。所谓"常无欲"或"无知无欲",就是老子所说的"敦兮其若朴"(十五章),混沌不分的婴儿状态。在此状态中,人所达到的,即一未作分别的"无名之朴"。"常无欲,以观其妙",所观者,即此自然真实的"无名"之境。这"观",即一直观。"妙",既标示道为"无名"、不可言说之极,又标示"观"者对这种物我一体之意趣的受用、感受。

然而,道的"无名"非无差别的一片混沌,"无知无欲"的"观妙"之境,亦非直接现成的获得。"常有欲,以观其徼","徼"即边、边界、分际。物有自然的分际,道亦有自然的分际和条理。"常有欲"与"常无欲"相对而言。"常无欲"即"无知无欲","常有欲"也即"有知有欲"。"无知无欲",物我一体的"观妙"之境,要经"有知有欲"的"观徼",即分别以形成对待与间距,同时又消解对待间距的消解过程,才能达成。

从这"观妙"与"观徼"统一的意义说,道的"朴"或"无名",必显现为"有名"。无名与有名乃一体之两面,并非二事。不过,需要强调的是,老子所言"名"或"有名",非仅指逻辑性的概念而言,这"名",本质上是人文和价值意义的。三十二章可看作对一章"观妙"与"观徼""无名"与"有名""同出而异名"的一体关系之发生意义上的说明:

> 道常无名。朴虽小,天下莫能臣也。侯王若能守之,万物将自宾。天地相合,以降甘露,人莫之令而自均。始制有名。名亦既有,夫亦将知止。知止可以不殆。譬道之在天下,犹川谷之于江海。

此章从人文创制、文化、文明的意义来规定"有名""名"的内涵。"制有名",始于或本于人存在之自然的分际。"民莫之令而自均",社会生活中之人伦关系,可以完全据自然的条理而设。如父子、慈孝、恭敬、忠信之类,亦为老子所肯定,实可看作是自然与人文之交汇点。郭店简《老子》有"绝伪弃虑(此从裘锡圭先生释),民复孝慈"的话,可资佐证。可见,道作为"无名",并不存在于与"有名"或人文相对峙的另一领域。"有名"固然可导致对自然的虚妄增益从而障蔽了其本真的存在,然而,此"有名"的实存,亦恰恰是"无名"之超越性得以给出和显豁之真机。

"名亦既有，夫亦将知止"，"知止"，便是立足于"有名"作为人文实存而维持并开显其本真意义之枢机。我们要注意的是，"知止"，是在"名"或人文的设立历程中有所减"损"，而非"止"步不前。"知止"之另一种说法，即《老子》四十八章的"为道日损"："为学日益，为道日损。损之又损，以至于无为。无为而无不为。"说者多将此"为学"与"为道"看作两个对峙的论域。其实，老子"正言若反"。他又常说到"为无为"，"事无事"（《老子》六十三章），"欲不欲"，"学不学"（六十四章）。"有名""学""事""为""欲"，皆人之实存或人文之事，人文之事对自然必有所"益"。比如"制名"、学问，皆在不断地增"益"。在这增益中便有"伪""蔽"发生。但吾人不能由此而否定人文，因为这"学""制名""为"等人文之事，乃是人"无所逃于天地之间"（庄子）的"宿命"。这"学不学""为无为""事无事"几个命题，已很好地把那个"为学"之"益"与"为道"之"损"联系为一体。正是在对那个"为学""制名"之增益过程所发生之"伪""蔽"不断减损的历程中，其"名""学""事""为""欲"等历程乃发生了一种意义上的翻转，从而保持住了它的存在之本真的意义。在此意义上，人文之"有名"便仍归于"无名"。我们注意到，道家的著作虽然对仁、义、礼等伦理规范的形式性意义有较多的批评，但往往却突出地肯定诸如忠信、孝慈、素朴、笃厚、慈俭等德性内容。这是因为，在道家看来，此类与人的内在精神生活相关的"德"，正是消解了"名"或人文设定之形式化之蔽所呈现和应当保持住的真实内容。实质上，像父慈子孝，父子之亲，君臣之义诸"德"，确为人文与自然分际之切合，因而亦正是道的表现。"道"乃是保持在此"有名"作为人文的当下实存中并在其中出现为"无名"的动态整体性。

"有名"，或者说"制有名"，为"知"的作用，文明的施设。违背自然的"伪""蔽"正由此发生。"名亦既有，夫亦将知止"，"知止"，即要"止"于"名"所由之而生的自然的分际。即人文而消解、排除其所带来的"伪""蔽"，人文本身便不再与自然对立，"有名"本身亦即是"无名"。

故无名并非一抽象的东西，它不再作为"有名"的有"形"有

"象"世界之外。道不可道，不可名。然道必藉"名"所给出的有"形"有"象"的世界而显，藉"有名"而见其"无名"之本真。故可以说是"此两者同出而异名，同谓之玄"。"同出而异名"，既指无名与有名的统一，亦指"观妙"与"观徼"的统一。"知止"，须"无知无欲"方可达致。道的"无名"，不是无分际的一片混沌，必表现为"有名"。如能"知止"，于"名"的"象""形"之人文表现中消解了其"伪""蔽"，"名""文"本身便仍归于"无名"、自然。故道乃是藉"有名"而显现为"无名"的整体性。

综上所述，老子从"观"的意义上讲道之无名与有名的统一。唯有"观"，才能开显道之本真意义。能观者，唯有人；人之"观"，又必是"制名"之人文的"观"。这"观"，作为"观妙"与"观徼"的统一，通过"制名"的活动与有"形"有"象"（包括人文的世界）的世界相关涉。"观徼"和"制名"，既使吾人得以走出自然和混沌，而对"形""象"的世界有所觉知，同时也带来对存在生命整体的遮蔽。吾人须经由此"观徼""制名"的出离自然整体之遮蔽，与"知止""日损"以至于"无为"的解蔽历程，那"观其妙"之"道"的整体性，乃能为人心所实证。观"道"，既是自觉，又是体证。

（五）《易》辞对切身了悟之指引

这样的道，与人的存在性体悟密切相关。《易》对道的理解，尤其凸显了这一点。

据事象对事理之直观性的把握，可能只是静态的、认识论意义的。《易》辞之关涉于象，其更进一步的作用是指引人的行为，通过人的行为与周遭情境之互动切合以呈现易道的整体内涵。《系辞传上》讲："圣人设卦观象系辞焉而明吉凶"，"系辞焉，所以告也。定之以吉凶，所以断也。"圣人立象系辞，意在指引人趋吉避凶之行为。《系辞传下》的一段说：

> 八卦成列，象在其中矣。因而重之，爻在其中矣。刚柔相推，变在其中矣。系辞焉而命之，动在其中矣。吉凶悔吝者，生乎动者也。刚柔者，立本者也。变通者，趣时者也。吉凶者，贞胜者也。天地之道，贞观者也。日月之道，贞明者也。天下之动，贞夫一者也。

这段话指出了易之卦爻辞如何结合易象指引人之行为以达乎易道的途径。

"系辞焉而命之,动在其中矣。吉凶悔吝者,生乎动者也",这个"动",指人的行为而言。《易》所言"象",非静态抽象的类分,而是在卦爻之时位变化及与人的互动关系中所形成的一个动态的系统。因此,此所谓"吉凶悔吝",便与人的行为之"动"相关。"辞"对人的行为的指引,亦由其与象的关联而被活化和时机化了。"辞"并不把人的行为导向一固定的方向,而是引向与此行为相关之切身处境的义理领会。

故《易》特重"时"。易卦之"象",注重在"刚柔相推",生生不息的动态历程中来象征人的周遭世界。《易经》六十四卦的次序,象征事情之变化,不过,《易》之变化观念,却主要体现于"爻"。"因而重之,爻在其中矣。刚柔相推,变在其中矣",就表明了这一点。这里的"刚柔相推",即指阴爻与阳爻的互相推荡,互易互变。

卦主要在流变的阶段性意义上体现事情的变化,而爻则在适时变通的意义上体现事情的变化。王弼讲"夫卦者,时也;爻者,适时之变者也"①,又讲"卦以存时,爻以示变"②,说的就是这个意思。邢璹注云:"卦者,统一时之大义;爻者,适时中之通变。"③ 这个"时"或"一时",非指具体的时间或时段,而是指事物存在过程之一阶段所临之情势。如《序卦传》说:"有天地,然后万物生焉。盈天地之间者唯万物,故受之以屯。屯者,盈也,屯者物之始生也。物生必蒙,故受之以蒙。蒙者蒙也,物之稚也。物稚不可不养也,故受之以需……故受之以讼……故受之以师……故受之以比……故受之以小畜。物畜然后有礼,故受之以履。履然后而泰安,故受之以泰。泰者通也,物不可以终通,故受之以否……故受之以既济。物不可穷也,故受之以未济终焉。"这就是说,乾坤或阴阳之推荡、消长、歙辟构成宇宙万有生生不息之流行。而由屯、蒙以下以至既济诸卦,皆表现为此一流行历程不同阶段之状态与情势。"既

---

① 《周易略例·明卦适变通爻》。
② 《周易略例·明爻通变》。
③ 楼宇烈:《王弼集校释》,中华书局1980年版,第605页。

济"为物之完成，终之以"未济"，表明《易》是一个开放的系统。

《易》卦对事物情状之象征，不是对一固定阶段事物状态的"客观"描摹。王弼所谓"象征"，征者验也。此征验，为验之于身、验之于心。《彖传》释卦，多处极称卦"时""时义""时用"之意义，所强调的就是人与卦所象征之情状的互动一体的关系。《大过·彖传》云："大过之时大矣哉！"《随·彖传》云："随时之义大矣之哉！"《豫·彖传》云："豫之时义大矣哉！"《蹇·彖传》云："蹇之时用大矣哉！"《易经》六十四卦，有十二卦《彖传》称"时"或"时义""时用"。这"时"，应理解为我们一般所说的"时机"。一般的事态、情势，可以纯粹是客观性的。但这情势若关涉于人，或人置身于此情势中，则此情势便转变成为与人处于互动关系中的"时机"。易卦所象征之情势与人密切相关。吉凶悔吝休咎，关乎存有之得失，而得失之极，则关乎生死，即关乎人的生命存在。卦所象之事物情势，由此而转为人所处身于其中的情境，人对此处境之把握和行为，便会产生对吉凶休咎的影响，此即《易传》所谓"时"或时机。

对这"时"或"时机"的把握，《易传》称作"知几"。《系辞传下》引孔子语云："子曰：知几其神乎！君子上交不谄，下交不渎，其知几乎！几者，动之微，吉之先见者也。君子见几而作，不俟终日。《易》曰：介于石，不终日，贞吉。介如石焉，宁用终日，断可识矣。君子知微知彰，知柔知刚，万夫之望。"此释《豫》卦六二以申"知几"之义。《豫》卦象逸豫之时。人处逸豫，易于耽溺其中，故《豫》卦各爻多为不吉。六二之"贞吉"，正由于君子之"知几"。一卦之情势有一定，而吉凶得失之结果则常有变化。吉凶之成，有其始动几微之端，所谓"几者，动之微，吉之先见者也"，即指此而言。于此见几而有适时之动，则可终臻于吉。"介于石""上交不谄，下交不渎"，即易陷溺于逸豫之时至中无过之"几"。这"知几""见几而作"的结果，就是"吉凶悔吝生乎动"。"卦"象在"义""类"形式的意义上，可以看作是一具有普遍性意义的象征符号。但在《易》的系统中，这普遍性的"理"，却是通过其对人的行为的引导作用而在时机化了的具体情境中得以呈现的。

卦之与人的生命存在相关的时机化、情境化，具体地体现在爻或六爻的变化中。在《易》的系统中，不仅天地四时阴阳消长变化体现于刚爻柔爻之交错迭用、相互推荡的过程，一卦中的阳爻阴爻又有着诸如终始上下、承乘比应、刚中柔中、当位不当位种种复杂交错的位置关系。这些，以吉凶休咎的方式触动人的生命存在，构成了人动态地把握其生命存在的时机或机缘。

不过要注意的是，爻虽主于变化，但一卦中六爻又各有其位。这个"位"，即位置。位有阴阳、有贵贱，有君位、有臣位。故位之象与空间性和社会伦理系统中之位置相关。"位"具有空间意义，人存在于现实中，总要在具体所居之"位"去应接事物，成就德行。或者说，人伦之道，即存在于此"位"的关系秩序中。达道，必"思不出其位""素其位而行"。但这"位"，同时又是在动态流行中人所处身的情境，非死的位置。爻所处之"位"就是此种当下处境化了的"位"。《中庸》既强调"素其位而行"，又讲"性之德也，合外内之道也，故时措之宜也"。因时举措，才能曲尽事物之"宜"，此即儒家"道合外内"或者说物我一体的内涵，并无神秘之处。《周易》在时位一体的意义上以其独特的方式，把这一精神体现得更为彻底。

《易·系辞下》："刚柔者，立本者也；变通者，趣时者也……天地之动，贞夫一者也。""立本"，是论卦，但它并不局限于谈"卦"。《易》言三才之道，刚柔亦即阴阳。《系辞传上》言"一阴一阳之谓道"。《系辞传下》亦引孔子语说："子曰：乾坤其易之门邪。乾阳物也，坤阴物也。阴阳合德而刚柔有体，以体天地之撰，以通神明之德。"帛书《易之义》亦记有此语，但"易之门"作"易之要"。就是说，乾坤或阴阳，是把握易道之途径（门）或易道之本质（要）所在。而易之六十四卦，正是以"阴阳合德"，刚柔交错的方式具体体现了乾坤或阴阳这个易道的原则和本质。从这个角度，我们可以理解这个"刚柔立本"和"变通趣时"之全面的意义。故下文接着就讲，"天下之动，贞夫一者也"。贞训正。义、类形式在时机化的情境中的显现，同时即指引向"道"的领悟。

中国哲学所言"道"，是在人的生命存在实现历程中得以呈现并为人所实有诸己的一个本体概念。故中国哲学的"道"，须由工夫来证显，而非仅通过认知来建立。哲学无独立的方法，其方法是内在于自身的本体或内容的。《易》《老》象以抒义的证道之方，就集中体现了中国哲学对

"道"或本体的独特理解。

原载《中华思想文化术语学术论文集》，外语教学与研究出版社 2019 年 8 月版

冯友兰后期哲学思想的转变

——从《〈中国哲学史新编〉总结》讲起

冯友兰先生的哲学思想，后期有一个转变。冯先生的哲学，关注文化的问题。其对文化差异的理解，经历了三个阶段，他要从哲学上去解释文化的差异。① 其思想的变化，可能亦与其文化观念的变化有关。不过，本文所要讨论的，不是文化的问题，而是要从哲学观念上去看冯先生后期思想的转变，并尝试对这一转变的内在机理，作出一种理论的解释。

一

《中国哲学史新编》第七册最后一章，是冯先生为《新编》所写的一个《总结》。这个《〈中国哲学史〉新编总结》（下文简称《总结》），凸显了冯先生后期哲学思想的特征，理所当然地受到了学者的关注。蒙培元先生写文章对此作了专门的讨论。在《知识，还是境界？——评冯友兰的中国哲学史"总结"》②一文中，蒙培元先生特别强调，《总结》的重要意义，在于它把《新原人》的境界说由其"新理学"体系的一部分上升为其整个哲学体系的核心问题。蒙培元认为，这是冯友兰哲学思想的一个重要发展，可以视作冯先生的"晚年定论"。蒙先生的概括，画龙点睛地揭示出了《总结》的思想要旨，对准确理解冯先生晚年的哲学思想，

---

① 冯先生自述自己对文化差别的理解，经历了三个阶段。第一阶段是以地理区域来解释文化差别，即把文化差别看作东、西方的差别。第二个阶段是用历史时代来解释文化差别，即把文化差别理解为古代和近代的差别。第三个阶段是从社会发展来解释文化差别，即把文化差别理解为社会类型的差别。（冯友兰：《三松堂自序》，生活·读书·新知三联书店1984年版，第369页）

② 《中国社会科学院研究生院学报》2001年第3期。

是有重要启发意义的。

在《总结》中，冯友兰先生肯定金岳霖先生"哲学是概念的游戏"的说法，认为这个说法"说出了哲学的一种真实性质"。这就是说，哲学的形式，表现为一个概念的逻辑系统；但同时，哲学又不仅仅是概念的游戏，因为，哲学在社会实际生活中所"发生的功用"，就在于"提高人的精神境界"。《总结》说："金岳霖指出：'哲学是概念的游戏'，而没有把这个论断同人类精神境界结合起来，以至于分析概念似乎是一种游戏。如果认识到真正的哲学是理智与直觉的结合，心学与理学的争论亦可以息矣。"① 冯先生认为，能否把哲学作为一个概念的逻辑体系"同人类精神境界结合起来"，这正是自己与金岳霖哲学的区别之处。对"理智与直觉"的统一这一问题，《总结》有透彻的说明。《总结》指出，一个哲学家对他所建立的哲学概念的了解，不只是文字的了解。一个哲学家，应能够"身体力行"其哲学的概念，把自己对哲学概念的理解"融合于他的生活"。哲学家对哲学概念，不仅有"理智的理解"，而且有"直觉的感受"，他是在直觉的感受上去见证道体。哲学是哲学家将他的生存的直觉，用概念表出之。所以，"概念与直觉，不可偏重，也不可偏废"。②"直觉所得，必须用概念把它固定下来，这是概念在哲学中的作用。""一个人所有的概念就是他的精神境界；一个人所有的概念的高低，就分别出他的精神境界的高低。"③ 在这里，概念与直觉、理智与体悟，构成了一个相互关联的、统一的整体。正因为如此，哲学的概念既表征着哲学家的精神境界，同时，亦具有供人"受用"或提高人的精神境界的作用。《总结》强调，《新理学》由理、气、道体和大全所构成的概念系统，"看着似乎是无用，但可能是有大用"。这"大用"，就是能够提高人的精神境界。《新原人》揭示出人类从低到高的四种境界："自然境界、功利境界、道德境界、天地境界。天地境界最高，但达到这种境界，非经过哲学这条路不可"④。在冯先生看来，"真正的哲学"，必须是概念的逻辑系统与"人类精神境界"的结合或统一，就其哲学的体系而言，它表现为《新理

---

① 冯友兰：《中国现代哲学史》，生活·读书·新知三联书店 2009 年版，第 225 页。
② 同上书，第 221—229 页。
③ 同上书，第 198—199 页。
④ 同上书，第 220 页。

学》与《新原人》的统一;而其思想内容,则是"理智与直觉的结合"或统一。

这个理智与直觉的关系,也就是冯先生所说的理性主义与神秘主义的关系。冯先生认为,未来的世界哲学,应该是理性主义与神秘主义的结合。这既是冯先生对未来世界哲学的展望,其实亦是其对自己哲学使命的一种期许。可以说,"冯友兰的哲学实际上是一个理性主义与神秘主义结合的体系"①。从方法论的角度看,这个结合,就是正的方法与负的方法的结合。不过,冯先生在早年特别强调形上学的概念和命题不关涉内容的形式性特征,因此,作为纯粹形式的哲学概念、命题与那不可思议、不可言说的神秘内容如何能够"结合"和融通,对这一点,冯先生早期并没有能够给予合理的理论说明;而晚年的冯先生,却能够直截了当地肯定"真正的哲学是理智与直觉的结合",这之间应当有一种思想和哲学观念上的转变。这是让我们感到饶有兴趣的一个问题。

在《论新理学在哲学中的地位及其方法》一文中,冯先生把正的方法称作"形式主义的方法",把负的方法称作"直觉主义的方法"②。正的方法,也就是逻辑分析的方法。形上学的负的方法,就是"讲形上学不能讲"③。在《中国哲学简史》中,冯先生又把负的方法称作一种"神秘主义的方法"④。

冯先生早年特别强调形上学的正的方法的形式性意义。在《新知言》中,冯先生指出,形上学的逻辑分析的方法,是"对经验作逻辑的释义"。而这"逻辑的",就是表示"形式的"和"不涉及内容的"意思。⑤《中国哲学史·绪论》论"哲学方法",特别强调了哲学的方法与直觉内容的严格区别:"近人有谓研究哲学所用之方法,与研究科学所用之方法不同。科学的方法是逻辑的,理智的;哲学之方法,是直觉的,反理智的。其实凡所谓直觉,顿悟,神秘经验等,虽有甚高的价值,但不必混入

---

① 陈来:《论冯友兰哲学中的神秘主义》,《中国文化》第 13 期,第 179 页。
② 冯友兰:《三松堂学术文集》,北京大学出版社 1984 年版,第 512 页。这篇文章原载于《哲学评论》八卷 1—2 期(1943 年)。
③ 冯友兰:《新知言》,《贞元六书》(下),华东师范大学出版社 1996 年版,第 869 页。
④ 冯友兰:《中国哲学简史》,北京大学出版社 1985 年版,第 394 页。
⑤ 冯友兰:《新知言》,《贞元六书》(下),华东师范大学出版社 1996 年版,第 870 页。

哲学方法之内。无论科学哲学，皆系写出或说出之道理，皆必以严刻的理智态度表出之……谓以直觉为方法，吾人可得到一种神秘的经验……则可，谓以直觉为方法，吾人可得到一种哲学则不可……各种学说之目的，皆不在叙述经验，而在成立道理，故其方法，必为逻辑的、科学的。"[1] 就是说，哲学必须以逻辑分析为方法，而应将"直觉、顿悟、神秘经验"等内容排除在哲学的方法之外。冯先生20世纪40年代有关正负方法的阐述，仍然延续了对哲学方法的这种"形式的"理解。冯先生不仅把正的方法称作一种"形式主义的方法"，对作为"直觉主义的方法"的负的方法，也同样作一种"形式的"解释。他说："用直觉主义讲的形上学，并不是讲者的直觉。形上学是一种学，学是讲出来的义理，而直觉则不是讲出的义理。用直觉主义讲的形上学，可以说是讲其所不讲。但讲其所不讲亦是讲。此讲是形上学。"[2] 仍然强调"直觉主义的方法"与"直觉"之内容的严格区分。

冯先生又常用"先后""始终"一类概念，来说明正的方法与负的方法的关系。在《中国哲学简史》的最后一章，冯先生说："一个完全的形上学系统，应当始于正的方法，而终于负的方法。如果它不终于负的方法，它就不能达到哲学的最后顶点。但是如果它不始于正的方法，它就缺少作为哲学的实质的清晰思想。神秘主义不是清晰思想的对立面，更不在清晰思想之下。毋宁说它在清晰思想之外。它不是反对理性的；它是超越理性的。"[3] 又说："在使用负的方法之前，哲学家或哲学的学生必须通过正的方法；在达到哲学的单纯性之前，他必须通过哲学的复杂性。人必须先说很多话然后保持沉默。"[4] 从这个"先后""始终"的表述来看，正的方法与负的方法之间，似乎不存在某种内在的关联性。

这里我们面对的理论问题有两个方面。哲学通过逻辑分析的方法，能够得到一些不包含内容的纯粹形式的概念和命题。同时，新理学又强调，人不仅要"知天"，而且要"事天"，不仅要"知大全"，而且要"自托于大全"；达到"天地境界"的人，不仅"知天"，而且能"事天""乐

---

[1]　冯友兰：《中国哲学史》上册，中华书局1961年版，第4—5页。
[2]　冯友兰：《三松堂学术文集》，北京大学出版社1989年版，第512页。
[3]　冯友兰：《中国哲学简史》，涂又光译，北京大学出版社1985年版，第394页。
[4]　同上书，第394—395页。

天",最终甚至能"同天"即"自同于大全"。①"大全"是一个不包含任何内容的形式概念,"事天""乐天""同天"与"自托于大全""自同于大全",则是包含体证和直觉内容之实有诸己意义上的真实拥有。二者之间,似乎存在着一种理论上的断裂。此其一。其二,从"始终""先后"的角度看,逻辑分析或正的方法,是哲学展开其体系的基本方法,而负的方法所表现的"神秘主义"的内容,则只构成哲学的"最后顶点"。这样,哲学之正的方法与负的方法,实质上并无交集。如果说负的方法只是"讲形上学不能讲",那么,负的方法的开始,同时也就是它的结束。哲学家在"先说很多话"之后,剩下的便只有"沉默"。如果这样的话,在哲学的展开活动中,负的方法实质上并无立身之处。与此相应,哲学的"神秘主义"一面,亦无法得到安顿。这样一来,正的方法与负的方法、理性主义与神秘主义怎样实现结合,也便成了问题。

由对哲学概念之形式与直觉内容的严格区分,到肯定"真正的哲学是理智与直觉的结合",达成这种转变的理论契机在哪里?这便是下文要讨论的问题。

二

在理论上实现这种结合的契机,来源于一种哲学观念上的转变。我们注意到,从20世纪40年代开始,冯先生就不断地在思考如何超越"界限"的问题。冯先生提到两种"界限"的超越:一是对理性主义与神秘主义之间界限的超越;二是对共相与殊相之分别的超越。这两个"超越",具有内在的关联性,这"界限"超越的实现,正表现了一种哲学观念的转变。

在1948年为美国《哲学评论》杂志"东方哲学讨论"专栏所作的一篇题为《中国哲学与未来世界哲学》②的文章中,冯先生讨论了如何"越过"理性主义与神秘主义这个"界限"的问题。在这篇文章中,冯先生指出:"尽管形上学的目的是对经验作理智的分析,可是这些路子全都各

---

① 冯友兰:《新理学》第十章,《贞元六书》上,华东师范大学出版社1996年版。
② 冯友兰:《三松堂全集》第11卷,河南人民出版社2001年版,第588页以下。

自达到'某物',这'某物'在逻辑上不是理智的对象,因而理智不能对它作分析。"像"大一""大全"这一类概念,都是从理智分析而来,又超越了理智分析,它似乎成了标志理智与神秘之间的一个"界线"。哲学的功用,就是要训练人"越过界线",达到自同于大全的天地境界而"成为完人"。这对界限的超越,当然须用"静默"或负的方法来达成。不过值得注意的是,在这里,冯先生所说的这个超越界限的"静默"方式,却并非"先说很多话"以后再"保持沉默"。我们来看冯先生的说法:"'越过界限'的人,化入'混沌之地'。但这个化,必须经过理性而否定理性来实现。"而"理智否定的本身就是理智的活动"。这个"否定理性以'越过界线'的方法",即存在于理性自身中。在这个意义上,正负方法便具有了一种相互包含的"同时性"的意义,而不再只是一种"先后"的关系。

在《三松堂自序》的第六章,冯先生也讲到超越界限的问题。冯先生说:"懂得了柏拉图以后……再加上当时我在哥伦比亚大学听到的一些新实在论的议论,在我的思想中也逐渐形成了一些看法,这些看法就是《新理学》的基础。"又说:"既认识了这个分别,又要超过这个分别,上面所讲的黑格尔所说的'具体的共相'就是超过了这个分别。'超过'也是一种飞跃。不过这个飞跃是困难的。《新理学》就没有'超过',到《新原人》才'超过了',但我当时还没有自觉其'超过'。"① 又说:"《新原人》所讲的'大全',不是'有'而是'群有'。《新理学》所讲的'理'都是抽象的共相。《新原人》所讲的'大全'是具体的共相,和《新理学》所讲的'理'是不同的。我在当时没有认识到这一点。'大全'是个'名'……是一个具体的共相。有了这个'名',人就可以在思维中把握整个的宇宙,由此对于人和宇宙(特别是自然)的关系,有所了解,并对之持一种态度。这种理解和态度所构成的精神境界,就是《新原人》所说的天地境界。"② 共相与殊相的关系问题,是冯友兰先生讲中国哲学,建立哲学系统的一对核心的范畴。冯先生自述他对哲学的兴

---

① 冯友兰:《三松堂自序》,生活·读书·新知三联书店1984年版,第279页。
② 同上书,第271—272页。

趣，由逻辑学开始，而懂得哲学，则是从了解"共相和殊相的分别"开始。① 他通过柏拉图了解了共相和殊相的"分别"，由对柏拉图和新实在论的了解，建立了《新理学》的思想基础。值得注意的是，冯先生强调对哲学的真正了解，不仅要认识"共相和殊相的分别"，而且必须超越这个"分别"。超越了这个分别，达到对共相与殊相统一的认识，使哲学的概念成为一种"具体的共相"，它才能具有训练人、引导人越过界线，实现自同于大全的最高的精神境界。可见实现对共相和殊相之"分别"的"超过"，乃是超越理性主义与神秘主义界限的思想根据。

冯先生称他自己在《新原人》中所使用的概念已经"超过了"共相与殊相的"分别"，其所用概念，已经是"具体的共相"。不过，冯先生"当时还没有自觉其'超过'"，其在《新原人》中运用"具体的共相"，还是不自觉的。

冯先生对具体共相的自觉运用，是受到了黑格尔"具体概念"这一观念的影响。不过，冯先生其实是经由马克思主义而接受黑格尔这一观念的影响的。冯先生自述其讨论文化，第一阶段是把文化差别理解为东、西方的差异，第二阶段是把文化差别理解为古代和近代的差别，第三阶段则把文化差别理解为社会类型的差别。这个第三阶段的思想，即受马克思主义历史观之影响的结果。冯先生20世纪30年代到欧洲休假②，"在这个时候，我也开始接触了一些马克思主义。当时我认为，马克思主义的历史观的一个显著的特点，是不从纵的方面看历史，而从横的方面看历史……从横的方面看历史，是把社会分成许多类型，着重是看各种类型的内容和特点……后来我又认识到，更广泛一点说，这个问题就是共相和殊相的关系的问题。某一种社会类型是共相，某一个国家和民族是殊相。某一个国家和民族在某一时期是某一类型的社会，而在另一个时期可以转化或发展成为另一种类型的社会。这就是共相寓于殊相之中。"③ 冯先生写《新事论》，就用这一类型的观念来解说文化问题。这个"共相寓于殊相之中"，

---

① 冯友兰：《三松堂自序》，生活·读书·新知三联书店1984年版，第277—279页。
② 据蔡仲德先生《冯友兰先生年谱初编》（河南人民出版社2001年版，第152—158页），冯先生此一时期去欧洲是在1933年9月—1934年10月之间。其间冯先生曾读马克思和恩格斯著作，受到其历史唯物论的影响。
③ 冯友兰：《三松堂自序》，生活·读书·新知三联书店1984年版，第259—260页。

也就是冯先生所说的"具体的共相"。

1949年以后，冯先生开始发心"用马克思主义的立场、观点和方法重写一部《中国哲学史》"[①]。在《中国哲学史新编》的前面，有一篇《全书绪论》（下文简称《绪论》）。这个《绪论》可以与《总结》对照来读。《绪论》把哲学定义为"人类精神的反思"[②]，把哲学的内容看作是一种"精神现象学"[③]，把它的方法理解为一种"理论思维"的方法[④]。《绪论》的第五节，专门来讨论这个"理论思维"方法。冯先生强调，哲学的理论思维，其特征是一种运用"概念的逻辑思维"；而哲学概念的性质，是"具体的共相"，而非"抽象的共相"。《绪论》整个第五节，都在集中讨论这个"具体的共相"。冯先生指出，哲学的理论思维，既要认识共相和殊相的"分别，又要超过这个分别"。黑格尔的"'具体的共相'，就超过了这个分别"。"自身包含着特殊东西的丰富性的普遍就是黑格尔所说的'具体的共相'"。冯先生认为，艺术作品运用的是形象思维。真正的艺术作品，亦具有"具体的共相"之"超过"共殊之分别的作用。他引李商隐的诗句"永忆江湖归白发，欲回天地入扁舟"来说明这一点："他要带着整个的世界进入一只小船之中。这可能吗？这是可能的。他说的整个世界就是他的整个的精神境界，其中包括了他对人类精神生活的了解和体会。这种了解和体会，就是人类精神的反思。李商隐用形象思维把这个意思表达出来。"[⑤] 这样一种包含特殊于自身的"具体的共相"，"超过了"共殊之分别，因而才能使人超越"界线"，达到一种很高的精神境界。可见，《绪论》与《总结》的思想，是一脉相承的，《绪论》所集中表述的"具体的共相"的思想，作为一种贯穿《新编》的理论思维的方法，正是《总结》中表述的"理智与直觉的结合"或统一思想的理论前提。冯先生自述他自己在《新原人》中所使用的概念就是"具体的共相"，但那还只是一种不自觉的使用，在《新编》中，其对"具体的共相"观念的运用，已完全表现为一种作为"理论思维"方法的方法论

[①] 冯友兰：《中国哲学史新编》第一册《自序》，人民出版社1982年版，第1页。
[②] 冯友兰：《中国哲学史新编》第一册《全书绪论》，人民出版社1982年版，第9页。
[③] 同上书，第13页。
[④] 同上书，第16页。
[⑤] 同上书，第五节。

自觉。

值得指出的是,《绪论》对"具体的共相"的论述,基本上是通过列宁的《哲学笔记》来引述黑格尔。由此可以看到,冯先生1949年后接受马克思主义,对其哲学的思考,亦不无积极的意义。有人认为,冯先生后期主要是在做哲学史的研究工作,在理论上比前期退步了。其实,这只是看到了表面现象,冯先生后期并未停止其哲学的思考和哲学理论的探索。他的哲学思考,正运行在他对哲学史的研究和表述中。

三

冯先生后期思想中对"具体的共相"的自觉运用,表现了一种哲学观念的转变:由早期对别共殊的强调,到对共殊分别的超越;由对内在关系观念的拒斥,到对它的认同。

冯先生后期论"具体的共相",特别凸显了黑格尔"中介"思想的意义。

《三松堂自序》说:"正的方法是一种'媒介',有了这种'媒介',那些不可思议、不可言说的,也就更加显著了。"又引禅宗的一则故事为例来说明这一点:"禅宗的语录记载一个故事。有一位禅师,有人问他什么是'心',什么是'道'。他不回答,只竖起一个大拇指。有一个小和尚学他这个办法,有人问话,也竖起一个大拇指。这位禅师看见,把那个小和尚的大拇指砍了。小和尚负痛就跑。这位禅师在后面叫了他一声。小和尚回头一看,那位禅师又竖起一个大拇指。这个小和尚就恍然醒悟了。这……说明,同是一种事,经过'媒介'与不经过'媒介',其意义会大不相同。黑格尔说,一个年轻人可以说与老年人相同的话,但老年人说这句话的时候,有他一生的经验在里面。"①

这里的"媒介",也就是黑格尔所说的"中介"。黑格尔《小逻辑》说:"绝对理念是普遍,但普遍并不是与特殊内容相对立的抽象形式,而是绝对的形式,一切的规定和它所设定的全部充实的内容都要回复到这个绝对形式中。在这方面,绝对理念可以比做老人,老人讲的那些宗教真

---

① 冯友兰:《三松堂自序》,生活・读书・新知三联书店1984年版,第276—277页。

理，虽然小孩子也会讲，可是对于老人来说，这些宗教真理包含着他全部生活的意义。即使这小孩也懂宗教的内容，可是对他来说，在这个宗教真理之外，还存在着生活和整个世界……同样绝对理念的内容就是我们迄今所有的全部生活经历（Decursus Vitae）。那最后达到的见解就是：构成理念的内容和意义的，乃是整个展开的过程。"[1] 在黑格尔的哲学体系中，"中介"表现为哲学概念不断通过自身的否定以特殊化、具体化自身的创造性作用。对人的存在而言，"所谓中介性，是指发展、教育和教养的过程而言"[2]。老人所说出的格言，已为他的全部生活经历所"中介"，因而具体化并包含有丰富的内容。这就是黑格尔"具体概念"的意义。《三松堂自序》所举禅宗的故事，是冯先生特别喜欢并多次引用的一则故事，其所要说明的道理也在于此。"心""道"作为哲学概念的引领作用，在小和尚被砍去手指的切身经历中被中介化为一"具体的共相"，因而能够为其所亲切体证和直觉领悟；在这一"中介"化的过程中，正的方法与负的方法、理性主义与神秘主义的"界线"因而亦被"越过"并达到二者的内在结合和统一。这种"中介"的概念，成为《新编》分析哲学思想的一种基本的方法。

　　黑格尔的具体概念思想，表现了一种整体论和内在关系论的观念。其所说的概念的具体性，并非感性和表象内容的具体性。哲学的概念并非可以用来填充感性内容的某种空洞的形式或容器，它具有自身的"特殊内容"。这个特殊内容，表征着一种思想创造的活动及其方式。概念范畴及其逻辑理念，其本身即表现为一个自身中介着和展开着的思想运动。在这个展开活动中，概念的每一环节既包含着概念的整体，同时又形成一个逻辑的整体。这个理念的内容作为一个整体，同时又可以把握为一个"直观"的整体性。[3] 在这个意义上，"一切理性的真理均可以同时成为神秘的"[4]。这个理性与神秘内在统一性的观念，就表现了一种整体论和内在关系论的观念。

　　冯先生早年由柏拉图和新实在论而认识共殊之"分别"，但还没有能

---

① [德]黑格尔：《小逻辑》，贺麟译，商务印书馆1980年版，第422—423页。
② 同上书，第161页。
③ 同上书，第427页。
④ 同上书，第184页。

够"超过"这个"分别",因而特别注重共相的形式与直觉内容之分别,拒斥内在关系论的观念。冯先生特别强调哲学概念不关涉实际的"空灵"和形式的特性,对中国传统哲学中的内在关系论观念亦提出质疑。宋儒讲人人有一太极,物物有一太极,认为包括人在内的个体存在,皆内在地保有太极之全体,因而天与人本为一体,有一种内部的关联。佛教华严宗讲一即一切,一切即一,"一一毛中,皆有无边师子",亦认为事物间本有内在关联性。冯先生批评这种内在关系论的观念,认为这使其所谓的"太极""一""天"等概念,对实际的内容有所肯定。① 而新理学所谓"一",只是一切之总名,所谓天或大全,只是一形式的概念,对实际无所肯定。这样的概念,才是真正的形上学的概念。冯先生晚年通过马克思主义接受黑格尔的思想,能够"超过"共殊之"分别",达到对哲学概念之"具体的共相"的理解,因而亦修正了其前期外在关系论的哲学观念。

"共相"的存在方式问题,一直是冯先生早期哲学中的一个大问题。早年冯先生处理"真际"与"实际"的关系(其实也就是"共相"存在的方式)问题,一方面用新实在论的说法,讲共相的存在是"潜存";另一方面,又认可金岳霖先生共相是"不存在而有"的说法。冯先生后期觉得自己这个说法存在矛盾,他用"具体的共相"这个观念,很好地解决了这个问题。

冯先生认为,把共相从实存的事物中抽离出来,这是认识的结果,人们却往往把它理解为存在本身的问题;自己早年讲"理在事上"或"理在事先",就是把存在与认识的问题弄混淆了。所以,后期他处理"共相"或"理"的存在方式问题,乃分别从"存在"和"认识"两面来作分析和考量。一方面,就存在来说,"共相和殊相的关系问题,正确的回答是'理在事中',这就是说,共相寓于殊相之中"②。二者本无先后、上下的分别。另一方面,从人的认识一面来说,"'真际'是人的思维从'实际'中用抽象的方法分析出来的,是有'天地境界'的人的精神境界的一部分"③。哲学的概念,标志着一个人对他自身的存在及其周围世界

---

① 冯友兰:《新知言》第六章,《贞元六书》(下),第925—926页。
② 冯友兰:《三松堂自序》,生活·读书·新知三联书店1984年版,第254页。
③ 同上书,第256页。

的"觉解",由此把握到宇宙人生的意义。依照冯先生后期的理解,这个哲学的概念,是被人生的历程"中介"了的"具体的共相",因而才具有提高人的精神境界的作用。在《新编》第五十二章,冯先生举上蔡见伊川的一段轶事来说明这种"中介"性的意义。谢良佐说:"二十年前往见伊川,伊川曰:'近日事如何?'某对曰:'天下何思何虑?'伊川曰:'是则是有此理,贤却发得太早在。'"对伊川这段评论上蔡的话,冯先生的解释是:"意思是说,必须经过'殊途'而达到'同归',经过'百虑'而达到'一致'。那样的'同归'和'一致'才有内容,有意义。如果没有经过'殊途'和'百虑',而只谈'同归'和'一致',那样的'同归'和'一致'就没有内容和意义了。前者是认识的进步,有助于精神境界的提高,后者是两句空谈,既不是认识的提高,也无助于精神境界的提高。"① 冯先生这里强调的是,"同归"和"一致",必须经过"殊途"和"百虑"的"中介"作用,才能具有自身的内容,标识出人生的意义,从而"有助于精神境界的提高"。

可见,冯先生对"具体的共相"的思考,与他对共相"存在方式"的解决有关。这包括统一的两个方面。就存在一面而言,冯先生由早年主张"理在事上"和"理在事先"转而肯定"理在事中"。《三松堂自序》说:"《新理学》虽不是临摹柏拉图和朱熹,却也犯了他们的错误:那就是'理在事先''理在事上'。现在我开始认识到,'理在事中'是正确的,我学哲学的历程,大概是从具体到抽象,又从抽象到具体。这就是上面所说的'超过'。"② 这里,冯先生自述其思想转变历程,讲得很清楚。冯先生早年主张"理在事先""理在事上",是"从具体到抽象";其所相应的是经过柏拉图和新实在论而"分别"共殊的阶段;在哲学观念上,则表现了一种对"内在关系论"观念的拒斥。"理在事中"的观点,是"从抽象到具体";其所相应的,则是经由马克思主义到黑格尔而"超过"共殊的阶段;而肯定"理在事中",则表现了一种内在关系论的哲学观念。就认识的一面而言,冯先生由早年对形上学概念之不包含内容的形式性理解,转而将形上学的概念理解为一种意义揭示而不仅是分析的活动,

---

① 冯友兰:《中国哲学史新编》(下),人民出版社1999年版,第136页。
② 冯友兰:《三松堂自序》,生活·读书·新知三联书店1984年版,第280页。

进而由"中介性"的观念肯定了理性概念与神秘内容的内在关联性。这同样表现了一种内在关系论的哲学观念。

当然，冯先生特别强调，形上学概念所包含的神秘内容，是黑格尔所说的"人工的创造"而非"自然的礼物"，是"后得的"而非"原来的"。① 不经过理性的"觉解"，人只能停留在自然的境界，无法达到道德境界乃至天人境界。不过，从冯先生后期所持"中介"之否定性创造作用的观念可见，天人境界中大全概念与直觉的统一，应具有对"原来的""自然的礼物"之升华和否定性的包含。这也表现了前述"存在"与"认识"两个方面的统一而不可分的关系。

总之，冯先生为《新编》所作的《总结》，表现了一种思想的转变。这个转变的根据，乃是一种哲学观念上的变化，冯先生从早年对"形式性"观念的凸显，到后期对"内在关系论"哲学观念的肯定，其内在的机理，是由"分别"共殊到"超过"共殊，而建立"具体的共相"的思想。从西方哲学的影响来看，冯先生晚年思想之转变，是经由黑格尔而超越柏拉图、新实在论为思想契机的，其中，对马克思主义的接受，亦有助缘的作用。

四

最后，我想据前述的讨论，简要谈一谈冯先生前后期思想的关系问题。

蒙培元先生认为，《总结》可以看作冯先生的"晚年定论"。"晚年定论"的说法，让人联想到阳明对朱子的评价，未免会使人产生一种"今是而昨非"之感。从我读冯书的印象来看，冯先生前后期思想的变化，应可理解为一种思想之固有、潜在的意义的逐渐凸显和自觉，其间实有着内在的一贯性。

冯先生后期建立"具体的共相"的思想，乃常引《新原人》来作说明，指出《新原人》所讲的概念本就是"具体的共相"。冯先生虽讲《新理学》的概念是"抽象的共相"，但其后期仍然肯定早年的"新统"说，

---

① 冯友兰：《中国哲学史新编》（下），人民出版社1999年版，第136页。

并强调《新理学》与《新原人》以及《贞元六书》在体系上的内在统一性。《新理学》把哲学理解为一种"以心观真际"的活动:"以心观真际,可使我们对于真际,有一番理智的、同情的了解。对于真际的理智的了解,可以作为讲'人道'之根据;对于真际之同情的了解,可以作为入'圣域'之门路。"又说:"哲学的活动,是对于事物之心观……哲学家将心观之所得,以言语说出,以文字写出,使别人亦可知之,其所说所写即是哲学。""王阳明在龙场居夷处困,一夕忽悟'致良知'之旨,于是豁然贯通。此夕之悟,即是有见于一种本然哲学系统。此夕之悟,即是创作。至其前乎及后乎此在学问方面所用之工夫,则皆是一种预备及修补或证明工夫。"[①] 此所谓对"心观"所得之整体了悟,实即《总结》所谓的在"直觉的感受"上见证"道体"。这里所说的"哲学家将心观之所得,以言语说出,以文字写出,使别人亦可知之,其所说所写即是哲学",亦即冯先生在《新编》第七册评价自己哲学体系时所谓的"直觉所得,必须用概念把它固定下来,这是概念在哲学中的作用"。哲学概念所包含的内容,即此心观之整体了悟。这正是其后期"具体的共相"思想所表现的精神,亦正是传统儒家所固有的精神。当然,冯先生当年并没有认识到这一点,正如冯先生在写《新原人》时没有自觉到其所用概念就是"具体的共相"一样。

海外一些学者据冯先生早年受新实在论影响,把"道体""大全"等"讲成形式的观念",而否定冯先生的"新儒家"身份[②]。明乎前述冯先生前后期思想之一以贯之的精神,此种论调,亦可以休矣。

原载《文史哲》2016 年第 6 期

---

① 冯友兰:《贞元六书》(上),第 15、168、202 页。
② 刘述先:《平心论冯友兰》,《当代》1989 年第 35 期。

人道即天道

——重温邹化政先生的儒家哲学研究

一 缘 起

我的老师邹化政先生（1925—2008）是一位中西兼通的哲学家。先生20世纪40年代末至50年代初先后就读于东北行政学院（吉林大学前身）和中国人民大学，1954年中国人民大学研究生班毕业后，执教于吉林大学哲学专业，是新中国大学培养起来的一位哲学家。学贯中西，是民国时期学者的一个普遍特点，而这在1949年以后培养的学者中，却属凤毛麟角。这当然与当时的历史条件有关。先生1957年被错划为右派，"文革"期间又蒙冤被打成现行反革命，直到1980年才得以平反昭雪，重登杏坛。在长期的劳动改造期间，先生克服重重困难，以令人难以想象的毅力，卧薪尝胆，饱览中西哲学原典，凭借自己的天资和努力，在学术上打通中西，形成了自己独特的学术和思想系统，在德国古典哲学、儒家哲学、形上学、认识论、价值论诸哲学领域都有自己独到的建树。先生生前已出版有《〈人类理解论〉研究》（1987）、《黑格尔哲学统观》（1990）、《先秦儒家哲学新探》（1990）等学术著作，另有遗著多部尚在箧中。邹师晚年殚精竭思，写成总结其毕生哲学思考的《第一哲学原理的科学体系》一书。

先生全身心投入教学和研究，其为人诚悫率真，浑若赤子，不事张扬，亦绝少交游。是以其思想学术，犹若蚌中之珠，实高而不名。不过，相对而言，因先生出身西方哲学，其有关西方哲学的研究，在业内颇为识者所重，亦有相当的影响；而其儒学的研究，就很少有为人所知了。邹师所著《先秦儒家哲学新探》（下文简称《新探》）一书，是其有关儒家哲学和中国哲学研究的代表作。该书1990年由黑龙江人民出版社出版，距今（2016年）已有26年的时间了。其实，约在"文化大革命"期间，先生已经开始了对儒家哲学的研究和思考，写过一部十余万字的《论孔子》的手稿。20世纪80年代中期，又在匡亚明先生的鼓励下，写成了百万余言的《儒家道统新论》。这部书稿，我曾有缘先睹为快，邹师也曾在其《人学原理》的课堂上讲授过它的内容。《新探》一书，就是由这部《儒家道统新论》浓缩提炼而成的。

今年（2016年）中国哲学年会的主题，是"中国传统哲学的创造性转化和创新性发展"。这是一个很好的主题。《论语·为政》记孔子答子张问"十世可知"云："殷因于夏礼，所损益可知也；周因于殷礼，所损益可知也。其或继周者，虽百世可知也。"孔子此语，揭示出了一种文化与文明发展的因革损益之道。"因"是连续；"损益"是"革"，是一种因任时变的创造。文化为一种精神之事务，其存在，乃表现为一种生命连续性中的日新日化。无"因"，则文化将失其生命之根；无"革"，文化亦将无由保持其生生之活力。"因"与"革"，连续与创造，为文化发展之不可分的两个方面。这大概就是我对"创造性转化和创新性发展"这一会议的主题的一种理解。

要达成中国哲学在现时代的"创造性转化和创新性发展"，关键的一点，就是能够提出一种关联并贯通此"因、革"之间的恰当的诠释理念和原则。邹化政先生《新探》一书，就是在这一方面具有自己鲜明特色的一部儒学研究的著作。本书的特点，不在于对儒学作细部的解释，而是以一种新的诠释理念和宏观的哲学视野，对儒学作出一种现代意义的理论重构，以应对儒学在现实境遇中所面临的种种理论问题。《新探》一书对儒家哲学的诠释，提出的一些思想，在今天看来，仍有重要的思想和理论意义。

陈来教授希望我能在这次会议上对邹化政先生本书提出的思想作一些介绍和评析。在二十多年前，我就曾写过一篇简短的学习《新探》的读书心得。[①] 借这次会议的机缘，我得以重读《新探》，从中获得了一些新

---

① 《中国儒学和文化精神的新阐释——读〈先秦儒家哲学新探〉》，《社会科学战线》1994年第2期，署名"京林"。

的体会和感受。我把它写在下面,以就教于各位同仁。

二 "人道即天道"的诠释理路

邹化政先生虽出身于西方哲学,但却反对现成地依照西方哲学的概念和理论框架来直接规范和解释中国哲学。《新探》一书的研究方法,是首先统合中西哲学,提出一种超越于西方哲学的、整体论的哲学观,再以此来反观和诠释儒家哲学,以对之作出现代意义的定位与理论的重构。

在西方哲学中,本体论、宇宙论、价值论、知识论、道德伦理等问题,分属于不同的哲学部门。西方近代以来的哲学,又特别强调价值与事实、应当与实然的区分,这也强化了现当代哲学对道德和价值问题的相对主义理解。麦金泰尔用"情感主义"来概括现代人的生存状况和道德价值观念,就很形象地表明了这一点。[1]

毫无疑问,道德、伦理、治道和人格成就的问题,是中国哲学尤其是儒家哲学的核心内容。哲学本质上是一种形上学,它最终的指向,是一个真理的体系。因此,如果我们仅按照西方哲学的部门划分,把儒学和中国哲学的理论形态,局限于其中的伦理道德、价值观和政治理论的论域,又因近代以来西方哲学事实与价值、实然与应然之分立的观念,而把道德、价值问题主观化,当然会对儒学之作为一种哲学或形上学的地位产生怀疑。现代一些学者否定中国有哲学或形上学,也有学者批评儒家是一种道德决定论或泛道德主义,多由此思路而来。

《新探》其实并不是一部通常意义上的先秦儒家哲学史,而是一部黑格尔所说的作为一种"哲学本身的研究"[2]的儒家哲学论著。换言之,《新探》所做的工作,是在确立自身哲学观念和诠释原则的基础上,对儒家哲学的一种义理重构。本书的长篇《导论》和第一章《中国的哲学传统》,用近120页的篇幅,着力从中西哲学之比较与融合的角度,阐述了作者独特的哲学理念,并以对中国哲学特殊历史背景与宗教观念的深入探

---

[1] 麦金泰尔:《德性之后》第2、3章,中国社会科学出版社1995年版。
[2] 黑格尔认为:"哲学史本身就应当是哲学的""哲学史的研究就是哲学本身的研究"。见氏著《哲学史讲演录》第一卷,商务印书馆1981年版,第13、34页。

讨为基础，揭示了中国古代与西方迥异的道德传统，以及由此所决定的中国哲学的基本原则——以天人关系为出发点的"人道即天道"的哲学原理。本书即以此为诠释原则，重构儒家哲学的理论系统并赋予其在世界哲学中的合理定位。这一诠释理路，对于回应和纠正现代以来以西方哲学概念和理论模式解释中国传统思想和儒学所产生的种种问题及其误解，具有重要的方法论意义和思想解释力。

在《新探》的《导论》部分，邹先生首先提出了一种"总体性"的哲学概念，以作为其探讨儒家哲学的诠释原则。这个所谓哲学的"总体性"，实质上就是一种统合并超越于中西哲学的一种普遍的哲学观。

《新探·导论》指出，哲学作为一种"智慧之学"，其研究对象就是主客观的关系。"用现代的话说，哲学便是以人的主客观关系为对象的科学。"（《新探》第1页）不过，我们不能停留在对哲学的这种抽象的理解上。反思是哲学的一个根本的特性。从反思的、而非日常经验和实证科学意识的立场来看，人并不能直接地与客观的对象世界打交道。作为哲学之对象的主客的关系，实质上只能是一种"思维以感性为中介而对存在的关系"（《新探》第9页）。思维统合感性并以感性为中介而关涉于存在的问题，就是一个"思维规律的问题"。在这一层面上，哲学乃表现为一个思维规律的体系。

但是，哲学不能仅仅把思维理解为一种单纯抽象的理智活动。进一步来看，思维作为人的理性，实质上是人的存在或"人性"的表现。或者可以说，"人性就是人的思维作为理性的本性"（《新探》第18页）。因此，"有关人自身的哲学"的"人学原理"，便构成了哲学作为"智慧之学"的一个内在的、本质的规定。西方哲学论人的理性，有理论理性与实践理性的区分。就此而言，要从人的整体存在而非单纯抽象认知的立场来理解人的"智慧"或理性的内涵，就必须确立实践理性对于理论理性的先在性和基础的地位。

如果我们把人的理性看作抽离于实践理性的单纯的"思""知"，这样的思、知便会成为一种无关乎人的存在的"空有"，因而必须由对象性的经验内容来填充并规定其内容。这正是康德转向实践理性来确立人的道德形上本体的缘由所在。"所以，理论理性的思维规律只有在实践理性的思维规律的基础上才能得到科学的解释……理论理性和实践理性的统一，才构成人类智慧的整体。"(《新探》第19页)而"哲学作为智慧之学,是有关人的理性的理论,它揭示的是思维以感性为中介而对存在的关系总体,而这个总体又是理论理性的思辨原理和实践理性的人学原理的统一。这即是哲学意义上的思维科学的总体性。在这个总体性中,世界观与社会历史观、认识论与伦理道德观、逻辑学与人学原理是统一不可分的。只有这样的哲学,才能表达思维与存在关系的整体"(《新探》第20页)。这一超越于中西哲学的"总体性"或普遍的哲学观念,就是《新探》重构儒家哲学义理系统的基本的诠释理念。

邹先生指出:"站在这样的哲学概念之上,我们便能更加清楚地看到中国儒家哲学的基本内核和伟大历史意义。中国儒家哲学,一开始便是在这个高度上来表现和发展其哲学思想的……这些思想原则的展开,又都是以人学原理为核心,以理论理性的思辨原理为逻辑基础,在不同程度上表达了思维对存在的总体关系。哲学概念的不同环节,在中国哲学的发展中,始终没有相互分离,而各自形成一些抽象片面的哲学意识。我们可以这样说,不理解最高层次的哲学概念,就不能透彻地理解中国儒家哲学。"(《新探》第20页)这段对儒家哲学的总体评论,有三个要点:第一,儒家哲学自始至终都贯彻了前述"总体性"的哲学理念。而在邹先生看来,西方哲学只有德国古典哲学才达到了这样的高度(《新探》第20页)。第二,儒家哲学特别突出了人性论或人学原理对于整个哲学系统的核心及其通贯性地位。第三,儒家哲学由此而具有了一种整体论和内在关系论的理论特色,其哲学的每一观念及诸环节,都内在地包含着这一总体性理念的全体。这一点,集中体现在儒家的天人关系观念和宋明儒学普遍的"宇宙—心性—人性"观念中①。这便形成了儒家自身独特的哲学原理和思想系统。

《新探》第一章更由这一"总体性"哲学理念引申出了中国哲学和儒学的哲学原理——"人道即天道"。

儒学既以实践理性的"人学原理"为核心贯通理论理性作为自己的指导性原则,则作为哲学对象的主客关系问题,或者说,"思维统合感性并以感性为中介而关涉于存在"的问题,便转变为一个以人性或人的存

---

① 《新探》第一章和第七章。

在之实现为前提的"天人关系"问题。因此,"天人关系"问题,便构成了中国哲学和儒学的出发点和核心问题。

西方哲学偏重于理论理性的认知传统,规定了其哲学的反思,必"开始于万物本源是什么的本体论问题";其哲学史亦必"在开端上仅仅表现为一种有关自然的自然哲学"(《新探》第84页)。与此相对,中国哲学所理解的"人与物"的关系,则表现为一个"在人对人关系中的人物关系"(《新探》第88页)。因此,"天人关系必然成为中国哲学所从而出发的反思对象,并且成为贯通整个哲学发展的核心"(《新探》第84页)。而中国哲学"对天道的反思,总是作为天人关系的一个基本关系进行的"(《新探》第85页)。对"天道"作为万物本原的反思,既非中国哲学之作为理论系统的出发点,亦不能构成中国哲学史的开端。而在这个作为中国哲学反思对象的天人关系结构中,人所追求的目标和最高境界,就是人与天地万物为一体的天人合一境界。而人在人性或人的存在实现的历程中来证成天道的客观性,其内在的原理就是"人道即天道"。这是中国哲学迥异于西方哲学的一个重要的特点。

《新探》强调,儒家哲学"在中国哲学的发展中,最为典型、最为突出地自觉到天人关系的总体作为一个人道的思维与存在的同一性问题"(《新探》第96页)。"人道即天道的哲学原理,自孔子开始便为儒家所坚持。孔子所谓人心有仁义之性的固有'明德','人能弘道,非道弘人',以及'道不远人,人之为道而远人,不可以为道'的原则;子思'合外于内'为一道的原则;孟子所谓'知性而知天'的原则;二程、朱熹所谓知性知物一回事、有知于性则有知于物的原则;都是在向人表明人道即为天道的最高哲学原则。儒家哲学的发展,实质上是这一哲学原则的展开"(《新探》第95页)。

儒家哲学的"天道"观念,乃由殷周时期的"神道"观念转变而来。殷周时代的宗教,其神道的观念与世界其他的宗教不同,它的神格的方面并不突出,其上帝天命的观念,乃是其内在地主宰自然(物则)与人伦之道(民彝)为一体的法则系统。在这里,神与人乃统合为一,并未抽离为两个独立的世界。这"决定了中国人一元化的宗教意识,难以得到充分的、独立的发展,它必为有关这个天道观念的哲学意识所代替,特别是为儒家哲学意识所代替"(《新探》第73页)。因此,在儒家哲学中,

"天道"作为一个本体或万物之统一体的观念,从来就不是一个"简单的自然观念"(《新探》第83页)或独立于自然和人伦世界的形式化实体或本体,而是被理解为一个内涵至善价值规定的本体。"天道"在自然一面,乃表现为一个本具"神明德性"或不同层级精神性规定的、生命伦理义的宇宙(天地万物)观念;它的"最高环节",就是"人的明德之性或人性……在圣人那里表现为一个天人一体的圣人之道"(《新探》第213页),并展开为一个人和人伦世界的存在。人道、人性或人的存在内在地拥有天道,其最终的指向,是实现天人的合一,即人道与天道的合一。

在这样一个"人道即天道"的理论视域中,前述思维与存在的关系问题,就拓展为一个人道与天道的关系问题。从西方哲学理论理性与实践理性区分的角度看,思维与存在的关系,就是一种认知或认识的关系。而在儒家哲学"人道即天道"的视域中,人与周围世界的关系则必然是一种以人性或人的存在之实现为前提的"天人关系"。由此,儒家哲学所理解的"理性",亦必然是一个"实践理性逻辑上居先而统辖理论理性"的理性整体(《新探》第363页)。在这个意义上,儒家哲学的道德、人伦概念,乃是一个内在地包含自觉或理智于其中的关乎人之存在的总体性概念,而非仅仅西方哲学意义上的狭义的道德。思孟所提出的"诚"的概念,即集中地表现了这一点。

这个"诚",既是"天道",同时亦标明了"性之德"。"诚"是"真实无妄",是"真";同时,在它标明人、物各"是其所是"即其应当的意义上,又即是"善"(《新探》第281页)。"诚"作为内在于人的"天道",即是这样一个"真"与"善"、实在与应当的本原一体性。《中庸》又言诚明互体:"自诚明,谓之性,自明诚,谓之教。诚则明矣,明则诚矣。""诚"为人性和人的存在之实现,"明"则为知、智、明觉或智慧。① 这个"诚、明"的统一,亦即孟子所谓"良心"与"良知"的统一(《新探》第270页)。

自然物皆天然地、真实地拥有其"所是"。人因其自我意识的知、智作用,在现实上有分化。因此,人必须经由"诚之"的道德实践的工夫

---

① 《新探》第259—268页对《中庸》"诚明"与"合外内之道"的讨论。

历程，才能重新拥有其"性"即其"所是"。而这个"诚之"的工夫历程，亦是诚所本具之"明"实现其为人的"智慧"的历程。从这个意义上，人的理论理性虽然具有相对独立的作用，但脱离开实践理性的"智"，只能达到某种真理的片面性（《新探》第 365 页）。《新探》指出，实践理性内在所具有的这种"智"或"明"的规定，是人的思维或理性之"超验性"①的根据。但它只有在人性或人的存在实现的前提下，才能转成和实现为人心把握天道之作为客观真理的真智慧。

同时，《新探》认为，理性和真理内在地要求着一种"展现其自身、表现其自身"的一个"条件总和"（《新探》第 289—290 页）。而这个"条件总和"在现实中只能有相对的达成，在这个意义上，"天道"对人的最终展现，只能被理解为一个永在途中的"极限"概念（《新探》第 252—253 页）。就人类而言，这个达到真理的"不同高度"的"条件总和"，要由实践理性所规定的、每一时代处在人人关系中的人物关系的总体来提供；就个体而言，这一"条件总和"则必须由每一时代"不同高度"的"至诚之圣"的人格来担当。因此，《新探》强调："人在非逻辑的任何非性之恶中，都不能达到这个真理性，而只有在反身于心之为思的人性之诚的实在性中，让实践理性逻辑上居先而统辖理论理性的思维规律，在良心的基础上通畅无阻地起作用，才能达到这个真理性。"（《新探》第 374 页）

这样看来，经由人的存在实现以达成人道与天道的合一，在此前提下，才能真正建立起一个真与善、实在与价值内在统一的形上学和真理的体系。这是儒学建构其形上学的基本进路。

《新探》在基于"总体性"哲学概念所提出的"人道即天道"的诠释原则，深刻地揭示了儒家哲学之异于西方哲学之独特的哲学精神。这一原则，对于儒家思想学术在现代哲学视域中的重构，证成儒家之作为一种哲学形上学的思想意义，有着很强的理论解释力。

---

① 理性的"超验性"，在《新探》中，指人的意识和理性超越于经验，达到客观真理的作用，亦称作"意识的超验本性"（见《新探》第 560 页）。

三　儒家人性论新解

　　这个"人道即天道"的原理，落实到人的存在的实现这一问题上，可以归结为"人性即天道"这样一个命题。这便涉及到人性论的问题。

　　如前所述，《新探》是在人的"理性"的意义上理解人的本性的。所谓"人性就是人的思维作为理性的本性"（《新探》第18页），就表明了这一点。不过，《新探》对"理性"又有新的界定。确切地说，《新探》是在"实践理性逻辑上居先而统辖理论理性"，实践理性与理论理性本原一体性的意义上规定"理性"这一概念的内涵的。由此出发，《新探》对儒家的人性论，提出了自己全新的理解。

　　康德强调，道德的出发点应是作为实践理性之自律原则的道德法则，而不应是以个人功利性感性情欲满足为指向的幸福原则。在这一点上，邹先生很赞赏康德；同时，他又对康德割裂形式与内容，把道德原则仅仅理解为一种形式性的原则提出了批评。《新探》指出："康德高谈实践理性的道德法则，实际上并没有提出一条具有普遍意义的道德法则，而只规定了道德法则所应有的形式特点。"（《新探》第217页）"康德没有实现理性与自然本性的感性情欲的内在统一。康德所谓的道德法则，只是一个普遍的形式原则，既缺乏普遍的内容，又缺乏这普遍内容在历史和现实中呈现的不同环节的具体内容。"（《新探》第65页）因此，康德论人性的方式，是在设定理性立法之意志和道德法则的前提下，从人作为一种理性存在的角度，探讨善恶在理性中（而非时间中——如基督教原罪说）的起源，由此分析出人性中所可能有的向善、向恶之趋向或性癖。西方哲学的人性论，要通过分析的方法，从诸要素和可能性的角度来规定人性。其论人性，是一种形式的讲法，而非一种内容的讲法。康德对人性的理解，就集中体现了这一思想。

　　《新探》论儒家的人性论，亦是从人作为"理性"的存在这一前提出发，但其言人性，却非仅从抽象的要素分析的角度来谈，而是转从"心性"或"性情"这一论域来具体展现儒家人性论的思想内涵。

　　《新探》首先从逻辑上肯定了儒家的性善论。从逻辑上讲，"一切对象只能是其所是，不能是其所非是"（《新探》第284页）。在统括人、物的意义上，我们可以把"性"理解为"一切对象只能是其所是""使它们成其为它们的规定系统"，它以此"是之所以为是"的"质的规定性为基础"；与之相对，"非性"或"性"的对立面则是一切对象之"非其所是"或"非是的规定系统"，"它也以非是之所以为非是的质的规定性为基础"（《新探》第280页）。这个意义上的"性"，"亦即孔子、子思所谓真实无妄的诚"（《新探》第281页）。如前所说，这个"诚"，即是一个"真"与"善"、实在与应当的本原一体性。从逻辑的意义上讲，"性"只能是"善"，不能是"恶"，亦不能是一种"无善无恶"的绝对空虚。由此推而言之，则人性便"是人之所以为人的质或规定性，是以此为基础的一个人之所以为人的规律系统"（《新探》第283页）。这样，人性亦只能是善，不能是"恶"，不能是一种"无善无恶"的绝对空虚。

人是一种理性的存在。从这个意义上讲，"人性"作为"人之所以为人的规律系统"，其内容便表现在一个"理性对自然本性的固有关系"的系统中（《新探》第332页）。

这里所说的"自然本性"，就是以人的"食色之性"为内容的种种情感和情欲表现。《新探》强调，人具有先天的情感和欲望要求，但我们却不能直接把人性等同于人的自然本性。《新探》指出，在儒家的人性论系统中，"人性不是一个食色之性的自然本性，而是心之为思即理性在其对自然本性所指向的人人关系、人物关系及在此种关系里的一切事物的关系中的规律系统，是规定自然本性而使其作为性的潜在本质进入意识的一个同然之道。"（《新探》第315页）"食色之性"作为人的"自然本性"，当然属于人性的内容。但是，"自然本性""之为性的合理内容和意义"，只有在"理性"规定中才能得以实现（参阅《新探》第301页）。"食色之性的自然本性，在其直接的情欲形态上，还只是一个有待理性来表现、来规定的思维对象，它还不成其为人的人性。它只有在其作为这种对理性的被表现、被规定的固有关系中，它才是人的人性。"（《新探》第337页）孟子讲"形色，天性也；惟圣人然后可以践形"。是言"形色"作为人之"天性"的意义，只有修养达于圣人的人格和境界，才能得到其本真性的实现。就表明了这一点。因此，在其与"理性"的"固有关系"之外，"自然本性"并不具有其作为"人性"的现成的、独立的意义。

《新探》这里所谓的"固有关系"，强调的是理性对自然本性之关系的先天性和必然性。人性作为一个整体，是人之作为人的"类性"。在这个意义上，其"自然本性"，亦本有与其它存在物在"类"性意义上的本质区别。学界讨论儒家的人性论，往往习于从孤立的、现成的意义上理解人的所谓"生物性"，认为人与动物有着相同的"生物本性"，而人的本质却在于其道德性。这样理解的所谓"生物性"和"道德性"，就成了现成的两种要素。如果说人有一个与动物相同的现成的生物本性，那人的道德性对人的实存而言，就成了一种"外铄"的作用，人性实质上亦由此被理解为一块无任何先天道德规定的"白板"。这与儒家的性善论的观念是正相反对的。《新探》在人性论上强调人的"自然本性"对于"理性"的"固有"的、先天必然的关系，对于准确理解儒家人性本善的观念，是有重要理论意义的。

这里要再次提请注意，《新探》所谓的儒家的"理性"概念，是"实践理性逻辑上居先而统辖理论理性"意义上的"理性"。从这个角度看，所谓"理性对自然本性的固有关系"，就是一种存在实现意义上的关系，而非一种单纯认知的关系（当然也包括认知的规定在内）。这样，《新探》所谓"理性"，亦即是儒家所说的以主宰为根本义的"心"。因此，在这个"理性对自然本性的固有关系"中的人性，就表现为相互关联的两个方面的统一：就人心的自觉一方面说，它表现为"心"之作为"思"的一个"同然之道"，此即孟子所谓的"良知"，可以称作人之作为一个"类"的存在的"类意识"；就人的实存方面说，它则表现为一种与气性相关的情感状态，此即孟子所谓的"良心"，可以称作人之作为一个"类"的"类感情"。人性就是这两个方面的统一。

《新探》特别强调，在"理性对自然本性的固有关系"中，人性的内容的先天性，乃表现为一种作为"规律"意义的必然性，而非某种固定和现成的要素。因此，我们必须把儒家"仁义之心""不忍人之心""四端"这类概念看作"人性之为其同然之道的规律系统起作用的必然表现或产物"，而决不能像西方哲学那样，把它理解为一种"原样地那么存在于人心之中"的"现成的天赋观念、天赋感情"（《新探》第316页）。这是《新探》分析儒家人性论思想的一个特别值得关注的一个诠释角度。

就理论理性而言，思维在其对感性的固有关系中，会依照相应的范畴起而把握感性所提供的内容,从而形成经验的知识。① 就实践理性而言,人心以其"好、恶"② 迎拒事物的情感情欲活动,必然要在实践理性作为意志(心)的规定和决断中,表现为"理与情的统一"的"类感情"和"类意识"(参阅《新探》第372页)。如前所述,这里所谓的"类感情",指孟子所说的以"恻隐之心"为代表的"四端"之情,而此"四端"作为"情",其本身即内在具有"智"或自觉的规定于其中,并非西方哲学意义上的"非理性"。这样,在与理性的"固有关系"中,人的"自然本性作为类本性的类感情(恻隐之心等)必然是意义觉知的意识"。因而,作为良心的"类感情",同时即表现为一种具有自觉义的"类意识"("良知"),可以把它称作是一种"类感情的类意识"。(参阅《新探》第333—334页)可见,这种人性作为"类感情"与"类意识"的统一,是一种本原意义上的一体性,并非两个现成的要素的结合。

据此,《新探》提出了一个特别有解释力的概念:"理性本能",来说明儒家的人性观念。儒家所理解的人性之内容,是在人的"类感情"内涵"智"的自觉规定而呈现为"类意识"的一种"理与情的统一",因此,人的理性的表现,并非是"三思后行"的知、行分离,而必然表现一种具有存在力量和当下直接实践能力的理性决断,《新探》借用莱布尼茨的说法,称之为一种"理性本能"。"莱布尼茨说,人的理性作为实践理性,首先是一种理性本能,因为实践理性的作用,是立即要制约人进入行动的,它不容人在其根本前提的问题上进行推论。"(《新探》第216页)这个"理性本能",在现实中乃表现为一种作为理性的"本能的直觉"(《新探》第367页)。《新探》提出的这个"理性本能"或"本能的直觉"的概念,强调的是人的理性和道德意识所具有的存在性"能力或力量"(《新探》第180页)和当下实践性的意义。《新探》认为,西方哲学秉持形式与实质分立的哲学立场,使其未能够真正了解道德法则的具体性。儒家有关道德原则和人性本善的理论,才真正揭示出了这一"理性本能"观念的真实义涵。

---

① 如思维对前后相继的感性形象,会按照因果的范畴,把它把握为一种因果关系,由此形成一种经验的知识。
② 人的自然本性之情感欲望表现,可以归结为一种以好、恶迎拒事物的作用。

《新探》从"理性对自然本性的固有关系"这一角度,揭示了儒家人性论之异于西方哲学人性论的一个重要特点。西方哲学的人性论,是从知性分析出发的一种形式的讲法,儒家的人性论则是一种内容的讲法。我研究儒家的人性论,提出必须把儒家的人性论放在"心性论"这一论域中来考察,才能理解其本真的内涵。① 从这个角度看,儒家的性本善论,不仅具有先天的逻辑必然性,而且具有先天的存在内容。《新探》在理论上对所以如此的缘由,作了严密的、深刻的理论阐述。

过去,学界批评儒家的所谓"先验道德论",往往是用西方哲学的"天赋观念""天赋道德"论来比附其"恻隐""不忍"之心的观念。《新探》从"理性对自然本性的固有关系"的角度,对儒家哲学的道德意识与西方哲学的"天赋观念""天赋情感"亦作出了明确的区分。

《新探》指出,"天赋观念""天赋情感"一类概念,是一种"现成"设定的抽象要素,其根源于西方哲学认知分析的立场。而儒家在"理性对自然本性的固有关系"中所揭示的人性的内容的先天性,却是一种作为"规律"意义的必然性。正像理论理性规定感性以形成经验知识的过程是一个无意识的过程一样,实践理性规定好、恶以迎拒事物的活动,亦是一种自发的无意识活动。人见孺子入井而生恻隐之情,见鸟兽之觳觫而生不忍之心,是"心之为思"亦即理性规定人的自然情感的结果。吾人知此结果,但这一结果之发生的内在过程,对人而言,却属于无意识的领域,须经反思,才能知道(《新探》第318—319页)。《新探》把这种基于力量和情感的道德意识称作一种"理性本能"或"本能的直觉",道理正在于此。

不过,反思却是一把双刃剑。一方面,反思可能在人的道德抉择中羼入私意计较而使人"陷溺其心",从而陷入"非性之恶"(《新探》第329页)。另一方面,这表现为"理性本能"或理性"本能的直觉"的善性内容,乃是"理性对自然本性的固有关系"中的当下表现,而非"现成性"的道德内容,必经存心养性,尽心知性的反思、修养工夫,达于天人合一之境,才能最终实现其固有的价值和存在意义。

---

① 李景林:《人性的论域暨价值取向》,见《性朴还是性善——中国人性论通史修撰学术研讨会纪要》,《光明日报》2016年5月30日16版。

《新探》对儒家人性论的新诠，高屋建瓴，理论分析鞭辟入里，细入毫芒，对于澄清长期以来现成套用西方哲学观念对儒家人性论的误解，切实把握其本真的理论内涵，仍具有重要的思想和方法论意义。

四　中国哲学传统与儒家的天道观念

《新探》依据其超越中西哲学的"总体性"哲学观念，证成了儒家思想作为一种哲学形上学的合法性。《新探》认为，儒家哲学始终以"天人关系"为出发点和核心问题，这使儒家哲学的形上学亦即本体论具有了与西方哲学明显不同的特色。

天道观是儒家哲学本体观念的核心内容，下面，我们主要就儒家的天道观来谈一谈《新探》对儒家形上学观念的新诠和独到的理解。

《新探》指出，中国哲学传统与基于中国古代社会伦理制度所形成的道德传统密不可分（《新探》第47页）。邹先生认为，中国三代的社会形态，是一种封建领主制，而非古希腊罗马的奴隶制。而"人格在不同等级的阶梯上依家长制相互依存和从属"，则是中国古代这种封建领主制社会形态在社会伦理关系方面的表现（《新探》第61页）。规定这种社会伦理关系的社会生活样式，便凸现为一套完备的礼仪礼俗系统或礼乐文明。这决定了中国古代的道德传统，必是一个"突出社会伦理规范、原则，亦即突出伦理形式，以伦理形式去统辖个人行为动机、统辖伦理内容的礼义道德传统"[①]（《新探》第62页）。中国古代这个道德传统的性质，可以理解为是一种"最能体现人的道德理想的非功利主义的道德传统"（《新探》第62页）。相比较而言，古希腊罗马文明则是一种"强调和突出人的伦理内容、强调和突出人的功利、以伦理内容及其功利统辖伦理形式的功利主义道德传统"（《新探》第62页）。

中国古代这种以礼乐文明为标志的"礼义道德传统"，决定了中国上古时代的天道观念的内涵。这个"天道"的观念，有以下两个方面的显

[①]　"伦理形式""伦理内容"（或称"伦理实质"），是邹化政先生研究伦理道德问题所使用的两个概念。"伦理形式"，指表现社会伦理规范体系及其伦理意识的形式原则或道德法则；"伦理内容"，则指人的自然本性及其实现的种种社会需要，属于人的伦理意识的内容方面。（《新探》第14页以下）

著特点：

第一，它所关注的重心，并非脱离人伦关系的一个单纯自然的天道，人对物和周围世界的关系，是在"人对人的关系"中展现出来的人对物的关系。因此，"中国人的天道，从来都不是一个单纯自然的概念，不是一个以某一或某些自然物乃至一般自然物为最后据点的自然规律的概念"（《新探》第68页）。天道作为一个"超越自然又能主宰自然，超越物又能归于物的最高统一性概念"（《新探》第68页），本身就具有关乎人伦世界之至善价值本原的规定，古人有关"民彝物则"本原于天，人伦政务皆"取法于天"的观念，就表明了这一点（《新探》第70—72页）。

第二，中国上古时代的"神道"观念①，强调和凸显的是"神"主宰世界的人伦秩序与自然运行的过程性一面，而非其神格作为主体的一面。这一点，对儒家哲学的本体论形态，有重大的影响。

《新探》从中西比较的角度概括商周时代"神道"观念的特点说："在回教、犹太教、基督教的神道观念中，强调和突出的与其说是它的道，毋宁说是它的至高、至上的人格和意志本身，而它的道却是非常抽象的。与此相反，中国人在殷周之际的神道观念，强调和突出的与其说是它的那个主体——至高至上的人格或意志，毋宁说是它的道，是它主宰人伦与自然统一体的规律系统，并且把这规律系统具体化为各种特定的礼义形式。中西方的这种差别，决定了中国人一元化的宗教意识，难以得到充分的、独立的发展，它必为有关这个天道观念的哲学意识所代替，特别是为儒家哲学意识所代替。"（《新探》第73页）

《新探》对商周时代神道观念的这一论述，有两点值得注意。一是西方宗教神道观念的特点，所凸显的是其"至高至上的主体"，亦即其神格方面的意义，其神之"道"这一方面，却非常抽象。而商周宗教的神道观念却与此相反，其关注的重点在神之"道"而不在其神格的主体方面。三代宗教的核心概念是"天命"和"上帝"，人必须法则天、帝，亦是当时人所流行的观念。但这上天之则或神道的内涵，则是统合自然与人伦之道为一体的礼义道德原则。在这里，神与人乃统合为一，并未抽离为两个

---

① 《新探》把商周时期的"神道"观念，看作是中国古代"天道"观念表现于上古时代的一种历史形态。

独立的世界。二是商周时期的天道观念凸显神之"道",天、帝的内容乃通体表现于现实世界的法则和规则,神格主体性的方面则较弱,这一特点,决定了中国古代难以形成独立的一神教的宗教体系,却易于转变为一种形上性的哲学系统。

近年西方华人学者研究中国古代文明的起源和古代宗教宇宙观的特征,颇强调"连续性"这一概念的意义。如张光直先生把中国古代文明起源的特征概括为一种"连续性"的形态,而把西方文明的起源,概括为一种"破裂性"的形态。这里的连续性,是讲中国古代的文明创制,与其所从出的自然之间,存在着一种内在的联系。[1] 杜维明先生则用"连续性"这一概念,来说明中国古代宗教的宇宙论的特征。这种宇宙论把宇宙理解为一个有机的、连续的生命过程,在其中,它的所有部分都内在地相互关联,并整合构成为一个有机的整体。而这样一种具有"连续性"特征的整体性的宇宙概念,不能允诺一个在这个宇宙整体之外的"造物主"的观念。[2] 这一连续性的概念,与邹化政先生对中国古代神道观念特征的论述,颇能相互印证。

上帝天道内在于实存的宇宙过程和社会伦理系统,而不能独立为一种在世界之外的神界,其实质,可以概括为一种神性内在的观念。[3]《新探》强调,这一神道观念,既难以进一步发展为一种独立的一神教的宗教体系,同时亦规定了以后中国哲学尤其是儒家哲学形上学的精神方向和理论特质。

《新探》指出,与上古时代宗教的"神道"观念相一致,儒学的天道本体观念所突出的并非其形式化主体或实体性一面,而是它"化生万物的规律一面"(《新探》第104页)。儒学凡言天道,强调的都是道体之"流行"的意义,同时"道体"又构成了万事万物之流行、创生过程本身的能动性原则。而"天道"之流行和内在于宇宙过程之流行和创生的意

---

[1] 张光直:《连续与破裂:一个文明起源新说的草稿》《从商周青铜器谈文明与国家的起源》两文,见氏著《中国青铜时代》,生活·读书·新知三联书店1999年版。

[2] 杜维明:《存有的连续性:中国人的自然观》一文,收入《杜维明文集》第三卷,武汉出版社2002年版。

[3] 李景林:《义理的体系与信仰的系统——考察儒家宗教性问题的一个必要视点》,《北京师范大学学校学报》2016年第3期。

义，则根源于上古宗教之神道的神性内在的观念。所谓神性内在，落实下来，就是"神性"内在于包括人在内的天地万物的实存性。这样，天道流行于天地万物，既具有其存在性方面的规定，同时亦具有其精神方面的规定，《新探》称之为"天道"的"物质属性"和"精神属性"。

不过，天道的这种"物质属性"和"精神属性"，并非相互分离的两种特性。天道即自然和社会之创生流行的过程而显，并非在此流行过程之外的一个形式本体。这样，天道于其存在之一端，就表现为一个物质"实体"。在儒家哲学的天道或本体论中，与西方哲学之物质实体和构成物之实存的质料概念相当的是"气"这一概念。但是，二者之间却存在着一种根本的差别。在西方哲学中，占主导地位的是一种机械的物质观，质料被看作一种被动的、惰性的与料，能动的原则是在它之外的形式和精神性原则。与此相反，"中国哲学所谓气的实体，不是一种死物，而是一种能伸缩自如的活动体。"儒家哲学把宇宙看作一个生生的"气化"过程。但是，"气化"概念，并非被理解为机械的物质作用，"气化"本身即是内涵精神生命的创造活动。由此，"天道"之"精神属性"并非其作为本体的一个独立的性质，而是表征其存在的"气"作为"实体"所本具的一种内在的精神性规定。"气"作为实体，就是"这两种属性的统一体"。这个统一体的本质内涵，"实际上是一个气作为实体的精神属性调整、节制其物质作用的物质机能系统"（《新探》第111页）。宋儒谓鬼神为"气之良能"，以鬼为"阴之灵"，神为"阳之灵"，皆是以精神为"气"之固有的本质。因而，儒家"所谓'人物''物物'的'交感作用'，决不能单纯理解为一种机械的物质作用，而应理解为一个物质实体（气）的精神作用调整、节制其物质作用形成的统一性"（《新探》第111—112页）。

由此言之，包括人在内的宇宙实存，无不有"心"，无不内涵精神生命。宋儒所谓宇宙大心的观念，就表现了这一点。"在纯粹天道中的物质本体在万物中作为实体——气而存在，普遍地具有等级不一的精神属性，所以它表现出来的万物，也有不同等级的心灵：人有人心，物有物心，人物的交互作用，都要受其心的调整和节制"（《新探》第112页）。朱子说："天地以此心普及万物，人得之遂为人心，物得之遂为物之心，草木禽兽得之遂为草木禽兽之心，只是一个天地之心尔。""若果无心，则须牛生出马，桃树上发李花，他又却自定。"① 朱子之说，亦印证了这一点。

所以，《新探》结论说，儒家哲学，无论是唯物论，还是唯心论，其"所谓气，就其性能而言，一向都是物质性与精神性的统一。""气化"表现着精神生命创造的能动性，而此创造活动的统一性、整体性和能动性，就是所谓"天道""天理"的规律系统。儒家讲"即用即体""由体达用""体用一源"，根据即在于此。

"天道"在表征其存在性的实体（气）上表现出物质属性与精神属性的统一。因而，儒家的"天道"作为形上本体，便是将"气化"的现实存在过程扬弃包含其中的一个整体性或具体概念。儒家哲学历来强调"时中""物来顺应""上下与天地同流"，在一种动态的整体性中直观和亲证道体，皆与上述对本体的理解有关。《新探》对儒学天道观念的新阐释，对于我们准确地理解儒家形上学之异于西方哲学的特征及其精神实质，是有重大的理论意义的。

邹化政先生哲思宏深，高屋建瓴，在思想理论上尤富原创力。本书参酌中西，纵览今古，其对儒家思想的诠释，悉出先生道之自得，不仅在儒学义理和中国文化精神的重构方面为我们展示了一个全新的思想世界；同时，其有关儒家与道家及其他诸流派的关系、三教合流对宋明儒学的影响、中国哲学的发展规律、儒家在世界哲学中的定位、马克思主义哲学中国化诸问题的探讨，亦识见高卓，奥义迭出，率多孤明先发之论。书中持论及对相关哲学理论问题的辨析，对于澄清现代以来社会、学界加诸儒学的种种误解，仍具有重要的启示和方法意义。会前时间有限，以上仅能就我这次读书所得，谈几点初浅的体会。二十多年后再读邹师《新探》一书，更感"思想之树常青"，几十年岁月的拷问，更凸显出了此书所提出的一些核心的诠释理念和思想观点之恒久的学术和理论价值。

本文是作者在中国哲学史学会 2016 年年会上的宣读论文，原载《人文杂志》2016 年第 9 期

---

① 见《朱子语类》卷一《理气上·太极天地上》。

附录 一

儒学的现代命运与未来发展
——李景林教授访谈录

导语：儒学不仅仅是庙堂之上的说辞，也不仅仅是象牙塔中的思辨，而是整个中华文化传承与发展的内在精神根骨和价值基础。如果说，在两千多年的农耕文明中，儒学一直是整个中华文明的显性特质，那么，在当今的中国，儒学依旧在人们的日常生活中以习俗、伦理等形式对整个社会产生着影响。需要注意的是，由于儒学产生和巩固的历史背景已经不在，而且随着西方文化以西方的强势经济为载体对中国本土的文化产生了极大的冲击。加之我们在1949年后的一段时间对以儒学为代表的传统文化采取了打压和否定的政策，使得目前儒学这一精神资源变得很脆弱。从今日而言，儒学本来所具有的那种经世致用与浸润人心的作用已经逐渐式微。因此，也就难免产生了诸如"游魂说""博物馆说"这样对儒学的悲观评价。然而，儒学的内在精神价值不仅是中华民族的精神核心，甚至也引起了整个人类世界的重视。将"己所不欲，勿施于人"作为整个世界的道德金律就是一个明显的例子。那么儒学在当今时代的命运如何，儒学应该向何种方向发展，这是摆在当代中国学术界的一个重大命题。对此，我刊对北京师范大学教授，我国著名的儒学学者，也是当代中国儒者的代表李景林先生进行了专访，请他谈谈关于儒学命运与发展方向的看法。

采访者：冯前林（以下简称冯）
被采访者：李景林教授（以下简称李）
访谈时间：2013年1月
访谈地点：北京师范大学

一　儒学当代发展的整体图景

冯：李老师您好，非常感谢您接受我们的访谈。我们知道关于现代儒学的总体境况，"游魂说"与"博物馆说"影响深远，这两种观点都是认为儒学已经失去了其灵魂、活力，成为僵死的、知识化的东西，与世道人心的关系相距甚远。您认为，现代儒学的发展是否的确陷入了这样一种尴尬的境地？

李："博物馆说"是20世纪美国学者列文森提出的，他有一本书，叫作《儒教中国及其现代命运》，1968年出版，他用"博物馆中的陈列品"来比喻儒学的现代命运，认为在现代中国，儒学已经成为一种死的东西，成为博物馆中的收藏品，所以才得以保存。余英时先生有一篇文章，叫作《现代儒学的困境》。他认为儒家在现代已经没有"体"，失去其存在的基础而成为一种"游魂"。他将儒学与西方宗教相比较。西方中世纪也有过宗教与世俗制度融为一体、政教不分的情况。近代以来，政教逐渐分离，基督教从很多学术思想领域撤退，回归社会，但它仍能保有教会的系统作为自身运行的体制保证，所以仍然能够在社会生活中继续发挥它的作用。儒学的情况则不同。儒学在传统社会，相当长的时期都处于政教一体的状态之中，具体表现为它全面安排人间秩序。它的存在，依托于政治体制，制度成为儒学在现实中的载体。上世纪初（20世纪初），这样一个政治体制被打破。儒学不是宗教。传统政治制度解体了，儒学也就失去了它的寄身之所而成为一种无体的"游魂"。这两个说法的意思差不多，后来在中国学术界产生了很大影响，许多人写文章时都引用这两种说法。大多学者对儒学的现代命运持一种悲观的态度。过去，我也受这两种说法的影响。

上世纪（20世纪）80年代，有一股西方自由化的思潮，这些学者们对政府持批判态度，对儒学同样也是持批判态度。大家都将当代中国社会的问题归结于儒学，让儒学来承担责任。其实，当时学者们对儒家哲学的批评并不是一种理性反思的态度、一个客观研究的结果，而只是情绪的表现与宣泄。在他们那里，批评儒学就等于批评官方。那时候，学生也是如此。当时我上课讲中国哲学和传统文化，学生都不怎么听，认为其中没有什么积极的东西。其实，他们并未很好地读书思考，或根本没有看过原著，没有仔细了解过自己的文化传统。可见，当时的批评多是人云亦云和情绪上的表现，当时的氛围就是如此。从五四时期打倒孔家店，到"文化大革命"期间反传统达到高潮，再到80年代的政治改革诉求，基本上都是将矛头指向传统。所以，在当时，反传统和激进主义构成了包括精英和民众在内的整个社会文化意识的主流。

但是本世纪初（21世纪初）以来，中国人的文化意识发生了一种带有根本性意义的转变。这个转变就是：从一股脑的反传统转变为对传统的肯定。我在《教化观念与儒学的未来发展》那篇文章中举了两个例子。一个例子是北大中文系张颐武教授，他前几年提出一个说法：对传播中国文化来讲，一万个孔子比不上一个章子怡。这个说法一出，立即引发了激烈的网络争论，而绝大多数人对他持批评态度。当然，张教授的说法有其自身的语境，可以不去评说。但这反映了一个问题，就是大家对孔子作为中国文化代表这样一个形象或人格标志，开始表示认同，过去被人们否定的孔子作为中国传统文化标志的意义又重新确立起来。另外一个例子就是所谓的"于丹热"，一时间，包括儒学在内的古典文化学术研究领域，出现了一批学术明星，这是一件非常值得注意的事情。一个时代有一个时代的明星，它体现着这个时代的精神向往。比如，抗战时期的明星就是抗日民族英雄。"文革"时期的明星，是像王洪文一类的造反派。在我们这个物欲横流，注重物质享受的时代，出现这样一个学术明星的群体，这是一个奇特的现象。近年来民间儒学亦有兴起的趋势，各地书院、私塾、义塾、会讲、读经等民间学术组织和活动逐渐兴起。各大学纷纷成立各种形式的国学院、儒学院，各地方具有地域性特色的传统学术研究机构和活动亦如雨后春笋涌现。同时，官方对文化传统的态度也发生了一些重要的变化。这些，都表现了整个社会对文化尤其是传统文化的渴求，表明中国人的文化意识已经开始转向一个认同和回归传统的新的阶段。

这里有一个问题，经过一百年的反传统，中国人的文化意识为什么会突然发生一种逆向的转变，反过来去肯定传统？我的理解是，儒学并没有真正成为一个古董、成为死的东西。所以我不太同意列文森的"博物馆说"和余英时先生的"游魂说"。这两种说法可能描述了当时的那样一种现实状况，但其对这一现实的分析，却不见得正确。从根本上来讲，一支延续了数千年的文化血脉,不可能被轻易斩断。近年来中国人文化主体意识和认同意识的苏醒,民间学术的兴起,就表明了这一点。百年来儒学在社会的现实层面有断裂,但却并未断绝。儒家文化在中国人的心中仍然活着。原因在哪儿?在于儒学教化的力量。儒家的特性在教化,教化会落实到人的人格和精神气质里面,所以不可能轻易断掉。21世纪初以来中国人文化意识的转向就表明了这一点。

二 从历史维度来认识儒学的性情观念

冯:儒学非常重视情感,这是一个公认的事实。比如孔子讲"子为父隐,父为子隐",孟子讲"窃负而逃",都是以至亲的情感为首要原则。但是也有人认为,正是因为有此文化背景作为土壤,如今的中国社会俨然成为一个人情社会、关系社会,公正、公义显得比较欠缺。您认为这一说法有没有合理性与局限性。假如儒学的确可能带来这种流弊,应该如何克服?

李:从思想理论角度来讲,儒家的确重视情感。心性儒学主要围绕心、性、情的关系问题展开。性是本体,需要在心上去自觉,其展现出来就是情。所以《中庸》中讲,"喜怒哀乐之未发,谓之中。发而皆中节,谓之和。中也者,天下之大本也。和也者,天下之达道也。致中和,天地位焉,万物育焉"。情感发出来正与不正,是一个价值的问题。我们现在东西之间、南北之间、民族之间有冲突,人与生态不和谐,其核心在于人类中心、个人中心、西方中心这种价值上的偏蔽,按《中庸》的说法,就是在"喜怒哀乐"这个"情"的发端上出了问题。所以儒家讲,你要做到情发中节,才能达到"天地位、万物育",你与周围的世界才能和谐。所以,人与宇宙万物为一体,首先要调整的是人的价值态度。《大学》讲"自天子以至于庶人,壹是皆以修身为本"。修身从何处做起?从情。人要成德,情感首先须是真实的,一念发出来是真诚的,以一颗真诚之心来对待周遭的人与万物,才能成德,才能调整好人与周围世界的关系。儒家讲"诚"也是这样,"诚"也就是"忠",后来讲"忠""恕",其实就是"诚"和"恕"。所以《孟子·尽心上》讲"万物皆备于我矣。反身而诚,乐莫大焉;强恕而行,求仁莫近焉"。"万物皆备于我"不是我们过去批评的主观唯心论,而是讲我能与天地万物的一体相通、和谐而无对立,这就是中国哲学所强调的"通"的精神。"通"的根据在"诚",所以说"反身而诚,乐莫大焉",接着是"强恕而行,求仁莫近焉"。也就是说,"万物皆备于我"是在"忠""恕"的基础上实现的,"忠""恕"之道首先要求自己要"诚",要真实,即一念发出来的情感是什么就是什么,也就是"诚者,天之道;诚之者,人之道"。

过去为什么讲"忠""恕",讲德性的培养时,往往讲到孝?有子讲"孝悌也者,其为人之本与"。这个"本"字,是基础的意思。人生皆有父母。儒家说"天地者,生之本也;先祖者,类之本也;君师者,治之本也"。由此也可以看出,人追溯其生命的本源,要由血缘溯及天地。所以儒家把血缘亲情看得非常重要,中国人讲"敬天法祖",是由"法祖"而"敬天"。但是需要注意,儒家并没有局限在血缘亲情。孟子说"亲亲,仁也;敬长,义也;无他,达之天下也"。"亲亲,仁也;敬长,义也",并不是说"亲亲"就是"仁""敬长"就是"义"。"亲亲"是实现"仁"的一个前提和基础,同样,"敬长"是实现"义"的一个前提和基础。但是,"仁""义"要实现出来、表现出来,就必须要"达之天下"。一个人不光是爱自己的父母,还要爱别人的父母,推而至于"仁民爱物";但是反过来讲,一个人不能爱自己的父母,亦必不能爱别人的父母,更不必说其能仁及天下人与万物。可见,"亲亲"是一个基础,儒家讲注重亲情,归结点还是在于人的德性的成就。

同时,儒家重视亲情、重视情感,这也与当时的社会有关。传统社会的构成,基于乡党、邻里、宗族、家族的聚居方式,可以称之为熟人社会。所以强调情感、亲情,有当时社会的背景。但是在传统社会,依然存在今天人们所讲的私德与公德之间的关系,并不是完全局限于家族。刚才讲到情感对于人的德性生活的基础性意义,同时也讲到儒家并不局限于血缘亲情。从理论上,儒家对私德、公德的关系也有清晰的表述,即内和外要有区分。儒家讲"仁内义外",就是强调治理家族和治理社会要有不同的方法。用郭店楚简《六德篇》中的说法,叫作"门内之治恩掩义,门外之治义斩恩",《礼记·丧服四制》里面也说,"门内之治恩掩义,门外之治义断恩"。这就是说,治理家族内部事务,虽然也要有"义",但却以"恩"即情感为其主导的原则;治理社会,虽亦有"恩"或情感,但是要以"义"为其主导的原则。比如孟子那里有一关于"易子而教"的讨论。为什么要"易子而教"？孟子做了一个分析："父子之间不责善","责善，朋友之道也。父子责善，贼恩之大者"。郭店简《六德篇》讲到内和外的时候说"宗族，内也；朋友，外也"。可见朋友关系是"外"或社会的关系。"责善"，强调的是"义"，对处理朋友这种社会的关系是适用的，过去我们经常讲"诤友"，能够勇于指出对方错误的朋友才是好朋友。但"责善"则不适于处理父子关系，因为处理父子关系的主导原则是"恩"。父子"责善"，是错用了处理"外"或社会的原则来处理家族"内"的事务，就会导致"贼恩"的结果。所以我们可以看到，儒家强调情感，但是也非常明确地界定了内和外、即家族领域与公共领域在治理方法上的区别性。这两种治理方法都讲究义和情，但一者是"情"占主导，一者是"义"占主导。再者，我们提到的传统社会是一个熟人社会，它是一个以家族为中心向外辐射的机构，和现在的社会结构不同。所以，过去熟人社会所讲的"情"和现在社会的情是不一样的。传统社会的道德约束力非常大，一个家族的首领必须是一个道德楷模，社会也以道德楷模来要求他，他不能胡作非为、任意妄为。所以，那种结构模式下的"情"是一种以德为基础的情。这和现代社会一个村、镇的熟人社会不同，现在一个村、镇，虽还是熟人社会，却基本上失去了道德的约束。当然，现在中国农村社会也还存在有家族，但更重要的是小家庭，所以这样的熟人社会实质上是已经成了"生人"社会。正因为如此，就需要我们把儒家"门外之治义斩恩"的方面更多地开发出来，即着力于公共社会、公共秩序的建构。

总之，无论社会发展到什么时候，人总要有家族、父子的亲情，这是最真实的东西，"子生三年，然后免于父母之怀"。德性成就必然要以此为出发点，这个基础不能丢掉。所以，我们一方面要注重孝道亲情，另一方面要将公共社会的规范秩序建立起来，这样才能实现传统和现代的转换与接轨。

三 道义原则应成为一个社会或伦理共同体的最高原则

冯：现在存在这样一种观点。儒学指出，成圣成贤是每个个体修养的目标。那么，对于什么样的人才是圣人贤人，有非常高的道德要求。这样，生活中的具体个人对这一崇高目标往往可望而不可即，当他们无法达到的时候，就容易产生掩饰、矫饰的心理与行为，如此则容易流于虚伪，也就是说，将最高道德标准当作了每个人必须遵循的标准。这倒不如西方文化大大方方承认个体的弱点与罪恶，这样人更容易显露真实的一面。您如何看待这种观点呢？

李：我认为这里面还是有一些误区。人有弱点，西方人看这一点看得很清楚，中国人也承认这一点。中国古代思想家讲人性善、人性本善，并不是否定人性之中有缺点。但是，对于一个社会来讲，其最高原则只能是一个道义原则，而不是一个功利原则。孟子见梁惠王，梁惠王说："叟自千里而来，亦将有以利吾国乎？"孟子回答说："王何必曰利？亦有仁义而已矣……上下交征利，而国危矣！""上下交征利，则国危矣"，以"利"为原则，将会危及伦理共同体的存在。这就是说，一个国家或伦理共同体，其最高的原则，只能是"仁义"或道义，而不能是"利"。实质上，这个道义原则，并不排斥功利。我们看孟子讲到王道的时候，他一方面强调要以道义原则为最高原则，而不能将"利"作为最高原则。在这一点上，孟子似乎陈义甚高。但另一方面，当他讲到王道的具体内容时，其身段放得是很低的。比如他讲，"使人养生丧死无憾，王道之始也"。可见，他也非常强调物质方面的东西。再如孟子与齐宣王讨论王政的问题。齐宣王说，我不能行仁政，因为我有好货、好色的毛病。孟子的回答是，"王如好货，与百姓同之，于王何有"？"王如好色，与百姓同之，于王何有"？王如能做到使臣下"内无怨女，外无旷夫"，使男子可以娶妻、女子能够嫁人，实行王政并不是什么非常困难的事情。当一个国君能够做到"忧民之忧，乐民之乐""乐以天下，忧以天下"的时候，他所行的，亦就是王道、王政。其实，君能与民同乐，"乐民之乐""忧民之忧"，"乐以天下，忧以天下"，其忧其乐，实已超越了"忧""乐"的情欲和功利意义，而具有纯粹的仁道或道义的价值。在这个意义上，道义和功利是统一的。《荀子·礼论》说："一之于礼义，则两得之矣；一之于情性，则两丧之矣。故儒者将使人两得之者也。"意思也是说，在一个伦理共同体里面，你把礼义当作最高原则，礼义和功利两方面都能实现；反之，如果把利益当作最高原则，则两个方面都将会丧失。儒家的王道或仁政论，突出了在"道义至上"原则基础上道义与功利的内在统一性。记得上世纪80年代（20世纪80年代），发生过一场令人印象深刻的价值观讨论。当时有一个叫张华的大学生，去救一位掉下粪池的农民，自己却被淹死。当时讨论的焦点是，大学生该不该救这位农民。那时候大学生很少，称得上是天之骄子，培养起来很不容易。所以很多人认为国家培养一个大学生不容易，还没有为社会作贡献就牺牲太可惜，因此大学生不该救这个农民。这个说法显然包含着一个大学生与农民价值有高下的价值预设，很是一个功利的说法，也是一个糊涂的说法。今天，中国社会衡量成功的标准，仍然还是"利"，在我们社会生活里面流行的核心价值仍然还是"利"，这是要不得的。有个美国大片叫《拯救大兵瑞恩》，一个小分队去救一个大兵，可能还救不出来，值不值得，应不应该救？在一个伦理共同体中，最高的原则是道义或至善。人是目的，应该救人，就不能计较功利，不能讨价还价。这个"应该"或"应当"，这个社会的道义原则，必须挺立起来。只有以道义为最高的原则，一个社会或伦理共同体才能得到良性的发展。

  至于说道义、道德要求太高了，具体个体往往不能达到，容易导致虚伪，这个问题不能这么看。记得以前有一家报纸讨论说，现在许多中国人缺乏诚信，是不是儒家和中国文化有先天缺陷？这不能这么看。任何一个时代，至善的标准和超越性的价值都不能完全实现，理想与现实之间有距离。但是，不能由此否定那个最高原则。在现实中，无法找到纯粹的圣人，但并不能由此而否定儒家"圣人"理想的价值。在西方，基督教教会也存在许多现实问题，你不能据此说基督教根本就是伪善，否定基督教最高善的原则。话说回来，现实中之所以有伪善，那是因为社会中还存有"善"的尺度，人心中还存在着"善"，所以他不能明目张胆地做恶事。伪君子总要好过真小人。道义原则须在人心中挺立起来，每个人心中存有这样一个善。一个社会能够形成良好的伦理氛围，就能够促使人人向善。现在老人倒在地上，大家都不敢去扶，这肯定是不正常的。这就是因为社会没有形成一个良性的机制、良好的伦理氛围，人心中的善无法得到实现。这个良好的伦理氛围，需要我们去营造它，这就要求我们确立至善和道义作为社会生活的最高原则。这不是说儒家的道德标准太高了，你看像孟子，他提出的道德标准是具有超越性意义的，可以说是很高；但它落实下来，又很具体，很切实。所以儒家的道德精神，是最契合世道人心、社会生活的。

四　关于儒学与宗教的关系问题

冯：关于儒学是不是宗教这一问题，学界一直争论不休，就有没有神、有没有教主、有没有仪式制度等方面展开讨论。您能否就这一问题，谈谈您的理解。

李：儒学不是体制化的宗教，但是儒学有宗教的意义，或者说是有宗教性。这怎么看呢？过去有一种意识形态化的讲法，即认为孔子是无神论者。这种说法是不对的，孔子是肯定神灵的存在的，但他同时又主张"敬鬼神而远之"，反对媚神和淫祀。在孔子之前，中国社会已经形成了一套繁复的神灵信仰及与之相关的礼仪系统，所谓"经礼三百，曲礼三千"，可以说是"文理隆盛"。儒家并未另起炉灶，去建立一套自己的神灵和礼仪系统，它所做的工作，是因任古来社会所本有的信仰的系统并对之作出理性的、义理上的诠释，由此来切入并升华、引导、引领社会和民众生活。《易传》所言"神道设教"，准确地概括出了儒家这一教化方式的思想特征。

民间信仰有一个很重要的特点，即有很强的功利性。比如人到庙里去祈雨、祈福、求子，为神上点供，求神保佑，求送子观音送个儿子，这都是以功利的态度来"媚神"。儒家对神持一种什么态度呢？孔子讲，"祭如在，祭神如神在……吾不与祭，如不祭"，"敬鬼神而远之"。这个"远"字很关键。"远"是不渎神。人神之间各有分位，褒近讨好神灵，是一种功利的态度，对神是一种亵渎和不敬。这样的态度，是把神降低为有欲望要求、有喜怒哀乐、能够施与人好处的功利神，失去了它的神圣性，这不是亵渎神灵吗？儒家则不是这样，它认为人、神之间有分位的区别。人有自己的职分，为人当行人道，做人应该做的事情，而不要去外在地揣测神意，以求得功利上的效果。《论语》讲"君君，臣臣，父父，子子"，《大学》讲"为人君，止于仁；为人臣，止于敬；为人子，止于孝；为人父，止于慈；与国人交，止于信"。这个所当"止"之处，就是天命赋予人的至当之理和分位所在，是他的一个必然或"天命"。人知其所当止,行其所当行,得其所应得,既是天命的实现,亦是人格的完成。所以,人对天和天所赋予自己的使命,应有敬畏之心。孔子讲"君子有三畏",第一条就是"畏天命"。这个"畏",不是害怕,而是敬畏。孔子讲"敬鬼神而远之",说的就是这个道理。

民间信仰以及宗教观念在民众生活中的影响非常大,但是如果没有一种能够与之相切合的,形上的义理对它加以诠释、转化、提升,这样一种宗教观念就容易走向堕落。儒家的"神道设教",是一种很高明的教化方式。它并没有建立一套自己独立的神灵和仪轨系统,而是通过礼制仪文的重建和对传统礼乐文明的人文的诠释,为之建立一个形上的超越性基础,以切合社会生活,对之起到一种提升、诠释和转化的作用。这也是儒学能够因应流行变化的生活现实,在两千多年的历史过程中,持续地保有其文化的灵魂和内在的生命活力的原因所在。长期以来,我们将传统的礼仪、礼俗都打成封建的东西,同时又企图用一套外在的、不相干的理论来教育民众。这样的理论,显然难以与民众生活相切合,因而亦无法对之起到一种提升和点化的作用。与此相应,由于民间信仰及其生活方式无法在意识自觉层面获得自我认同和升华,亦趋于堕落,成为文化发展中一种惰性的力量。这是长期以来中国社会文化和道德建设不成功的一个重要原因。传统儒家既是一个学理的系统,同时它又和社会固有的宗教观念和民众生活具有一种内在的关联性,因而能够起到提升、点化和转化民众生活的作用,具有恒久、普遍的教化意义。也就是说,儒学不仅是一个学理系统,同时又具有宗教性的意义。

五 致用于当代,着眼于未来

冯:汉代陆贾提出"逆取而顺守"。对于儒学的未来发展,您提出一个命题是"顺取而逆守",这个命题应该如何理解?

李:儒学未来发展的问题,也是一个文化发展的问题。文化的发展常常受到功利因素的制约,这和文化的存在方式有关。文化普遍渗透在社会人生的方方面面,但却并非一种独立存在的刚性的实体。文化作为主词,前面可以有许多修饰性的词语,比如可以从地域性角度,说有东方文化、西方文化、欧洲文化、美洲文化;从民族来区分,说有中国文化、印度文化、希腊文化、埃及文化；可以从行业上分，说有大学文化、企业文化、商业文化，等等。按照杜维明先生的说法，文化是一种"添加价值"，其本身没有独立的领域，但却渗透在人类各个实存的领域，构成为一种"软性的力量"。文化就好比空气一样，我们平时感觉不到它的存在，但是如果真的没有空气，我们就活不下去了。正因为文化的如此特性，人们看文化，最容易见物不见人，只看到实际的功效，也就是从一种实体存在的功效上评价某种文化的价值。比如，西方社会近三百多年来发展得很好，于是大家便由此追溯原因，问是不是清教在背后起作用。中国近代以来积贫积弱，濒临危亡，人们探讨其文化根源，认为儒家文化罪该万死。20世纪80年代，"亚洲四小龙"崛起，就有人提出"儒教文化圈"的概念，认为是"儒教文化"在起作用。其实，文化与现实、与经济之间，没有直接的因果关系。按这种因果性追问的方式来判断一种文化的价值，是一个理论的误区，但它已经形成为一种文化思考的定势。

但是，文化本身又有一种内在的力量，一个时代的核心价值肯定是文化的价值，但文化的价值又总是个性化的。黑格尔讲，世界历史的精神总要由某一特定的民族精神来承担。在一定的历史时期内，占据主导地位的文化价值，总是由某种地方性和民族性价值的普遍化而来。既然如此，它也就必然地带有自己的个性特征和特定指向，因此也不免带有某种偏向。当这种特殊的偏向被推至极端的时候，就必然要求文化价值的根本转向。当代由美英所代表着的世界的精神方向，已经显露出了一些弊端。在我看来，其最根本的弊端就是其文化观念上的极端消费性。它带给人类的，是一种穷奢极欲、消费至上的生活理念。人类现在不但在寅吃卯粮，预支人类赖以生存的资源，同时也在透支我们的生命。人类已经乘上了一个极端消费性的"死亡列车"。这个列车不会自动停止。人类面临这样的历史关头，便需要一种文化价值的转向，需要有另外一种文化去调节这个世界的价值方向。我觉得，这个文化价值观念的调节，中国儒家"中和"的观念最合适。但是现在还不行。从前述文化发展的功利性因素制约的道理来看，这个价值的转向不可能自然发生。汉代人讲政治，提出一个"逆取而顺守之"的途径，就是靠武力打天下，然后靠仁义来治理。我们可以借用这个说法，但对文化的发展而言，这个命题要反过来讲，就是要"顺取而逆守之"。就是先顺着现有的方向走，经济社会的发展要先行，发展到一定程度，按照前述文化发展功利性因果追问的定势，人类整体的价值观念会逐渐发生某种逆转。这就叫"顺取而逆守之"。

冯：随着社会经济文化的发展，一度备受冷落的儒学于20世纪末、21世纪初开始，逐渐走上复苏的道路。民间儒学的发展是这一复兴过程的重要组成部分，各地书院、私塾、会讲日益兴起，读经活动蓬勃发展。那么，在民间儒学发展的过程中，有没有什么问题存在？您能否就这一领域给出一些建议。

李：从根源上来讲，儒学应该是民间的学问。周代是学在官府，教育是贵族的教育。到孔子发展成私学，培养了许多弟子，所谓"弟子三千，贤人七十二"。他一方面是开辟了一个私学传统；另一方面是以六经来教授弟子，建立起一个经典的系统。到了汉代，汉武帝采纳董仲舒的建议，逐渐形成"独尊儒术"的局面，儒学开始由私学转变为官学。不过，儒学在成为官方学术后并没有失去其民间性的基础，民间学术的继续存在和发展，成为消解官方学术意识形态化之僵硬性的一种力量。比如胡瑗，他是宋初著名的教育家。他在民间讲学，学生数千人，后来在朝做官的有几十人，这使他的"明体达用之学"对当时的学风产生很大影响。朱子重修白鹿洞书院，确定书院学规及办学宗旨，并且亲自讲学。此外还有阳明先生，他不仅在平时，即使是在行军打仗的时候也照样讲学，对当时社会风气产生了很大的影响。可见，中国传统学术的根基在民间，民间学术的一个重要特点就是"自由"：自由的讲学，自由的讨论，在价值观上自由的选择。一种学术和文化，只有具有了这样一种自由的精神，才能真正发挥教化的作用。另一方面，民间学术它所关心的是人格的完成问题。比如朱子确定白鹿洞书院学规，他讲了五条，这五条都是关于人的身心修养。在现代中国社会，20世纪前半叶，民间学术还是存在的，像私塾、书院之类依旧存在许多。包括抗战时期，马一浮先生在四川乐山创设复性书院，它完全按照传统模式来设立。但到了20世纪50年代以后，民间学术就断掉了。到了20世纪末21世纪初，民间儒学才逐渐开始兴起，这说明民间有这种需要。随着中国经济社会的发展，民间社会有了独立的空间，这时民间学术有了巨大的发展。各地种种民间性的儒学和学术组织，如书院、精舍、学堂、学塾、学会、讲堂等纷纷恢复或建立；各类民间性学术文化活动，诸如读经、会讲、讲学、读书会、沙龙、法会等，亦日趋活跃，中国的民间儒学和学术经过一段时间的孕育，已渐有复兴和蔚成风气之趋势。从更深一层来看，这种状况乃表现了一种民众文化意识的转变和觉醒。

但是这其间还存在一些问题，因为民间儒学长期断裂，再加上现代社会的学术主要集中在学院里面，学院学术与民间学术是分开的。这造成民间学术的理论水平往往比较低，很多人读书都读不懂。另一方面，学院学术成为一种技术性的工作，它把儒学当作古董、当作技术性的知识，与身心性命没有关系。过去中国学术界长期处于意识形态化的状况之中，这种意识形态化的讲法使这种知识成为不真实的知识，比如讲孔子唯物论，庄子唯心论，是虚假的知识，而不是真实的知识。所以现在有一种趋向是，学院学术逐渐在民间化，这不是在空间上的民间化，而是精神上的民间化，学者们能从身心性命出发去研究体会儒学，这其间体现出一种自由精神。并且，学院学者逐渐有一种人文担当意识，许多学院学者非常关心民间学术，主动去民间讲学，这就形成一种学院学术与民间学术互相交流的良好趋势。这样民间学术水平逐渐能够提高，起到提高民众素质的作用。另一方面，学院学术逐渐民间化，使它逐渐获得一种自由精神，学院的学术也在社会生活里面逐渐发挥出其应有的作用，成为一种活生生的东西。但是现在学院学术与民间学术之间也有一种对立的倾向，有一些民间学者特别强调草根性，认为学院学术没有什么意义。我认为是不足取的。这两个方面应该合力并功，发挥其应有的作用。

冯： 儒学当代形态的建设是需要各方共同努力的事情，不仅需要民间儒者的积极行动，同时需要学院派儒者的大力参与。那么，您觉得学院派儒者应该从哪些方面去改进、去行动呢？

李： 这一点在上个问题中已经涉及到了。还有一些内容需要补充。儒学的发展基本可以概括为两个方面：一方面是经典诠释；另一方面是通过经典诠释实现理论创造。儒学理论的创造以经典为依据，同时也能够关照现实，为解决当时的时代问题提供理论支持。比如董仲舒，虽然是讲公羊学，但是他所讲的内容是为了解决当时的现实问题。宋明儒者也是如此，像他们讲理气、道心人心、格物致知，整套话语系统也是从经典中来，但目的仍然是为了解决当时的问题。他们虽以心性义理之学的建构为要务，然其学说的根本，实在于世道人心之教化与人伦秩序之安顿，而非专注于空谈性命。宋儒秉持"体用一源，显微无间"的信念，坚信儒学的外王和教化，不能建基于释老的性命之理。所以他们的心性义理之学，目的在于应对释老对儒家传统价值理念的冲击，以重建圣学教化和外王事业之形上学的基础。

但是现代以来，由于太过长期的"革命"、充斥整个社会的反传统思潮和西方文化的冲击，中国社会生活样式的历史连续性发生断裂，儒学既失其制度性依托，也逐渐失去了它与社会生活的联系。在学术层面上，现代的儒学研究退居学院化一端，被纳入现代西方的学术规范和思想框架。这样，作为中国文化学术的整合基础和人伦教化的超越性本原的传统儒学，转而成为现代学术分科中之一"科"，成为一种无关乎社会生活的"理论"和析出于历史连续性之外的"知识"，使之难以构成为中国现代文化重建的一个活的文化生命动力。所谓"中国哲学"，实际上就只是"中国哲学史"。它在现实中也不再作为一种思想创造的来源，也不参与思想创造的活动，而仅成为一种历史知识，也就是我们前面说到的"游魂"。这就存在一个很大的问题，中国哲学研究所用的概念、名词很多是从外面拿来，与传统没有关系，同时也与社会生活、世道人心没有关系，起不到一种教化的作用。我的一个说法就是，出现了这样一种境况：民众生活无依无靠，哲学理论游谈无根。所以，未来学院儒学的发展一定要借鉴传统精神，进行一种思想创造，契合世道人心，解决当代问题。这样，中国未来文化才会有一个自我发展的方向，即文脉与血脉的延续。

原载《晋阳学刊》2013年第4期

一条最合度的道路

问：中庸的原初含义是什么？

答：庸字古注都解释为"用"。中庸，也就是"用中"，即在现实行为中贯彻"中"的原则。孔子赞扬舜的大智慧，说舜"执其两端而用其中于民"，就是这个意思。

在儒家文化里，中庸既是一个重要的方法论原则，同时也是"至德"，即最高的德。作为方法论原则，它贯通于儒家思想的方方面面。譬如，在人格方面，强调文质兼备。孔子说："质胜文则野，文胜质则史，文质彬彬，然后君子。"偏胜于质的人会显得朴野，偏胜于文的人会缺乏敦厚，二者的中道才是君子；就学问方法来讲，要学思并重。"学而不思则罔，思而不学则殆"，学思中道，才能获得真知；就人的气质来讲，孔子说："不得中行而与之，必也狂狷乎。狂者进取，狷者有所不为也。"人的性情或激进，或保守，理想状态应是"中行"。

孔子还把中庸作为最高的道德来看待。在他看来，中庸不是一种外在的方法，也不是一种技术层面的要求，而是人的内在德性自由在现实行为上的体现，是一种精神成就。人的情意发出来，当喜则喜，当怒则怒，才称得上是中庸。

问：既然是一种精神成就，那么中庸岂非很难达到？怎样做才算趋近中庸之道呢？

答：中庸难就难在，它不是一种主观、盲目的冲动，而是具有理性的情感，我把它称作一种"中道理性"。它的表现是顺乎自然和社会历史规律的真情实感。

《中庸》第一章讲"中和"："喜怒哀乐之未发谓之中，发而皆中节谓之和；中也者，天下之大本也；和也者，天下之达道也。致中和，天地位焉，万物育焉。"讲的就是情感表现合度的问题。人们应对周围的世界，基本方式是"以情应物"，平等、客观地对待他人、它物，参赞天地化育。所以说"中和"是"大本""达道"。人的精神生活、价值观念调适合度，是社会秩序良好的根本前提。现代社会的一些问题，比如东西方矛盾、民族矛盾、社会内部的矛盾、生态不平衡等不和谐的现象，表明人类价值观念存在很大的问题。我们以自我中心的立场来对待他人，以人类中心论的立场来对待自然世界，情发不正，人类社会、天地万物就不能以本来面目呈现自己，因而不中、不和，导致"天地不位""万物不育"。

问：中庸常被当作折中、调和、油滑的代名词，这其中显然有误解。为什么呢？

答：中庸由相辅相成的两个方面构成：一方面是其灵活性，另一方面是其内在的原则性。这种误解，是因为只看到其灵活性而忽略了其原则性。

"君子之中庸也，君子而时中。"君子能够做到中庸，随时而中，不偏执，不拘泥，因时势和环境随时变通，这也就是孔子所谓的"权"，即灵活性。"权"是秤砣，秤砣要随物的轻重来回移动。知通权变，不墨守成规，才是道的最高境界。孟子也讲到"权"。有人问他，嫂子掉进水里了，要不要伸手救她？孟子回答："男女授受不亲，礼也；嫂溺援之以手者，权也。""嫂溺不援，是豺狼也。"在特定的情况下，只知恪守礼的教条而不知变通，恰恰违反了制礼的精神，有权变才能真正达到"中"。

另一方面就是要坚持其原则性。《礼记·中庸》把君子的时中和小人的肆无忌惮进行比较，孟子则讲到乡愿和中道之士的根本区别。孔子说："君子之于天下也，无适也，无莫也，义之与比。"孟子说："大人者，言不必信，行不必果，惟义所在。"君子在行为上的灵活性，以内在的道义原则为基础，所以是道德自由的现实表现。孔子指出，君子的中庸之德表现出一种"和而不同""和而不流""中立而不倚"的人格特质。这与小人的唯利是图、随波逐流、肆无忌惮根本不同。孔子尤其厌恶乡愿，说："过我门不入我室，我不憾焉者，其唯乡愿乎！""乡愿，德之贼也！""乡愿"最根本的特点，是缺乏内在的价值原则，对流俗社会曲意逢迎，借以获得美誉善名。这正是我们一般所批评的折中调和的老滑头。更令孔子不能容忍的是，乡愿者貌似忠信，似是而非，以假乱真，搅乱是非善恶，败坏社会价值尺度，实在比一般的小人、恶人危害更大。所以孔子斥之为"德之贼"。

问：儒家反对乡愿，而现代社会的浮躁似乎更易助长缺乏操守的乡愿人格的形成。在变化极大的当今社会，中庸还适用吗，能否医治这种风气？

答：礼有仪、义两个方面，仪是外在的表现形式，可以变通，所谓"三王不袭礼，五帝不沿乐"，三王五帝的礼仪都是变化的。我们所把握的原则是"义"，具体的节文仪式都可以变通，因应现实，而在这礼仪礼俗的革新变易中，却贯通着一个具有普遍意义的"义"。

中庸的自由，具有自身内在的价值尺度。《礼记·中庸》指出，真正的君子人格，表现为"和而不流，中立而不倚"。现代社会物欲横流，人若没有内在的原则，容易受到不良流俗的影响，所以必须养成内在的德性，树立起超越性的价值尺度，才有独立的人格可言。照此来讲，儒家对道德原则和个体人格的理解，是很有现代意义的，中庸也不会过时。

问：儒家对"道"的内在精神追求是否有可能，中庸人格怎样培养？

答：这里有一个道德法则和社会普遍原则怎么建立起来的问题。"道"是形而上的，同时又必须以"天下同归而殊途，一致而百虑"的方式来表现。不同的时代、国家、民族、社会共同体都有不同的境遇，都有特殊性，但这特殊性必须能够普遍化，才能具有现实性和恒久性的存在意义。

所谓国学或儒学复兴，不是要回到过去。历史上每一代的儒学，其首要的任务，都是要通过经典系统的意义重建，形成适合时代需要的新理论、新思想，以应对现实，解决现实问题。现在我们看儒学和经典，只把它当成知识。其实，国学不是摆在那里的《四库全书》，不是古董和单纯的历史知识。它是经过每一代人的思想创造和经典的意义重建，活在当下和生活中的传统。传统不能割裂，价值系统的建构和个体精神的教养须建基于文化生命的连续。中西方文化都强调个体独立人格的塑成，但其教化的理念和方式各有不同。在超越与个体之间，西方文化讲究两极的互补，中国的教化传统则强调两端的相通。两端相通，体现的就是一种中庸的精神。而中庸精神的培养则需要体制化的经典教育和传统礼仪礼俗的重建。只有让人们在日常生活中感受到民族传统的文化教养和生命滋润，中庸人格才能从中培养出来。

采访人：胡明峰，原题《一条最合适的路——中庸智慧再思考之二》，原载《光明日报》2012年1月11日

守住教师的本分

我被安排在这次会上代表教师作一个发言。我可能无法代表别人说话，我说的只能是我自己的想法。不过，教师之为教师，有他的共性，所以我的话可能会引发其他老师的共鸣，因此也可能有一定的代表性。

我想谈一个话题，叫作"守住教师的本分"。我自己不见得能做得好，但想通过这个话题的讨论，与各位共勉。

我个人自1973年从教以来，算起来差不多40年，从小学、初中、高中一直到本科、硕士、博士、博士后，各个层次的学生都教过了，只差幼儿园还没教过，我考虑能否在退休以后再来过把瘾。

孟子讲，"君子有三乐，而王天下不与存焉。父母俱存，兄弟无故，一乐也；仰不愧于天，俯不怍于人，二乐也；得天下英才而教育之，三乐也。"这三乐，是人生最高的乐或幸福，甚至"王天下"都不在其中。用今天的话说，给我当总统都不换。第一乐讲家庭生活，第二乐讲做人的原则，第三乐讲人生的事业。这三乐，第一条是"命"，不能选择；第二条是做人的本分，用康德的话讲，可以说它是一个绝对的命令，做任何事都须以它作根据，是人之作为人的一种必然选择；第三条作为人生的一项事业，是一个可能的选择。对这第三条，我与孟夫子心有戚戚焉，也在其中感到了极大的快乐和幸福。如果人生有第二次选择，我还会选择做教师。

就自己这几十年做教师的体会来讲，我觉得孟子讲的这"三乐"中第二条最重要，它是我们做人的本分，有它作为根据，人生才能真正具有内在的"乐"或真正的幸福。包括做教师在内的人的所有事业成就，均须以第二条作为根本。

先儒讲"君子思不出其位""君子素其位而行，不愿乎其外"。孔子重正名，讲"君君、臣臣、父父、子子"。《大学》讲人要有所止，"为人君止于仁,为人臣止于敬"等。都是说人在社会生活中,各有分位,应守住自己的本分。君要做得像君的样子,臣要做得像臣的样子,为父、为子、为国民、为老师、为学生,都应如此,借用黑格尔的话说,就是事物要符合自身的概念,才是好、是善。

在我们现在所处身的这个高度物化的社会环境里,人要想守住本分,合乎自身的概念,很不容易。为官、经商,都面临这样的问题。最近媒体披露,一位地方领导竟把任期内不做贪官当作自己履职的承诺。听来真让人不禁哑然失笑,同时又感到非常的悲哀。你想做到一辈子俯仰无愧怍,真是太难!所以我们现在的人很难获得真"乐"或真正的幸福。

当教师的处境要好一点。但外面也有诱惑,怎样守住自己的本分,对得起"师"这个名,就很重要。

"师"的本分是什么?韩愈《师说》讲"师者,所以传道、授业、解惑也"。这三者不是并列的关系,其中"传道"一条最重要。韩愈解释说,我们尊之为"师"的,不论少长,能"闻道"即可为吾"师"。所以说"吾师,道也……是故无贵无贱,无长无少,道之所存,师之所存也"。不是说我有了一个教师的职位,就可以是"师"。闻道、得道,是"师"之所以为师的标准,它也规定了教师的本分之所在。

首先,这个师"道",是一种人格的要求。

今天的教师,是一种负责传授知识的职业化的工作,与古时的"师"有所区别。按钱穆先生的说法,中国古学是一种通人通儒之学。金岳霖先生也说,中国古代的思想家,他的学问就是他的传记。梁漱溟先生亦因终生笃守其信念而行,而被称作"最后的儒家"。故古来言师道,为人与为学是一体的。我觉得,现代学校教师虽然已成职业,但先儒有关师"道"的教训,仍然有效,它的精神还应该继承。职业虽然分途,但在教师个体身上,做个好人与好的专家、学者应该是一体的。我们北师大的校训就表明了这一点。我有一次在食堂用餐,听到两位学生很不屑地议论自己的老师说:在学校我承认他(或她)是老师,毕业后咱谁也不认识谁。老师当到这份上,传授知识的工作也很难做得好。

其次,这个师"道",对学问也有一种要求,这就是学问要有内在的一贯性和真实性。

《礼记·学记》:"记问之学不足以为人师。"孔子的学生子贡认为孔子的特点是博学多闻，孔子说，"非也，予一以贯之"。又说，"吾道一以贯之"。孔子学无常师，他的学问虽博却不驳杂，就是因为有一贯之道贯通其中。今天知识爆炸，学生了解的东西我们教师可能都跟不上。在学问上有一贯之道，面对这信息爆炸的时代，才能应对裕如，具有一种转世而不为世转的能力。

我们教师现在压力很大，有很多任务，发表论文有数量、级别要求。这促使很多人为发表文章而发表文章，今天的文字与昨天的文字自相矛盾，自己跟自己打架。这就不行。我们呼吁官方学术评价的体系要逐渐改变，提供一个使学者真正可以做到真积力久，厚积薄发的学术环境，这样我们的学术才能是真实的，才能有扎扎实实的进步。但我们自己亦应首先对自己有这个要求。在这一点上，我们应该向老一代的学者学习。

我自己是一个笨人，写东西慢而且少。有两个字，叫作"不敢"。不考虑成熟的话不敢说，不敢发表。不过，这里面也有爱惜自己羽毛的意思。从效果来考虑，应景的文字发出来，对自己不是加分，而是减分。从长远看，做这样的事其实是很傻的。我自己平时看书，注意积累一些问题。对有些问题，从有想法到能够贯通，再把它写成文字发表，有的要间隔二三年，甚至十年。这当然是因为自己资质愚钝，只能做人一己十，人十己百的事。我不否认人的资质差异，有人就是又好又快，那是天才。一般人还是需要下点"慢"的功夫，才能做成像点样的东西。我对自己的学生也提到这样的要求。我讲《中国哲学史方法论》第一讲绪论，就题为"形成属于你自己的方法"。

其三，从这个师"道"对人格的要求延伸到教学或韩愈所说"授业、解惑"，传统的教育所倡"成德之教"，在今天仍有意义。

古代教育以成德为本，"行有余力，则以学文"。现代教育则不同。现代大学基本上成了教授知识、技能的场所，而缺乏教化的职能。我研究儒学，常思考这样一个问题：近代以来政教分途，西方在学校知识技能性的教育之外，还有宗教等作为人的精神人格教养的体制保障。当代中国学校教育的完全西方化，导致了整个社会德性人格教化体系的缺失。我们的人文学科是否可以承担这样一种责任？

近年，民间自由讲学的传统在慢慢恢复，很多书院、学堂、读书会逐渐兴起，在一定程度上向传统的民间学术回归。校园人文学术环境对此也有相应的反映。

我自己和我们的教学科研团队，都较注重这个方面。我们一方面在课堂教学上加大这方面的分量，引导学生诵读经典，以直观的方式使之感受传统文化的魅力。同时，也注重引导学生参与经典诵读一类的社会活动。2007年底，我们组织成立了"辅仁国学讲坛"，每年邀请一些国内外著名专家莅临演讲，鼓励同学们积极参加，与专家进行交流。2010年9月，中国哲学和伦理学专业的研究生组织发起以研读传统文化经典为主要活动内容的"辅仁读书会"，本学科老师轮流作指导老师。辅仁读书会遵循"传习经典，修养身心；以文会友，以友辅仁"的宗旨，组织读书会，并开拓《木铎新声》会刊、读书博客等多个学术平台。读书会依托他们的专业优势，为学生提供了研读经典的文化平台，提供了师生交流的机会，凸显出校园文化自身超越专业阈限的人文教养、德行教化这一方面的作用，对弥补大学偏于知识技能化的缺失，是很有意义的。它反过来也促进了同学们对专业的兴趣，二者起到了相得益彰的作用。这当然只是一种探索。但我们需要有这样一种意识：中国社会要逐渐形成自身体制化的人文素养教育机制，这一点是非常必要的。我们的人文学科对此似应有一份责任。

以上是自己有关教师职责、本分的一点体会，讲得不对的地方，敬请批评。谢谢！

在"北京师范大学庆祝第28个教师节暨建校110周年表彰大会"上的发言，原载《思想政治课教学》2012年第11期

历史精神与文化复兴

在舒大刚教授的带领下，四川大学古籍研究所诸同仁历经18年卧薪尝胆，一部承载中华文化内在精神价值，汇集两千余年儒家典籍文献，涵括经、论、史三藏24目5000余种经籍的《儒藏》，已经编纂完成，其中《史藏》之部274册已于2014年初出齐，整体展现于学者和世人面前。民族复兴之魂在文化，而一时代之文化复兴，则必由学术之重建导其先路。川大《儒藏》之编成出版，不仅与佛、道二《藏》势成鼎足，结束和弥补了儒家无《藏》之缺憾，亦为儒学的当代重建奠定了坚实的学术和文献基础，必将成为中华文化当代复兴之一重要的标志性事件。

川大《儒藏》作为迄今儒家典籍文献最全面、最完整的结集，并非一种史料的简单汇编，它有着自身严整的编纂体系和内在的一贯之道。四川大学古籍所充分发挥其历史文献学专业团队的学术优势，以其深植的蜀学传统、儒学史和儒学文献史研究的深厚基础，为《儒藏》的编纂体系内在地贯注了一种"辨章学术，考镜源流"的原则精神。川大《儒藏》的编纂，特别注重通过一种独特的著录体系来凸显儒学发展的历史过程。经、律、论三藏的排列，已表现了这一点。同时，在三藏24目的总体分类体系下，《儒藏》既以历史顺序和学术发展的脉络铺排群籍，更以《总序》《分序》《小序》《提要》冠诸全藏、各部、目及群书，以备述两千余年儒学之学术演进、文献源流及各书之作者与内容要义，构成了一个文献全备，而又条理秩然、历史脉络清晰，以书为单元的"儒学史"体系。相较于佛道二《藏》，川大《儒藏》编纂体系的突出特点，就是体现了一种很强的历史精神和历史意识。

儒家特别注重思想文化发展的历史连续性，经典的诠释，成为两千多年以来儒家思想和学术创造的基本方式。在不同的时代，儒学因其诠释原则的转换与所重经典之不同而表现出不同的思想学术形态。这种经典的诠释，表现为一种"历史性"与"当代性"之共属一体的活动：思想家既在有关经典史籍的传习讲论中构成着当下的思想世界，而经史的研究亦在这种不断当下化了的思想视域中参与着思想的创造进程。这种建基于文化生命历史连续性的思想创造方式，使儒家思想学术既能持续地保有其内在创造的生命活力，又具有切合于社会生活和个体精神生命之教化的作用。但是，现代以来的儒学研究，受制于西方学术的学科分类模式和意识形态的影响，造成了其"历史性"一面的严重缺失。一方面，儒学研究的诠释原则和理论框架，多是从西方现成"拿来"，而与儒学固有的精神传统相脱节；与此同时，学术和思想的历史亦仅被理解为过去时意义上的知识和资料，而失去了思想创造的文化生命意义。这样一种僵化为单纯属于过去之知识和古董的"传统"，既与世道人心无涉，而从西方现成"拿来"的种种概念和理论，亦因其在中国历史传统中的无根而无法切合社会生活。中国当代社会这种价值与精神失据的状态，既因中国文化之历史性的断裂所致，则中国文化之当代复兴，亦非从乎儒家传统历史精神之觉醒而莫由。

就此而论，目前已经全部出齐的《史藏》特别值得注意。川大《儒藏》虽于《大藏经》经、律、论三藏和《道藏》真、玄、神三洞之编纂体例有所借鉴，而其与佛、道二《藏》之一重要区别，却正在于史部之创设。这一点，尤其凸显了上述儒家思想学术这一历史性的精神。《儒藏》史部（以下简称《史藏》）在三藏中所占分量最大，其所列八目：《孔孟史志》《历代学案》《儒林碑传》《儒林年谱》《儒林史传》《学校史志》《礼乐》《杂史》，既有关于儒家思想流派、学术发展的文献，同时亦包含了儒学关联于民众精神生活和社会教化方面的文献。此《史藏》之"史"，不是一般性的历史，它所表现的，乃是儒家学术、思想、文化、教化方式之创造、演进、发展的历史。这一历史精神和历史意识的凸显，对儒学及中国文化、哲学于当代的重建，具有重要的借鉴意义。

史部首列《孔孟史志》，以明儒学本源及初期儒家的发展。《学案》一类文献为儒家思想学术史的著作，其特点是依学派建立学案，因人立传，言行并载，并辅案语以提要钩玄，明一派学术之宗旨，特别注重学派的传授谱系与师承渊源。此类文献，最能体现《儒藏》"辨章学术，考镜源流"的学术宗旨。《史传》一类文献,包括辑录新编正史之《儒林传》和其他儒林传记,其要亦在通论儒家人物之学术传承与宗旨,可与《学案》类文献相表里。《碑传》一目系《儒藏》编纂者广泛搜罗史志、文集、总集、金石碑刻、及考古文献首次编辑而成的,涉及古今三千余名儒者学行事迹的文献史料,结合相关《年谱》类文献,正可体现儒家传统"论世知人","尚友"古圣先贤的历史精神。上述儒家思想学术史的文献,既属于儒家思想学术史本身,同时又表现了儒家对自身思想和学术文化之反省与自觉。它凸显了儒家思想学术尚"通"而不重"分",重文化生命之历史连续而排拒断裂的"通人通儒"精神。研究借鉴此类文献,对于对治现代以来儒学研究中以西方概念范畴为框架,破碎大道、割裂传统之弊,无疑具有重要的启发作用和学术价值。

　　史部所列《学校》《礼乐》等目之文献,体现了儒家历史精神的另一重要方面,即它与社会生活的内在关联及其教化的方式。礼是社会生活的样式,直接关涉到人的精神生活和人生实践。儒家的教化,一方面通过对古初以来社会所固有的礼仪礼俗作人文和理论的解释,以形成自己的教化理念;另一方面又注重因每一时代的社会现实不断对此礼仪的系统加以适当的变通和重建,由是落实其教化理念于社会和民众生活。《儒藏》把关涉古今礼乐的大量文献列入《史藏》,可谓独具只眼,它对于我们思考和研究儒学的教化传统,有重要的学术意义。同时,儒家又特别重视教育。史部《学校史志》一目,收入包括有关中国古代官、私教育的文献。儒家教育的根基本在民间。孔子首开创私人讲学传统,即奠定了儒家教育这一精神方向。汉武帝以后"独尊儒术",儒学由私学转变为官学,但其基础仍在民间。传统士人多有文化担当之意识,古来名宿大儒,亦多讲学于民间。民间儒学的特点是自由讲学和价值观念的自由选择,其所关注者,在于人的内在心灵生活和个体人格之养成。故古来官私教育和学术,乃是儒家影响社会生活,构成中国传统社会价值基础和教养之本原的重要载体。

　　儒学是一种思想、一种哲学,但不仅仅是一种思想和哲学,它同时亦作为一种教化的理念构成为每一时代中国社会之活的文化灵魂。这一点,根源于它所本具的历史意识和历史精神。把这两面——思想与生活——绾合为一统一的生命整体,吾人于儒家之真精神,儒学之当代重建与中国文化之复兴，庶几其可言乎！川大《儒藏》史部的出版，已为此提供了思想的路径和全备的文献基础。我们更翘首以待，切望《儒藏》能早日以其三藏之全貌展示于国人面前！

原载《孔子研究》2015 年第 1 期

名士为表　儒士为里
——我领教过余敦康式话语

刚才听了几位先生的发言，内心深受感动。前面发言的先生，多是余敦康先生的旧友故交，与余先生有很深的交谊。我是晚生后辈，得识先生时间不长。早在20世纪80年代，余先生与业师金景芳先生及吕绍刚师就有密切的学术联系，最近我还在网上看到余先生任职南京大学时写给金老的讨论易学的书信。金老和绍刚师对余先生的学问人品赞扬有加，我在吉林大学时，对此亦颇有耳闻，虽未谋面，已隐然对先生有一份内心的景慕。来北京工作后，我开始在一些学术会议、博士生论文答辩一类的场合，得以当面向余先生请益，也曾有幸得到过几次与先生一起开怀畅饮的机会。自己与余先生交往虽不多，但却受到很多教益，在情感上也与余先生颇相契合，感到很亲近。

于我而言，余先生在学问上是师辈，年岁上也是父辈，但自己与先生接触，却从未觉得有代沟和距离感。先生特别奖掖后进，对我们这些晚生后辈从不拿架子，常以开玩笑的方式引出严肃的话题，循循善诱，如春风化雨，寓教于无形。

记得2010年12月某日参加中国人民大学姜日天教授的博士生学位论文答辩会，会后席间，余先生跟我开玩笑说：李景林，你是"禽兽之乡"来的人哪。我一时有点摸不着头脑，因问先生何以如此说。余先生解释说：你们南阳最早出名的人是谁？是范蠡，做了西施老公的那个人。范蠡有一句高明的话："吾犹禽兽也"（《国语·越语下》）。禽兽不是骂人，禽兽就是真人、真自由。范蠡是道家的始祖。孔子是道德的典范，老子是智慧的典范。我崇尚智慧的人生，是死不悔改的乐天派。苏东坡就是死不悔改的乐天派。他一生倒了不少霉，但还做出东坡肉，来享受人生。由此又谈及儒、释、道三教。余先生用"提得起，放得下，看得开"三句话来概括儒、释、道三教的精神。他说，儒家是提得起，道家是放得下，佛家是看得开。搞中国学术的人，就应有这三种精神。当年毛泽东对红卫兵说，要知道什么是帝王将相，你们去找翦伯赞；要知道什么是唯心主义，你们去找冯友兰。翦伯赞听到这个话，觉得自己过不了关了，夫妻双双自杀。冯友兰听了哈哈一笑，说我自由了。又讲到当年社科院开会，上面讲批胡适，下面侯外庐先生就站不起来，中风了。冯先生搞中国哲学，能提得起，放得下，就能过得了关。

这是一种典型的余敦康式话语方式。余先生常用这种论学的方式，纵谈哲学、政治、宇宙、人生，亦庄亦谐，耐人寻味，真能达到一种寓教于乐的效果。

余敦康先生喜酒，时与学者把酒放言，纵论今古。他曾开玩笑说，不喝酒的人，不配研究魏晋玄学。一般人喝酒，往往借酒纵情，"始乎治常卒乎乱"。余先生则不同，他喝酒，是越喝越清楚，严肃的话题常在酒意正浓时提出。饮酒开始时，他谈笑风生，指挥倜傥；酒酣脑热时，必又是慷慨激昂，指点江山，先天下之忧而忧的精神溢于言表。余先生研究魏晋玄学，似乎有名士之风，但他骨子里其实是儒家，内心充满着深切的现实关怀。魏晋人喜欢品评人物，我由此想到一句对余先生的品题，叫作"名士为表，儒士为里"。我以此品题质诸先生，得到他的回答："知我者，景林也"。

对余先生的思想学术，我没有研究。有关余先生思想学术的论评，要听他的亲学生来讲。在这一方面，我只能谈一点个人的感受。我听余先生论学，读余先生的文字，在内心深处总会引发一种感奋、一种激动。我想，这大概是根源于余先生做学问的态度和精神。

说余先生是"名士为表，儒士为里"，这是我对先生为人为学的一种亲切体会，并非酒桌上一句随便的玩笑话。非常珍贵的是，这一品题，得到了先生的当面印可。余先生率真谐趣，其言谈文字，嬉笑怒骂，皆成文章，此其表；但他又常于嬉戏谐趣中见出严肃，透显一种道义担当的精神，此其里。这个担当的精神，就是体现在其对中国文化学术的一种"文化理念、价值关怀"，一种对学术人生"自我"的追寻。这种文化理念和价值关怀及其对"自我"的追寻，运行在其言谈与论著里，使他所做的工作，超越了时下一般纯学术甚而技术性意义上的所谓著述与学问。

听余先生论学，一方面，可以感受到他有很强的学术自信；另一方面，他又经常表现出对自己的不满和困惑。近些年，他回顾自己的学术道路，常讲到自己一辈子总是在"画逗号"，而总没能画上一个"句号"，只在做哲学史家、思想史家的事，而没有成为一个哲学家、思想家，认为这是一个悲哀。从中可以感受到余先生对自己的思想和学术事业，有非常高的自我期许和要求。

余先生把诠释学看作哲学和哲学史研究的唯一进路。但他既不满意一些学者要建立中国的诠释学的提法，更不满意顾颉刚先生对中国历史文化那种实证主义的态度。因为在他看来，中国思想文化本有自身的诠释传统，接续这个传统，就是要通过与经典的对话，重新找回中国当下的文化"自我"或主体性。在《诠释学是哲学和哲学史的唯一的进路》（《北京青年政治学院学报》2005年第2期）一文中，他指出："解释就是对话，就是理解……一个民族，一个伟大的民族，她必有自己的经典，而经典的形成也就是那个文化的形成……经学就是中华民族从远古一直到近代的精神现象学、精神发展史，精神由开辟、发展，到壮大，支持着我们这个伟大的民族，这是精神的支柱。"又说："经学思想史就是要写出中华民族的精神现象学、精神发展史……要寻找中国人在西方强势文化的冲击之下失去的自我……一个民族到现在都不敢有自我，非常可怕的一件事！"近年颇有学者强调经学对中国哲学研究的基础性地位，这是一个很好的学术动向。不过，一些学者却主张，我们当代只需要经学史，而不需要经学，认为经学是过时的东西。余先生对经学研究的理解却正与此相反。他强调经学的研究重点不在经学史。经学史其实就是每一代的经学所构筑的历史。所以，我们今天研究的对象，都是经学家，而非经学史家。经学家所关注的并非是所谓经典的"本义"，他有现实的关怀，常常是"借他人酒杯，浇自家块垒"，通过经典的解释，与经典的对话，将经典融入自己的生命存在，从而发现和挺立起"自我"，成为"时代的代言人"。我们今天来研究经典，诠释经典，就要接续这个传统，"通过经典的解释做一个经学家"，必须要有做经学家的气魄，而非只做经学史。

由此，我们可以看到一个学者对自身民族文化的强烈的担当意识。强调哲学史和思想学术的研究要贯穿"自己的价值关怀和文化理念"，要有自己的"自我"或主体性,这是余先生中国哲学研究所秉持的一贯的思想宗旨和学术精神。他之研究玄学、《周易》,并非只是在做哲学史、经学史,而是通过经典的诠释,去建立那个"自我",去画那个"句号"。在《魏晋玄学史》的后记中,他对自己的这一学术宗旨做了一个非常深刻精到的说明:"由于历史的偶然的因素,20 世纪 50 年代以后,北大的传统和北大的学风受到更为严重的破坏,几乎是荡然无存了。我也被迫中断了学业,离开了北大,到社会的底层去承受生存的考验。在这个漫长的时段,关于玄学的基本性质,关于玄学的抽象思辨,关于郭象是否剽窃了向秀的《庄子注》,这些纯粹属于高深学术的问题与我的生存困境毫无关联,值不得去用心细想了,但是对于玄学之所以为玄学的文化底蕴,对于'魏晋之际,天下多故,名士少有全者'的玄学家们的悲惨的命运,对于阮籍、嵇康诗文中所表现的深沉的时代忧患感以及痛苦矛盾彷徨无依的心态,却有着一种切身的感受和强烈的共鸣。金岳霖先生有一句名言:'知识论的裁判者是理智,而元学的裁判者是整个的人。'汤用彤先生把玄学的方法论的原则归结为'得意忘言'。'言'是属于知识论层面的理智分析,玄学家普遍认为,如果不能忘言,仅仅停留于知识论的表层,就不能得意。而'意'则是把整个的人投身于其中的主客合一的对象,是玄学家在承受着生存困境和悲惨命运的情况下仍然苦心孤诣去进行探索的天人新义,这才是玄学的本质所在。这么说来,我被打入另册作为一个时代的弃儿,凭借着在特殊的历史条件下所获得的特殊的历史经验,竟然意想不到地发现了我作为整个的人的本体性的存在,找到了一条不从知识论入手而以整个的人为裁判者来解读玄学的新途径,对金岳霖、汤用彤先生的那些早年的论述增添了一层新的体会,这也许是一件不幸中的幸事。"贫贱忧戚,玉汝于成。余先生带着他对自身所亲历的痛苦人生和生存困境的深刻反思,以一种生存整体性全身心投入的方式,尚友古圣先贤,与经典相遇和对话,达到一种面对当下的视界的融合,由此而成就了他的一家之言。

有了这个学术的态度、精神和识度,我们作哲学"史",也就是在作"哲学"。在这里,哲学史与哲学、思想史与思想、经学史与经学,乃构成为思想学术整体的一体之两面。孔子自称"述而不作",其实是寓述以为作。孔子所开创的这个不作之作,或以述为作的立言方式和思想传统,凸显了一种历史连续性与现实关怀相统一的文化精神。余先生的学术，不正是这种文化精神和学术传统的当代体现吗？近年常听先生说，自己只是"一个哲学工作者"，而不是哲学家，他也隐隐地引此以为憾事。不过，余先生同时又说过，他自己对于刻意地去建立一个人为的体系，"非不能也，不为也"。因为缺乏这个精神，这个识度，尽管你在刻意地做一种"体系"，那也不过是无根的过眼烟云。余先生对于那种单纯技术性而无"整个的人"全身心投入的功利之事，是不屑于去做的。

我们要继承的，正应是余先生这种学术的精神。

原载《博览群书》2019年第9期。发表时题为《我领教过余敦康式话语》

儒家讲学传统的复兴

刚才齐勇教授的发言，对中国文化的精神特质作了很全面也很到位的概括和阐述。我觉得，齐勇教授《中国文化精神的特质》一书的出版，有一种特殊的意义。这个意义，可能要超出该书本身。

20世纪70—80年代，美国学者艾恺出版了一部梁漱溟评传，书名叫做《最后的儒家》。"最后的儒家"这个头衔，也被梁漱溟所欣然接受。艾恺是从知行合一，能够力行其思想学说的角度来理解"儒家"的。在他看来，现代中国的知识分子，只是"坐而论道"，知行已经分作两截。像梁漱溟那样知行合一，能够力行其思想学说的"儒家"，已经不复存在。

艾恺对于儒者的界定是大体准确的，但"最后的儒家"这个判断，却使人感到有些悲观。在20世纪70—80年代，我们还看不到艾恺所理解的那种传统的儒者存在再世的可能性。但是，令人欣慰的是，21世纪初以来，情况却发生了很大的变化：这就是儒家讲学传统在民间的逐渐复兴。

近年来，民间社会独立空间的扩大，民间儒学有一种兴起的趋势，民间性的教化与学术的兴起与进一步孕育发展，乃蔚成一种趋势。教堂、佛寺、道观香火隆盛，各系宗教信徒信众剧增；各种民间书院、精舍、学塾、学会、讲堂遍地开花；读经、会讲、讲学、法会，各种民间学术文化活动蓬勃开展。大学学者的研究工作也逐渐与自己的志趣乃至其价值的认同达致合一。大学里的一些儒学研究和讲学的活动，也逐渐具有了民间的性质。这样民间性质的儒学，与社会生活息息相关。近年所谓大陆新儒家的出现，虽然还存在不少的争议，但当代中国学者的民族传统和文化关怀在逐渐增强，一批能够力行儒家价值观念的学者正在涌现，却是一个不争的事实。郭齐勇教授就是这样一个突出的例子。郭齐勇教授不仅是儒学和中国传统研究领域一位杰出的学者，但更重要的是，他同时也是一位深具社会和文化担当意识的儒者。近年来除了学术研究之外，他花了很大的精力来从事和推动民间的讲学活动。他的《中国文化精神的特质》一书的出版，实质上也有一种标志性的意义，那就是儒家传统讲学精神的复兴。

《论语·述而》："子曰：德之不修，学之不讲，闻义不能徙，不善不能改，是吾忧也。"孔子开始私人讲学，使周代官学下行于民间，各代儒者，多在民间讲学，逐渐形成一种传统。中国古代的讲学传统，其特点可以用两个字来概括："自由"，表现为一种价值上的自由选择，学术上的自由思考和自由讲学的精神。知行合一，本是中国传统思想学术的一种根本的精神。学者的学术思想，本就能够成为其"传记"。中国现代学院的儒学研究与社会生活脱节，而失去了教化的作用。近年民间学术逐渐兴起，但是，由于传统在民间社会长期的断裂，造成民间学术水准的低下。这就需要学院学术与民间学术的结合。恢复儒学的讲学传统，中国学院学术可以逐渐恢复其教化功能，具有切合于一般民众生活的可能性，这样，儒学的传统才能逐渐成为一种活在当下的文化精神，中国文化的当代建设，才能具有一个美好的前景。

本书出版就提点出了这样一种趋势，我觉得，这是它的意义之所在。

在郭齐勇教授《中国文化精神的特质》新书研讨会上的发言

玄学与理学研究的一个新视界
——读朱汉民教授新著《玄学与理学的学术思想理路研究》

魏晋玄学和宋明理学是中国思想学术发展的两个重要阶段，也是中国哲学研究中的两大热点领域。学界对玄学和理学的研究，成果颇丰，但有关二者之间的关系，却鲜少系统的论著。朱汉民教授最近完成并由中国社会科学出版社出版的《玄学与理学的学术思想理路研究》一书（下文简称《玄学与理学》），填补了这项空白。本书以宏观和专题性的形式著论，然其着眼点，却是从思想学术发展内在理路的角度对玄学与理学关系作内在连续性和演成关系的探讨。故其所论，既能通观宏览，著见玄学、理学之精神要旨，又能发幽探微，对玄学与理学两种学术型态之间的思想差异及其关联性、玄学转型为理学的内在机理、理学何以能涵容转化玄学并取而代之，成为中国社会主流思想等一系列重大学术和理论问题，作鞭辟入里的理论分析，给出自己深刻独到的解答。本书展开了玄学与理学研究的一个新的视界，在学术和理论上创获颇多，以下择其大要，就《玄学与理学》一书的特点，谈几点感想。

以人的德性完成和人格学说为中心来展开对玄学与理学关系之"内在理路"的探讨，这是《玄学与理学》一书的一个重要特点。

本人格的完成以成就人的生命智慧，是中国哲学之异于西方哲学的基本思想进路。儒家讲"学以至圣人之道"，道家讲"有真人然后有真知"，佛家亦讲"转识成智"，而以解脱成佛为其旨归，都表现了这一点。魏晋玄学与宋明理学，其核心的问题亦是人的成就及其存在之实现的问题。《玄学与理学》一书，紧紧抓住这一点来阐述玄学与理学的关系。本书首章题为《从名士风度到圣贤气象》，开宗明义，提出魏晋名士和宋明儒家的精神境界与人格理想的思想理路这一核心问题来做深入的探讨。指出，玄学家的名士风度和宋明儒的圣贤气象，其精神特质有显著的差异。魏晋名士的风格，往往与不拘礼法、率性纵情的生活方式联系在一起；而宋明理学家的圣贤气象则总是体现出一种恪守礼教、兼济天下的人生追求。但二者所追求的人格理想和超越性的精神价值，却又有思想和理论上的共同点。魏晋玄学家重视个体存在的价值和人的内在精神境界的提升，追求一种潇洒飘逸、优游自得、超然脱俗的名士风度。宋明理学家亦特标举"寻孔颜乐处"的精神境界，力求成就一种自由自在、恬淡自适，"胸次悠悠，上下与天地同流"的圣人气象，这显然受到了魏晋风度的影响。理学立足于日用常行的社会伦理关系对魏晋风度进行了改造与继承，在提升精神境界、追求圣贤气象的工夫方面，提出了一套自己独特的思想学说。《玄学与理学》一书认为，玄学和理学是中国古代最具哲学思辨、最有系统义理的学说体系，这个体系，可以概括为一种"身心性命之学"。作者指出，这一"身心性命之学"的哲学系统，乃是一种关乎个体生命实现及其终极存在的学说。《玄学与理学》一书对这个"身心性命之学"系统的论述，亦皆围绕上述人格的实现及其存在的完成这一中心来展开，并非仅对之作抽象的知识和理论性论说。以往论者，或依西方哲学宇宙论、本体论、伦理学、人生论一类框架系统来轨画有关玄学、理学的哲学论述，所论与玄学理学之旨趣多相乖违；或为免此，而仅对之作"历史世界"一类实证性的论说，与其哲理精神似亦难以相应。《玄学与理学》紧紧围绕人的实现这一核心话题展开对玄学和理学哲理系统的阐述，颇能切中其内在的学术理路和义理精神，可以说，这对未来中国哲学的研究，有着一种开辟新路径的方法论意义。

着重从经典诠释学及其义理重构的角度，展示玄学与理学身心义理之学的思想内涵和内在理路，是《玄学与理学》一书的又一重要特点。

《玄学与理学》一书略分六章，三十余万言。第一章主要讨论玄学家、理学家在生活世界、精神境界与人格理想层面的思想理路；第二、第三章主要探讨玄学家、理学家的生活世界及其理想人格实现所蕴涵的哲理系统，亦即身心之学、性理之学的思想理路。后三章所阐述的则是玄学家、理学家思想系统的经典依据，亦即其《论语》学、《周易》学义理建构的内在理路。要言之，本书的结构布局，可概括为"人格、义理、经典"三个内在相互关联的方面。通过这样一个结构布局,从内容方面,本书对玄学和理学"身心性命之学"的解读,紧紧围绕人的德性人格及其存在实现这一主题展开,此点已如上述;从立言方式而言,本书对这个"身心义理之学",并未像一般玄学和理学论著那样对其做抽象范畴概念体系的推演,而是转从经典诠释的角度来具体展示其思想的内涵。

一部学术著作的结构布局,与其思想内容是密切相关的。因此,一个合理的著述结构,常标示出一种重要的学术见识。我们注意到,在上述《玄学与理学》一书"人格、义理、经典"三大部分中,仅"经典"这一部分就占了一半以上的篇幅。本书除第四章总论"玄学、理学的经典诠释方法及其联系"外,又专辟两章(第五章、第六章),就玄学、理学的"《论语》学"和"《周易》学"来展开讨论。但这并不意味着玄学、理学的"身心义理之学"在《玄学与理学》一书中所占比重少。正如作者在本书《结论》中所说:"玄学家、理学家通过重新阅读、解释经典《论语》《周易》,发现并建立了新的思想体系,玄学、理学的身心之学、性理之学就是他们通过经典诠释而建立起来的;他们又以其身心之学、性理之学的思想去指导自己的行为方式、生活世界,故而才有魏晋名士风度和宋明圣贤气象。""身心义理之学"作为玄学家、理学家生活世界之哲理基础,是《玄学与理学》一书的主体内容。不过,在《玄学与理学》的上述著述结构中,我们所熟悉的言意、本末、体用、有无、性情、天理人欲、道心人心、自然名教、内圣外王、道德性命等玄学和理学的思想观念,乃被具体地展示为一种经由经典诠释活动所建构的意义系统,而非像我们通常所见那样一种抽象的概念范畴体系。哲学是一种历史性的学问。中国哲学家尤其具有突出的历史意识,中国哲学的历史,可以说就是一部经典的诠释史。中国哲学家"立言垂教",乃通过经典及其意义系统重建的方式来达成。这与西方哲学那种"载之空言"的单纯逻辑推演方式,有很大的不同。《玄学与理学》一书寓哲理的表述于玄学和理学的经典诠释系统,切实地表现了中国哲学传统的"立言"方式,读来颇觉原原本本,亲切有味,而无时下一些中国哲学论著那种皮相外在,隔膜疏离之感。

从玄学与理学思想义理的同源、同构性揭示出二者的内在转变和演成关系,这是《玄学与理学》一书的另一个重要特点。

以往有关魏晋玄学和宋明理学的研究，多各自单独著论，故其所见要在二者思想形态上的差异性，而对玄学与理学的内在关联性重视不够。《玄学与理学》一书讨论二者的关系，则注重于玄学与理学思想的同一性和内在关联性。本书主要从思想义理的同源性和同构性这两个相互关联的方面，来揭示玄学与理学思想的内在关系。作者指出，玄学以道家为主兼容儒家，被称为"新道家"；理学则以儒家为主体而兼容道家（亦包括佛学），被称为"新儒家"。先秦儒道学说的会通，构成了二者共同的思想渊源及其思想的共同点。因此，玄学和理学在差异性中能够涵具一种思想义理上的"同构性"。以《玄学与理学》一书对"身心之学"的讨论为例。本书认为，特殊的历史原因使魏晋成为一个个性自我之自觉和凸显的时代，它表现于思想学术层面，构成了魏晋玄学以个体生命价值为本位的身心之学。但是，以儒道会通为基本路径的玄学，并不排拒名教作为社会普遍性价值和天道性命作为个体存在超越性根据的意义。一般批评宋明儒学"义理杀人"者，常把其描述为一种贬抑个体性的意识形态学说。作者有针对性地指出，宋明儒学虽以社会担当和强调超越性的普遍性价值为其显性的特征，但面对佛老的挑战，经过魏晋玄学个体自我的哲学自觉，个体生命的安顿和实现，已必然地成为宋明儒学一个内在的思想主题。中国传统社会的结构决定理学必然会取代玄学成为中国占主流地位的思想；但同时，魏晋玄学凸显个体价值的身心之学，亦为宋儒解决个体生命价值实现的问题提供了重要的思想资源。宋儒的身心之学以身心一体的思想为基础，包含着个体存在与道德修身双重涵义。由此可见，玄学、理学的身心之学存在着一种一脉相承、前后发展的"内在理路"。循此思理，本书对玄学与理学在人格、性理及经典诠释诸方面的内在关联性，也都做出了深入系统的阐明。

近代以来，学者或以"阳儒阴释""以理杀人"为口实，在思想的创造性和价值观念上对宋明儒多有曲解和贬斥，其中一个重要的原因，就是缺乏从思想发展的内在理路上全面本质性地把握其义理精神。《玄学与理学》一书对玄学与理学的思想义理同源同构性的深入探讨，揭示出二者之间差异互通的关系及其转型的内在义理基础，这对于全面理解玄学和理学之义理精神，澄清长期以来加于宋明理学乃至整个传统儒学的一些误读和曲解，确有一种解结发覆，去蔽起疾的意义。

总而言之,《玄学与理学》确是近年来玄学、理学研究中一部具有开新意义的力作。此书不仅为玄学和理学的研究提供了一个新的视界,其所提揭的思想学术内在理路的研究路径,亦足为中国思想文化研究一种重要的方法论借鉴。以上仅就此书的几个特点谈了些粗浅的读后感,其义理学术殊胜精彩之处,所在多有,不能备举。当然,《玄学与理学》作为一部有开拓性的论著,难免还存在一些需进一步完善的地方。比如本书讨论玄学理学的《周易》诠释学,只举王弼与程氏易为例,似宜再做进一步的拓展。我们期待朱汉民教授循《玄学与理学》内在理路的学术路径,在中国思想文化的研究中取得更丰硕的成果。

原载《船山学刊》2013年第4期

《性情与礼教——先秦儒学立人思想研究》序

我曾用"教化的哲学"一语来称谓儒学。世界上并没有一种一般性的、为所有哲学家所共许的哲学系统,哲学,其实是一种以个性化的方式表出其普遍性理念的学问。《易》云:"形而上者谓之道"。儒家有自己独特的义理系统和形而上之道,称之为"哲学",没有任何问题;而"教化"这一观念,则正标识出了儒学之异于其他哲学的个性特质。

"教化"作为儒学的一个核心观念,其首要的意义,是表现了儒家哲学的一种独特的思想进路。这不是一个认知的进路,而是一个存在或价值实现的进路。参取西方哲学"认识你自己"的说法,儒学哲学这一思想进路的特点,可以用"实现你自己"一命题来概括。儒家在心之明觉的意义上规定人的理性的意义。人心之内容,乃通体表显为"情";"知",则被理解为一种"心"在其情感表现中的心明其意或自觉作用。因此,"知"在儒家的哲学系统中,并非一个首出的、独立的原则。同时,人心之情态表现,亦因其内在所具有的"知"的规定,而成为一种本具自身本然决断和定向的活动,而不流于西方哲学所谓的"非理性"。这个本然决断与定向的作用,即儒家所谓的"意"和"志"。我曾用"中道理性"一语来标识儒家这个迥异于西方哲学之"理性"观念的特点。从这个角度看,儒学"教化"的哲学意义,就是要在人的实存及其内在精神生活转变升华的前提下实现生命的真智慧和存在的真实,以达于德化天下,以至参赞天地化育的天人合一之境。由此,人对真实、真理、本体的认识,亦被理解为一种经由人的情感、精神、实存之转变的工夫历程,而为人心所呈显并真实拥有,而非一种单纯理论性的认知。

与此相应,"教化"这一观念,凸显了一种内在关系论、整体论的思想理路和实践性的哲学精神。

儒家既从情态性和存在实现的角度理解人，则人与周围世界以及自然的关系，亦非一种单纯认知的关系，而是一种由成己而成人、成物意义上的价值和存在实现的关系。由此，人与人、人与物、人与天地、自然之间，乃具有一种内在生命的连续性。这种思想理路，源自于商周以来的宗教伦理观念。中国古初时代的文明，与其所从出的自然之间保持着一种内在的连续性，学者称之为"连续性"的文明形态。① 文明与自然之间的这种内在连续性，表现为一种整体性并具有内在动力性的宇宙观念，它不能允诺一个在宇宙和人的存在之外的创世和造物主观念。② 造物与创世的观念，分神人为两界，中国古初文明时代的宗教观念，则以神性内在于人。《诗·大雅·烝民》："天生烝民，有物有则，民之秉彝，好是懿德"。这个天帝神性内在于其中的"民彝物则"，就是普泛运行于从个体以至于整个社会生活的一套礼乐系统。冠昏、丧祭、乡射、朝聘，不仅丧祭之礼关涉人的宗教生活，古时凡行礼，亦皆必具祭仪。而丧祭礼仪所对应的，乃是以天帝至上神统摄众神的一个多神的神灵系统。故古代社会的礼仪，与人的宗教生活有着密切的关系。礼或礼乐，是中国古代社会的生活样式，具有直接关涉人的心灵、情感和行为的实践意义。儒家并不否定古代社会所本有的这一套礼乐及其所指向的神灵世界和信仰系统，其形上学的体系，实由对古代社会的信仰系统及其礼乐传统的反思与义理的建构而成，其据商周神性内在观念所建构的以人性本善为前提的形上学系统，奠立了此礼乐和信仰系统之道德自律的基础，儒家乃由此密切关联并落实其教化的理念于社会生活。这种"神道设教"的方式，构成了儒家引领中国社会精神生活以实现其终极关怀的一个重要途径。

儒家以人的存在实现为进路而达致超越，因此，儒学首先表现为一种成德之教；而通过对礼乐的义理和仪文重构以密切关联于社会生活，则成为儒家引领社会人生以接引神圣世界的教化方式。孔子的思想系统，就集中体现了这一精神。孔子既言"仁者人也""人而不仁如礼何，人而不仁如乐何"，又言"克己复礼为仁"。是孔子既以礼规定仁，又以仁说明礼

---

① 张光直：《连续与破裂：一个文明起源新说的草稿》《从商周青铜器谈文明与国家的起源》两文，收入氏著《中国青铜时代》，生活·读书·新知三联书店1999年版。
② 杜维明：《杜维明文集》第三卷，武汉出版社2002年版，第222页以下。

的意义。孔子的思想，就是这样一个仁、礼平衡的系统。仁与礼的相互规定，正表达了孔子对人及人文世界的独特理解。儒家于诸礼中又特别重视丧祭礼仪。曾子所谓"慎终追远，民德归厚"，就表现了这一点。这是因为，丧祭礼仪乃集中体现了儒家由亲情、法祖而敬天这一返本复始，追思生命本原，以建立其终极关怀独特方式。因此，从仁、礼互涵的整体性上，才能较全面地了解儒家哲学的精神实质。

现代以来的儒家哲学研究，多注重在其心性义理的层面，有关儒家礼学的研究，亦多偏重在古制之学术和知识性的考释，已失去了其与社会生活的关联性及其教化意义。华军博士近著《性情与礼教——先秦儒学立人思想研究》一书，取《易·说卦传》"立人之道曰仁与义"之义，从性情与礼教两端互成的角度，围绕"立人之道"这一中心问题，对先秦儒家的思想系统做出了通贯性的考察和新的诠释。书分上下两篇。上篇论性命，围绕人性、心性、性情、身心、性命等问题对儒家的思想进行了系统的解析，揭示了儒家思想之性情一体、身心一体的生存意蕴和教化意义。下篇论礼教，围绕儒学的情感内涵，情理层次、中道理念、情礼关系等论题，从情理互证的角度，对儒家礼乐教化的路径，作了深入的讨论。本书以生存论或存在实现论为视角，强调"通情"与"达理"、性情与礼教的相生互成，这一诠释思路，对全面地了解儒家哲学的精神，有重要的启发意义，亦有很好的发展空间。

华军博士2002年考入北京师范大学哲学院，随我攻读中国哲学专业的博士学位，博士论文主要研究"孟子的性命思想"。博士毕业后，又到吉林大学王天成教授门下做博士后研究，在康德哲学方面下过一番功夫。本书就是华军博士近十几年来结合中西哲学进行学术探讨的一项研究成果，也为自己未来的儒学研究开辟了一个很有发展前景的学术方向。我期待华军博士在这个方向上做出更大的成绩。

本书即将由中国社会科学出版社出版，华军博士希望我写一篇书序，于是谈了上面这些感想，就作为本书的序言吧。

李景林

2016年夏于北京宏福苑寓所

《二程道学异同研究》序

近年学界讨论儒学的当代建构问题，有所谓"心性儒学"与"政治儒学"的分野和争拗。一般说来，儒学作为一种"内圣外王"之学，心性人性与伦理政治，实构成其内外之两端而不可或缺者。不过，儒学在不同的时代，面临着不同的问题，其所关注的重心，亦必有所不同。如汉唐儒以周、孔并称，于经典则重视五经的系统，其在思想理论上虽不无心性的维度，然其所关注者，却略偏重在政治和历史哲学的层面。宋儒乃以孔、孟并称，其所重经典，则由汉唐儒的五经转向以四书为中心而辅以五经的经典系统，由之而凸显了孔、曾、思、孟的道统传承系统。程子以《大学》为圣学入德之门，朱子亦谓读经当先四书后经史，四书则宜先《大学》，次《论》《孟》，最后《中庸》。朱子又作《近思录》，选取周张二程四子之书，以显明宋代理学之学统内涵。《大学》三纲八目，概括了儒家由心性内圣工夫外显于治平外王事业的一个总的纲领，《近思录》十四卷的篇目布局，亦与《大学》格致诚正，修齐治平的学说规模相一致，是宋代儒学在总体上并未佚出儒家传统内圣外王的思想结构。不过，宋代儒学的重心，却由外转向于内，较专注于教育、心性及个体人格的养成。后人以"心性义理之学"概括宋明儒学的特点，是有道理的。

人性和心性的理论，是儒学系统的思想基石，历来为儒家所重视。今人研究儒家哲学，既讲人性论，又讲心性论（也包括性情论），但对二者的关系，却鲜少论及。其实，儒家人性论的特点，恰恰就表现为即"心性"（包括性情）的论域来揭示人性的具体内涵。西方哲学的人性论，主要是从认知和理论分析的角度，揭示出人性所可能有的诸种要素及其趋向，其所采取的，乃是一种要素分析的和形式的讲法，而非整体的和内涵的讲法。儒学论人性，则是要在人的情感生活的教养完成历程中敞开其意义。故儒家论"性",乃即"心"而言"性",即"情"而言"心",其论"情",则又落实在"才"上说。性、心、情、才,统合为一个整体。这样的人性论,是在人的存在的整体性上来展示人性的具体内涵,而非仅从认知的角度对人性作抽象要素的分析。

《礼记·中庸》:"喜怒哀乐之未发,谓之中;发而皆中节,谓之和。中也者,天下之大本也;和也者,天下之达道也。致中和,天地位焉,万物育焉。"是人心之发,及其关联于周围世界的方式("大本""达道"),皆是从情感层面上来讲的,或者说,是依据情感生活的真实和完成而建立起来的。而宇宙生命和存在的完成("天地位""万物育"),也与"情"的真实和实现相关联。《中庸》这一以"喜怒哀乐"之"发与未发"为内容的"中和"说,构成了宋明儒人性心性学说的一个重要经典依据。朱子谓:"伊川'性即理也',横渠'心统性情'二句,颠扑不破。"又说:"在天为命,禀于人为性,既发为情。此脉理甚实,仍更分明易晓。唯心乃虚明洞彻,统前后而为言耳。据性上说'寂然不动'处是心,亦得;据情上说'感而遂通'处是心,亦得。"① 此乃统"性情"而言"心"。以"心"之"体"为"性",而以"心"之发用为"情"。在这样一个心性论的论域中,"知"并非一个脱离了人的存在性的实现而独立的认知原则,而是依止人的存在之实现而转出的生命之智慧和光照作用。儒家在此基础上所建立的心物关系,亦必是一种"以情应物"的存在实现的关系,而非一种单纯认知的关系。阳明谓"天下事虽万变,吾所以应之不出乎喜怒哀乐四者,此为为学之要"②,就很典型地表现了这一点。从这个意义上,我把儒学理解为一种关乎人的生命存在,经由人的实存之转变实现存在的真实以达致超越的"教化的哲学"。

孔子言教化,虽有智愚之分③和"中人"上下的针对性④,但先秦儒论人性心性,乃要就人之作为一个"类"的类性之本原处入手,才性和气质之差异性,并非其所关注之重点。此为先秦儒学教化之形上的基础。汉唐儒言人性,则转从人的现成自然素质之差异性立言,其所关注者,则

---

① 《朱子语类》卷五。
② 《明儒学案》卷十《姚江学案》一。
③ 《论语·阳货》:"子曰:唯上知与下愚不移。"
④ 《论语·雍也》:"子曰:中人以上,可以语上也;中人以下,不可以语上也。"

在人的才性、素质之类分。汉唐儒论人性，率言"性三品"，又有性善情恶之说，就表明了这一点。由是，汉唐儒学在学术上偏重于外在的政治层面，其教化之内在的价值本原既失，东汉至于隋唐，佛道（教）复逐渐盛行，社会精神生活与人生超越层之寄托，遂渐次转入释老之途辙。中唐以降所兴起的古文运动和道统观念，孕育着一种学风和文化精神上的转变，即拒斥佛道（教）以恢复儒家固有的人文精神和教化传统。宋明新儒学的创立，则是这一学风与文化精神转变之一大创造性的成就。宋儒自称其学为"实学"，强调"体用一源"，认为儒家的外王事业，不能建基于释老的"虚无"之理。宋儒的"心性义理之学"，就是要上承孔孟，回归先秦儒学的人文教化传统，重新为儒家教化及其外王事业奠立内在的心性论和形上学的基础。

朱子作《伊洛渊源录》，将宋儒所创新的学统谱系，追踪到周子二程。作为宋明新儒学之开端与奠基，伊洛之学既规定了宋明新儒学的思想方向，亦内涵和孕育着其发展的丰富的可能性。深入研究二程的学说，对于理解宋明新儒学的思想内涵，具有重要的学术和理论意义。彭耀光博士所著《二程道学异同研究》一书，就是近年二程思想研究的一项重要成果。

该书对二程道学思想的研究，采取了一个很好的角度。"尊德性"与"道问学"，标志不同的治学入路。自朱陆之争出，心学与理学分途，学者乃以之为"千古不可合之同异"（章学诚语）。学界多将心学、理学之分途，溯及于二程。当代学者讲究创新，须言人所未言。于是各种分别迭出，由心学、理学之分，衍生三系、四系之别，于各宗后学，亦详分派系，愈分愈细，不免有治丝益棼而失其宗要之虞。儒家学说，学本一原，朱陆之辨，亦不能视同水火。本书研究二程道学，以二程异同为思考角度，特别注重从异中见同，来诠释二程思想与道学之精神。这个思想理路，别开生面，是很有新意的。

该书从天理论、心性论、工夫论、境界论四个方面分别考察二程异同，在每章又就一些核心问题深入辨析二程异同关系，指出程颐是如何拓展和发挥了程颢的思想。如书中指出，程颐用"理一分殊"揭示"天理"的创造性内涵；通过区分"天命之性"与"气质之性"疏解程颢"生之谓性"的内涵；用"以公论仁""性体情用"揭示"仁"的内涵；用

"主一无适""格物致知"揭示诚敬工夫的内涵；用"体用一源，显微无间"及"化境"揭示"仁者浑然与物同体"内涵，都是程颐在程颢思想基础上对道学思想的拓展与发挥。作者通过深入辨析表明，这些拓展与发挥不但是道学思想内在的逻辑要求，而且是与佛教思想区别开来、回应佛教挑战所必需。这些辨析和论述，不但对系统理解二程学术关系具有重要价值，而且对于理解儒学精神也具有启发意义。

耀光君为人好学勤思。他在北京师范大学哲学与社会学学院攻读硕士期间，即常就有关学术理论问题与我讨论，2004年又跟我攻读中国哲学专业的博士学位。这本《二程道学异同研究》，就是他的博士学位论文。耀光君毕业之后，对诸如宋明儒学与先秦儒学的关系、儒佛关系等问题，续有深入的探讨。这些后续研究，使本书内容在原有基础上又有进一步的丰富和扩展。本书即将由山东人民出版社出版，耀光君希望我写一篇书序，于是谈了以上这些感想，以为本书序言。

李景林
2016年冬于北师大励耘九楼寓所

《经学与实理——朱子四书学研究》序

中国思想学术有一个源远流长的经典诠释传统。通过经典的诠释，赋旧典以新义，以面对时代的问题，因应当下的生活，形成切合现实、具有当代性意义的新的思想论域和义理系统，成为中国古代思想和哲学家之"立言"或思想创造的基本途径和方式。钱穆先生论中国传统思想学术，特标举孔子、朱子为其精神之象征，而谓中国思想文化"前古有孔子，近古有朱子"，"孔子集前古学术思想之大成"，朱子"乃集孔子以下学术思想之大成"，其对儒学乃至整个中国思想文化发展之创辟与发展之功，彪炳史册，"无第三人堪与伦比"①。孔子与朱子的思想学说，乃集中体现了这一思想创造的方式和经典诠释的传统。

孔子自称"述而不作，信而好古"。按照朱子的解释，述是"传旧"，作是"创始"②。"作"为圣人之事，"述"则贤人之业。古人讲"述而不作"是孔子的谦辞，这当然没有问题。不过，更深一层说，孔子这个"述、作"之义，实开创了中国文化和思想学术创造与发展的一种独特的路径和方式。

孔子言"士志于道"，自谓"朝闻道，夕死可矣"，乃终生以求道、达道为职志。又自称"不怨天，不尤人，下学而上达，知我者其天乎"，其心已达人不知不愠，遯世无闷，诚独对越在天的"闻道"之境③。是孔子所谓"述而不作"，并非无所创作。特其所谓"作"，乃寄寓于经典系

---

① 钱穆：《朱子新学案》第一册，九州出版社2011年版，第1—2页。
② 见朱子《论语集注》卷四。
③ 孔子"朝闻道"之"闻道"，即简帛《五行》和《孟子》所说的"闻而知之者圣"意义上的"闻道"。这闻而知之的圣人，所知者为"天道"，是各种文明或思想文化新局的"作"者亦即开创者。见李景林《孔子"闻道"说新解》，《哲学研究》2014年第6期。

统的建构与诠释,而非独成一套形上学的理论体系以立言。西周学在官府,经籍典章掌于官司,官守学业出于一源。① 孔子生当周室衰微,诗书礼乐废缺的春秋季世,乃起而论次《诗》《书》,修起《礼》《乐》,赞《易》,修《春秋》,删定六经以为教典,开私学以教化于民间。然孔子所定六经,并非一般意义上的几种教材,而是一个具有内在思想整体性的经典系统。孔子于六经,最重《易》与《春秋》。三代之《易》,曰《连山》《归藏》《周易》,本皆卜筮之书。孔子晚而好《易》,作《易大传》,"与史巫同途殊归"而归本于"德义"②(哲学),转变《周易》为一展显天地阴阳之道的哲理系统,以寄托其"性与天道"的形上学理念。《孟子·离娄下》:"王者之迹熄而《诗》亡,《诗》亡然后《春秋》作。晋之《乘》、楚之《梼杌》、鲁之《春秋》,一也。其事则齐桓、晋文,其文则史。孔子曰:'其义则丘窃取之矣。'"孔子据鲁史而作《春秋》,其所重在"义",以寓褒贬,别善恶、正名分,寄托其伦理和价值的理念。③孔子以此贯通六艺,将其形上学与教化的理念寓诸一套以六经为中心的经典系统。孔子所开创的这个寓述以为作的立言方式和经典诠释传统,凸显了一种历史连续性与现实关怀相统一的哲学精神,规定了中国思想学术创造的一种根本的思想进路。朱子集北宋以来理学之大成,构成了影响嗣后中国思想学术达数百年之久的一个宏大精深的思想系统,其思想创造之路径,亦不外乎上述孔子所开创的这一寓作于述的精神传统。

汉唐儒略偏重于治道与经训,东汉佛教传入中土,经魏晋以迄隋唐,社会人生之心性与精神皈依一面,积渐入于释老之途辙。宋儒兴起,旨在为儒家的外王事业建立其自身的形上价值根据,以接续原始儒学固有的人文传统,"重兴儒学来代替佛教作为人生之指导"④,逐渐形成了一种以

---

① 章学诚:《校雠通义·原道》:"圣人为之立官分守,而文字亦从而纪焉。有官斯有法,故法具于官;有法斯有书,故官守其书;有书斯有学,故师传其学;有学斯有业,故弟子习其业;官守学业皆出于一。"

② 《帛书易传·要》:"《易》,我后其祝卜矣,我观其德义耳也……吾与史巫同途而殊归者也。"

③ 《史记·太史公自序》:"周道衰废,孔子……是非二百四十二年之中,以为天下仪表。贬天子,退诸侯,讨大夫……夫《春秋》,上明三王之道,下辨人事之纪,别嫌疑,明是非,定犹豫,善善恶恶,贤贤贱不肖……王道之大者也。"

④ 钱穆:《宋明理学概述》,九州出版社2010年版,第26页。

"心性义理之学"为其精神特质的儒学系统。宋儒的经典诠释，由是一改汉唐儒因循师说，偏重章句训诂与经义疏解的传统，而注重于悟道传道，据经典以抒发心得，创标新义。一时学者率以己意说经，疑经弃传之风盛行，理学诸儒，疏于著述，类藉"语录"以说经论道。宋代经学，遂进入皮锡瑞所谓"经学变古"的时代。儒家依经典诠释以立言，其在经典与新说之间，常保有一种内在的平衡与张力的关系。历代学术，所重不同，亦各有利弊，如偏执一端而不知返，不能保持此两端之互摄平衡，则其学亦将流宕失据，而趋于衰歇。汉唐儒偏于经训，长于因循而失之浅陋。北宋以来，理学家则重在证道，长于创说却不免流于空疏。朱子早年亦受此种学风之影响，后则对此舍经谈空，"自作一片文字"的学风之弊，有深刻的反思："某旧日理会道理，亦有此病。后来李先生说，令去圣经中求义。某后刻意经学，推见实理，始信前日诸人之误也"。① 因此，朱子之学，乃自觉地兼综融贯汉唐经学与北宋以来的理学新传统，以极宏大的思想格局，通过对古代圣道传承、宋代学术新统、新经典系统、心性义理思想、社会礼仪系统的重建，以及对民间学术与经典传习的关注与推动，构建出了一个宏伟的思想蓝图和学术系统。② 其在经学方面，则因任时代及儒学思想视域的转变，着力构建出一个以四书为重心而辅以五经的经典系统。其对经典的诠释，亦特别重视吸收汉唐经学之所长，本汉唐注疏以别章句、通训诂、正音读、考制度，在此基础上来阐发心性义理之精微。在这里，经典与思想之间，乃显现为一个缘生互动的动态过程：一方面，诠释原则和思想重心的转变引发与之相应的经典系统重构；同时，经典的诠释又使如太极、理气、理欲、性命、心性、性情、性气、格致、本体工夫等观念凸显出来，构成为一新的话题系统和理论视域，经典由此乃以一种意义重构的方式显现为活在当下的思想。"绾经学、理学为一途"③而集汉唐经学与宋代理学之大成，成为朱子思想学术的一个重要特点。朱子穷毕生之力所著《四书集注》，便是凸显此一经典诠释方法的典范之作。它把孔子所开创的寓作于述的经典诠释和立言方式发挥到极致，而其

---

① 《朱子语类》卷一百四"自论为学工夫"，第3434页。
② 李景林、王宇丰：《朱子的思想蓝图与当代中国思想的建构》，《中原文化研究》2018年第2期。
③ 钱穆：《朱子新学案》第一册，第28页。

所确立的"四书学"体系，亦成为影响嗣后数百年中国思想、学术、文化、教育及价值观念的核心经典系统，其在当今社会，仍然发挥着重要的思想和教化作用。

现代以来，中国传统思想学术的研究经历了一个现代转型的过程。儒家这种经由经典及其意义系统的重建以"生产"思想的立言方式，为源自西方的学科化模式所代替，包括儒学在内的中国传统思想学术，基本上被纳入到西方哲学的概念框架中来进行研究。百年来，在这种模式下，中国传统思想学术的研究实现了现代的学术转型，取得了很大的进步，但也出现了很多的问题。其中一个根本性的问题，就是"方法与内容的疏离"，即研究的诠释框架和原则对于儒学及中国思想学术的外在化。这种"方法与内容的疏离"，造成了中国传统思想学术精神特质与生命整体性的意义缺失。因此，我提出"将方法收归内容"这一途径来对治此弊。①近年来，亦颇有学者强调经学对于中国思想学术研究的基础性意义，探讨宋代四书学、经学与理学关系等，亦成为一个值得注意的研究动向。许家星教授的这部《经学与实理——朱子四书学研究》，就是近年这一研究方向上的一项重要成果。此书对朱子四书经典诠释与义理建构之关系等问题作了深入的探讨，不仅对推进朱子学和宋明理学研究的深化具有重要的作用，对我们理解中国传统经学诠释方法，调整中国哲学的研究方法和思路，也有很好的启发意义。

书稿以"经学与实理"为题，乃是取自朱子深切反思之语。朱子早年亦习染于二程学派率以己意解经，脱离文本以敷衍自家义理之风气。后来渐认识到此诠释风格空疏、近禅之病，而逐渐扭转之，终走上合经学与义理为一、汉学与宋学并重的道路。书稿在朱子辨张无垢《中庸解》、辨南轩《癸巳论语说》两节中，给我们生动呈现了朱子在诠释理念上的具体转变之路。朱子晚年对弟子言，"某后刻意经学，推见实理，始信前日诸人之误也"。② 故全篇书稿紧扣朱子如何实现"学与理合一"这一主旨展开。一方面，书稿不少章节看似是纯粹的学术考辨问题，如第一章第三节"朱子四书学形成新考"重新考证朱子四书学的形成，第六章辨正通

---

① 李景林、马晓慧：《将方法收归内容》，《天津社会科学》2019 年第 2 期。
② 《语类》卷一百四，第 3434 页。

行本《四书集注》的校勘、探究《论孟精义》的复原、考察朱子四书书信的年代。此等工作其实皆非一般意义上的考辨之举，而是融贯着著者对朱子"以义理定训诂"精神的遵循。兹举一例为证。在"《四书集注》点校献疑"一节的"行文句读"部分，作者质疑《论语·公冶长》中夫子关于令尹子文、陈文子"未知，焉得仁"的断句违背朱子本意，此一断句乃是主张"知仁"的胡五峰之解，将此"知"当作与"仁"并列的名词，朱子则是以"知"为"知道"意，故当删去此句的逗号。此非一无关紧要之问题。现代著名学者亦有主张此"知"为认识论意义上的"知"，是仁的必要条件，体现了夫子仁与智统一的思想。① 另一方面，书稿将对朱子之理的揭示融入朱子之学中，如对朱子道统这一习见的理学论题，书稿非泛泛而论，而是紧扣朱子对克己复礼、忠恕一贯这些《论语》中具体而重要章节的细致入微的解读，得出了颇为新颖可信的认识，确有发前人所未发处。此外，书稿对朱子理学思想、工夫论、诠释思想的论述等，亦皆融入于朱子对具体经典的解释中，体现了很强的"学、理"结合的特色。

著者秉持朱子"不用某许多工夫，亦看某的不出；不用圣贤许多工夫，亦看圣贤的不出"② 的理念，采用融文本分析与义理解释于一体的手法，使得书稿呈现出文献扎实，分析细密，视角新意的特点，体现了论者既善于学习已有成果，又勇于独立思考的学术精神。著者将本书定位为一哲学史的叙述，力求客观呈现朱子四书学本来面目，应该说，在相当程度上体现了著者对朱子学的亲切体会。

本书原稿，是家星随我攻读博士的学位论文（原名《朱子四书学研究》），该文曾获评北京市优秀博士论文。家星 2008 年 6 月毕业，获得哲学博士学位，回到家乡江西南昌大学任教，转眼已是十一年过去了。去年初，他作为引进人才从南昌大学调回北京师范大学任教，回到了我的身边。在这十多年间，家星心无旁骛，始终专注于朱子四书学与宋明理学的研究，陆续有相关研究见诸杂志。他将这些研究成果增补入本书，使其更

---

① 冯契，《中国古代哲学的逻辑发展》（上），《冯契文集》四，华东师范大学出版社 2016 年版，第 76 页。

② 《朱子语类》卷十四，第 428 页。

加完善和厚重。今日，他的这部书稿终于杀青，付梓之际，索序于我，我亦颇感欣慰，略述数语于上，并希望家星戒骄戒躁，继续努力，争取更好的学术成绩。

李景林

2019 年 8 月序于南戴河之海岸别苑

附录二

价值视域下中国哲学的当代诠释

——以唐君毅《哲学概论》、李景林
《教化的哲学》为中心

许家星

自 20 世纪 80 年代以来，大陆马哲学界出现了一股价值观研究的热潮，取得了丰硕成果。中国哲学界亦适时加入了对价值观的讨论，著名哲学史家张岱年先生被公认为传统价值观研究的开创者。事实上，海外新儒家在苦心孤诣诠释传统哲学特质，弘扬中华文化主体意识之时，就非常注重从价值观的角度论述中国哲学。唐君毅先生尤为突出，他在其体大思精、自成一家之言的《哲学概论》中，尤为突出了儒家的价值论。晚于其约半世纪的大陆学者李景林先生，在以"教化哲学"为核心揭橥中国哲学特质之际，亦极力阐明了中国哲学归本于价值论的特色。唐、李二先生身处不同时代、不同地域，各自提出了富有创见的理论系统，并皆注重从价值论视域挖掘中国哲学特质，体现出当代儒家学者研究中国哲学的特色和成就。深入探讨他们的中国哲学价值观思想，对于正确认识中国哲学的特质，把握中国哲学研究的未来走向，促进价值观研究和落实，开展中西哲学对话，皆有其理论和实践意义。

一 "重价值过于存在"的一家之言

唐先生的《哲学概论》（出版于 1959 年）可谓当代哲学史上不大受

人重视的一部"奇书"。① 先生有见于已出版的各种哲学概论类书籍皆具有不提中国哲学的共同缺陷，故写作该书，以为中国读者学习哲学的教材，然该书并非一般的哲学概论之作，实为成一家之言之作，它在综合英、美、德等国哲学概论写法优点的基础上，融会贯通，创造出一种新的体裁，目的是在证实中国哲学传统精义的同时，成就一家独创之说。"期在大之可证成中国哲学传统中之若干要义，小之则成一家之言。"② 该书以价值论的阐述为中心，在中西印哲学的比较中凸显出中国哲学的价值特色。

（一）哲学视野下的"价值"观。唐先生是哲学家，始终立足于哲学的识度来定位价值。在他看来，哲学虽很难有明确定义，然传统儒学知行兼贯之学最中肯綮，它包含了西方重视哲学与科学、宗教、历史、文学、艺术等关系的思想内涵，兼顾了知行、语言与超语言、存在与超存在界，涵摄、融化了西方对哲学概念的一偏之见，体现出包容博大气象。它将行直接视为哲学应有之义，突出了哲学应重视实践、实修、成己成人的价值立场。唐先生认为，哲学本质上是一种实现价值的存在之学。他说："哲学是一种以对于知识界与存在界之思维，以成就人在存在界中之行为，而使人成为一通贯其知与行的存在之学。"③

唐先生据此来判定哲学的真正价值。全书第一部"哲学总论"之第十一章"哲学之价值"详尽论述了此点。他提出学哲学者具有"理由化"现实生活的弊病，病根来自"哲学"的本性——追求知识、存在与价值的贯通。人在追求这种贯通的过程中，有两种表现方式：一是理想现实化，"以吾人所真肯定为有价值之理想……以观现实之存在之事物……而提升超化原来之现实存在，以成为更合理想之现实存在。"这一路径逆而难。二是现实理想化。"不求实现吾人原所肯定为有价值之理想，而以哲学惟当就已成之现实存在，而贯通关联的加以了解之为事。……说明此现实存在者，亦原为有价值合理想者，而加以理由化为事。"此道顺而易。

---

① 大陆学界研究唐君毅《哲学概论》的重要成果有彭国翔《唐君毅的哲学观——以〈哲学概论〉为中心》，《中国哲学史》2007年第4期；朱建民《唐君毅先生〈哲学概论〉价值论之要旨》，《宜宾学院学报》2014年第11期。

② 《哲学概论自序》第3页，中国社会科学出版社2005年版。

③ 《哲学概论》，第12页。

唐先生认为，第二种是学哲学的病根所在，为了使哲学活动真正具有价值，必须在讲究哲学方法的同时，兼重哲学修为，以变化气质，此则完全归本于儒家哲学之工夫论。实现此工夫的根本在于培育超越流俗、摆脱当下、目穷三际的精神，"吾人有拔乎流俗之精神，两眼不只看现实存在，而能尚友古人。瞻望来者，则吾人可转移：吾人之将现实存在，加以理由化之意识倾向。"①

（二）价值重于存在的价值优先立场。《哲学概论》分哲学总论、知识论、形而上学、价值论四部。唐先生指出，尽管就分量而言，价值论所占最轻，然就精神而论，价值论最重。"故本书之精神，实重价值过于存在，重存在过于知识……而价值论之思想，则中国书籍所夙富。即愚平昔所作，亦以关于此一方面者为多。"② 形上学所论，主旨在于论述价值对于整个宇宙的意义，知识论所论，在于知识是否具有真理的价值，如何来判定其价值。讨论人生为主的价值论比讨论形上世界的存在论更重要，为全书精神寄托所在，中国哲学最为擅长价值论，拥有最丰富的价值资源。

以分量最多的知识论为例，唐先生认为，知识论是"讨论知识之所以为知识之一种哲学"，其中心问题是为说明"何为知识？"③ 知识的概念有广义、狭义之分，当今流行的乃是"指一种纯理智的关于事理名物之分辨之知"，相当于西方的knowledge，而就中国哲学来看，广义的知识应包括知识与情感、意志、识度、行为的关联，它涉及人的实践行为，最终要"转识以成智"，化见闻所知为德性之知。知识价值问题的产生在于知识本身的功用和对现实人生的作用。可从内外、正负两个角度看待知识的价值问题："一是就知识之内部，看各种真知识之正价值。及与真知识相杂而又相违之种种认知状态中之负价值。二是从知识之外部，看知识对整个人生文化之正价值及负价值。"④ 他特别提出，即便是表现负价值的认知心态，亦可转化为正价值，仍有其作为过渡、工具的积极意义所在。就知识外部来看，知识具有实用、审美、道德、宗教价值，通过将它们对象化之后，亦有其负面价值，如能将之内在化，则其负面价值可被超越，此

---

① 《哲学概论》，第155页。
② 《哲学概论》自序，第3页。
③ 《哲学概论》，第159页。
④ 同上书，第430页。

皆有赖于人在求知历程中的努力。

（三）比较视域下的中国哲学价值。该书无论讨论何问题，皆从中、西、印比较的视野入手，体现出鲜明的比较哲学性质。这种比较采取或明或暗的方式，无处不在，无不贯之，实乃为全书"精神命脉所在"。唐先生言，"本书论哲学之意义、内容、方法……知识论、价值论问题，重各不同方式之答案之比较。……凡此等等比较异同之处，虽未尝列为机械之条目，实为本书之精神命脉所在，而异于一般之哲学概论者。亦可名之为比较哲学导论。"① 此比较具有两大特点：

一是全球视野下的哲学比较。著者学养深厚，见识广博，对任一哲学问题之论述，皆善于将中西印三大哲学观加以比较，继而再就每一哲学内部加以区分比较。全书篇目结构布局即充分显出比较的特点，比较论述的基本顺序为西、印、中。对于内容较多部分，则再就哲学史发展演变的先后加以论述。在比较的同时又注重综合贯通。作者对此写作方法有明确自觉，认为本书综合了三种哲学概论的写作特点：重问题分析的英国写法，重答案排列的美国写法和重系统建构的德国写法。

二是力求中国哲学本位而不废吸收西哲之优长。唐先生写作该书的主要目的就是试图以中国哲学为主，西方、印度为辅，站在中国哲学的立场对"哲学"加以新的论述。唐先生颇为遗憾该书仍以西方材料为多，"而所取之中国哲学之材料，仍远逊于所取于西哲者之多，尤使愚愧对先哲。唯此中亦有一不得已之理由，即西哲之所言，慧解虽不必及中国先哲所言者之高，然理路实较为清晰，易引人入于哲学之门。"他承认，尽管就智慧、境界论，西哲不如中哲高明，但在论述的清晰、明朗、逻辑条理上，则中国哲学必须汲取西方哲学的长处，这也体现出唐先生并非狭隘的中国本位者。

唐先生在谈到如何体证中国哲学的高明境界时，特别提到对西方、印度哲学的学习了解是获得中国哲学智慧的途径之一。这是唐先生在新的时代背景下对中国哲学的一个创见，肯定西方哲学对于中国哲学不仅具有理论的阐明意义，而且在实修实证上也有不可忽视的价值。他提倡在充分吸收了解西、印哲学的基础上，再展开修养、实证工夫的立场，亦符合先儒

---

① 《哲学概论·自序》，第5页。

先知后行、知行合一的精神。"然吾人若能将本书所陈之各派形上学之问题，一一经过，再将西方哲学中上帝之理论，及唯心论之理论，与印度佛教中之转识所成之智心之理论，加以彻底了解，融会贯通，亦不难由推理而加以了解，然后再用修养工夫，加以实证。"①

（四）"以儒家思想为归宗"。唐先生的思想具有浓郁的中国价值文化本位特色。该书对价值问题的讨论虽为全书分量最少一部，但却是全书压轴和命脉所在。全书并非专言价值，但在哲学总论、知识论、形而上学等部分，皆隐含着归宗儒家价值的倾向，至价值部则彻底彰显之、阐明之。自序言，"然贯于此部之一精神，及每讨论一问题，最后所归向之结论，则为中国通天地、和阴阳以立人道、树人极之儒家思想。此以儒家思想为归宗之趋向，在本书之第一二部已隐涵，第三部乃显出。于本部则彰著。"②唐先生在行文中亦特别提醒读者注意本书重价值的特色，他认为这是该书异于同类著作的另一显著点所在，如指出"哲学总论"中"论哲学之价值一章，最后归于哲学之表现价值，赖于为哲学者之道德修养。此皆他书所未及，而遥契于中西大哲之用心者。"③

以"哲学总论"为例，唐先生对于哲学的定义，强调知行贯通。对哲学方法的认识，亦突出中国哲学的直觉法和超越的反省法与贯通关联法。而哲学方法的总目标则是："成就我们对于各种知识、存在与价值之关联贯通之认识或自觉。"④欲实现此认识自觉，则有赖于哲学心灵的"超越性与亲和性。"唐先生认为，最高的哲学价值不在于理论思辨的精密、丰富，而在于哲人自身的哲学实践活动，是否能培育出一颗超越古今人我的无限量的道德心，这是决定哲学活动能否表现最高价值的根源所在，它完全依靠于个人的道德修养努力，哲学最高价值不是一个现有的存在，而是一个需要不断证成的存在，应以身体道，以人弘道。如此，道才可能真实的存在。这种归本于东方强调修行实践、人、道为一的体验修证的哲学立场，不同于西方外在化、客观化研究对象的分析论说式立场。他说：

---

① 《哲学概论》，第 699 页。
② 《哲学概论》自序，第 5 页。
③ 同上书，第 3 页。
④ 《哲学概论》，第 135 页。

吾人真欲使吾人之哲学活动，表现最高之哲学价值。则吾人须有一超越吾个人之哲学活动，而通于天下万世之古人与来者之哲学活动，与其他人生文化活动之心量。而此在根本上，仍是一道德的心量。人唯力求有此道德的心量，乃能使其哲学活动，表现最高价值。则哲学之最高价值，乃由吾人之努力加以实现，而后真实存在，而非可只视之为一已成存在。①

由此，唐先生自然地得出一个关于哲学价值意义的结论，"哲学之根本意义，在贯通关联不同之学问。此使不同之学问，贯通关联，以印合于心灵之整个性，以形成统一和谐之人生，亦即哲学之主要价值之所在"。②他以"通一"精神的追求、心灵完整性的实现，统一和谐人生的构建作为哲学主要价值，显然是中国哲学"殊途同归""道通为一""致中和""保合太和"精神理想的再现。

（五）"和阴阳以立人道"。本书尤为倾心于"和阴阳以立人道"的儒家思想，视此为前所未论的创见所在，足以消除西方思想之弊病。"本书中论阴阳之义，散见各篇，而引绎之以解决西方之若干哲学问题。乃他书所无，亦愚昔所未论。"③

本书"形而上学"部特设两章论述阴阳思想。唐先生指出，"儒家之形上学，主要在其天人合德之理论。"儒家形上学根本在于天人合德，通过心性道德诸概念的阐发，突出生生之仁的价值根源义，中和太和的价值流行义，至诚无息的价值实现义。儒家天道论特色是，"直对当前之天地万物，而言其生生与变易。此根本态度为即物的，亦重有的。"④儒家天道论与他家界限所在是，"物之所以为物，唯在其性其德，离此性此德，则亦无物。故物亦非现象之后之实体，如常识之所执。"⑤表现为创生变易性，这种物性在阴阳相继中呈现，在此大化流行生化往复的过程中，善

---

① 《哲学概论》，第 156 页。
② 同上。
③ 《哲学概论》，第 5 页注。
④ 同上书，第 482 页。
⑤ 同上书，第 483 页。

的价值亦随之流行不息。此实为朱子所言阴阳流行义，唐先生称为"纵的阴阳。"而阴阳定位对待的，他称为"横的阴阳"。即"并在之两物，相对相感时之阴阳关系。"透过此相继相感，可知万物皆处于此定位相待、互相感应之历程中。唐先生进而讨论了五行生克说，中国阴阳五行论虽是对现象生灭的解释，然"并非重在观前后现象之互异，而重在观物之能由化去其所呈之形象。以生出新形象之作用功能，或生之性之德。"①相对于无与灭，中国哲学更加重视生与有，重生的价值观。如从纵的观点看，则"以五行表一事物之生化历程之全程之义。"事物之生长，有内外两种限定，内在限定表现为"性却并非一时全部实现，而只能依序而现，方成一历程。"② 唐先生进而指出，西方哲学史上的一元二元之争，源于对事物对偶性关系的认识。但中国思想的阴阳说，从相反相成的角度对此对偶性有根本性的说明，完全可以消除西方的二元对立论。"中国思想中，则对一切事物之对偶性，已有一原则性的说明，足以消解西方哲学中之一元二元之争，此即中国思想中之阴阳相对，似相反而实相成之理论。"③

（六）孝友人伦之形上价值。唐先生指出，中国先哲形上学的原则是，"形而上之存在，须以人生之修养工夫去证实。"并且"更较印度哲人为彻底。"④ 中国形上学的特色在于其超越之路并不求解脱世间，而是"从对于世间之若干事物，正面的直接加以肯定承担处下手。"⑤ 而对世间诸事物，最肯定者则为人伦关系，此亦为中国独有之价值所在。尽管东西古今之宗教家等皆重道德伦理，然中国道德形上学的特殊在于：具有人伦关系的父子、兄弟等其心灵彼此互相内在而相包含，即古语"天下无不是的父母"和"以父母之心为心"。儒家此伦理关系另一深层次意义在于：在博爱贯通一体相互包含对方之同时，亦保有自身心灵道德的独立性差别性。孝友之道的另一形上意义就是天人合一，因为人的降生，是自然生命演化，因缘聚会、上帝行为的结果历程，人的孝道是对此历程的回

---

① 《哲学概论》，第488页。
② 同上书，第490页。
③ 同上书，第532页。
④ 同上书，第685页。
⑤ 同上书，第687页。

应。此为人生价值挺立的起点,由此而发的孝心是积极有为,承担世界的立足点,能够化被动为主动,通过人道的树立,来回应人生历程的开启点。由此亦可以看出先哲重孝之形上学意义较之西方、佛家等说尤有优胜之处。

中国伦理思想既不鄙弃自然世界,不将之二元化,又不美化现实世界,而是主张对现实世界的超化内在于人之心性中,人之心性又与天心天性相通,这种天人合一之学,打通了内外人己的合一,实现了主客观的贯通,走向了心性内在而神圣超越的主客合一路向。其对心的认识专注于道德之心,而不同于西方的理性之心,这是最高明的道路,西方"康德后之唯心论之形上学,与印度式之去妄归真,转识成智之佛家形上学,在此皆不免落于哲学之第二义矣。"① 如何来做此工夫,唐先生认为应当通过圣人之心来观照自我之心和天心,圣人之心也不过是人人同具之恻隐之心,不过圣人将此心量充扩至极,达到了精纯无杂,纯为天理流行的境界,遂与天心合一。

二 价值论视域下的教化儒学

(一)"中国哲学从本质上说,即是价值哲学"。李景林先生是国内"教化儒学"的倡导者,他从教化—价值的角度来认识中国哲学,主张中国哲学本质上就是价值哲学。② 其理由是:就中国哲学的体系来看,其理论基础是价值判断,预设有一个至善的终极实在。它统摄了整个宇宙,人类社会的努力便是帮助整个宇宙来实现、回归这一至善境界。作为中国哲学主流的儒家哲学主张德性是至善本体,价值本体。正因为中国哲学预设了价值本体,而此本体通贯于天地人之中,因此,它兼具主体性、客体性、主客交互性。价值就超越了一种仅仅限定于人的关系范畴,它不是主体的欲望、需求,更是客观的实体范畴。此实体即是德性自身。他说:

---

① 《哲学概论》,第692页。
② 教化儒学的特色,可参看程旺《"教化儒学"的理论系统及其展开——李景林先生的儒学观述评》,《人文杂志》2015年第7期。

中国哲学从本质上说，即是价值哲学。因为它的哲学体系主要建立的基础是价值判断，认为终极实在是一个至善的存在……应该说，中国哲学中尤其是儒家哲学的主流观点，皆认为德性就是至善的本体，也即价值本体。……因此，价值不仅存在于主体，亦存在于客体，还存在于主客体的相互作用的关系中。在中国哲学家看来，价值并不仅仅是一种属人的关系范畴，更是属于实体的范畴。尤其在儒家看来，德性即是本体，德性本身即是终极价值之源。①

（二）"价值，中国哲学的核心和辐射源"。先生认为价值观具有双重意义：既是哲学理论的核心所在，又扎根于民众日常生活之中，直接作用改变于整个民族的精神生活面貌。"价值观是哲学的核心部分，同时也是与生活本身联系最紧密的部分。"一方面，价值学与哲学都以研究"人的问题"作为共同的主题，哲学从形上、终极的角度提供存在生活的理论依据和支撑，属于形而上的天道之学。另一方面，传统哲学的根本特质是天人合一之学，始终将宇宙与人生、天道与人道贯通一体，即是天命下贯与下学上达是互为一体、相互证成的。为此，李先生提出"哲学—价值学"这一概念，来定位中国传统哲学"天人一体"之学的致思特色，突出哲学与价值学的一体，此一洞见非常契合儒家经典精神。

在中国哲学中，价值学与哲学密切关联，它们共同以"人的问题"为关注对象。一般说来，哲学更多的是从一种形而上的、对世界的终极原因的探寻方面为人的存在、生活提供理论的依据、支撑，但当中国古代的先哲们将目光从宇宙转向"人"的时候，一种探讨"天""人"关系的"哲学—价值学"的思考方式也随之产生，追求"天"与"人"的"合一"成为中国价值哲学的精神特质。②

先生还在中西哲学比较的视野下来定位中国哲学中价值的核心地位。指出"后康德时代"以来西方哲学的发展轨迹印证了哲学形上学的基础只能扎根于实践价值领域而非认知理性。"从康德以后的西方哲学发展

---

① 李景林：2014 年国家社科重大课题《中国传统价值观变迁史》投标书（未刊稿），第 43—44 页。

② 同上书，第 38 页。

中，我们也可以体会到，形上的观念，只能在实践的、价值的领域奠基，而不能以认知的理性为基础。"① 长期以来由于受到西方哲学的影响，学界并未能树立价值问题在中国哲学中应有的核心地位。他说：

> 西方哲学……价值问题只是其中的一个部分。但在中国哲学中，真理与价值、真实与应当、实然与应然本一体不可分。价值或存在实现的问题，乃是贯通于所有哲学问题的一个核心而非仅仅哲学的一个部分。……我们过去讲中国哲学，往往是按西方哲学的理论框架，把其内容抽象为不同的哲学部门来表述，把中国哲学中的价值问题仅仅当作其他哲学问题之外的一个问题来讨论，这就有很大的问题。一方面，它把中国哲学中"价值"这个关涉全体的根源性问题窄化了；与此相应，它也使中国哲学的其他层面的问题失去其作为"染色体"的体性规定，蜕化为一种缺失了自身生命特质的抽象概念，二者由此皆失却了其本真的意义。②

如何看待价值，是中西哲学的一个重要区别。中国哲学注重真理与价值、实然与应然的一体贯通。故价值问题并非与认识、知识等问题相并列，而是统摄其他诸问题的中心线索。中国哲学研究所走的一条弯路，就是完全遵照西方的理论架构来剪裁中国哲学的材料，使得原本居于中心统摄地位的价值问题沦落为边缘性问题。造成的弊端是既使得价值丧失了应有的根源地位，由直指全体变为旁落一隅，若有若无；同时亦造成中国哲学的其他问题变成无源之水，无本之木，脱离了作为实践生命之学的特质，流为空洞的概念。故此必须重建传统哲学中价值的全体性意义，这是复兴传统学术、摆脱西哲束缚的必由之路。李先生反复致意于此，他说：

> 在中国哲学中，价值问题并非仅只是哲学的一个部门，而是贯通于所有哲学问题并规定了这些问题之本质的一个核心和辐射源。中国

---

① 李景林：《理解与探究——李景林先生笔谈录》，《教化的哲学》，黑龙江人民出版社2006年版，第87页。
② 李景林：《价值问题对中国哲学具有根源性意义》，《中国哲学中的价值观问题》（《京师中国哲学》第三辑），黑龙江人民出版社2012年版，第3—4页。

> 哲学所关注的首先是人的价值实现、存在实现问题……其他有关心性、性情、佛性、身心、道体、真理、社会、天人、神人、物我诸问题，皆围绕这一中心问题来展开。①

作为核心、枢纽、辐射源的价值问题，在中国哲学中居于至为重要的地位。中国哲学最关切的问题是如何通过心性实践工夫，来达到自我价值的实现，它内在蕴含了心性、性情、真理、天人物我等问题，深入研究这一问题，对于把握中国哲学的内在问题及其特色，合理定位其未来发展，皆具有重要意义。

（三）"价值世界是事实世界的基础和归宿"。李先生认为价值观是对"好"的事物、行为、生活的理解认识，是一种习惯和信仰。虽源于人的主体性，但却不能限于从主观化、情绪化、功利化的角度来理解。

> 什么是价值观？我把价值观理解为对于何者为"好"，何者为"好的事物""好的行为""好的生活"的一种态度和一套观念。这一套态度和观念固然与人的主体自觉、情感表现方式及其意向相关，但却不能仅依据人的主观情意指向、单从人的需求的角度来理解价值。②

在价值与事实关系上，中国哲学认为，存在事实世界和价值世界两个世界，价值世界是事实世界的基础和归宿，二者虽有各自领域而有时对立，然根本则应一致。相对而言，价值世界更客观实在，价值应统领指引事实，事实应力求与价值保持一致，否则即无意义，当摒弃之。西方价值与事实的两分造成的二元区别，造成了现在社会流行的主观主义和相对主义，落入了"情感主义"的漩涡中而难以自拔，严重影响了社会精神生活。借助传统的中国哲学价值观念，来重建新的当代价值形态，既有助于全球哲学理论的方向性调整，也能为真正改善当代人的内在精神世界起到积极作用。

西方近代以来的哲学思想，特别突出价值与事实、应当与实然的二元区分。这导致了哲学家对价值和人文的主观和相对主义的理解，这种理解

---

① 李景林：《价值问题对中国哲学具有根源性意义》，《中国哲学中的价值观问题》（《京师中国哲学》第三辑），黑龙江人民出版社2012年版，第3页。

② 同上书，第4页。

也严重地影响到了现代人的社会生活和精神生活……认真思考中国哲学的价值观念，返本开新，转出和重建其当代性的形态，这对当代世界哲学理论方向的调适及当代人生存状况的改善，亦是有积极意义的。①

（四）价值的普遍性与相对性。先生对价值的普遍性与相对性这一重要论题展开了详尽分析，讨论了以下问题。1. 当代哲学价值相对主义观念的理论根源于："西方哲学理智分析传统所形成的形式与质料二元分立的观念，正是现代哲学倒向价值相对主义的症结所在。" 2. 应以儒家哲学价值形上学的理论根据——"中道理性"来化除之；"儒家哲学则从知情的本原一体性出发理解心或理性的概念，我们可以称之为'中道理性'，以区别于西方哲学一般所谓的理性。正是以此为根据，儒家哲学构成了其对价值原则的独特理解。"② 3. 儒家哲学价值形上学的特征与意义在于作用或功能的超越性。"性、理、道作为形上概念，便不是像柏拉图那样的实体性概念，而只是一种点化、活化、和穿透此生生历程的功能或作用超越性概念。这个功能作用超越性，与实体超越性相对……依照这种功能作用超越性的本体观念，我们便不必像康德那样，为理念的绝对普遍性而牺牲了情志的实质内容，也不必像当代西方哲学那样，倾向于价值相对主义。"③ 以上论述分析了价值相对主义源于西方哲学传统中根深蒂固的二元对立思维，主张以儒家中道理性来消除之。儒家对价值的理解侧重从作用、功能、历程意义出发，而非如西方的实体性概念，强调是内外、情志、主客的一体。既坚持了价值的普遍性，又肯认了个人内在真实情感生活的必要性。

李先生反复指出，当代文化上的价值相对主义，实质上是西方传统哲学精神的延续发展，如果要把握价值的真理性，必须消除价值与事实相对立的观念。就是说，价值的真理性，不是抽象的假设，不应从外在普遍性或内在抽象性来理解，而应该是内外一体的真实统一。中国哲学的特色就是突出价值与事实的本原一体性，体现了价值优于认知的思想立场。这有助于从方法上解决价值的普遍性和相对性问题。

---

① 李景林：《价值问题对中国哲学具有根源性意义》，《中国哲学中的价值观问题》（《京师中国哲学》第三辑），黑龙江人民出版社2012年版，第4页。

② 《教化的哲学》，第170页。

③ 同上书，第177—179页。

（五）儒家的价值实现方式与当代价值重建。先生从"自我"概念的分析入手来讨论价值的实现方式。价值必然涉及个体实现问题，但儒家的个体观念与西方原子式的个体观念有重大差别，它着眼于人现实生活的存在境遇出发而非抽象的概念分析。儒家的个体观，是从人的存在的"通"性与等差性出发加以界定，注重人的实际生活和存在，而不是外在的概念分析，强调差异分位下的普遍沟通性，实现了差异与普遍的一体互证。为此，先生特别论述了儒家关于"独"的人格精神世界。其特点是内在、独体、个体、开放、动态，始终处于一个转化的历程之中。论述了儒家"和"这一观念的两个重要特点：拒斥平均化和同质化，表现了儒家对个体性实现的独特理解。

先生对当代价值重建作出了深刻反思，表达了发自内心的关切。严肃批评了价值观念意识形态化的不良后果，批评"内化"说是造成民族价值精神失落的重要原因。因为价值本是良知自我决断、心灵自由选择之事，是反求诸己、无尤无怨之举。多年来形成的意识形态说教，则反复灌输对外在领袖、权威、宣传的服从，当作自我行动的指南。使得民众未能从内在生命建立其道德判断的依据，亦未能从理论和实践上挺立超越至善价值的基础。因此，走出价值建设的困境的当务之急是实行政教分离。①

先生一针见血地指出，长期以来的种种价值说教，其核心无非是一个"利"字，这种以利益为驱动的价值建设模式贻害无穷，已经造成现实生活中价值观念的紊乱和道德行为的失范。当代价值重建，必须摒除"以利为上"的价值导向。"我们过去有一个价值理念：'毫不利己，专门利人'，又强调阶级、集体、国家等不同层次的利益，其核心实质上就是一个'利'字。"② 以当前的"诚信"观念为例，出现了单一从社会交往、功利化的角度来理解诚信的倾向，丧失了儒家从德性和人格成就立场理解诚信的本来立场，表明社会存在严重的以利相逐的倾向。这种纯功利化的观念与自我成就的诚信观念是背道而驰的，大大损害了诚信道德的重建。应当重新树立起诚信等价值观念道义至上的原则，方能从本源上端正风气，扭转颓气。

---

① 详参《教化视域中的儒学》，中国社会科学出版社2013年版，第4—5页。
② 《教化视域中的儒学》，第196页。

他指出，与功利性相伴的典型表现就是极端消费主义，只有儒家的"中和"观念才能对之加以扭转、调整。"在我看来，其最根本的弊端就是其文化观念上的极端消费性。我觉得，这个文化价值观念的调节，中国儒家'中和'的观念最合适。"① 先生对当前社会泛滥成灾的极端消费主义、功利主义深表忧虑，屡以"死亡列车"为喻表明这种思潮的危害。呼吁人类应该有所"知止"，"要建立起自我的认同"②。

关于儒学价值的当代重建，先生认为当从理论与实践两方面着手。理论方面，其《教化视域中的儒学》一书反复提出，应对中国哲学的研究方法有所改变，要注重哲学与哲学史、思想生产与学术研究的区别，要构建"属于自己"的当代中国哲学理论形态。关键是要接续传统中"思想生产与思想史学术研究之相互共生的'立言'方式"，这"对纠正当前哲学理论与哲学史抽象对峙的状况，有着重要的现实意义。"③ 在实践上，要致力于重建儒学与民众生活的联系，使得民众生活有所皈依。儒学思想只有切合并密切关联于社会和民众生活，才能具有教化、整合社会的作用，才能具有生命力。先生对此颇有切肤之感，认为由于长期的社会生活意识形态化，造成了儒家"血脉"的断裂，为了接续"血脉"，需要恢复经典的讲习、礼乐教化，最根本的则是注重"以身体道"群体的养成，这是儒学传承的最重要载体。

小　　结

以上简略概述了唐、李两位中国哲学学者对价值论的阐释，尽管两位先生所处时代、地域、所建构的理论体系并不相同，然皆体现出对中国文化的深切理解和热爱，反映出中国哲学界研究价值论的某些共性。

首先，皆在中西比较的视域下凸显了归宗儒家的价值立场，既显示出海纳百川的学术视野，又处处洋溢着中华文化的自尊自信。唐先生的中西比较、归宗儒学的特色自不用言，李先生的行文中亦处处透露出中西映

---

① 《教化视域中的儒学》，第10页。
② 同上书，第213页。
③ 同上书，第267页。

照，以中救西的儒家学术立场。他认为在此中西文化相互碰撞、交流与融合之际，既须抱有开放之胸襟、世界之眼光，同时更要坚守中国传统文化的特质，以实现"世界性"与"本根性"的共存。

其次，忧时救世的现实批判。二位先生皆对现实社会产生的理论和实践问题有敏锐的洞察，尤其注意到套用西方哲学概念对中国"哲学"学习、研究带来的双重影响，特别警觉到其中的负面影响和文化霸权主义，诸如二元论、外在论等。紧密关注伴随西方思想而带来的西方价值观念所引发的社会生活问题，诸如消费主义、原子个人主义等，并从根源上指出其病根所在，强调中国的"太极阴阳论""中和"论、孝道论可以有效改变、对治西方价值观念引发的社会问题。

最后，从理论建构和工夫实践的双重角度提出了传统价值的重建发扬之路。皆强调在吸收、消化西方哲学优长的前提下，坚持中国文化本位，把传统经典的学习阐发与符合时代要求的理论构建结合起来。二位先生都以切身体会论证了中国文化价值的"归位"必须走以身体道的实践之路，真正实现先圣所教导的"仁智双彰"。而事实上，二位先生皆是修身有道者，都经历过价值上的困惑，如李景林先生坦承，"我们这代人有很多的困惑，其中重要的一点就是由于现代（五四）以来反传统思潮所造成的文化上之无根、价值上之无据，以致在纷至沓来的西方观念中很难达到实有诸己的真切之价值认同。"[①] 故其对于传统哲学价值的精妙阐发乃多年深思体道践履所得，洵为真实有得之言，体现了传统价值诠释的新成就，对于今人理解传统价值具有重要的启发意义。

原载《人文杂志》2016 年第 1 期

[①]《教化的哲学》，第 88 页。

教化儒学：一种系统性建构的当代新儒学体系

——李景林先生的儒学观述评

程　旺

教化之于儒学，犹精神之于生命。自夫子以降，教化观念作为儒家思想之精义，备受儒家学者肯认。但一直以来，却鲜见有学者对教化观念做出过专门的学理探究，遑论透过此教化观念而对儒家思想进行系统化诠解了。近些年来，学界有不少学者重新注意到教化之于儒学的重要意义，试图提倡并加以阐发。其中，最早旗帜鲜明地提出"教化"作为儒学诠释与开展的基本视域并作出系统论述的是李景林先生。早在1990年，李先生就尝试以"教化的哲学"来表征儒家的哲学精神及其文化使命，以有别于西方式"系统的哲学"[①]；后在成稿于1996年、出版于1998年的《教养的本原》一书更为明确地探讨了教化的哲学，着力挖掘、廓清了作为人格教养本原的先秦儒家心性论[②]，并于《教化的哲学》拓展并提揭出教化的哲学系统，对作为哲学的儒学作出了新诠释[③]；新近出版的《教化视域中的儒学》，则立足教化继续开拓论域，理论规模进一步豁显。[④] 基于此"教化三书"，李先生教化视域内的儒学新诠实已逐步凝练为成型的诠释进路和理论系统，在学界独树一帜。

从《教养的本原》到《教化的哲学》再到《教化视域中的儒学》，

---

① 李景林：《论儒家哲学精神的实质与文化使命》，《齐鲁学刊》1990年第5期。
② 李景林：《教养的本原》，辽宁人民出版社1998年版。
③ 李景林：《教化的哲学》，黑龙江人民出版社2005年版。
④ 李景林：《教化视域中的儒学》，中国社会科学出版社2013年版。

李先生的儒学诠释不仅出于对儒家思想、理论的坚实学术把握，同时饱含对儒学现代价值和未来发展的殷殷关切和期待，可以说，一种兼具历史性、当下性和前瞻性的儒学当代新形态已蕴含其间。立足当下儒学发展的大背景，笔者试图将李景林先生返本开新的儒学新论称之为"教化儒学"。与目前学界某些儒学新提法不同，"教化儒学"并非刻意标新的奇旗异帜之说，而是建基于儒家文化的大本大源，汲取中西的文化陶养，自觉沉淀出的理论形态；同时，"教化儒学"特色还表现在，它不仅包含对儒学形态"是什么"的实然描述，而更多是对"儒学应当如何""儒学应当期望什么"的动态展现，具有动力性的转化和指点意义。此处统合"教化三书"为论述基底，上溯下贯、旁通曲畅，试对作为当代新儒学的"教化儒学"理论系统及其思想关怀略做勾稽和撮要，此有本有根、蔚为系统的儒学新形态，对于当前国学热、民间儒学热的引领和导向，以及学术儒学研究的丰富与深化，或将不无小补哉。

一 "教化"之正名

提出"教化儒学"这一名号，首先需对"教化"一词略作"正名"。平常我们提起教化，往往指的是政教风化、教育感化之意。这样理解不能算错，不过，教化的意蕴非仅止于此，"教化儒学"更突出"哲学义的教化"，首先从哲理逻辑上对教化观念进行阐发。借用黑格尔的讲法，教化可理解为"个体通过异化而使自身成为普遍化的具有本质的存在"；联系理查德·罗蒂的思想，教化则强调人的精神生活的转变或转化；结合伽达默尔的阐述，揭示出教化所具有"保持"的特性，即在教化的结果中，人的精神尤其是感性的内容都得以保存而未丧失，作为某种"普遍的感觉""合适感""共通感"被完全的把握住。① 将"普遍化""转变""保持"三个关键词所标示的理论层面统一起来，可以比较全面地理解"哲学义教化"的内涵。教化思想之根基是一个既超越又内在的本体，就个体而言，教化重在本体对实存的转化过程；落实到社会生活层面，教化则

---

① 李景林：《教化视域中的儒学》，中国社会科学出版社2013年版，第6—7页。

表现为达到一种本于人性的移风易俗的社会教化。① 这表明"教化"观念是由内而外、从个体层面到社会层面一体相通的统一性观念。

此外,"教化"还常与三个熟见的"近义词"相混,很容易望文生义,引发似是而非的误解,有必要加以澄清。首先,"教化"不同于"强化"。"强化"则带有较强的目的性,意在提升人的某一方面的素质,使之掌握某一方面的技能,其实施方式甚至会诉诸近乎机械性的训练和操作来获取专业性的突破。某一方面的"强化",其实也反衬着其他方面的限制和遮蔽,而人生的活力是在生命的整全结构中得到孕育的,这就需要"教化"的实现方式,立足于人的存在整体性,揭示文化的深层意义,实现人的自然素质全面升华而不丧失任何东西。② 其次,"教化"不同于"内化"。"内化"乃依据某种给定的理由、标准来指导自身的行为实践,主张将外在的观念"化"到个体内在生命里面,其实施方式表现为外在的灌输或强加。不管这一外在观念是否合乎人性,"内化"都不是出于主体的自由选择。"内化"的结果是重复性基础上形成某种习惯,往往导致与自身人格独立性的冲突。真正的自由选择则应以人性为根源,反躬内求,依据自身良知、理性的指引而自由做出抉择,挺立起人的价值信念,建立合乎自身的价值秩序,由内应外而内外圆融,主体的精神或情感生活亦在此存在过程中得到相应的转化,这正是"教化"的过程,与听从外在标准,由外化内而内外相斥的"内化"形成鲜明对比。③ 复次,儒家的"教化"不同于宗教义的"教化"。宗教具有固定的仪式仪轨和神格系统,这套规范性体系贯通着信仰性的"教理",一般是其得以塑造和维系的不可或缺之途径和标识,具有稳定性和排他性,为各自所专有。儒家非常重视礼乐之教,因之亦依托有一套礼仪仪轨系统来开展教化,但与宗教不同的是,礼乐教化依止人之性情养润中实现的人性升华,根据在于人性和人情,其仪式规范系统发挥的仅是助缘之功,并非固定不变或其专有,可以因应具体的历史情形在因革损益中变动延续,而且并不脱离民众的人伦日用,源于社

---

① 李景林:《教化视域中的儒学》,中国社会科学出版社2013年版,第10—13页。
② 李景林:《论儒家哲学精神的实质与文化使命》,《齐鲁学刊》1990年第5期。
③ 李景林:《教化视域中的儒学》,中国社会科学出版社2013年版,第4页。

会民众生活而构成其普泛的生活样式。儒家仪规系统具有明显的变通性和生活化特征，其施教所重乃仪规系统背后的人伦、礼乐之义，及其对人之性情的养育之效。此外，儒家虽没有专门的神格系统，对神灵敬而远之，不过并不是简单地废置舍弃，而是在"神道设教"的视域下，对之作人文、理性的解释，一方面，神灵系统发生意义转换，使之重新成为儒家的施教之方；另一方面，使人道教化可"神道"的上下联通中开显天道，赋予人性自身以及人伦体系以天人贯通的神圣超越性。故儒家的教化本质上不同于宗教，但却具有宗教性；虽具有宗教性，其间透显的却是人文理性的"哲理"精神。[①]

明确"教化"的本真意涵，仅仅是个基础，"教化儒学"的理论目的，是希望透过此"哲学的教化"，揭示儒家的哲学精神，进而对儒家思想做出正本清源的新诠释。这个过程，即李先生独标"教化的哲学"所涵括的理论内涵。一言以蔽之：儒学实质上是"教化的哲学"。

二　教化儒学的理论基础

"教化的哲学"这个提法借用于理查德·罗蒂，不过，与罗蒂对"教化"所作的相对主义和非基础主义理解不同，李先生更强调"教化"对于人之实存所具有的文化意义，即"要在实存之内在转变、变化的前提下实现存在的'真实'，由此达到德化天下，以至参赞天地之'化'育的天人合一"[②]。"教化儒学"，即作为"教化的哲学"的儒学，一方面，可以说儒学是一个哲理的系统；另一方面，儒学对于人的成德、成圣具有教化意义。在此定位基础上，以心性论和德性论为理论立足点，为儒家思想的继往开来建构起一个富有生命力的理论视域。相应的诠释亦体现出富有特色的新创获：

其一，凸显了儒家心、性对于人性的实现与完成作用。在儒学中，人的问题始终是一个核心问题，"就德性修养去理解和成就人的智慧，并由

[①] 李景林：《教化的哲学》，黑龙江人民出版社2005年版，绪言；李景林：《教化视域中的儒学》，中国社会科学出版社2013年版，第116页。

[②] 李景林：《教化的哲学》，黑龙江人民出版社2005年版，第5页。

此种归本于德性人格的人生智慧来反观人所面对的这个世界,从而形成一个以道德价值观念为核心的人生观和宇宙观"①,这体现了儒学的基本特点。但儒学所言"道德""德性"并非经验义、规范义的,儒家心性修养以成德成圣为旨归,没有采取西方的神学进路,而是通过人文教化将其转化为人自身内在的价值原则,成德成圣是在人性自身中完成的,呈现出人本论的特色;人性观念也不再是单纯理论形态的东西,而是在人伦社会生活和人性自身中通过工夫践行加以证显、经由实存精神活动内在肯定的;心、性亦不仅是"系统性的哲学",而是具有启示教化的意义,在人性的实现和完成中获得实存性的落实。经由心性论提供的修养进路,人性的实现就具有了内在的、超越的理论奠基;伴随着人性修养的实现和完成,心性观念便具有了人性意义和教养价值。明乎此,就不难理解以"教养的本原"为书名来标举先秦儒家心性论的意指所在了。立足"教养",即是对先秦儒家心性论的思想特质的把握,也是为"教化"理论的展开找到了意义落脚点。

其二,揭示出儒家"情"论的义理结构及其价值。以往我们对儒家"情"论认识上有很多模糊之处②,且有不少偏见③,使儒家原本蕴含丰富"情"论思想暗而不彰。实则儒家所讲的"情"是一个极宽泛的概念,心的全部活动皆可用"情"这一概念涵盖之,内在的包含着理智的判断和意志的决断,"是性、理本体于心灵活动的动态整体显现"④,在此意义上,儒家心性论不仅不应忽视"情",而乃应以"情"为中心进行解读。"情"论中心视域中的心性论要义有两个方面:一是"以情应物",如《大学》"心物"关系所论的德性修养之内容,乃在"情"上立言,其工夫次第,实即一推扩其情以致物我一体的忠恕之道,对八目的解释,从内容上看实即一"情"的修养系统⑤;一是"即情显性",如孟子的"性善

---

① 李景林:《教养的本原》,辽宁人民出版社1998年版,第2页。
② 如徐复观先生认为先秦诸子"性情同质""性情互用"。参氏著《中国人性论史·先秦篇》,华东师范大学出版社2005年版,第142页。
③ 如受西方哲学影响,认为"情"属于抽去理智活动的盲目冲动和单纯的情绪反应,多与非理性相关;受宋明儒学的影响,将"情"与后天人欲、气质多相勾连,是对先天心性的污浊与贬抑(其中很多是出于对宋明儒学性情论的误解)。
④ 详参李景林《教化的哲学》,黑龙江人民出版社2005年版,第172页。
⑤ 李景林:《教养的本原》,辽宁人民出版社1998年版,第145—153页。

论"本于人道德理性的四端而贯彻于人的情感生活之中,经由人的内心情感生活的体验而为人心所亲切体证,此"心"对"性"的实证是典型的以情显性的理路。在此前提下,儒家"情"论之特质也得以彰显。儒家之"情",强调仁义德性内在于情感实存,落实于人的情感生活,是有血有肉的"存在性事实",而非抽象性的空洞玄理,一方面肯认普通所谓情感生活的原初价值和意义,在实存直接的生存过程和生活世界中确保人性实现的可能性;另一方面基于以"情理"为内核的道德理性的范导,指点道德修养的必要性。

心性修养的结晶,在儒家看来乃德性成就的实现,儒家由此与道、佛分别以真性、佛性为目的的修养论以及西方哲学知识化取向区别开来。故而学者常以"成德之学"来表征儒学之特质。如果说心性论构成了教化之根基,那么成德则是教化展开之归趣。本心性以成德,方能成就完满的人,其中的动力性系统即"教化"。借《孟子》"可欲之谓善"章,李先生对此德性成就教而化之的过程和结构进行了说明。①"可欲之谓善",不能从各种情欲或功利需求角度来理解,它讲的是教化的前提和基础,关键是准确理解"可欲"二字,结合孔子的"为人由己"说和孟子的"性命关系"说可知,"行仁义"才是人心唯一可以不凭借外力而可欲、可求者,是人之最本己的可能性,这个"可欲"本原于天、内在于人,是人性所本有的,孟子将"可欲之谓善"建立为人性的内容,实际上揭示出了人性之善的先天内容及其实在性意义②;此章下面五句话讲教化的过程,"有诸己之谓信"从内在性的角度讲,指"善"的本体实有诸己,要达到这一点,不仅要返归本心、发现良知,还要通过实践工夫存养住善的本体,使善的本体推动人的内在精神、情感气质以至肉体实存都发生一系列的转化,善的本体就在这个转化过程中将自身呈现了出来;这个由内而外的转化过程,就是教化,进一步外显的状态,即"充实之谓美,充实而有光辉之谓大,大而化之之谓圣,圣而不可知之之谓神"。也就是说,教化不仅是实存内在

---

① 李景林:《教化视域中的儒学》,中国社会科学出版社2013年版,第10—13页。
② 对这个问题,《论"可欲之谓善"》一文亦有专门讨论,参李景林《教化视域中的儒学》,中国社会科学出版社2013年版,第36—45页。

的转变,还要修己以安人,实现移风易俗、德风德草的社会教化,最终经由圣王垂范达至教化感通形成一个理想的道德氛围。

鉴于"教化"内具的动力化特性,教化儒学不再是静态性的思想学说,而成为动态性的向工夫实践敞开的理论系统与意义生成的统一体,故而"教化儒学"更为关注德性如何养成的问题,即以德性养成的内在根基与德性成就的实现过程为重心①,所谓"成德之教",也应从这个意义切入来理解。这一研究进路,使"教化儒学"的理论逻辑亦逐步趋向明朗:"教化儒学"不仅包含从"教化"的视域对儒学作出哲学化诠释,而且蕴含着立足儒学理论对"'教化'何以可能"以及"'教化'如何展开"不断进行叩问。

作为中国哲学、儒学的重要论域,心性论向来是学界研究重镇,已取得了深厚的学术积累,以致与此相关的研究难有新的推进。然而,李先生则不囿成说、自成一体,将心性论探究作为理论主线,既注重历史性的贯"穿",以先秦儒家为中心,向前溯源殷周宗教伦理,向后拓展至宋明儒学、现代新儒家,直到心性论的当代活转和阐扬,均有论及,体现出理论根基的坚守;同时注重共时性的贯"通",对一些盘根错节的心性论难题层层深入、抽丝剥茧,打通义理逻辑上的扭结,表现出理论脉络的透彻。② 基于此心性论研究立场的一以"贯"之,李先生常能解结发覆、去弊起疾,纠正一些表面化见解的不当之处。③ 其中,尤以"情"为中心视域的全新解读为关键,不仅弥补了以往心性论研究的偏失,在后续的研究中,本此"情"论之意蕴,李先生重新阐发了儒家的仁爱观念、价值理

---

① 如对诚信观念、仁爱观念、学与乐、正德性与兴礼乐等问题的探讨。参李景林《教化视域中的儒学》,中国社会科学出版社 2013 年版,第 121—131、142—181 页。

② 如论性、论心、论心物、论天人等心性论基本问题。参李景林《教养的本原》,辽宁人民出版社 1998 年版,绪论,第 6—27 页。

③ 如申论梁漱溟心性思想的性质问题,李指出梁漱溟对儒佛的双重认同,并不是简单的分立安置,有学者认为其儒学思想、孔家的生活,仅是局限于伦理、社会层面,而在心性和形上学层面仍是心仪佛学,这种观点是偏颇的,未能深入认识到梁漱溟的儒学思想实际上为其所选择的孔家之路建立了生命哲学的形上根据,其儒学形上学和其儒学实践具有下学上达的完满性意义,梁实是一位"彻底的儒家"。参李景林《教化视域中的儒学》,中国社会科学出版社 2013 年版,第一章第六节,第 94—110 页。

念和形上学体系的理论内涵①，匠心独运，启人以思。近年来随着郭店简、上博简等出土文献研究的推进，学界对先秦儒家重"情"及性情互动的相关思想，有了新的评判，基本取得了共识。然而，李先生在郭店简公布以前即能经由"内在理路"的研究，达到同等的认识，做出系统深入的阐发，其意义当是不容忽视的。②

三 教化儒学的理论形式

在阐发"教化儒学"的实现论视域时，李先生结合儒家独具特色的"性、命"理论，精到地点出了儒家"教化"所内蕴的本己性和创造性，指出儒家性、命之统合转化肉身实存性以实现其本有的性体意义，使其在工夫历程中不断地动态实现并呈现出来（践形）；同时，性体亦在对存在完成着赋予正面性道德价值的活动作用（立命）。以"教化"为旨趣，"教化儒学"意在阐明作为一种哲学的理论系统，本有其自身的特色，并不专主于认知性的抽象理论体系建构，其目的还突出体现为要为人的存在寻求真实并建立起超越性的基础，是具有存在性事实之转化和实现的形上学理论系统。③

这一形上学理论系统可在中西互镜下显示其独特性："儒家的形上学与西方的形上学不同，主要是进路不同，儒家的道德的形上学，其进路可以说是一种生命实现的证成；西方的形上学，其进路是认知构成的设定。"④李先生提出"理性直观"的说法来说明儒学对证成"生命实现"的形上超越之路。儒家重视内在体验，在当下的体验中超越其内在性就构

---

① 李景林：《教化视域中的儒学》，中国社会科学出版社2013年版，第151—168页；《教化的哲学》，黑龙江人民出版社2005年版，第119—131、169—179页。如阐发儒家仁爱观念，李先生详细分疏了儒家所言"情"的大致分类，并细致分析了亲亲之情在自爱和普遍之爱之间的中介作用，解决了以此为基础的儒家仁爱普遍性和等差性之间的理论张力，对于重新认识孔子及其后学直到孟子反思儒家仁爱观念的理论脉络，尤其是孟子"辟杨墨"的理论内涵，有重要的意义。

② 郭齐勇、龚建平先生的评论曾特别提及此点，参氏著《儒学新解——读〈教养的本原〉》，《社会科学战线》1999年第2期。

③ 李景林：《教化的哲学》，黑龙江人民出版社2005年版，第11—14页。

④ 同上书，第125页。

成了直观的整体,这个直观超越了单纯的感受性而将内在性与客观性融摄一体,体现出即内在即超越的特性,因为其儒家内在性的根基"心","心"皆着眼于情志表现,在显像上以情态性为实在内容;"情"又非盲目的冲动,有其决断、指向和主宰作用,并由于有灵明之"知"作为内在规定,情的每一显现,都包含有客观化对象的指向,同时,"'知'作为依情而发的智照作用,非单纯形式化的符号设定,那在情的自觉体验中实现着自身超越的直观本身就构成着此对象的内容"①,因此,不同于西方现象学所注重的理论认知、逻辑建构意义上的意向性观念,儒家"'心'的现行'原初'地是'情态性'的,因而这超越之直观内容所贯注的乃首先是生命价值的实现、成就意义上的充实"②。从这个意义上,儒家形上学的"理性直观"即以教化为本质的动态性的生命观照。

儒家依据其立足于生命整体性的理性直观观念,建立起道德的形上学。这是说儒家达致超越乃以道德为进路,而非直接以宗教为进路,其形上学表现为道德哲学的形态。康德认为人不能对自由和本体有直观,只有上帝才对本体界有直观。儒家则以"学以致圣"为目标,认为人皆可以由其学而行至圣域,而圣则能知天道、合天人。但李先生并未像牟宗三先生修正康德那样,直接承认人亦具有达于本体界的"智的直觉",而是提出"圣知天道"意义上的"智的直觉"。与康德所论有根本不同,儒家"圣知"的特质在于存在实现意义上的"通",非上帝义的全知,而是因应事物之时、宜而与物无不通,"全其万物一体之仁",实存转变和实现中的自觉或心明其义,由此自由决断、仁心流行,以达行事应物无碍。③

儒家这一形上超越观念与其教化方式互为表里,彰显出"教化儒学"不离日用、直造先天的思想特性。儒学的中心始终关注在生活世界,其教化方式乃因任传统礼仪礼俗等具体生活样式,通过"君子之文"的澄汰、点化、调校之功,使之发生意义上的转变和精神上的升华。此思想特性,李先生勒之以"内在关系论"来说明,其表现是以人的情感生活的理性反思为出发点,超越的道德理性法则奠基于人的个体实存,展开为普遍性

---

① 李景林:《教化的哲学》,黑龙江人民出版社2005年版,第124页。
② 同上。
③ 参李景林《教化视域中的儒学》,中国社会科学出版社2013年版,第111—115页。

的样态，即内在即超越，即超越而普遍，落实在生生之流的社会生活历程中，以礼乐生活样式的人文转化及历史连续性重建，承载起儒家的教化理念。从"理性直观"到"内在关系论"，"教化儒学"形上学理论形式较为全面地展现出来。

众所周知，现代新儒家（狭义）的思想理论，主要也是心性奠基的形上学体系的展开，当代很多学者出于对"空谈"心性的不满，提出了诸如政治化、宪政化的重建方案。作为儒学当代重建的新思考之一，"教化儒学"总体上虽延续了心性形上学的理论形式，但与以上两种理论取向又均有所不同。一方面，与现代新儒家的理论关怀更多地偏向如何在应对西学浪潮中构建完整的理论体系来彰显中国文化的主体性不同，"教化儒学"进一步着重思考了儒家思想的理论资源如何能更有效地"教化"当下生命存在、开显实存意义、重拯世道人心，以及如何由此建立起文化未来开展的社会基础；另一方面，"教化儒学"直探本原，保有其理想精神及批判态度，不以建制化的取向为重，或许可以摆脱舍本逐末的局限与片面，或许可以跳出仅仅停留于体系设计无从实行的泥沼。总之，"教化观念"使其既能有本有根地动态性转向民众生活，复活民间继存的儒学血脉，真正实现儒学的魂之附体，"超越观念"则使其与现实政治运作保持应有间距，以一种理想性的虚体形式实现自身价值的"无用之用"。

四　教化儒学的价值理念

一个理论体系的建构，必有相应价值的实现为其归趣；而价值能否有效地实现，则以其是否具有明确的理念引导为前提。"教化儒学"在价值论层面，有其涵贯一体的价值理念系统，以下从四个方面略作引述。

（一）重视"中道理性"

出于对当代哲学价值相对主义观念的警惕，早在20世纪90年代初，李先生即对儒家价值论的特征及其意义进行诠述，作为重建价值理念的理论资源。[①] 他认为西方哲学理智分析传统所形成的形式与质料二元分立的观念，使其在价值问题上否定形式普遍性，从而失去了价值原则的普遍、

---

① 李景林：《价值的普遍性与相对性》，《哲学与文化月刊》1992年第223期。

客观的效准，走向价值相对主义；儒家哲学始终以价值、道德理性为核心理解人性和人的存在，但其理解的价值、道德理性与西方有很大不同。儒家讲学以致圣人之道，强调道德理性和知识的区别，避免了西方将价值与认知问题相混淆、站在认知立场上处理形上学问题，儒家也未把理论作为一个抽象的环节从价值和道德问题中抽离出来，形成实质与形式的对峙。儒家从知情合一、灵肉一体和诚明互体的角度理解人的智慧，以教养工夫的践行为本，情志活动、气质条件被理解为人的工夫自觉的不同层次。"以实践的兴趣内涵其理智的追求，于工夫的历程中动态地显现理和道的全体，这是儒家的达道之方。"① 儒家哲学从知情的本原一体性出发理解心或理性的概念，构成其对价值原则的独特理解，李先生提出以"中道理性"称之，以之表征儒学价值形上学的理论根据。人的内心体验、体悟对证成道体的意义，肯定了人心在呈显道体时内心生活的差异性与独特性；价值实现方式上的差别，并不是对价值原则普遍性判准的排斥，普遍统一的价值原则的客观性，即在人的主观体验中本然判断所指向的对象性；故价值普遍性正经由各分殊个体呈现出来，分殊个体在对普遍理一的证显过程中亦获得提升、超越的价值指向。故儒家"中道理性"奠定的价值根据，乃以功能作用的超越性为特征的价值形上学，可以不受限定的为不同层次之人所体认，并在具体的情志生活中获得实证，为人提供变化气质、安身立命的价值基础。②

(二) 由"个性"而"通性"

基于"中道理性"之根据，儒家将个体化和普遍化统合一体，摆脱了现代西方哲学价值相对主义的理论困境，使中国文化具备一种和而不流的原则性和宽容精神。李先生的哲学观主张"哲学乃是在其个性化的方式中表出其普遍化的理念的"③，体现在价值论上，"个体化"和"普遍化"并不必然矛盾对立，两者可以表现出一体互成、"差异互通"的特色。"教化儒学"重视"个性"与"通性"的有机统一。"教化"视域下的"个体性"原则有以下三个特性：1. 落实于实存，以心性体证为根基、

---

① 李景林：《教化的哲学》，黑龙江人民出版社 2005 年版，第 175 页。
② 同上书，第 169—179 页。
③ 同上书，第 1 页。

生生不已、创造转化地予以实现，体现为当下不可重复的独特内涵，而不是抽象性的原子或私人性的自我；2. 个体之间存在着差异，但并不孤立，个体乃具有共在性的个体，相互之间构成等差性的价值秩序，本之于内，可层层推之于外，实现忠恕式的推展扩充；3. 个体实存的完成在呈现心性的情态生活层面，既决定了个体实存的差异性，又展现着其内蕴的创生性。故个体性之间尊重各自的差异，同时又可通过感应和沟通，共同交互成为和谐的整体。儒家的超越性观念亦由此引生。"在形上学意义上，儒家肯定，个体性本即内涵有这'通'性"[①]，基于人的生命的原初情态，以及生命存有自身转变的敞开性，个体"在不可重复的、'一次性的'当下情境中超越地形成一个世界，而与其他人的世界相关涉、相切合"[②]，实现与他人、社会乃至宇宙整体的相通。"'通'的意义是，成就差异以达成沟通，经由充分的个性化而构成一'共通性'的境遇"[③]，李先生特别提出要拒斥"平均化"以实现通性义的普遍性，拒斥"同质化"以达成人的存在个性化的完成，基于差序化的中介使"个性"与"通性"两端缘生互成。[④]

（三）坚守"道义原则"

行之于外、应接现实，在"教化儒学"看来，应坚守"道义原则"为价值理念，这既是对儒家传统"义以方外"观念的继承，又能进一步揭示其内在的实现机制。本"道义原则"以应外，实质上乃"德不可掩"的"德之行"，是本诸内在德性而实现出来的道德法则，体现出"合内外之道"的特性。李先生以"诚中形外"来刻画这一独特的价值实现方式。"诚"即真实、实有，是"性之德"的标识。作为动态的生命展开过程，"诚中形外"即德性成就的完整创造历程："在儒学的系统中，'诚'既是个体存在本真之所是，同时，人在其存心、反思、教养的自身展开历程中又能不同层次地完成、具有（实有之）这个'所是'。"李先生认为："道德的义、法则……为人心灵所能亲切实证的'实有'和'真实'"，

[①] 李景林：《教化视域中的儒学》，中国社会科学出版社2013年版，第284页。
[②] 同上书，第286页。
[③] 同上书，第279页。
[④] 同上书，第131—142页。

"价值的'应当'与'真'的内容是互摄一体的"①,在人性完成角度,人心实有之"诚"澄显出"道义"生成的本原,并为人心切实体证;"道义"则表现为真善一体的特色,对外在之"行"具备价值导向的必然性。现实世界中对诚以应物、道义担当的干扰,莫过于外在功利引诱。挺立"道义"至上的价值原则,不是排斥功利追求,而是反对让功利追求成为整个社会共同体的行为原则,避免陷入"上下交征利"的泥沼;相反,"道义原则"作为基础,是可以讲求功利的,而且只有如此,这些事功成就才能被点化、升华,作为价值整体而得以全面展现。当今社会,"利"作为流行的主导价值观念,其对个体和社会的心灵戕害已初露端倪,应该说,李先生主张坚守"道义原则",亦有其针砭时弊的因由。由孔孟"为仁由己""性""命"分说的理论可知,行仁行义乃人唯一不凭外力而能够自我做出价值抉择,直接"可欲"可求者,是人最本己的可能性;一个有德之人,应做到达不离道、穷不失义,以道义之担当,标示人之为人的价值原则所在。本此,我们的道德教化,"宜去除政治意识形态私见,注重唤醒人心内在的天德良知,由之在整个社会挺立起道义至上的至善价值原则,此其所以端本正源、深根固蒂之道。"②

(四)关切"人格教养"

"教化儒学"所论心性之学,并非仅停留于学理考究的层面,而是本着一个"存在实现论"的思想进路③,始终关切于人的教养和教化,并指向以此为基础的人的实现。此点李先生多有陈示。此处仅就李先生近年在人格教养问题上再三致意的几个方面而言。其一,强调"见独",保持人格的独立性和独特性,获致独得于心的"独知",充分而完全的敞开自身,以达"人不知而不愠""不怨不尤""遁世无闷"的见独之境;④ 其二,提倡"知止","知止"并非故步自封,止步不前,而是在"进"与"止"之间保持协调,从内容上讲包含回归自然、回向历史与成德知本三义,即在历史精神的回归和体贴中找到"自然与文明的交汇点",建立起

---

① 李景林:《教化的哲学》,黑龙江人民出版社2005年版,第76页。
② 李景林:《教化视域中的儒学》,中国社会科学出版社2013年版,第130页。
③ 同上书,第57—63页。
④ 李景林:《"遁世无闷"与"人不知而不愠"——儒者人格的独立性和独特性》,《船山学刊》2013年第2期。

自身的文化认同;① 其三,贞定"忠恕",忠恕之道就是从最切己的欲望、要求和意愿出发,进行推己及人的践履工夫,但作为限制性与沟通性的统一,忠恕之道不可误做"己之所欲,施之于人"的积极表述,尽己以尽人、成己以成物,不是把己性、己意加于他人和他物,而是要因人、因物之本性以成就之,在人我、物我差异性实现的前提下通向内外、人己、物我一体的"仁"境。② 总之,与重"知"和求"是"相比,"教化儒学"以人的德性成就和存在实现为更加根本的意义,由工夫证显本体,重视道德践履,在实有诸己的意义上透过德性智慧实现对生命本体的领悟。

以上从四个方面所总结的教化儒学之价值理念,分别对应着其价值论的形上学根据、价值理念的实现方式、价值展开的基本原则、价值实现的人文特色。从中国哲学传统来看,价值问题并非哲学系统的一个部门,而是通贯于所有哲学问题并对其本质、体性进行规定、赋义的"染色体"和辐射源。③ "教化儒学"的价值理念,未将"价值"问题窄化为某个哲学部门的抽象内容,而是立足教化观念,紧紧扣住人的价值实现、存在实现这一根源性问题,展示出关涉全体、映射全局的"价值"关怀。在此基础上,"教化儒学"的理论展开,才能在天与人、心与性、心与物、心与气、性与命、性与情、性与才、仁与爱、独与通、形上与形下、内在与外在、具体与普遍、本然与应然、下学与上达等观念之间保持一定的张力,使双方建立连续而非割裂、互动而非孤立的理论联接,呈现出融贯一体的理论特质。

五 教化儒学的文化立场

从较为宽泛的意义上讲,"教化"也可理解为文化,"教化儒学"由此可被称作文化儒学,这就不再仅仅阈限于心性之谈,而是持守"本乎

---

① 李景林:《教化视域中的儒学》,中国社会科学出版社2013年版,第210—222页。"自然与文明的交汇点"亦是李先生再三致意的主张,关于这点,还可参景林:《自然与文明的连续性》(《社会科学战线》1995年第3期)、《关于儒学的文化沉思》(《中共石家庄市委党校学报》2007年第9期)、《即"有名"而显"无名"》(《甘肃社会科学》2005年第6期)等文章。

② 李景林:《教化的哲学》,黑龙江人民出版社2005年版,第405—411页。《知止、忠恕与人格教养》(《长春市委党校学报》2009年第6期)。

③ 李景林:《价值问题对于中国哲学的根源性意义》,《中国哲学中的价值观问题》(《京师中国哲学》第三辑),黑龙江人民出版社2012年版,第1—2页。

心性,观乎人文,以教化天下"的立场,凝聚起敏锐的文化意识。事实上,"教化"所本有的开放性和动态性,使"教化儒学"对心性理论的关注必然转向对心性理论敞开自身、实现自身的过程的关注,这个过程即表现为对世道人心和社会文化的忧思与关切。在当代中国社会发展和世界文化变动的风云际会之中,儒学曾经历了颠覆式的浩劫,从传统文化之主流,逐步成为被取代、唾骂、批判……的对象,直至被描述为"博物馆"陈列品和无体之"游魂"。不过,近年来中国文化思潮悄然发生了一种变化,儒学与中国文化之复兴已逐渐酝酿形成由暗到明的新思潮。我们面临着一个现代以来从未有过的儒学复兴的重要契机。能否理解和把握好这一契机,关系到我们是否可以再次构筑起文化生命的心灵家园、实现文化传统之魂的附体新生。这首先取决于文化立场的选择。"教化儒学"于此已有内外一贯的深入思考。

(一) 走出三个理论误区

1. 文化发展的功利性。文化并不局限于某一特定的实存领域,不是一独立的研究对象,而是人类一切领域而不可须臾离的存在性要素,以"隐居幕后"的方式寄寓于各种实存领域,作为一种"柔性"的创生力量发挥作用。然而,人们对文化自身的存在和作用方式缺乏重视,往往以社会、经济等领域的发展状况,作为文化之价值、意义的评判标准,充满功利性的探求和考量。① 2. 文化普遍性与特殊性的抽象对峙。文化具有自身的个性或曰民族性,包含历时性的具体意义;如果仅仅偏执在文化的普遍性、共时性的一面,难免会将复杂的文化问题简单化约为抽象、零散的概念。现代中国的文化思考即常忽略其个性与历史性层面,表现为将古今问题置换为中西问题,其实文化不能粗暴地进行分割、拼接,据其具体的生命展开历程,对传统进行了解之同情的认同和阐释,在历史连续性基础上发生整体性的现代意义转换,而非导入历史虚无和文化断裂的发展方式,文化生命才能获得适切性的原创能力,合理地延续下去。② 3. 政与教混淆不清。儒学应关注教化的、实践的特性,但由此倡导重建政治化、制度化

---

① 李景林:《教化视域中的儒学》,中国社会科学出版社2013年版,第223—226、248—255页。
② 同上书,第231—232页。

的儒学,建立儒教为国教,将教化理念这一理想性的"虚体",进行政治和权力运作,难免使"教"在政治威权和意识形态的钳制下,被僵化和扭曲,甚至变为"反动的力量",重蹈历史上诸如以理杀人、以神杀人的灾难性后果。政教分离并不是历史的退步,适可使教化之道脱离政治运作,转变为与个体心灵生活相关的精神事务,成为一种社会性的事务。①

(二) 培育三种文化意识

1. 创建儒学的当代新形态。"儒学就是儒学史",儒学虽有知识化的面相,但更是"存在性的儒学",将每一时代的"当代性"内涵蕴蓄到应有的思想创造中。具体离不开经典的诠释为基本方式,重视经典对当下生命存在的开显意义,有机地融进诠释过程,使经典转出继承历史传统与因任当代相合的思想创造。当代中国哲学,尤其儒学的研究方式应有所改变②,对考据型的历史性知识过于重视,而对儒学参与当代的创造意识不足。继承历史传统,重新注重儒学思想的当代重构,参与文化建设的促成之路。③ 2. 重建儒学和社会生活的联系。思想理论的创造不能脱离社会生活,当前研究面临的另一个问题。如果儒学仅仅寄居于学院一隅,为少数学者惨淡经营,则不能对文化建设起到实质意义。儒学只有与社会生活紧密关联,作为社会生活的样式、习俗而发挥作用,成为社会共同体的价值底蕴,才是一种有生命的文化观念。儒学与社会生活的关联方式有很多,如在经典传习、家庭教育、礼仪规范、礼俗乡约、文学艺术、官学教育、民间讲学等,对今天重新落实儒学教化之道于社会生活,仍有借鉴意义。④ 3. 养成"以身体道"的文化群体。以身体道的群体,即一个民族特有教化之道的肉身性或实存性的显现,是民族精神和文化品格的现实化和人格化,西方有如王室集团、贵族阶层、神职人员、民族英雄等,中国传统由士大夫阶层担当体道之责。中国当代遗失了此一体道群体,缺乏鲜活的实存力量,是文化血脉不济的体现。以身体道群体作为民族传统的集

---

① 李景林:《教化视域中的儒学》,中国社会科学出版社2013年版,第232—233页;《教化的哲学》,黑龙江人民出版社2005年版,第451—453页。

② 同上书,第256—269页。

③ 同上书,第15—16、233—234页。

④ 同上书,第16、234—235页;《教化的哲学》,黑龙江人民出版社2005年版,第458—459页。

中显现，在教化过程中起着感召、引领、实践的主导作用，是文化建设和复兴的中坚力量。目前亟需明确"以身体道"群体的培养意识。①

（三）期待儒学在民间复兴

三种文化意识的培育，有见于避免理论误区的误导，同时又内在关联一体。建构起能够与社会和民众精神生活相切合的儒学当代形态，一方面，可以使思想理论摆脱在历史文化以及现实生活中缺乏根基的偏失；另一方面，可以为社会生活找到精神上、价值上的内在依据。循此以进，重新建立起儒学因应社会生活的作用和能力，使儒家教化理念得以"本虚而实"②。在儒学理论形态和关联社会生活之间，"以身体道"这一文化意识和群体，则作为交融二者的中介，可以发挥关键性的作用，这点亟需引起学界共识。从民间儒学践行群体来看，"以身体道"要求重视起儒学理论和学术的深入研习，文化情怀不能脱离学问义理的滋养，以免造成"乡愿式"理解而淆乱儒学学脉；从学院派的儒学研究看，"以身体道"要求学院学者增强社会担当精神，将儒学理论传播、应用于社会民众的生活启蒙中，对个体生命和民众生活展开人文引导和价值重构。前者体现为民间儒者的学理化，后者体现为学院儒学的民间化。"以身体道"文化意识、学术群体的自觉和养成，即在教化思想的落实中，承继斯文、担当道统，学问义理是其前提，具体成效则在民间。只有儒学在民间能够自觉、有效地承担起个体生命的文化奠基、寻回社会民众生活的文化认同感，儒学的复兴才算真正实现。近年来儒学现状展现出颇为乐观的态势，儒学的文脉势头强劲，儒学的"血脉"亦有复苏倾向。如近年一直持续的国学热、文化热，其推动力主要来自民间，基本上是以民众为主导、以儒家思想为主体的，被称之为民间的、民众的、草根性的儒学复兴运动，反映出社会民众文化主体性挺立、文化认同感觉醒的自觉意识，这反映出社会集体意识对传统态度的转变，说明儒学在民间还具有生命力，文化血脉并未完全断裂，以儒学为主的中国传统学术可以承担起为中国思想文化复兴和重建的源头活水。养成"以身体道"之文化意识和群体，实现儒学在民

---

① 李景林：《教化视域中的儒学》，中国社会科学出版社2013年版，第16、235—236页；《教化的哲学》，黑龙江人民出版社2005年版，第457—458页。

② 李景林：《教化的哲学》，黑龙江人民出版社2005年版，第460—472页。

间的复兴,"把'文脉'的创造与'血脉'的文化生命教养和连续绾合为一体,才能重建起中国当代文化的价值系统和教养的本原。一个有教养的民族,其国民才能真正'摆脱他们加之于其自身的不成熟状态',具有独立的人格与无所依傍的良知(中国文化所理解的理性)判断力。"①

最后还须指出一点,儒学不仅要在自身文化系统内建立起自主性,还要考量与异质文化交流中的立场定位。"当前的文化情势,由西方文化所引领的'全球化'的极度'消费性'趋势,其弊虽已为人所共见而或欲止之,然其锋实不可当,其势有不可逆。必当顺之而行,迎头赶上,最终乃可能以领先之势,截断众流,引领矫正之,逐步形成新的文化价值系统,转变其至于适宜的文化方向。人类'文化路向'的转变,似只能由乎此一'顺取而逆守'的'致曲之道'。"② 这个"逆守"的过程,应恢复国学作为文化本原的孵化作用和奠基意义③,注重回归中国文化的通性精神,来应对文化全球化和普适性的冲击,越是中国的,越是世界的,不失本土化、个性化,才具备基底以在普适化和全球化的文化范式内激起双向互动的回环。④ 教化儒学,不仅立足教化观念来解读儒学,而且植根儒学传统来审思文化立场。

结　　语

以上仅是就教化儒学之荦荦大者而言,限于篇幅,每点亦只能撮其大旨,未能曲尽精微。总的来看,作为从"教化"切入儒学的哲学系统,教化儒学并不是知识化的平铺直叙,而是理论性的整体运思:以心性论、

---

① 李景林:《教化视域中的儒学》,中国社会科学出版社 2013 年版,第 240 页。
② 同上书,第 230 页。汉代人讲政治,提出一个"逆取而顺守之"的途径,就是靠武力打天下,然后靠仁义来治理。李先生借用这个说法,认为对文化的发展而言,这个命题要反过来讲,就是要"顺取而逆守之"。就是先顺着现有的方向走,经济社会的发展要先行;发展到一定程度,按照前述文化发展功利性因果追问的定势,人类整体的价值观念会逐渐发生某种逆转。这就叫"顺取而逆守之"。参李景林《教化视域中的儒学》,中国社会科学出版社 2013 年版,第 15、230 页。
③ 同上书,第 200—206、240—248 页。
④ 同上书,第 226—231 页;《教化的哲学》,黑龙江人民出版社 2005 年版,第 492—494 页。

德性论为基础,以形上学为主要形式,贞定价值理念,撑开文化关怀,寓情于理,将思想的关怀用谨严的逻辑理路表达出来,寓作于述,显示出历史生命的承继与超越。一个理论宗旨是否可继可成,一看能否体现传统学问的核心义理旨趣,二看有无因应当下思想境况的创造意识。一方面,通过教化重新诠释、接续儒学传统,不仅合适,而且抓住了关键和根本,正如前文的总结,可以有力彰显儒学的独特理论特质。另一方面,教化对当下生活亦有针对性,如教养的缺失、人性的异化、精神的空虚等时代症候,都强烈折射着回归人性、重建教养、重启教化的当代性。是以儒学统之可归于教化,辐辏教化可展开对儒学理论的系统诠释及其当下转生,作为理论性和现实性的统一,教化儒学成为一个具有承载性、含蕴性、开放性和可继性的理论系统,是一个富有生命力的思想体系。

回望传统,原始儒家既已明确主张"富而后教""善政不如善教""参赞化育""观乎人文以化成天下",并由"六艺之教"为代表的施教方式来恢弘推扩;《汉书》追溯儒家起源时,则以"助人君顺阴阳明教化"为其源出精神;此后,虽也受到过统治阶层的利用,被僵化为政教管控的手段和工具,埋下儒学在近世受到歪曲和诬化的种子,但总体而观,本真的教化观念历有儒者认同和传承,从未产生过中断。直到近代,梁漱溟先生还敏锐指出:"盖数千年间中国之拓大绵久,依于中国文化;中国文化发展自始不以宗教作中心,而依于周孔教化"①,"教化所以必要,则在于启发理性、培植礼俗而引生自力"②。梁先生可谓真知卓识,并在落实礼乐教化的乡村建设实践层面呕尽心血,被称为"最后的儒家"。新的时代,能否再次认清教化之精义、把握住儒学立身之命脉,对于儒学之新生显得十分关键和必要。李景林先生归宗"教化",自觉接续并大力弘扬,坚定集中地研究探讨,使此教化观念及其理论系统规模朗显、深切著明,通过内在关联、活络贯通的学术机制,使儒学传统学问义理和精神生命的意义整体可以连续性地转生于当下,从学理基础上为接续儒家教化传统奠立了坚实的第一步。

守望当代,儒学已现复兴之势。从理论形态看,有许多儒学重建的新

---

① 梁漱溟:《梁漱溟全集》第4册,山东人民出版社1990年版,第21—22页。
② 梁漱溟:《中国文化要义》,上海人民出版社2005年版,第182页。

方案竞相争鸣：有的嫁接自由主义理论，有的引进现象学资源，有的接着新理学讲，有的转向生活论，有的倾心公共性，有的重视生活化，有的主张世俗化，有的呼吁大众化，有的提倡宗教化……重建已成共识，理论进路或各有千秋，现实走向却渐趋一致。现在的问题是，这些方案应如何加以展开，怎样切入现实，其与社会人生的关联在怎样的意义机制上得以实现？以教化为宗趣，归向儒学的文脉和血脉的交融并建，在寻求思想的本原奠基与生成开展上对儒学进行定位与诠释，教化儒学直探儒学的思想本原，动态地描述着儒学开展、落实的本根机制，与诸种儒学方案并不排斥，并非企图与之争一席之地，而是以奠定儒学重建的实现路径为关怀：

文化复兴

$$
\begin{array}{c}
教\\
儒学<\!\!-\!\!>重建\\
化\\
儒\\
文脉<\!\!-\!\!>血脉\\
学\\
心\quad性
\end{array}
$$

各类重建方案的多元化取向，若能避免哗众取宠之谈，建立有本有根、沉潜笃实的立说，往来激荡，良性互动，定能殊途同归，推动儒学复兴的真正实现。"教化儒学"则赓续"教化三书"之轨范，在教化传统的历史衍变、教化观念的实践转向等方面略加扩展，使自身理论系统力臻完备，在儒学复兴的浪潮中更为自觉地担当起儒学创造性转化的引航员。

原载《人文杂志》2015年第7期。发表时题为《"教化儒学"的理论系统及其展开》